BIBLIOTHÈQUE DES CAHIERS DE L'INSTITUT
DE LINGUISTIQUE DE LOUVAIN — 115

L'analyse des actions et des discours en situation de travail

Concepts, méthodes et applications

édité par

Laurent FILLIETTAZ & Jean-Paul BRONCKART

Publié avec l'appui du Fonds national suisse de la recherche scientifique

PEETERS
LOUVAIN-LA-NEUVE
2005

D. 2005/0602/ ISSN 0779-1666 ISBN 90-429-1612-5 (Peeters Leuven)
ISBN 2-87723-868-7 (Peeters France)

Bondgenotenlaan 153
B-3000 Leuven

Printed in Belgium

L'analyse des actions et des discours en situation de travail

Concepts, méthodes et applications

édité par

Laurent FILLIETTAZ & Jean-Paul BRONCKART

L'analyse des actions et des discours en situation de travail. Concepts, méthodes et applications (sous la direction de L. Filliettaz et J.-P. Bronckart), Louvain, Peeters, BCILL, 2005.

Introduction

Laurent Filliettaz & Jean-Paul Bronckart
Université de Genève, Section des Sciences de l'Education

Qu'elle soit orale ou écrite, qu'elle constitue le cœur de l'activité ou l'une de ses composantes interstitielle voire périphérique, la pratique du langage sur les lieux de travail constitue une réalité empirique aujourd'hui largement reconnue. Rares sont en effet les métiers dans lesquels les travailleurs ne se trouvent pas engagés dans des rapports communicatifs, confrontés à des documents écrits, soumis à des échanges évaluatifs, etc. Ces manifestations tendent à montrer que « la communication participe intimement aux logiques opératoires, à la gestion des connaissances, à la structuration des collectifs, à la programmation du travail dans le temps et dans l'espace, à la transmission des consignes, à la réactualisation des règles et des normes. » (Lacoste, 2001, p. 24).

Si cette réalité est longtemps passée inaperçue, et si elle a souvent été décrite dans le cadre particulier de la « communication d'entreprise » telle que la conçoit l'institution managériale, la part langagière du travail a fait l'objet depuis quelques années d'une attention croissante, aussi bien dans le champ francophone de l'analyse du travail (Boutet, 1995a ; Grosjean & Lacoste, 1999 ; Borzeix & Fraenkel, 2001) que dans le champ anglo-saxon des théories du discours (Drew & Heritage, 1992 ; Sarangi & Roberts, 1999 ; Gunnarsson, Linell & Nordberg, 1997 ; Boden, 1994 ; Candlin, 2002 ; Wodak & Weiss, 2002 ; Sarangi & Candlin, 2003).

Loin de relever d'un effet de mode, ces travaux attestent de profondes mutations dans les champs disciplinaires dont ils émanent et proposent un regard neuf à la fois sur les réalités du travail et sur les pratiques langagières qui s'y manifestent.

Cet ouvrage s'inscrit dans ce mouvement. Il vise d'une part à mieux identifier quelques-uns des concepts et des instruments méthodologiques qui contribuent à l'analyse des actions et des discours en situation de travail et d'autre part à rendre manifeste la diversité des approches aujourd'hui à l'œuvre dans ce champ. Il devrait permettre, ce faisant, d'appréhender avec davantage de nuances les mutations en cours à la fois dans les disciplines du travail et dans les sciences du langage.

Le virage discursif des disciplines du travail

De nombreux observateurs soulignent les bouleversements profonds qu'a connus le monde du travail depuis une trentaine d'années (Kergoat *et al.,* 1998). Ceux-ci se caractérisent notamment par un renforcement des dispositifs technologiques, par un développement spectaculaire du secteur des services, par l'accroissement de la mobilité et de la mixité culturelle en milieu de travail, ou encore par la généralisation des pratiques de normalisation et de certification. Si cette évolution affecte en profondeur le monde du travail, c'est d'abord parce qu'elle va de pair avec une perception renouvelée de la place des individus dans l'organisation de l'appareil de production. Flexibilité, réactivité, responsabilité, créativité : autant de termes qui visent à redonner au « facteur humain » son pouvoir d'action (voir le terme d'*empowerment* fréquemment utilisé à ce propos) et qui donnent à penser que « l'homme deviendrait ainsi l'élément central de tout système de production de biens ou de services » (Kergoat *et al.*, 1998, p. 6).

L'ensemble de ces transformations ont des implications évidentes quant à la place et au rôle des activités langagières en situation de travail. Les travaux conduits depuis une quinzaine d'années en France par le réseau *Langage et Travail* (voir Boutet ici même) ont notamment mis en évidence que l'évolution du contenu même du travail conduit à un notable accroissement des activités d'ordre langagier, au détriment des interventions strictement comportementales sur des objets ou dispositifs matériels, et ce dans l'ensemble des secteurs d'activités : les organisations contemporaines du travail se caractériseraient par une démultiplication des formes de médiations entre l'agent et le produit de son activité. De ce point de vue, le travail consisterait de moins en moins en une manipulation d'entités matérielles, et de plus en plus en une capacité à produire et à interpréter des unités sémiotiques[1], dans le cadre de configurations d'interaction de complexité croissante.

Ce « travail discursif », parfois conduit dans des situations de mixité linguistique (voir notamment Harris & Bargiela-Chiappini, 2003 ; Pan, Wong Scollon & Scollon, 2002), ne porte pas seulement sur l'accomplissement situé des tâches, mais il se réalise sous la forme de nouvelles pratiques langagières collectives, dans le cadre desquelles l'activité de travail fait l'objet de planifications, d'évaluations, de reconfigurations et, partant, de prises en charge métadiscursives (voir de Saint-Georges ici même ; Iedema & Scheeres, 2003[2]).

Pour cet ensemble complexe de raisons, il est apparu progressivement que la part langagière du travail assume des fonctions instrumentales, cognitives et sociales de première importance (voir Boutet, 1998) et qu'elle constitue de ce fait bien moins un épiphénomène qu'une ressource centrale de la productivité.

A en croire certains, cette « mise en visibilité » des réalités sémiotiques n'a pas été sans effets sur les pratiques professionnelles (voir Sarangi & Roberts, 2003), et même sur les disciplines qui ont adopté le travail comme objet d'étude (voir Borzeix & Fraenkel, 2001). Plus particulièrement, elle a été à l'origine de questions méthodologiques nouvelles, dont cet ouvrage se fait largement l'écho : comment rendre compte de la diversité, de la complexité et de la singularité des pratiques langagières au travail ? Comment prendre en considération aussi bien leur organisation interne que les facteurs externes qui en déterminent l'organisation ? Quelles

---

[1] « Work, in the main, is no longer the manipulation of things, but of meanings » (Geller cité par Sarangi (2002, p. 332)).

[2] Iedema & Scheeres (2003) désignent par le terme de « textualisation » ces pratiques qui consistent à qualifier métadiscursivement les activités de travail : « These language and literacy tasks are new and different, because they do not accompany what happens *during* the work or occur just with those that people work with, as does " peri-discourse ". Rather they are *about* and *in addition* to the work, with people whom the workers do not necessarily and directly have work contact with. That is, these tasks are " meta-discursive " and newly organizationally enabling in so far that they construe links and networks new to the organization. Collectively, these tasks are at the heart of the " textualization " of the workplace. » (p. 318)

fonctions ces réalités langagières assument-elles par rapport aux activités et aux environnements matériels dans le cadre desquels elles émergent ?

Le virage actionnel des modèles du discours

Si les sciences du langage ont contribué à alimenter ce questionnement, c'est d'abord parce que, depuis quelques décennies, elles ont fait l'objet de profondes transformations, qui ont rendu possible la formulation de problématiques communes au champ pratique de l'analyse du travail et à celui de la description des processus langagiers.

En dépit de différences épistémologiques importantes, que n'ont pas manqué de souligner divers auteurs (voir Berthoud & Mondada, 2000 ; Titscher *et al.*, 2000), des disciplines comme l'analyse conversationnelle d'orientation ethnométhodologique (Schegloff, 1999), la *critical discourse analysis* (Fairclough, 1995), la *mediated discourse analysis* (Scollon, 2001), la linguistique textuelle (Adam, 1999) ou encore l'analyse de discours de tradition francophone (Maingueneau, 1995 ; Bronckart, 1997) ont de fait adopté un ensemble de principes méthodologiques convergents : le recours à l'étude de données empiriques attestées, la prise en compte des contextes de production des réalités discursives, l'importance des ressources individuelles et collectives dans la régulation des processus discursifs, ou encore le rôle déterminant des phénomènes interactionnels dans l'élaboration des unités sémiotiques.

Dans le cadre de cette réorientation des champs d'investigation, les productions langagières ne sont plus perçues comme des réalités sémiotiques abstraites et décontextualisées, dont il faudrait décrypter la signification, mais comme des « pratiques langagières » ou des « actions continûment modificatrices des mondes interlocutoires » (Brassac, 2000, p. 221), dont il s'agit d'étudier la dimension praxéologique et le pouvoir configurant (Filliettaz, 2002). Ce « virage actionnel » (Vernant, 1997 ; Filliettaz 2004), caractérisé notamment par un réinvestissement des travaux soviétiques ayant trait à la problématique de l'activité/action (Leontiev, 1979 ; Vygotski, 1999 ; Bakhtine, 1984), apparaît ainsi à plusieurs égards comme un bouleversement majeur des sciences du langage, qui dote ces dernières d'une interface prometteuse avec les disciplines centrées sur l'analyse du travail.

Ces quelques observations nous permettent de préciser les orientations principales de cet ouvrage et d'identifier les trois champs thématiques autour desquels il se structure :

- les *situations de travail*, comme points de rencontre entre praticiens et chercheurs, et comme lieux de mise en œuvre de l'interdisciplinarité ;
- l'*action*, comme l'une des problématiques constitutives des sciences sociales, et comme unité d'analyse de la présence humaine dans les lieux de travail ;
- le *discours* enfin, en tant que processus de médiation et comme instrument de planification, d'évaluation ou de reconfiguration des actions en situation de travail.

Ces trois champs renvoient à des domaines de recherche aujourd'hui clairement identifiés mais qui demeurent encore parfois séparés les uns des autres : l'analyse du travail, les théories de l'action, la linguistique du discours. Avec d'autres, nous faisons l'hypothèse que leur articulation s'impose, que celle-ci peut contribuer à alimenter aussi bien les dispositifs de formation que les démarches d'intervention, et qu'elle peut déboucher sur un questionnement propre, mais dont les conditions méthodologiques et épistémologiques méritent d'être précisées.

Le rôle des productions langagières dans l'analyse du travail

Comme on le sait, pour l'ergonomie de langue française notamment, l'analyse des situations de travail se doit de porter une attention prioritaire à l'exercice effectif de l'activité. C'est dans la proximité avec les travailleurs et dans l'observation de leurs interventions sur l'environnement que réside l'originalité de la démarche, et non pas seulement dans l'analyse des « tâches », des « prescriptions » ou des diverses « représentations » du travail et de ses déterminants (voir De Montmollin, 1986 ; Guérin *et al.*, 1997, p. 203). « Regarder de près permet de voir loin », note Duraffourg (1997).

Pourtant, si l'activité de travail peut être observée, son interprétation ne constitue pas une opération évidente :

> « De manière plus fondamentale encore, s'ajoute le constat évident que l'on ne peut observer l'activité que par ses traductions manifestes : visibles par un observateur ou enregistrables par des appareils de mesure. Ainsi, si l'observation peut être considérée comme le moyen le plus irréfutable pour accéder à une connaissance de l'activité réelle, dans la plupart des cas, elle s'avère insuffisante pour comprendre les motifs de cette activité, les raisonnements et les connaissances qui les sous-tendent. » (Guérin *et al.*, 1997, p. 231)

Les raisons de cette relative « opacité » de l'activité réalisée sont multiples et aujourd'hui bien documentées. Elles tiennent tout d'abord à la spécificité de la posture ethnographique, dans laquelle l'observateur reste aveugle aussi longtemps qu'il ne parvient pas à « se faire enseigner l'expérience ouvrière elle-même » (Schwarz, cité par Duraffourg, 1997) et qu'il demeure à l'écart de l'expérience singulière de l'opérateur dont il s'agit de comprendre et d'analyser l'activité. Elles tiennent ensuite à des mécanismes psychologiques que les approches cliniques n'ont pas manqué de mettre en évidence. « Le travail réalisé n'a pas le monopole du réel », souligne à juste titre Clot (1999) ; il ne laisse guère transparaître l'activité empêchée, les « possibles non réalisés », les « conflits vitaux », c'est-à-dire des éléments qui, même s'ils ne sont pas accessibles à l'observation directe, alimentent de manière significative l'expérience des sujets :

> « L'activité possède donc un volume qu'une approche trop cognitive de la conscience comme représentation prive de ses conflits vitaux. Or l'existence des sujets est tissée dans ces conflits vitaux qu'ils cherchent, pour s'en déprendre, à renverser en intentions mentales. L'activité est une épreuve subjective où l'on se mesure à soi-même et aux autres, tout en se mesurant au réel, pour avoir une chance de parvenir à réaliser ce qui est à faire. Les activités suspendues, contrariées ou empêchées, voire les contre-activités, doivent être admises dans l'analyse. L'activité retirée, occultée ou repliée, n'est pas absente pour autant. Elle pèse de tout son poids dans l'activité présente. » (Clot *et al.*, 2001, p. 18)

Mais cette difficulté interprétative ne tient pas seulement à la singularité des activités de travail ; elle découle aussi, de manière plus générale, du statut de l'*action*, entité qui demeure globalement insaisissable, ou encore qui peut être appréhendée sous des angles très différents (voir Bronckart, 2004), et dont l'identification procède toujours, comme le relève Habermas (1993), d'hypothétiques processus d'attribution émanant des observateurs :

> « Du point de vue de l'observateur, il nous est possible d'identifier une action, mais non de la décrire avec certitude comme la réalisation d'un plan d'action spécifique ; car il faudrait, pour ce faire, connaître l'intention d'action correspondante. Nous pouvons l'inférer à partir de certains indices et l'attribuer à l'acteur, à titre d'hypothèse ; pour nous en assurer, il faudrait

> que nous puissions adopter le point de vue d'un participant. Or, l'activité non langagière est loin de s'ouvrir à nous de cette façon ; elle ne se désigne pas elle-même comme l'action qu'elle veut être.» (Habermas, 1993, p. 67)

La sollicitation des verbalisations des acteurs impliqués a dès lors été perçue comme l'un des moyens de faire pièce à ces limitations de l'observation directe de l'activité réalisée. Dans cette perspective, le recueil de la parole des travailleurs, dans le cadre de diverses formes d'entretiens, a été considérée par nombre de chercheurs comme un « moyen indirect » permettant d'accéder aux réalités non perceptibles, d'approcher l'intimité du travail et de mettre en visibilité les « plans d'action » ou les « motifs » des agents.

Pourtant, s'il constitue une voie possible pour approcher « l'énigme du travail », le détour par les médiations langagières et par le discours *sur* l'activité n'est pas sans poser à son tour d'épineux problèmes méthodologiques, abondamment commentés dans la littérature : il se heurte, de manière générale, à la relative opacité des productions langagières elles-mêmes et au rapport souvent incertain que ces dernières entretiennent avec les activités auxquelles elles se réfèrent (voir Plazaola Giger & Stroumza, à paraître).

Un premier aspect de ces obstacles a trait à la nature même des réalités langagières et à leur réputation d'être peu adéquates pour exprimer l'ensemble des dimensions pertinentes de « l'expérience vécue » du travail. De ce point de vue, le langage au travail se caractériserait par une certaine « rusticité» (Schwarz, 1993), attestable aux différents niveaux de l'organisation des discours : difficulté de la « mise en mots » des composantes de l'activité ; recours à des formats narratifs qui textualisent l'expérience selon des modalités « pré-fabriquées » (voir Plazaola Giger & Friedrich ici même) ; pauvreté des ressources génériques de l'intertexte permettant aux travailleurs de fonder leurs verbalisations sur des discours antérieurement énoncés (voir Boutet, 1995b). De nombreuses études relèvent en conséquence que la mise en mots de l'expérience du travail se trace un chemin sinueux dans les contraintes de la langue, qu'elle tend à privilégier les « intrigues » principales au détriments des « détails » perçus comme secondaires (Lahire, 1998), et qu'elle endosse des « formations discursives » inadéquates, souvent propres au travail prescrit, et dont les locuteurs sont historiquement et sociologiquement exclus.

En amont de ces obstacles proprement langagiers, on évoque parfois le rapport particulier des individus à leur agir comme une autre source possible de résistance de la verbalisation. Comme le font remarquer Guérin *et al.* (1997, p. 233), l'activité de travail est faite d'opérations routinisées, de savoir-faire qui résultent d'apprentissages anciens et d'une expérience construite dans le temps. Elle s'adosse ainsi à des ressources dont les individus ne sont pas nécessairement conscients, et qu'ils ne peuvent donc guère évoquer spontanément. A ce constat, il convient d'ajouter un phénomène que les travaux de Vermersch (1994) ont largement contribué à mettre à jour : les praticiens ne parlent pas spontanément du déroulement des actions vécues, mais tendent à se réfugier dans ces « satellites » que constituent, entre autres, les savoirs déclaratifs, les circonstances générales ou les commentaires évaluatifs.

Enfin, un dernier obstacle de taille est constitué par les dispositifs d'intervention et de recherche eux-mêmes. La sollicitation de la parole des travailleurs équivaut en effet à une opération qui est loin d'être anodine : elle se traduit par une forme d'activité en soi, régie par des enjeux et des engagements propres, qui doivent faire eux-même l'objet d'interprétations, de négociations et de régulations entre les partenaires. La posture du chercheur-enquêteur est dès lors toujours difficile à construire : si elle requiert d'être explicitée, elle peut en outre prêter en permanence à des glissements qui affectent en profondeur la nature des informations véhiculées par le discours (voir Carcassonne & Servel ici même). De ce point de vue, la parole du travailleur ne peut pas être considérée seulement comme un rapport indirect à son activité ; elle doit être également perçue et décrite comme le produit d'un rapport direct à une activité d'une autre nature, à savoir celle qui s'engage entre, d'un côté le travailleur, d'un autre l'observateur, le chercheur ou l'intervenant.

Comme on le constate, la recherche en ce domaine se trouve confrontée à un paradoxe permanent : il paraît d'une part nécessaire de suppléer aux insuffisances de l'observation directe par un recours aux verbalisations de l'activité ; mais d'autre part ces verbalisations sont elles-mêmes déterminées par un ensemble complexe de facteurs et ne peuvent dès lors être interprétées qu'avec beaucoup de prudence.

Les contributions rassemblées dans cet ouvrage font largement état de ce paradoxe et tentent de se donner les moyens de le dépasser. Si elles considèrent que les opérations de verbalisation en lien avec les activités de travail constituent un élément incontournable de la compréhension des pratiques professionnelles, elles admettent également que la sollicitation, la description et l'interprétation de ces verbalisations ne va pas de soi, et qu'elle pose des questions méthodologiques, théoriques et éthiques qui méritent la plus grande attention. Plus concrètement, les auteurs que nous avons sollicités explorent plusieurs voies possibles de dépassement des contradictions évoquées, que l'on peut regrouper en trois ensembles.

a) Une première possibilité, illustrée par les contributions d'Yves Clot et de Katia Kostulski, réside dans la conception et la mise en place de dispositifs méthodologiques spécifiques visant à « canaliser » la parole autour d'activités effectivement accomplies. Objets de nombreuses recherches approfondies au cours de la dernière décennie, ces dispositifs ont pris trois formes majeures : l'entretien d'explicitation (Vermersch, 1994), l'instruction au sosie (Clot, 1995, 2001) et l'autoconfrontation simple ou croisée (Clot, 1999 ; Faïta, 2001). Ces méthodes se fondent sur des arrière-plans épistémologiques variables et présentent de nombreuses différences que nous ne commenterons pas ici. Mais elles ont en commun de se présenter, non plus seulement comme de simples démarches de sollicitation de mise en mots de l'activité dans « l'après-coup », mais comme des *activités à part entière*, ayant leurs caractéristiques propres, et au travers desquelles cette sollicitation s'opère.

b) Une deuxième voie possible de dépassement des tensions inhérentes à la mise en mots de l'expérience consiste à prendre en considération, non plus les verbalisations produites « à propos » de l'activité, mais les échanges langagiers qui prennent place dans le cours même de sa réalisation. L'attention se porte ici sur des réalités sémiotiques endogènes, qui médiatisent des mécanismes interactionnels dans lesquels les co-agents coordonnent leur engagement dans une activité située. Les productions langagières de ce type requièrent des modalités d'interprétation différentes. Selon Habermas (1993, p. 67), toute verbalisation située « se désigne elle-même comme l'action qu'elle veut être » et, à l'image d'un acte de parole, s'interprète elle-même de par sa nature auto-référentielle[3]. Pour autant qu'on exploite adéquatement cette part de

---

[3] « Lorsque je comprends l'ordre que mon amie me donne, en me demandant de jeter mon arme, je sais assez précisément quelle est cette action qu'elle vient d'accomplir : elle a donné un ordre bien précis. Une telle action n'appelle pas une interprétation dans le même sens que le pas de course de l'ami qui passait la rue. Car dans le cas élémentaire d'une signification littérale, un acte de parole manifeste l'intention du locuteur ; il est possible à l'auditeur d'inférer à partir de l'énoncé de quelle manière la proposition énoncée a été employée, c'est-à-dire quel

réflexivité propre à la verbalisation dans l'interaction, on doit admettre que toute parole « en » action véhicule nécessairement des informations « sur » cette même action. C'est précisément ce qui fonde la valeur heuristique de ces productions langagières, qui permettent d'accéder non pas seulement à une part importante de l'activité réalisée, mais également à des formes intériorisées de représentations d'actions (voir les contributions de Josiane Boutet, de Lorenza Mondada, de Laurent Filliettaz, de Patrick Mayen & Antonietta Specognia, et d'Isabelle Dumas).

c) Enfin, une troisième issue possible à la difficile articulation du dire et du faire en situation de travail consiste à prendre en compte et à confronter les différents niveaux auxquels se manifeste le langagier dans son rapport à l'activité de travail : la réalisation effective de l'activité, les entretiens conduits avant ou après celle-ci, les documents à caractère institutionnel, etc. (voir les contributions de Marie Carcassonne & Laurence Servel et d'Ingrid de Saint-Georges). Ces démarches visent à questionner le travail proprement langagier dans la saisie de l'agir humain et explorent différentes configurations possibles de mise en rapport du discours et de l'action. Elles sont à la base du programme de recherche du groupe *Langage, Action, Formation* (voir Bronckart & Groupe LAF, 2004) et sont représentées ici par les contributions de Jean-Paul Bronckart & Anna Rachel Machado et de Itziar Plazaola Giger & Janette Friedrich.

Organisation de l'ouvrage

Les contributions réunies dans cet ouvrage émanent, comme nous l'avons annoncé, de champs disciplinaires variés mais qui tendent à s'articuler, et elles portent sur des situations de travail multiples, représentatives des divers secteurs de l'activité économique : l'enseignement, les services, l'aide sociale, les activités culturelles, l'industrie, l'aéronautique et l'agriculture. Nous les avons regroupées en quatre parties, sur la base de critères thématiques et méthodologiques.

La première partie a trait, de manière générale, au statut du langage dans les méthodes d'analyse du travail. Les contributions qui y sont rassemblées visent à mieux comprendre, à partir de réflexions théoriques et d'illustrations empiriques, la place qu'occupent les réalités langagières à la fois dans les pratiques professionnelles contemporaines et dans les dispositifs d'intervention dont ces dernières font l'objet. Josiane Boutet présente quelques-uns des résultats obtenus en France par le réseau *Langage et Travail* au cours de 15 années de recherches et d'interventions conduites dans une logique interdisciplinaire. Elle y développe la notion de « part langagière du travail » et tente d'en cerner les principales propriétés. Cette démarche la conduit à souligner la singularité des activités de travail et à les décrire au moyen du concept bakhtinien de *genre*.

Les contributions d'Yves Clot et de Katia Kostulski portent toutes deux sur les ressources que fournit la mise en circulation de la parole, dans le cadre d'une « clinique de l'activité » relevant de la psychologie du travail. Yves Clot procède à un ré-examen minutieux de la théorie bakhtinienne du dialogue et de son réseau notionnel, et pose que celle-ci fournit des éléments essentiels pour la compréhension des enjeux et des mécanismes à l'œuvre dans les dispositifs de co-analyse du travail que sont l'autoconfrontation simple et croisée. Il montre ainsi comment un genre d'activité langagière peut exploiter de manière optimale la diversité des postures énonciatives en lien avec la verbalisation de l'activité dans le cadre d'un dispositif clinico-développemental. Se centrant moins spécifiquement sur le dispositif d'autoconfrontation, Katia

type d'action vient d'être accompli au moyen de cette phrase. Les actes de parole s'interprètent eux-mêmes ; car ils ont une structure auto-référentielle. » (Habermas, 1993, p. 67)

Kostulski vise, dans une perspective plus générale, à expliciter le rôle des interactions conversationnelles dans les dispositifs de co-analyse du travail en clinique de l'activité. Analysant, à partir du cadre théorique de la logique interlocutoire développée par Alain Trognon, un ensemble d'extraits de corpus (les expérimentations de Garfinkel, une fable, une séquence d'autoconfrontation en milieu industriel), elle montre notamment que si l'activité conversationnelle ne peut être confondue avec les enjeux liés à l'activité d'analyse, ces deux plans présentent néanmoins de fortes interdépendances.

La deuxième partie de l'ouvrage est consacrée à l'analyse des activités de services, dans divers cadres professionnels : l'assurance vieillesse, l'agriculture et les commerces. La contribution de Marie Carcassonne & Laurence Servel ainsi que celle de Patrick Mayen & Antonietta Specogna se centrent plus spécifiquement sur l'activité langagière de « conseil », et montrent, sur la base de l'analyse de pratiques professionnelles différentes, comment cette activité se trouve (re)définie dans un contexte de changement. S'intéressant aux mécanismes identitaires en jeu dans les prises de parole de techniciens-conseils, Marie Carcassonne & Laurence Servel proposent une analyse qui compare les rôles *perçus* (évoqués dans le cadre d'entretiens) et les rôles effectivement *joués* dans la réalisation de l'activité. Elles mettent notamment en évidence des décalages significatifs entre ces deux réalités, et elles en interrogent les causes. L'étude de Patrick Mayen & Antonietta Specogna porte quant à elle sur des entretiens de conseil individualisé impliquant des agriculteurs. S'inspirant à la fois de l'analyse interlocutoire et des propositions théoriques de la didactique professionnelle initiée par Gérard Vergnaud et Pierre Pastré, leur analyse met en évidence, à partir d'une étude détaillée d'un long extrait d'entretien, les mutations en cours dans l'activité de conseil au sein d'un groupe professionnel.

La contribution d'Isabelle Dumas concerne les interactions dans les commerces et les services. Elle porte plus spécifiquement sur les rapports d'interdépendance qui s'exercent, dans ce contexte, entre des actes de langage comme la requête du bien ou la demande de paiement et des conduites gestuelles à valeur praxéologique. Une micro-analyse contrastant différents sites commerciaux dans une perspective de linguistique interactionnelle permet d'identifier des différences significatives, à la fois dans les réalisations linguistiques des actes de requête et dans les rapports de ces formes à des conduites gestuelles.

La troisième partie de l'ouvrage rassemble des études portant sur un ensemble plus hétérogène de pratiques professionnelles, caractérisées principalement par leur haut degré d'interactivité et par l'importance cruciale qu'y jouent des objets techniques ou des artefacts. Ces situations de travail sont abordées aussi bien dans leurs composantes langagières que dans le cadre élargi des enjeux praxéologiques auxquels ces dernières s'articulent. La contribution de Lorenza Mondada porte sur une série de réunions de travail au cours desquelles un groupe de professionnels élabore la scénographie d'une exposition dans un musée d'ethnographie. Analysant des enregistrements audio-vidéo de ces réunions à partir du référentiel théorique de l'analyse conversationnelle d'orientation ethnométhodologique, elle décrit avec précision les ressources langagières et multimodales que mobilisent et construisent les protagonistes au cours de ces activités de co-conception. Elle montre ainsi que ces ressources ne préexistent pas à la rencontre, mais qu'elles constituent le produit émergent de l'interaction, permettant à la fois de développer des raisonnements collectifs, d'élaborer progressivement des décisions mutuellement ratifiées et enfin de souder les membres du collectif de travail en une identité clairement marquée.

La contribution de Laurent Filliettaz porte sur les stratégies de coordination locale et située que mobilisent des opérateurs sur un ligne de production dans un site industriel. En exploitant les concepts goffmaniens de *cadre* et de *focalisation* à propos d'enregistements audio-vidéo, l'auteur met en évidence les contraintes multiples et à certains égards contradictoires auxquelles les opérateurs doivent faire face dans une configuration d'action hautement stratifiée et instable. Une attention centrale portée aux formes et aux fonctions des productions langagières permet d'illustrer le rôle central que joue la parole dans la distribution et la (re)négociation des foyers d'attention.

Anne Condamines & Pascale Vergely abordent pour leur part un champ professionnel très différent, celui de la navigation aérienne. Sur la bas d'un corpus de communications téléphoniques signalant des dysfonctionnements techniques affectant des outils de contrôle, elles se centrent plus particulièrement sur les propriétés des énoncés décrivant ces dysfonctionnements. Les micro-analyses syntaxiques qu'elles proposent permettent d'identifier trois types de structures canoniques (assertives, présentatives et détachées), et montrent que leur distribution dépend de la progression de l'information dans le discours. De manière plus globale, cette démarche montre comment une logique d'intervention, centrée sur la constitution d'un corpus spécifique, peut contribuer à mettre en lumière des mécanismes linguistiques à valeur générale et constitue ainsi l'occasion d'un travail portant sur la langue.

La quatrième et dernière partie de l'ouvrage concerne spécifiquement les actions et les discours à l'œuvre dans deux types de situations de formation : l'enseignement scolaire d'une part, la formation professionnelle des adultes d'autre part. L'étude proposée par Ingrid de Saint-Georges porte sur des réunions d'évaluation dans une institution de formation par le travail. A partir de la *Mediated Discourse Theory* développée par Ron et Suzanne Scollon dans le cadre du paradigme de la *Critical Discourse Analysis*, elle montre comment les mécanismes discursifs en jeu dans l'activité située de réunion déterminent des activités futures, c'est-à-dire comment elles peuvent « ouvrir », ou au contraire « fermer » les perspectives d'avenir du collectif de travail aussi bien que des stagiaires en formation. Cette approche conduit à souligner notamment le rôle prépondérant que jouent des mécanismes de nature idéologique et des logiques sociales de discrimination dans la mise en discours des attitudes à l'égard du futur.

La contribution de Jean-Paul Bronckart & Anna Rachel Machado, ainsi que celle d'Itziar Plazaola Giger & Janette Friedrich concernent l'un des trois champs professionnels sur lesquels porte la recherche du groupe *Langage, Action, Formation*, en l'occurrence celui de l'enseignement scolaire. Fondées des données empiriques de statuts différents (documents institutionnels dans le premier cas, entretiens dans le second), ces contributions visent à identifier les modalités par lesquelles les représentations discursives préfigurent ou reconfigurent des éléments de l'agir enseignant. Jean-Paul Bronckart & Anna Rachel Machado proposent une démarche d'analyse comparative de documents éducatifs brésiliens et genevois. Ils montrent comment une étude des situations d'actions et des propriétés discursives (les conditions de production, les genres et les types de discours, les constructions syntaxiques, les rôles sémantiques) de certaines composantes de cette documentation permet de mettre en évidence des modalités différentes de saisie de l'agir, qui peuvent être centrées sur son amont, sur son aval ou encore sur le cours de son déroulement même. Leur travail aboutit au constat d'une « désagentivisation » régulière du travail enseignant, et s'interroge sur les causes possibles de ce processus.

L'étude d'Itziar Plazaola Giger & Janette Friedrich porte sur des entretiens conduits entre des chercheurs et des enseignants-formateurs après une leçon ayant fait l'objet d'un enregistrement vidéo. Sur la base de ces données, elles tentent de décrire comment ces professionnels mettent leurs actions en mots et, plus particulièrement, comment la linéarisation rétrospective de leur agir donne lieu à de fréquents décrochements commentatifs. S'interrogeant sur le sens de ce mouvement dialectique entre ce qu'elles proposent d'appeler le *plan topical* et le *plan commentatif*, elles sollicitent les travaux de Schütz et le cadre de référence d'une phénoménologie sociale pour comprendre les rapports temporels complexes (internes et externes) qui se tissent entre les agents et le fonctionnement de leurs actions. Ce faisant, elles re-convoquent explicitement les questions centrales évoquées plus haut, ayant trait au statut des mécanismes de verbalisation dans les processus d'interprétation des activités de travail.

Bien évidemment, le présent ouvrage ne peut prétendre proposer une synthèse exhaustive de l'ensemble des travaux attestés dans le champ de l'analyse des actions et des discours en situation de travail. Outre que l'exhaustivité est en principe inaccessible, l'effervescence régnant actuellement en ce domaine rendrait inéluctablement caduque toute proposition de synthèse. Les contributions ici rassemblées fourniront néanmoins un ensemble de « balises » qui devraient permettre de mieux identifier les convergences, à la fois conceptuelles et méthodologiques, qui caractérisent les démarches entreprises, au-delà des affiliations disciplinaires de leurs auteurs. Au travers des propositions théoriques et des illustrations empiriques diverses qu'il relate, cet ouvrage se propose ainsi de contribuer au travail d'élaboration réflexive qui accompagne nécessairement tout champ scientifique en mutation.

Références bibliographiques

Adam, J.-M. (1999). *Linguistique textuelle. Des genres de discours aux textes.* Paris : Nathan.

Bakhtine, M. (1984). *Esthétique de la création verbale.* Paris : Gallimard.

Berthoud, A.-C. & Mondada, L. (Ed.). (2000). *Modèles du discours en confrontation.* Berne : Peter Lang.

Boden, D. (1994). *The Business of Talk. Organizations in Action.* Cambridge : Polity Press.

Borzeix, A. & Fraenkel, B. (Ed.). (2001). *Langage et travail.* Paris : Editions du CNRS.

Boutet, J. (Ed.). (1995a). *Paroles au travail.* Paris : L'Harmattan.

Boutet, J. (1995b). Le travail et son dire. In J. Boutet (Ed.), *Paroles au travail* (pp. 247-267). Paris : L'Harmattan.

Boutet, J. (1998). Quand le travail rationalise le langage. In J. Kergoat *et al.* (Ed.), *Le monde du travail* (pp. 153-164). Paris : La Découverte.

Brassac, C. (2000). Interprétation et communiaction. In A.-C. Berthoud & L. Mondada (Ed.), *Modèles du discours en confrontation* (pp. 219-228). Berne : Peter Lang.

Bronckart, J.-P. (1997). *Activité langagière, textes et discours.* Lausanne : Delachaux et Niestlé.

Bronckart, J.-P. (2004). Pourquoi et comment analyser l'agir verbal et non verbal en situation de travail ? In J.-P. Bronckart & Groupe LAF, *Agir et discours en situation de travail* (pp. 14-144), Genève, *Cahiers de la Section des Sciences de l'Education*, 103.

Bronckart, J.-P. & Groupe LAF (2004). *Agir et discours en situation de travail.* Genève, *Cahiers de la Section des Sciences de l'Education*, 103.

Candlin, C.N. (Ed.). (2002). *Research and Practice in Professional Discourse.* Hong Kong : City University of Hong Kong Press.

Clot, Y. (1995). L'échange avec un « sosie » pour penser l'expérience : un essai. *Société française*, 53, 51-55.

Clot, Y. (1999). *La fonction psychologique du travail.* Paris : Presses universitaires de France.

Clot, Y. (2001). Clinique du travail et action sur soi. In J.-M. Baudouin & J. Friedrich (Ed.), *Théories de l'action et éducation* (pp. 255-277). Bruxelles : De Boeck.

Clot, Y. *et al.* (2001). Entretiens en autoconfrontation croisée : une méthode en clinique de l'activité. *Education Permanente*, 146(1), 17-34.

De Montmollin, M. (1986). *L'intelligence de la tâche. Eléments d'ergonomie cognitive.* Berne : Peter Lang.

Drew, P. & Heritage, J. (Ed.). (1992). *Talk at Work. Interaction in Institutional Settings.* Cambridge : Cambridge University Press.

Duraffourg, J. (1997). Un robot, le travail et des fromages. Quelques réflexions à propos du point de vue du travail, Document manuscrit.

Fairclough, N. (1995). *Critical Discourse Analysis.* Londres : Longman.

Faïta, D. (2001). Genres d'activité et styles de conduite. In A. Borzeix & B. Fraenkel (Ed.), *Langage et travail* (pp. 263-284). Paris : Editions du CNRS.

Filliettaz, L. (2002). *La parole en action. Eléments de pragmatique psycho-sociale.* Québec : Editions Nota bene.

Filliettaz, L. (Ed.). (2004), *Les modèles du discours face au concept d'action, Cahiers de Linguistique Française*, 26, Université de Genève.

Grosjean, M. & Lacoste, M. (1999). *Communication et intelligence collective. Le travail à l'hôpital.* Paris : Presses universitaires de France.

Guérin, F. *et al.* (Ed.). (1997). *Comprendre le travail pour le transformer. La pratique de l'ergonomie.* Editions de l'Anact.

Gunnarsson, B.-L., Linell, P. & Nordberg, B. (Ed.). (1997). *The Construction of Professional Discourse.* Londres : Longman.

Habermas, J. (1993). Action, actes de parole, interactions médiatisées par le langage et monde vécu. In *La pensée postmétaphysique : essais philosophiques* (pp. 65-83). Paris : Armand Colin.

Harris, S. & Bargiela-Chiappini, F. (2003). Business as a site of language contact. *Annual Review of Applied Linguistics*, 23, 155-169.

Iedema, R. & Scheeres, H. (2003). From Doing Work to Talking Work : Renegotiating Knowing, Doing, and Identity. *Applied linguistics*, 24(3), 316-337.

Kergoat, J. *et al.* (Ed.). (1998). *Le monde du travail.* Paris : La Découverte.

Lacoste, M. (2001). Peut-on travailler sans communiquer ? In A. Borzeix & B. Fraenkel (Ed.), *Langage et travail* (pp. 21-53). Paris : Editions du CNRS.

Lahire, B. (1998). Logiques pratiques. Le 'faire' et le 'dire sur le faire'. *Recherche et formation* 27, 15-28.

Leontiev, A.N. (1979). The Problem of Activity in Psychology. In J.V. Wertsch (Ed.), *The Concept of Activity in Soviet Psychology* (pp. 37-71). New-York : Sharpe.

Maingueneau, D. (Ed.). (1995). *Langages* 117. *Les analyses du discours en France*. Paris : Larousse.

Pan, Y., Wong Scollon, S. & Scollon, R. (2002). *Professional Communication in international Settings*. Oxford : Blackwell.

Plazaola Giger, I. & Stroumza, K. (Ed.). (à paraître). *Paroles de praticiens et description de l'activité. Questions méthodologiques en formation d'adultes*. Bruxelles : De Boeck.

Sarangi, S. (2002). On conditions of work, employment, unemployment, etc., and the development of text/discourse analysis. *Text*, 22(3), 329-336.

Sarangi, S. & Candlin, C. (Ed.). (2003). *Researching the Discourse of Workplace Practice*. Numéro spécial de la revue *Applied Linguistics*, 24(3). Oxford : Oxford University Press.

Sarangi, S. & Roberts, C. (Ed.). (1999). *Talk, Work and Institutional Order. Discourse in Medical, Mediation and Management Settings*. Berlin : Mouton de Gruyter.

Sarangi, S. & Roberts, C. (2003). Uptake of Discourse Research in Interprofessional Settings : Reporting from Medical Consultancy. *Applied Linguistics*, 24(3), 338-359.

Schegloff, E. (1999). Discourse, pragmatics, conversation, analysis. *Discourse Studies*, 1(4), 405-435.

Schwartz, Y. (1993). 'C'est compliqué'. Activité symbolique et activité industrieuse. *Education Permanente*, 116(3), 119-131.

Scollon, R. (2001). Action and Text. Toward an Integrated Understanding of the Place of Text in Social (inter)action. In R. Wodak & M. Meyer (Ed.), *Methods of Critical Discourse Analysis* (pp. 139-183). Londres : Sage.

Titscher, S. *et al.* (2000). *Methods of Text and Discourse Analysis*. Londres : Sage.

Vermersch, P. (1994). *L'entretien d'explicitation*. Paris : ESF.

Vernant, D. (1997). *Du discours à l'action*. Paris : Presses universitaires de France.

Vygotski, L.S. ([1927] 1999). *La signification historique de la crise en psychologie* (C. Barras & J. Barberies, trad.). Paris : Delachaux et Niestlé.

Wodak, R. & Weiss, G. (Ed.). (2002). *Discourse of Un/employment*. Numéro spécial de la revue *Text*, 22(3). Berlin : Mouton de Gruyter.

Première partie

LE STATUT DU LANGAGE DANS LES MÉTHODES D'ANALYSE DU TRAVAIL

L'analyse des actions et des discours en situation de travail. Concepts, méthodes et applications (sous la direction de L. Filliettaz et J.-P. Bronckart), Louvain, Peeters, BCILL, 2005.

Genres de discours et activités de travail

Josiane Boutet
IUFM de Paris et Université Paris 7

Introduction

Depuis la crise du modèle taylorien dans les années soixante dix, les transformations conjointes des modes de production, des modes de gestion des salariés, du contenu même du travail ainsi que les innovations techniques ont modifié en profondeur les pratiques langagières, entraînant la généralisation de certaines, redistribuant les fonctions mêmes de l'exercice du langage au travail. La reconnaissance et la mise en visibilité des ressources langagières par le management, leur exploitation économique ont reconfiguré les rapports entre les différentes pratiques langagières. La part des activités de langage, orales comme écrites, dans l'accomplissement du travail s'est accrue au point que certaines tâches ne font plus désormais appel qu'à des activités langagières : ainsi, on n'accroche plus un train à un autre au moyen des mains d'un opérateur entre deux tampons, mais en lisant des graphiques sur des écrans d'ordinateur. Par ailleurs, le secteur économique des « services » est en pleine expansion, en particulier l'ensemble des activités de télé-travail qui ne se réalisent que dans et par des activités langagières.

La notion de « part langagière du travail » que nous avons proposée rend compte de ce phénomène à la fois social et linguistique par lequel les opérateurs voient des activités symboliques de représentation de la réalité tendre à se substituer à leurs activités corporelles antérieures. On peut l'analyser selon quatre caractéristiques majeures. Premièrement, l'usage des langues autres que le français, c'est-à-dire les langues de la migration, demeure une pratique dominée, non valorisée, non reconnue, difficile à évaluer. Deuxièmement, le genre du dialogue entre pairs voit son statut basculer : cette parole qui était assimilée à du bavardage et réduite à une fonction ludique dans le taylorisme, on en « découvre » la valeur et la fonction cognitive au travers d'activités comme la délibération, l'argumentation, le débat au sein des groupes d'opérateurs. Troisièmement, les interactions dites « de service », dont les dialogues au guichet entre un agent et un usager sont l'exemple, constituent une pratique langagière qui est à la fois quantitativement en augmentation et qualitativement en mutation. En particulier, le secteur économique du télé-travail est organisé selon des modes de gestion proches de ceux du travail industriel, faisant dire à certains chercheurs que nous sommes face à un post-taylorisme. Ainsi la plupart des dialogues professionnels dans les plates-formes d'appel s'effectuent sous un strict contrôle de temps, ce qui concourt à un formatage et une standardisation des échanges langagiers (Boutet, 2001b). Quatrièmement, les pratiques de lecture et d'écriture que l'organisation scientifique du travail (OST) avait réservées à l'encadrement et à la conception se diffusent et se généralisent à l'ensemble des salariés et des professions, générant une obligation de littératie chez l'ensemble des salariés de tous les métiers, y compris les moins qualifiés.

Ces quatre dimensions générales permettent de rendre compte d'un ensemble d'évolutions, de changements intervenus dans les pratiques langagières au travail. Ces dimensions permettent aussi de cadrer l'observation du travail contemporain, mais elles ne sauraient appréhender l'infinie variété des situations de travail concrètes d'une part, et l'extrême diversité de l'activité de langage qui s'y déploie, de l'autre. Nous nous trouvons de ce fait confrontés à la difficulté qu'un modèle simple de description de la réalité gagne en généralité et en puissance théorique mais perd en précision et en acuité. Ou, pour le dire autrement, comment préserver toute la finesse de l'approche ethnographique des activités de langage au travail tout en ne tombant pas dans une taxinomie, une accumulation sans fin de situations toutes diverses et difficilement comparables ? Comment concilier exigences en matière de qualité des observables, de qualité des enquêtes de terrain, et exigences en matière de théorisation du travail et de l'activité langagière ?

Nous proposons dans ces lignes de faire fonctionner la notion de « genre de discours » entendue comme un niveau intermédiaire entre langue et discours, un niveau qui permet d'appréhender en la structurant la diversité infinie des activités langagières ; ici en situation de travail. Cette contribution sera organisée en quatre parties. Dans la première, nous aborderons la notion de genre de discours et insisterons sur celle de « genres premiers ». Dans la deuxième partie, nous ferons état de deux préalables, méthodologiques et théoriques, à l'étude du langage au travail. Dans la troisième partie, nous proposerons quelques déterminants des genres professionnels. Dans la quatrième partie, nous analyserons quelques-unes des propriétés qui constituent le langage au travail comme genre professionnel. En conclusion nous débattrons la question de la spécificité des genres professionnels. Différents métiers et activités seront abordés, tous insérés dans des univers techniques : cette dimension de la technicité (outillage, artefacts cognitifs ou informatiques) est constitutive des univers de travail, quelle que soit la sophistication de ces outils : du crayon ou du mémo au robot de peinture.

1. Genres de discours, genres professionnels

Proposer d'aborder et de constituer les activités langagières au travail comme des genres de discours pose deux questions complémentaires. La première concerne la pertinence théorique du cadre à la compréhension de l'activité de langage au travail. La seconde question est de savoir si les activités langagières au travail possèdent une spécificité au regard d'activités langagières en milieu non professionnel, spécificité qui permette de parler de « genres professionnels », en s'inspirant de la notion proposée par Clot & Faïta (2000). Nous allons argumenter dans ces lignes pour la reconnaissance d'une spécificité de tels « genres professionnels ».

Rappelons que Bakhtine proposait d'organiser la diversité des discours en deux grandes catégories : les genres premiers et les genres seconds. C'est sur une base intuitive et de nature communicationnelle qu'il le faisait. En effet, il distinguait « les genres premiers qui se sont constitués dans les circonstances d'un échange verbal spontané » des « genres seconds qui apparaissent dans les circonstances d'un échange culturel (principalement écrit) – artistique, scientifique, socio-politique – plus complexe et relativement plus évolué » (1984, p. 267). Ceci entraîne une différence notable quant au rapport à la situation (ou au contexte) : un rapport immédiat pour les genres premiers, et un rapport médiatisé pour les genres seconds. Les discours s'organisent en une multiplicité de genres, plus ou moins fixés et reconnus, plus ou moins innovants, plus on moins routiniers. Mais en tous les cas, cette organisation permet une forme d'économie de la communication, en réception comme en production. Elle met en place des formes de « prêt à parler » qui permettent de mouler la parole, par exemple, dans le genre « interrogatoire », dans le genre « potins ».

A cette nécessité générale de la communication sociale qui s'apparente à un principe d'économie cognitive, on peut ajouter, suivant en cela Faïta, qu'en situation de travail les genres de discours acquièrent aussi d'autres finalités. Comme dans les situations ordinaires de la vie, ils servent évidemment de formats reconnaissables, identifiables qui permettent un fonctionnement fluide et économique des échanges verbaux. Mais ils sont aussi porteurs de fonctions en relation avec le risque, avec la difficulté de la tâche, avec la part d'inconnu et de nouveau que comporte toute activité de travail : « Dans l'univers des activités de travail, les genres "professionnels" servent de recours face à l'incertitude, de garantie contre le risque de mal faire. Ils ne peuvent pour autant être confondus avec les normes ou les prescriptions, dans la mesure où, créés par le milieu et diffusés par lui, ils fonctionnent comme repères, ressources pour réaliser, et donc, également comme façons de faire avec ces normes et prescriptions » (Faïta, 2001, p. 20).

C'est donc en tant que genres premiers d'une part, et en tant que genres « professionnels » de l'autre que nous nous proposons d'appréhender les activités langagières au travail. Et plus précisément, c'est à cette « structuration » des discours au travail par des actions non langagières dont parle Bronckart (1996, p. 63) que nous souhaitons nous attacher ici : quelles en sont les propriétés, les modalités ? quelles en sont les conséquences dans la matérialité de la mise en mots, écrite comme orale ?

L'exercice du langage dans les univers de travail est fortement dépendant d'un ensemble de conditions de nature écologique, comme le bruit ou le temps ; et ce, à la différence d'autres situations de communication et d'interaction qui, certes ne manifestent jamais une « liberté totale » des interactants, mais une relative indépendance du contexte néanmoins. Ces déterminants écologiques caractérisent en propre l'usage du langage dans les univers techniques de travail, au regard d'un usage ordinaire du langage et en particulier au regard du genre « conversationnel ». Cet ancrage fort du langage dans des contextes d'action et, plus largement, dans des contextes écologiques, génère un ensemble de propriétés des genres professionnels. Ces propriétés peuvent être plus ou moins prégnantes, selon les métiers et les activités, mais en tout état de cause elles demeurent à l'horizon tant de la conception du travail (du travail prescrit) que de l'effectuation du travail (le travail réel). Ces propriétés peuvent être explicites et explicitées comme on le verra dans l'exemple de l'Agence pour l'Energie Atomique de Vienne, ou dans des règlements d'atelier. Elles peuvent ne pas l'être et relever des connaissances et des savoir-faire partagés au sein d'un collectif de travail ou d'une entreprise – en ce sens, elles constituent peut-être l'un des facteurs de la « culture d'entreprise ». De ces propriétés découle, au plan de la mise en mots et de l'interaction verbale, un ensemble de formes linguistiques, syntaxiques, morphologiques et lexicales.

Après une mise au point portant sur le recueil des données en situation de travail, puis sur notre cadre théorique (§ 2.), nous examinerons dans un premier temps quelques-uns des déterminants écologiques de l'activité verbale (§ 3.). Puis nous analyserons quatre propriétés en faisant l'hypothèse qu'elles contribuent à délimiter, avec d'autres propriétés qui resteraient à analyser, les contours de ces genres premiers que sont les « genres professionnels » (§ 4).

2. Deux préalables

Observer le travail humain quand on est un linguiste ne va pas de soi. En particulier, il n'est pas aisé de constituer les activités de langage en situation de travail en des corpus autonomes, et les analyser requiert un rattachement et un ancrage fort dans les conditions matérielles de leur énonciation. Ce type de matériaux, dont nous allons tenter dans la suite une caractérisation sociolinguistique, requiert une réflexion et une prise en compte sérieuse de la dimension d'action de ces pratiques langagières ; dimension toujours nécessairement présente, bien que selon des modalités et à des degrés divers selon les situations de travail. A ce titre, l'ensemble des travaux qui se réclament de l'étude du langage au travail ont participé et fortement contribué au virage actionnel des théories du discours (voir Filliettaz, 2002). Le linguiste, le sociolinguiste ou l'analyste de discours ne se contentent plus seulement de décrire des faits linguistiques mais aussi d'en comprendre la contribution à l'effectuation de l'action.

La tâche du sociolinguiste s'en trouve modifiée, au regard de méthodologies classiques comme celles de la linguistique variationniste, par exemple (Boutet & Gardin, 2001). D'une part, la question, récurrente en linguistique, de la constitution et de la représentativité des corpus ne trouve guère de solution. Certes ce problème n'est pas propre à ce domaine mais traverse toutes les approches linguistiques des usages réels qui se détachent d'approches introspectives des faits de langue, que ce soit les analyses de discours, les analyses conversationnelles ou la sociolinguistique. Mais plus encore, le sociolinguiste ne peut pas envisager les situations de travail, ou les construire, comme de simples espaces de recueil de données langagières, au même titre qu'il le ferait de conversations téléphoniques privées ou d'interactions conversation-nelles sur un banc de square. Et ce pour plusieurs raisons. En premier lieu, pour des raisons internes aux faits linguistiques observés eux-mêmes et à leur production in situ. En second lieu, pour des raisons méthodologiques liées au fait que l'emploi de méthodes comme l'introspection, l'intuition, le recours à une compétence de membre d'une communauté linguistique ne peuvent avoir cours. Si le linguiste veut, par exemple, décrire la circulation de la communication dans un service hospitalier, les délibérations entre pairs pour résoudre une panne informatique ou les règlements d'atelier, il lui faudra bien, qu'il l'ait souhaité ou pas, comprendre quelque peu les dispositifs techniques, les processus de travail, l'organisation du travail et les relations sociales dans l'entreprise où il enquête. Enfin, pour des raisons qui ne sont plus de nature scientifique mais éthiques. Aller sur le terrain du travail, c'est aller là où les adultes construisent au quotidien des rapports sociaux qui structurent leur vie sociale et psychique (voir Dejours, 1980). L'engagement des hommes et des femmes dans des activités productives, ce qu'ils y mettent d'énergie, de plaisir mais aussi de souffrance (physique comme psychique) rend malvenue la position d'un chercheur qui ne viendrait sur de tels terrains que pour y prélever des corpus : c'est du moins la position que nous assumons, tout à la fois au plan scientifique et au plan éthique.

Cette position éthique va de pair avec notre inscription dans des courants de pensée où le langage n'est pas considéré comme une simple faculté naturelle, mentale ou individuelle, mais comme un processus historique et social, sous la dépendance des rapports et des modes de production : courants et problématiques nourris par la pensée du paléontologue Leroi-Gourhan, par celle du linguiste Bakhtine ou par celle du psychologue Vygotski. Aussi, observer le langage, en analyser les formes et les fonctions dans les situations de travail, nous place au cœur d'un des lieux sociaux majeurs de transformation des formats des pratiques langagières. Dans cette perspective, les univers de travail représentent des lieux privilégiés d'observation de la dynamique linguistique.

Cette hypothèse de nature anthropologique renvoie aux places respectives du travail et du langage dans le processus d'hominisation, tel que proposé par Leroi-Gourhan (1964). Gardin et moi-même (2001) avons souligné ainsi l'importance proprement anthropologique des situations de travail pour observer et comprendre les dynamiques linguistiques :

> « Lorsque le linguiste assume ces spécificités et en fait son objet, les situations de travail apparaissent comme de véritables "laboratoires du langage" pour reprendre en la déplaçant l'expression d'Hagège. Il peut y observer la sociogenèse continue des pratiques langagières, l'articulation des fonctions référentielles, cognitives et sociales du langage ainsi que la dynamique et l'évolution de celui-ci sous la dépendance des transformations des dispositifs techniques » (p. 111).

D'une autre façon et d'un tout autre point de vue théorique, Goffman avait aussi l'intuition de la centralité de l'action et de l'activité laborieuse dans la genèse du langage lorsqu'il écrivait : « Et de fait, s'il existe une scène primitive du langage, c'est dans le grognement occasionnel aidant à coordonner une action dans la communauté déjà établie d'une tâche conjointe qu'il faut la chercher, plutôt que dans la conversation dans et par laquelle s'engendre un univers subjectif partagé » (1987, p. 151). Ce faisant, Goffman, non seulement ramenait le genre de la conversation à une place historique et contingente, mais encore donnait la primauté, au sein du processus de l'hominisation, au rapport entre des actions coordonnées et des verbalisations primitives, ici le « grognement ». Ce faisant, il proposait à la question de l'origine du langage – problématique dont on connaît aujourd'hui la résurgence (*Langages*, 2002) – une hypothèse guère plus vérifiable que d'autres, mais qui avait du moins le mérite de mettre en connexion l'activité industrieuse des hommes et leur activité langagière.

Aussi les évolutions historiques de l'activité industrieuse des hommes, et, en nous restreignant à la période contemporaine, les profondes mutations que sont les transformations des univers techniques d'un côté (robotisation, informatisation, techniques de l'information), et de l'autre celles de l'organisation et du contenu du travail, entraînent-elles des conséquences de première importance dans l'exercice du langage au travail comme dans les formats des verbalisations et des écrits. Nous sommes face à une dynamique sociale et linguistique de transformation des pratiques langagières au travail.

3. Déterminants écologiques des genres professionnels

Dans une étude ancienne, nous avions montré que sur une chaîne de montage, des ouvriers développaient une forme spécifique de communication verbale, fondée sur la discontinuité des échanges, l'alternance entre verbalisations et longs silences et la rareté des prises de parole : 14 personnes ne parlaient jamais pendant leur travail, 8 parlaient 10 minutes par jour et 8 parlaient plus longuement. Ces échanges ne répondaient ni au format du dialogue, ni à celui de la conversation ordinaire ; ils dessinaient une pratique particulière du langage et de la communication, fortement contrainte par les actions et les tâches auxquelles se livraient les opérateurs et, plus largement, par l'univers matériel dans lequel elle s'énonçait – machines, bruit, organisation taylorienne du travail, placement en côte à côte.

Dans son article sur « La position », Goffman, analysant et critiquant un ensemble de critères usuellement utilisés pour décrire la communication, proposait un ensemble de remarques similaires. Il soulignait lui aussi le caractère discontinu des échanges langagiers, dès lors que les participants ne font pas que parler mais sont engagés dans des actions non langagières :

> « Notant plus haut qu'une conversation peut être subordonnée à un travail en cours, autrement dit ajustée à ce que la tâche permet, j'ai admis que les participants peuvent délaisser à tout moment leur échange de paroles pour les besoins du travail, puis, probablement, le reprendre dès que cela est visiblement possible [...]. Il peut donc se développer dans ces situations (comme dans bien d'autres) un « état de parole ouvert » tel que les participants ont le droit mais non l'obligation de se lancer soudain dans un bref échange, puis de retomber dans le silence et cela sans le moindre marquage rituel visible, comme s'ils ne faisaient qu'ajouter un nouvel échange à une conversation chroniquement en cours » (1987, p. 144).

D'autres observations, d'autres recherches et enquêtes de terrain, en particulier celles du réseau Langage et Travail (Borzeix & Fraenkel, 2001), sont venues conforter l'idée que l'activité langagière dans les univers profesionnels est structurée par les dispositifs techniques et organisationnels. Ce que Zarifian exprime en ces termes :

> « C'est que ces participants (les ouvriers de l'industrie) sont eux-mêmes insérés dans des formes sociales qui les contraignent. Ce dont ils peuvent parler est nécessairement limité par ces contraintes, contraintes de rythme de travail, contraintes de lieu de travail, d'espace limité de postes de travail, d'absorption de l'attention par la réalisation des opérations quotidiennes, etc. » (1996, p. 30).

La sociogenèse des pratiques langagières au travail est, pour une part, analysable dans les termes d'une détermination forte du langage par les univers techniques : ce que nous avons nommé le « formatage ». On y observe une adaptation discursive et linguistique aux caractéristiques des situations de travail. De nombreux travaux issus de disciplines différentes (linguistique mais aussi ergonomie et psychologie du travail) ont mis en évidence la multiplicité et la variété des facteurs de type *écologique* qui déterminent, d'une part la possibilité même d'une activité de langage au travail, et de l'autre les formes, les caractéristiques internes et les usages. Voici les principaux facteurs écologiques qui ont été décrits et repérés :

- *Le bruit comme la distance physique* entre les opérateurs (bâtiment, par exemple) : ils peuvent empêcher la possibilité même des échanges langagiers. Le facteur du bruit était caractéristique de situations comme les grandes presses dans la métallurgie ou comme l'imprimerie. A contrario, le silence caractérise les salles de contrôle dans les industries de process, comme les salles de contrôle de l'industrie nucléaire, par exemple.

- *Le placement en côte à côte* sur les lignes de fabrication : ce dispositif organisationnel contraint fortement voire empêche l'activité de langage par l'impossibilité de « voir » son interlocuteur (Teiger, 1995). Or la dissociation du regard et de la voix est ressentie par les opérateurs comme une grande violence symbolique : ce qui s'explique aisément quand on sait le rôle central joué par le couplage entre le regard et la voix dans la socialisation du bébé, puis dans toutes les formes d'interactions adultes. On retrouve ce facteur écologique dans des formes de travail plus contemporaines comme les centres d'appel.

- *Le temps* : dans sa gestion taylorienne, le temps est contrôlé strictement, ce qui implique une grande vitesse des gestes et des actions liées aux tâches à accomplir, et ce qui contraint fortement l'exercice du langage articulé. Les échanges, comme on l'a déjà noté, ont nécessairement un caractère de discontinuité temporelle et souvent thématique. Plus encore que des paroles, ce sont des cris et des hurlements qu'on entend dans les ateliers, comme le rapporte un jeune ouvrier de Peugeot interrogé par Beaud & Pialoux (1999) : « ils faisaient les animaux de la ferme ... ils aboyaient, un faisait la poule, l'autre le coq, et puis toute la journée comme ça. C'était un défoulement ».

Dans le néo-taylorisme actuel qui organise, comme nous l'avons déjà mentionné, entre autre les métiers de service (voir *Cahiers du genre*, 2000), le travail sous contrôle de temps limite et encadre l'usage et le déploiement du langage : dans les centres d'appel, par exemple, il faut faire vite, résoudre le plus rapidement possible le problème posé par l'usager, l'œil rivé aux tableaux lumineux qui affichent la liste des appels en attente auxquels il faut d'urgence répondre pour « tenir ses temps ou ses cadences» (Boutet, 2001b). Cette contrainte est à rapprocher du « principe de célérité » proposé par Kerbrat-Orecchioni (2001).

Mais, de façon plus générale, le temps au travail est toujours dans un couplage difficile voire antagoniste avec l'exercice de la parole, y compris dans des métiers et des activités qui ne sont pas à proprement parler « sous contrôle de temps ». Les interruptions de l'énonciation, par des collègues ou par les incidents de toute nature voire par les pannes techniques, sont le régime ordinaire. C'est à la fois le déroulement matériel du discours qui est atteint, entraînant des pauses, des silences, des énoncés inachevés, mais c'est aussi le déroulement thématique qui est atteint, les agents pouvant « perdre le fil du propos ». Un exemple en est donné par Grosjean & Lacoste (1999, p. 88). On y voit une infirmière durant la transmission qui va être interrompue sept fois successivement pendant la présentation de deux malades :

I1 : *Alors Mme Asselin sa nutripompe à 10 heures, ce matin elle était finie à 6 heures donc on a changé la machine une première fois, on l'a changée une seconde fois ...*

(interruption brève du fait de l'arrivée d'un garçon qui s'informe sur un rendez-vous et cherche un bon dans les dossiers. L'infirmière reprend)

I1 : *... parce qu'il y a eu un problème de ...*

(deuxième interruption brève toujours pour suivre des yeux ce que fait le garçon)

I1 : *... de débit ...*

(troisième interruption : une collègue I2 interroge I1 sur l'heure du rendez-vous, I1 répond, la collègue transmet la réponse au garçon)

I2 à I1 : *C'est à quelle heure le rendez-vous pour Mme H. ?*
I1 à I2 : *C'est à 15h30*
I2 à G : *C'est à 15h30*
I1 : *... alors Mme Asselin elle a eu un ASP vers 14 h. à récupérer. Mme Laret elle retournera en Guadeloupe*

(ici, trois interruptions successives pour régler un autre problème avec le brancardier et celui d'une perfusion à arrêter)
(septième interruption : des collègues à côté mènent une conversation parallèle avec un niveau sonore élevé. I1 se tourne vers eux pour leur demander de baisser la voix)

I1 : *On peut plus s'entendre !*
I3 : *Oh pardon !*

- *L'urgence* : dans de nombreux métiers, des décisions doivent se prendre vite et sans délibérations, des informations objectives doivent être transmises avec un minimum de perte (comme dans le contrôle aérien, par exemple). S'y développent des formes linguistiques réduites, des « sous-langages », des langages fonctionnels, finalisés ou encore, comme les a nommés Falzon (1989), des langages opératifs.

- *Le danger, le risque professionnel* : les situations de travail dangereuses (le bâtiment, le nucléaire, la pétro-chimie, les salles d'opération, par exemple) nécessitent le recours à un langage non ambigu, écrit comme oral. Mentionnons cependant que la conjuration du risque et du danger peut se faire aussi d'une tout autre façon, en particulier par le recours à des conduites défensives, telles que Dejours (1980) a pu les décrire et les conceptualiser, notamment dans sa recherche auprès des pilotes de chasse.

4. Quelques propriétés organisatrices des genres « professionnels »

Ces déterminants écologiques de l'activité de langage au travail sont bien évidemment variables selon les métiers et les situations professionnelles. Leur combinatoire dessine différents univers de travail. C'est ainsi que dans les métiers actuels du télé-travail, la configuration dominante est celle d'un temps fortement contraint, d'un relatif silence, combinés à une activité de travail essentiellement langagière. En revanche, et par contraste majeur, les métiers ouvriers de la métallurgie dessinent une combinatoire de bruit, de temps fortement contraint et d'une activité de langage peu sollicitée. Les genres « professionnels » présentent de ce fait un ensemble de spécificités, de propriétés dont nous allons examiner quelques-unes.

4.1. L'interdépendance du langage au contexte d'action

En situation de travail, et quels que soient les métiers, l'expression verbale, écrite comme orale, entretient une relation d'interdépendance avec le contexte d'action. L'un des faits les plus visibles et les plus décrits depuis longtemps (d'abord par les ergonomes puis les linguistes) est le caractère fonctionnel ou finalisé des interactions de travail. Goffman parle à ce propos d'« activité coordonnée » : « (au travail) le contexte de l'énonciation n'est pas réellement une conversation mais plutôt quelque entreprise matérielle dont les événements non linguistiques forment le centre » (1987, p. 151). Par ailleurs, l'activité de langage est le plus souvent liée à des univers techniques, à de l'outillage plus ou moins sophistiqué. Les activités verbales sont rarement indépendantes des activités non verbales : activités sur des objets techniques, des matériaux. Elles sont en interaction constante avec les techniques intellectuelles, ce qu'on nomme aussi les artefacts cognitifs. Aussi la parole se réalise-t-elle dans une intrication étroite avec d'autres modes sémiotiques de représentation de la réalité comme les différents écrits, les graphiques, les chiffres, les maquettes.

Interdépendance entre les activités verbales et non verbales ; interdépendance entre les activités verbales et les outils, les machines, les technologies ; interdépendance entre les différents modes de représentation de la réalité que sont la parole, les écrits, les chiffres, les tableaux, les graphiques, les maquettes : tous ces phénomènes construisent des modes spécifiques de contextualisation de l'activité verbale au sein des contextes d'action.

4.2. La plurisémioticité

Le travail, comme nous l'avons déjà souligné, est de moins en moins physique. Les opérateurs ont souvent un rapport médiatisé à l'objet de leur activité, au moyen de robots, d'écrans d'ordinateurs. Comme le décrit bien une étude du CEREQ sur l'automation :

> « (le pilote d'installation) est expert en tant qu'il est à la source d'une information montante, information qui devient un enjeu de plus en plus stratégique pour l'entreprise. Contrairement au tour de main, au savoir intuitif qui ne s'exprime pas et qui caractérise le savoir de métier traditionnel, l'expertise de fabrication requiert *la capacité de verbaliser (sous forme orale, écrite, codée), pour transmettre les éléments de savoir d'une situation*. Les ouvriers sont particulièrement concernés dans un procès d'institutionnalisation de cette fonction, en tant qu'ils sont à la source de l'information de terrain. Diverses procédures concourent à la recherche et à la récupération centrale de ce savoir : délocalisation des activités " méthodes " auprès de cellules de production, création d'instances d'expression collective et de cercles de qualité, création d'outils informationnels (saisie automatique des données, constitution d'outils de mémorisation de type bilans, etc.). *Mais la condition de base de réussite de toutes ces tentatives repose sur la capacité de leur mise en forme et d'expression de leur savoir par les ouvriers eux-mêmes* » (Bercot *et al.*, 1988, c'est nous qui soulignons).

Cette « capacité de verbaliser sous forme orale, écrite et codée » demandée désormais dans toutes les activités y compris peu qualifiées a profondément modifié les exigences de formation d'une part, et le contenu du travail de l'autre. Désormais, lettrés comme peu lettrés sont confrontés au travail à des exigences en matière de littératie : lire et remplir des fiches-suiveuses, remplir des tableaux, consulter des notices d'emploi, etc. L'automation qui tend à se généraliser fait que les objets physiques du travail – fusion chimique, déplacement d'un train, emboutissage de tôles, par exemple – ne sont plus visibles en tant que tels mais sous la forme de leurs représentations symboliques : textes sur des écrans, tableaux, chiffres, codes. Autrement dit, les salariés sont de plus en plus conduits à manipuler des objets sémiotiques, iconiques, graphiques, verbaux (écrits et oraux).

L'automation du travail entraîne non seulement cette substitution des objets du monde sensible par leurs représentations sémiotiques, mais aussi une intrication entre diverses sémiotiques dans le déroulement des activités. En voici un exemple issu d'un centre d'appels de France Télécom (Boutet, 2001b) dans lequel on observe l'engagement des salariés dans une activité à la fois plurisémiotique et en coopération. Dans ce centre, les opérateurs travaillent dans de petits box équipés d'un écran d'ordinateur, d'un clavier, de plusieurs appareils de téléphonie fixe, de différents supports de documentation écrite. Dans les box, on trouve de très nombreux post-it ; artefacts cognitifs qui sont la mémoire des tâches en cours, à terminer dans la journée ou à reprendre d'une journée à l'autre. Il y a aussi des enveloppes, des cartes de visite, un bloc de papier où on prend des notes pendant les appels. Les opérateurs sont équipés de casques non mobiles (ce qui ne permet pas de se déplacer pendant un appel) accrochés par une barrette au pull.

Plusieurs phases s'enchaînent lors d'un appel. Dans la phase de mise en route du système, l'opérateur prend un appel en enfonçant un bouton sur l'appareil téléphonique situé à gauche. C'est une activité motrice guidée et déclenchée par la prise d'informations visuelles (regard porté à l'écran où s'affichent les appels en attente, les collègues en ligne) mais c'est aussi une prise de décision de la part de l'opérateur qui peut, en fonction de ce qu'il pense être son quota d'appels et de la situation présente sur la plate-forme, se donner quelques minutes de repos ou pas. Lors de la phase d'analyse et de sélection de l'objet de la demande, l'opérateur écoute quelques secondes le client lui exposer sa requête. Ces quelques secondes lui permettent de catégoriser la demande en se servant d'un ensemble de connaissances acquises qui fonctionnent comme autant de représentations des actions qui vont suivre. Puis, tout en écoutant, il sélectionne déjà une page d'écran en tapant sur son clavier. Cet acte de sélection dans l'arborescence informatique est au croisement entre les potentialités du système (ce que le système lui propose comme caté-gorisation des demandes : « recouvrement », « commercial », etc.) et ses propres connaissances et représentations de la situation qui est en train de lui être exposée. Il commence à engager le dialogue, ce qui lui permet de continuer sa recherche visuelle de la bonne page d'écran (il descend dans l'arborescence). Il parle, écoute tout en lisant des pages écran. Arrivé à ce qui lui semble la bonne page d'écran, au vu des informations qu'il entend et qu'il est en train de traiter en temps réel, il demande le numéro de téléphone. Tout en poursuivant le dialogue il le note, puis l'entre dans son écran. Dans la phase de résolution du problème posé, il engage la discussion sur la pertinence ou congruence entre les informations données par l'abonné et celles qu'il est en train de lire ; par oral, il opère très vite les ajustements nécessaires, comble les lacunes d'informations, aide l'abonné à préciser ce qu'est sa demande, etc. Il met ici en oeuvre des compétences langagières : argumentation, résolution de problèmes, aide à la prise de décision par l'abonné, apport d'informations pertinentes et adaptées à ce qu'il pense être son interlocuteur. Il peut consulter la documentation écrite (main droite, yeux balayant de l'écran à la documentation) tout en continuant la communication orale ; éventuellement, il demande par téléphone une aide et une coopération à un collègue ; très rarement il le fait « à la cantonade », « pour ne pas gêner ».

Cette activité de travail est typiquement une activité multimodale en simultané, à la différence des anciens centraux d'appels téléphoniques qui ne mettaient en jeu que la voix et l'oralité. Elle est aussi plurisémiotique : elle implique de traiter, de comprendre, de faire la synthèse en temps réel d'informations distinctes, plus ou moins compatibles entre elles et provenant en même temps de plusieurs canaux : le canal de la voix, central pendant l'appel ; le canal visuel par lequel les opérateurs prennent des informations sur les écrans, ou dans la documentation écrite ; le canal moteur de l'écriture. C'est donc un travail qui suppose un maniement constant et simultané de systèmes de signes : comprendre oralement de que dit l'abonné, comprendre oralement ce que dit le collègue appelé à l'aide, lire des écrans, les traduire en petites notes, etc.

4.3. L'économie des moyens linguistiques parlés, lus ou entendus

L'économie linguistique, qui peut dans certaines circonstances devenir un impératif de fonctionnement, est sous la dépendance des contraintes économiques de temps qui, sans aller jusqu'au travail chronométré du taylorisme[1], sont présentes dans quasi tous les métiers. En effet, il est peu de métiers où la prescription du travail ne soit pas assortie de contraintes de temps : une lettre à rédiger, une conférence à tenir, une pièce à usiner, un process à contrôler, un médicament à donner, etc., toutes ces activités requièrent des durées socialement encadrées. Certes celles-ci peuvent varier et en particulier d'un pays à l'autre en fonction des normes de productivité du travail, mais en tout état de cause elles sont prescrites. Le temps est compté pour

[1] Il n'est pas inutile de rappeler que le contrôle du chronomètre n'y est pas un vain mot puisque dans certains systèmes de gestion de la main-d'œuvre, y compris actuels, la mesure s'effectue jusqu'au cent millième d'heure, soit 0,036 seconde.

agir, pour écrire, pour transmettre des informations aux collègues, pour débattre du meilleur moyen de résoudre un problème technique, etc. Dans une consultation médicale, à un guichet ferroviaire, dans une boulangerie, on ne peut pas avoir « tout son temps » « prendre le temps qu'il faut pour bien faire les choses ». Et si on le fait, c'est qu'on s'est installé dans une des formes de revendication salariale, la grève du zèle. Cette relation toujours étroite entre le temps, l'activité non langagière et langagière constitue une propriété fondamentale du travail contemporain (au regard du travail artisanal ou du travail artistique, par exemple). Mais aussi au regard d'autres genres discursifs. Ainsi, dans l'exercice ordinaire du langage et en particulier dans le genre de la conversation, où le temps est souvent peu compté, on observe un tout autre couplage entre le temps et le langage.

L'économie des moyens linguistiques génère des formes spécifiques, dans les différents univers de travail. Nous allons en décrire quelques-unes. La première forme que nous rappelons à titre de mémoire historique est l'absence même de toute expression verbale, le silence. L'interdiction explicite de parler pendant le travail a gouverné la première révolution industrielle au XIXème siècle et elle était explicite tout autant dans les règlements d'ateliers que sur les lieux mêmes : on peut encore voir, dans d'anciennes usines, ateliers ou entreprises, de vieux panneaux où est écrit « Il est interdit de parler ».

En second lieu, l'économie des moyens verbaux concourt à une propriété régulière des énoncés oraux comme écrits : il s'agit de leur caractère a-syntactique (au sens de Goody, 1979). Ceci constitue le procédé le plus fréquemment rencontré dans les univers de travail pour obtenir des communications rapides : mémos rapidement écrits et lus, tableaux, paroles opératoires vite dites et décodées, par exemple. Les moyens linguistiques principaux en sont la réduction et l'élimination des morphèmes ou des catégories syntaxiques considérés comme non indispensables à la communication : les déterminants, certains adjectifs, les désinences verbales, les mots de liaison, les enchâssements de propositions. A l'oral, on peut donner l'exemple des communications verbales issues de la navigation aérienne, telles qu'analysées par Falzon, comme : « Air France 252, montez au niveau 330, contactez Paris 123.5 » (1989, p. 104). Il en va de même de la transmission des ordres ou des consignes, comme dans les salles de contrôle (Joseph, 1995), les chantiers du bâtiment (Sabben & Ben Youssef, 1981) ou dans les blocs opératoires.

L'a-syntacticité se retrouve ainsi dans de nombreux échanges professionnels oraux où il faut être concis, rapide, où la réponse en actes ne permet pas de négociation, de débat, de discussion, que ce soit pour modifier la trajectoire ou orienter la flèche d'une grue, par exemple. Mais cette a-syntacticité est assurément une caractéristique centrale de nombreux écrits de travail, c'est-à-dire des écrits situés, souvent éphémères et ayant une valeur d'acte au sein des activités professionnelles (Fraenkel, 2001). Du « style elliptique » que prend souvent l'écriture professionnelle et que Fraenkel (1994) a mis en évidence et décrit, nous insisterons ici sur une des réalisations : le format du tableau, ou de la liste. Rappelons que Goody envisageait les procédés graphiques que sont le tableau et la liste comme fondamentaux dans le processus d'invention de l'écriture humaine, l'énonciation orale étant inapte à les produire, voire à les conceptualiser : « le tableau est essentiellement un procédé graphique (et, fréquemment un procédé de culture écrite) » (1979, p. 111). En situation de travail, de nombreux dispositifs externes viennent amplifier et accroître les capacités cognitives des salariés. Ainsi, dans les métiers qui requièrent des formes de transmissions orales et écrites entre les équipes, comme les infirmières ou les ouvriers et techniciens de maintenance des industries de process, on a souvent recours à ces artefacts cognitifs que sont les listes ou les tableaux, pour transmettre rapidement et efficacement des consignes ou des informations. Le format cognitif des tableaux graphiques à double entrée en est par excellence un représentant.

L'a-syntacticité est aussi spécifique du genre professionnel que constitue le compte-rendu d'intervention technique, comme on peut le voir dans l'exemple suivant. Il s'agit d'une partie des fiches techniques accompagnant ce qu'EDF nomme le « travail sous tension ». La liste assure ici une fonction de narration, chronologiquement orientée, des interventions faites par les techniciens ; elle sert à la fois à contrôler leurs différentes opérations, à les enregistrer et à en garder la mémoire :

« ouverture IACM 2111
ouverture de la cellule pose de Commentry Départ Néris
Ferme AFC coté Néris
ouverture inter poste Les Brandes
GE 70 pour poste Les Brandes
GE 160 au poste Raymonds »

Le troisième procédé linguistique qui réalise une économie des moyens linguistiques en situation de travail est la siglaison. Il s'agit d'un procédé linguistique et pragmatique par lequel un groupe, une collectivité de travail, se met d'accord pour admettre une réduction morphologique de termes professionnels à leurs seules initiales ; avec, comme pour les procédés de verlan, des réarrangements divers au plan phonétique ou morpho-phonologique. Ces procédés sont autant utilisés dans le langage de la prescription et de l'organisation officielle, « ANPE, DRH, CHSCT, etc. », que par les salariés eux-mêmes. C'est ainsi que dans la grande distribution, les employés nomment l'employé au libre-service le « l'ELS » prononcé «lèls ». Ou encore, dans un service universitaire, les employées disent « la kreu » pour « la réunion du Conseil Restreint Elargi de l'Université ». Les procédés de siglaison se combinent souvent avec l'a-syntacticité des énoncés que nous venons d'étudier, comme dans l'exemple suivant. Il s'agit d'un extrait du rapport d'activité d'une compagnie aérienne cité par De Vecchi (2002) :

RDV FLT §§ 123 JFK du 05 jun 98
REF : PAX Dupont/J.M. MEDA AVICAB SPML UM PAX AYANT RESA KK en Y s'est retrouvé en LLA CDG et embarqué en J sans DBML

Enfin, nous évoquerons en dernier lieu la standardisation des interactions en milieu de travail. Celle-ci peut aller jusqu'à la stéréotypie, comme dans les dialogues professionnels qu'on rencontre, entre autres, dans les transactions commerciales ou, plus largement dans les interactions de service (voir, *Cahiers du genre*, 2000). Par ce formatage et cette standardisation de l'activité de langage, le management des services tente de contrôler une activité de travail essentiellement langagière. En effet, les agents dans les services, dont la qualification est assimilable à celle des ouvriers, n'ont cependant plus d'activité de production d'objets matériels dont la qualité et la pertinence au regard des normes de l'entreprise pouvaient être aisément quantifiables et évaluées. L'uniformisation des transactions de service constitue l'une des réponses apportées par le management à cette question décisive de la gestion, du contrôle et de l'évaluation du travail des services. Exemples :

« Madeleine - à votre service » (centre d'appel bancaire)
« votre demande concerne quelle ville ? » (France Télécom)

4.4. L'univocité de l'interprétation

L'univocité de l'interprétation, constituée parfois en impératif dans certaines situations professionnelles, a été au fondement des entreprises de terminologie dans le monde des entreprises. On en connaît les limites comme les apories (voir Condamines, 2003). Il n'en demeure pas moins que, dans de nombreuses situations de travail, elle est, sinon appliquée et applicable, du moins fortement recherchée. Cette propriété est en étroite relation avec les questions du risque, de la dangerosité du travail et plus largement avec la question de la responsabilité, en particulier dans l'ensemble des univers juridiques. Il s'agit d'employer, sous forme écrite ou orale, des formes linguistiques non ambiguës qui assurent ou tendent à assurer l'identité entre la production par un locuteur et/ou scripteur et l'interprétation d'un énoncé ou d'un discours par autrui. Ce sont, par exemple, les termes spécialisés, le vocabulaire technique tel qu'enregistré par les offices de terminologie ; c'est l'écriture du droit, des modes d'emploi, des règlements. Nous prendrons l'exemple de l'Agence Internationale pour l'Energie Atomique de Vienne (AIEA).

La sécurité dans les centrales nucléaires constitue pour les concepteurs comme pour le personnel un point capital. L'ensemble des activités de conception, de mise en fonctionnement et d'exploitation passent par une mise en forme écrite. Parmi d'autres documents, nous avons analysé le « Code pour la sécurité des centrales nucléaires de l'énergie atomique » produit par l'AIEA (Boutet, 1993). Ce texte énonce étape par étape ce que doivent faire concepteurs et opérateurs dans le cadre d'un programme « d'assurance de la qualité ». La plupart des énoncés de ce texte dans sa version en français présentent des verbes modaux de type injonctif comme « devoir, falloir, être obligatoire, nécessaire, indispensable ». Ces modalités sont très souvent appliquées, non pas à des actions non langagières mais à des actions scripturales. On doit « consigner par écrit, rédiger, faire un rapport, noter une mesure ... ». Quelques exemples :

> « Sur chaque article d'une centrale nucléaire, l'état d'avancement des essais et inspections *doit être repéré au moyen de marques, estampilles, étiquettes mobiles ou collées, fiches suiveuses, procès-verbaux de contrôle* » (AIEA).
> « La rédaction, l'examen, l'approbation et la publication de documents tels que les instructions, les procédures et les plans qui sont indispensables pour exécuter et vérifier les travaux *doivent être tenus sous contrôle* » (AIEA).

Or les rédacteurs veulent, toujours pour des raisons de sécurité, obtenir une lecture univoque de ces textes. Cela les conduit à souligner explicitement l'interprétation que les lecteurs-utilisateurs des installations devront faire :

> « L'emploi des verbes *devoir* et *falloir* au présent ou au conditionnel permet à l'utilisateur de faire la distinction entre exigences rigoureuses et options souhaitables » (AIEA).

La propriété d'univocité de l'interprétation a ici un usage de type catégorique : le document écrit est conçu comme un moyen de tout dire, de tout prévoir, de ne laisser aucune trace à l'intersubjectivité et aux interprétations multiples. Pour prévenir des lectures particularisantes, les auteurs vont jusqu'à proposer une « Note sur l'interprétation du texte » dans laquelle on peut lire :

> « Dans plusieurs cas, l'on trouvera employés les mots *doit prendre en considération* ... ou *doit ... autant que possible*. Il est alors essentiel d'accorder à la question dont il s'agit la plus grande attention, et la décision doit être prise en tenant compte des particularités de chaque cas » (AIEA).

L'univocité de l'interprétation ainsi que la volonté d'anticiper et de prévenir les interprétations du discours est en profonde divergence avec le fonctionnement « normal » et quotidien du langage où, à l'inverse, les interlocuteurs développent en permanence des « conduites d'ajustement », comme les a nommées Culioli (2002), afin de tenter de pallier la dissymétrie fondamentale et inhérente au langage humain entre la production des énoncés et leur interprétation. Evoquant la plasticité du langage, Culioli critique en ces termes l'idée de « code » :

> « Dans l'ajustement, celui qui va recevoir l'énoncé, le reconnaître, il le déconstruit pour le reconstruire. Et il va partir d'un ajustement de marqueurs pour reconstruire une valeur à l'énoncé. Mais il y a l'ambivalence, le vague, la situation [...] et c'est là que le malentendu peut entrer en ligne de compte. Donc, si on avait affaire véritablement à un "code", comme on le dit souvent, il suffirait que l'autre, à l'autre bout, ait le code : vous codez le texte, l'autre a sa machine à décoder, et il décode ! Il n'y a pas de ratés, pas de malentendus » (*ibid.*, p. 187).

Culioli reconnaît cependant une spécificité du fonctionnement du langage dans l'activité technique où on va tendre à éliminer l'ambiguïté : « Prenez par exemple des ordres, des consignes techniques très précises où il n'y a plus de distinction entre celui qui émet l'ordre, celui qui écrit la consigne et celui qui les reçoit ». Mais c'est pour émettre aussitôt une série de restrictions à cette ambition d'univocité interprétative :

> « Il suffit de prendre la notice d'emploi d'un appareil quelconque et on s'aperçoit que les failles, les risques d'erreurs, les interprétations sont très nombreux [...]. Dès que la situation change un peu, ça pose de nouveaux problèmes : par exemple, il n'y a pas de texte de droit qui ne soit objet d'interprétation, il n'y a pas d'activité juridique sans jurisprudence, il n'y a pas de contrat d'assurance qui ne puisse être objet de litige » (*ibid.*, p. 188-189).

5. Eléments de débat, en guise de conclusion

Nous avons cherché à décrire ici quelques-unes des propriétés organisatrices des genres « professionnels » ainsi que certaines formes linguistiques récurrentes. Nous avons proposé de considérer la dépendance au contexte d'action et les différentes formes de contextualisation qui en résultent comme centrales dans la définition des genres « professionnels ». Certes, en situation de travail, des réalisations de langage indépendantes du contexte d'action comme du contexte technique existent. Par exemple, il y a bien évidemment des plaisanteries, des jeux de mots (Boutet, 2001a), des conversations, des récits, en particulier la mise en mots des incidents ou des accidents du travail. On peut les décrire à la suite de Vion (1992) comme « des modules » ou, selon la terminologie de Grosjean & Lacoste (1999, p. 59), comme des « échanges interstitiels » de nature plus conversationnelle au sein d'interactions nettement finalisées. Exemple :

> Infirmière : Quelle cuisse vous me tendez ? Droite ou gauche ?
> Malade : Est-ce que je vous ai déjà refusé une cuisse ?
> Infirmière : Non, c'est comme vous voulez, je ne fais pas de politique, alors ...

Ces inserts sont importants et ils participent de la nécessaire diversité et hétérogénéité des pratiques langagières en toute situation, et entre autres au travail. Mais ils ne paraissent pas constituer le genre discursif principal du langage au travail. De la même façon, ce n'est pas la seule dimension de finalisation du langage, abordée plus haut, qui suffirait à elle seule à distinguer des interactions de travail d'interactions ordinaires : car il est évident que l'action ne concerne pas que les activités professionnelles. Si on admet que les genres professionnels se caractérisent par un ensemble de propriétés, ce n'est certainement pas chaque propriété prise isolément qui permet de le montrer, mais bien une combinatoire. Cette combinatoire est assurément variable selon les métiers, selon les activités, selon les tâches en cours : des études de terrain, de nature comparative, restent à conduire pour mieux cerner et décrire cette combinatoire de propriétés.

Nous avons conscience cependant qu'on pourrait adopter une démarche inverse et chercher à rapprocher les productions langagières en diverses situations ; on pourrait chercher ce qui y serait commun et l'interpréter dans un cadre théorique unifiant. Par exemple, on pourrait considérer que les interactions professionnelles comme non professionnelles sont sous la dépendance d'un principe très général et commun : la maxime de politesse de Grice. En poursuivant dans cette perspective, on pourrait montrer que l'application de cette maxime est, dans certains métiers et en particulier ceux des services, souvent mise à mal et constitue un point de cristallisation de la parole et des revendications des salariés. En effet, les interactions de service de « front office » constituent des situations de communications inégales dans lesquelles la modernisation des administrations et des collectivités territoriales, la centration sur l'usager, les droits qui lui sont reconnus, ont fait basculer les termes de l'échange : c'est largement le salarié qui est désormais en position d'être dominé et qui doit gérer difficultés ou conflits. Tandis que le salarié n'a pas d'options, n'a droit qu'à une seule langue et à une seule de ses variétés, un français standard, tandis que les protocoles et les procédures de traitement de l'interaction se font de jour en jour plus précis et rigoureux, le client en face jouit d'une relative liberté. S'il veut ou peut être coopératif et conduire une interaction « heureuse », il devra se conformer à ce registre. Mais en cas de difficultés, de conflits, il pourra aussi recourir à d'autres langues (passage aux langues de la migration) comme à des variétés moins standard de français. Ces dysfonctionnements de la communication professionnelle peuvent être interprétables dans les termes d'une infraction à la maxime de politesse de Grice.

C'est ainsi que lors de l'analyse ergonomique de l'activité que constitue l'accueil du public dans différents bureaux d'une mairie parisienne, Pochat (2000) montre que les compétences déployées par les agents se déclinent selon quatre registres : les compétences techniques et réglementaires (connaissance des textes, des modalités de constitution des dossiers), les compétences contractuelles (se mettre d'accord verbalement avec l'usager sur la définition de son cas et les pièces à fournir), des compétences civiles (gérer le face à face de telle sorte que l'usager se sente respecté et bien traité). Ces deux derniers ensembles de compétences renvoient à des compétences de nature communicationnelle. L'observation longue menée par l'auteur lui a permis de mettre à jour deux grands types « d'infélicités » : les micro-conflits où l'usager émet de multiples réflexions désagréables envers le salarié, et les conflits. Ces derniers sont des interactions verbales violentes avec insultes : « L'usager soit s'exprime dans un registre de langue correcte mais dont le contenu est dévalorisant pour l'agent *on voit bien que vous êtes fonctionnaires !, si vous croyez que je n'ai que cela à faire, moi !*, soit s'exprime dans un registre de langue incorrecte *bande de feignasses !*. Puis viennent les menaces d'intervenir en haut lieu, voire les menaces physiques *je vais te claquer la gueule.* » (p. 104).

De telles analyses en termes de « faces » ou « d'infélicités » offrent un cadre général qui autorise la comparaison avec d'autres interactions non professionnelles. Elles sont certes pertinentes mais elles ne permettent pas de comprendre ce qu'est la contribution du langage en situation de travail, en quoi elle est bien à la fois la même que dans d'autres genres premiers (une conversation amicale ou familiale) et en quoi elle demeure spécifique car liée à l'activité productrice. Or nous pensons que la description du langage au travail n'a pas pour seule finalité la connaissance ou l'exhibition d'usages particuliers du langage, un peu plus « exotiques » ou techniques que des conversations téléphoniques entre copains. Nous tentons d'assumer, avec d'autres chercheurs, un objectif plus ambitieux, résolument interdisciplinaire, et qui consiste à contribuer, au moyen d'observations et de descriptions du langage, à la connaissance et à la compréhension du travail humain.

Références bibliographiques

Bakhtine, M. ([1979] 1984). *Esthétique de la création verbale.* Paris : Gallimard.

Beaud, S. & Pialoux, M. (1999). *Retour sur la condition ouvrière.* Paris : Fayard.

Bercot, R. *et al.* (1988). Ouvriers qualifiés, maîtrise et techniciens de production dans les industries en cours d'automation. *CEREQ. Collection des études*, 43.

Borzeix, A. & Fraenkel, B. (Ed.). (2001). *Langage et travail.* Paris : Editions du CNRS.

Boutet, J. (1993). Ecrits au travail. In B. Fraenkel (Ed.), *Illettrismes.* Paris : Centre Georges Pompidou, Bibliothèque Publique d'Information.

Boutet, J. (2001a). Les mots du travail. In A. Borzeix & B. Fraenkel (Ed.), *Langage et travail* (pp. 189-202). Paris : Editions du CNRS.

Boutet, J. (2001b). Le travail devient-il intellectuel ?. *Travailler*, n° 6, 55-70.

Boutet, J. & Gardin, B. (2001). Une linguistique du travail. In A. Borzeix & B. Fraenkel (Ed.), *Langage et travail* (pp. 89-111). Paris : Editions du CNRS.

Bronckart, J.-P. (1996). *Activité langagière, textes et discours.* Lausanne : Delachaux et Niestlé.

Cahiers du genre (2000). La relation de service, regards croisés, n° 28. Paris : L'Harmattan.

Clot, Y. & Faïta, D. (2000). Genres et styles en analyse du travail. Concepts et méthodes. *Travailler*, n° 4, 4-42.

Condamines, A. (2003). *Sémantique et corpus spécialisés : constitution de bases de connaissances terminologiques.* Mémoire présenté pour l'Habilitation à diriger des recherches (HDR), Université de Toulouse Le Mirail.

Culioli, A. (2002). *Variations sur la linguistique.* Paris : Klincksieck.

Dejours, C. (1980). *Travail, usure mentale.* Paris : Editions Le Centurion.

De Vecchi, M. (2002). *Vous avez dit « jargon ».* Paris : Eyrolles.

Faïta, D. (2001). L'analyse du travail et le statut de « l'activité » chez Bakhtine. *Travailler*, n° 6, 13-30.

Falzon, P. (1989). *Ergonomie cognitive du dialogue.* Grenoble : Presses universitaires de Grenoble.

Filliettaz, L. (2002). *La parole en action. Eléments de pragmatique psycho-sociale.* Québec : Editions Nota bene.

Fraenkel, B. (1994). Le style abrégé des écrits de travail. *Cahiers du français contemporain*, n° 1, 177-194.

Fraenkel, B. (2001). La résistible ascension de l'écrit au travail. In A. Borzeix & B. Fraenkel (Ed.), *Langage et travail* (pp. 113-142). Paris : Editions du CNRS.

Goffman, E. ([1981] 1987). *Façons de parler*. Paris : Editions de Minuit.

Goody, J. ([1977] 1979). *La raison graphique*. Paris : Editions de Minuit.

Grosjean, M. & Lacoste, M. (1999). *Communication et intelligence collective*. Paris : PUF.

Joseph, I. (Ed.). (1995). *Gare du Nord, mode d'emploi*. Rapport final du programme de recherches concertées Plan urbain-SNCF-RATP. Paris : Ed. La Recherche - RATP, Service Prospective.

Kerbrat-Orecchioni, C. (2001). *Les actes de langage dans le discours*. Paris : Nathan.

Langages. (2002). L'origine du langage, n° 146. Paris : Larousse.

Leroi-Gourhan, A. (1964). *Le geste et la parole, I, Technique et langage*. Paris : Albin Michel.

Pochat, A. (2000). *Agir sur l'accueil en Mairie, la prise en compte de l'opérateur et de l'usager*. Mémoire pour le diplôme d'ergonomiste, Conservatoire National des Arts et Métiers.

Sabben, M.C. & Ben Youssef, M. (1981). *La communication verbale en milieu industriel*. Rapport de recherche. Paris : Ministère du travail et Laboratoire de physiologie neurosensorielle du CNRS.

Taylor, F.W. ([1911] 1964). *La direction scientifique des entreprises*. Paris : Dunod.

Teiger, C. (1995). Parler quand même : les fonctions des activités langagières non fonctionnelles. In J. Boutet (Ed.), *Paroles au travail* (pp. 45-72). Paris : L'Harmattan.

Vion, R. (1992). *La communication verbale : analyse des interactions*. Paris : Hachette.

Zarifian, Ph. (1996). *Travail et communication*. Paris : PUF.

L'analyse des actions et des discours en situation de travail. Concepts, méthodes et applications (sous la direction de L. Filliettaz et J.-P. Bronckart), Louvain, Peeters, BCILL, 2005.

L'autoconfrontation croisée en analyse du travail : l'apport de la théorie bakhtinienne du dialogue

Yves Clot

CNAM, Equipe de Clinique de l'activité

L'analyse des rapports entre langage et travail a ses traditions (Boutet, 1995 ; Grosjean & Lacoste, 1999). Ici on voudrait mieux comprendre les ressorts dialogiques d'une méthode d'analyse du travail développée depuis quelques années (Faïta, 1997 ; Clot, 2002b ; Clot & Faïta, 2000 ; Yvon & Clot, 2003). Pour ce faire, on commencera par soulever quelques questions sur la théorie du dialogue. Ensuite, on tentera de définir l'autoconfrontation comme un « genre d'activité spécialisé » que doivent s'approprier ceux qui se livrent à l'analyse de leur travail. Enfin on examinera en quoi et comment cette appropriation peut se révéler source d'un développement de l'activité professionnelle dans le cadre d'une clinique de l'activité[1].

1. Destinataires, sur-destinataire, sub-destinataire

On commencera par un commentaire un peu substantiel de certains textes de Bakhtine et on essaiera ensuite d'en tirer quelque enseignements. Pour Bakhtine, lecteur très attentif de Dostoïevski, l'intériorité psychique est une affaire trop sérieuse pour être abandonnée aux psychologies mentalistes. Même lorsqu'il prend sa conduite comme objet de réflexion, l'homme ne parle pas de lui-même et des autres mais avec lui-même et avec les autres : « il est impossible de saisir l'homme de l'intérieur, de le voir et de le comprendre en le transformant en objet d'une analyse impartiale, neutre, pas plus que par une fusion avec lui, en le 'sentant'. On peut l'approcher et le découvrir, plus exactement le forcer à se découvrir seulement par un échange dialogique » (1970a, p. 344). Mais Bakhtine est encore plus précis. Le dialogue n'est pas un procédé pour découvrir un homme préexistant. Il le constitue. « Lorsque le dialogue s'arrête, tout s'arrête » (*ibid.*, p. 344).

Avec Vygotski qui écrivait que le « comportement n'est à aucun moment une lutte qui s'apaise » (2003, p. 6), il aurait sans aucun doute souscrit à la belle formule de Tosquelles : « c'est seulement notre mort qui réunit dans une totalité la polymorphie de nos évènements vécus » (2003, p. 87). Pour Bakhtine, le noeud de l'approche dialogique est constitué par les relations entre le dialogue intérieur et extérieur : « dans le dialogue, les répliques de l'un empiètent sur les répliques du dialogue intérieur de l'autre » (1970a, p. 347). Dans les dialogues

[1] Ce chapitre peut être avantageusement lu en contrepoint de celui écrit par Kostulski dans ce même volume. Non seulement parce qu'il convoque aussi le cadre technique de l'autoconfrontation croisée mais plus profondément parce qu'il participe du même projet : rendre compte des rapports qui se nouent dans ce cadre entre plusieurs niveaux et plusieurs temps dialogiques.

qu'il prend comme exemple, « se heurtent et discutent non pas deux voix entières et monologiques, mais deux voix déchirées » et « les répliques ouvertes de l'une répondent aux répliques cachées de l'autre » (*ibid.*, p. 350). Pas de discorde entre les sujets ou de dissonances entre leur voix qui ne soient aussi, simultanément, « interférence de deux voix à l'intérieur d'une seule » (*ibid.*, p. 355). Certes, pour Bakhtine, ces dissonances sont souvent subtiles. Elle ne laissent que des traces fugitives dans l'énoncé et sont repérables chez un sujet « pas tant dans les mots que dans des silences que ne justifie pas le sens de son discours, dans des changements de ton inexplicables par rapport à sa première voix, dans un rire déplacé, etc. » (*ibid.*, p. 354)[2].

Quoi qu'il en soit, celui qui parle à l'autre présuppose que sa voix n'a pas en face d'elle le mot monologique de son interlocuteur mais qu'elle « pénètre dans son dialogue intérieur, où la place précise d'autrui est en quelque sorte préparée d'avance » (*ibid.*, p. 360). Bakhtine trouve chez Dostoïevski le principe structural du dialogisme tel qu'il l'entend. Partout c'est l'interférence consonante ou dissonante des répliques du dialogue « apparent » avec des répliques du dialogue intérieur. Partout un ensemble déterminé d'idées, de réflexions, de mots est distribué entre plusieurs voix distinctes avec une tonalité différente dans chacune d'elles. Le plurivocalisme et l'hétérovocalisme font s'épauler réciproquement le dialogue extérieur et le dialogue intérieur. Et ce, en raison même du fait que « la recherche du mot personnel, c'est, en fait, une recherche du mot non personnel, du mot qui est plus grand que soi, une aspiration à fuir ses propres mots à l'aide desquels on ne sait rien dire de substantiel » (1984, p. 370).

On mesure alors à quel point le dialogue possède un volume que sa surface ne saurait envelopper tout entier. C'est d'ailleurs ce qui donne une histoire possible au dialogue qui est toujours plein de possibilités non réalisées. L'hétérovocalisme est le nom que Bakhtine donne à ce volume. En accord avec lui, mais dans un autre vocabulaire nous disons que le *dialogue réalisé* (Bakhtine parle de dialogue apparent) n'a pas le monopole du *réel du dialogue*. Il trahit – au double sens de révéler et de transformer – le réel du dialogue. De ce point de vue, si le mot lui-même est, comme il l'écrit, « bivocal » ou « équipollent » (1970a, p. 363) c'est qu'il est toujours le théâtre d'une lutte pour la signification. Et « c'est aux frontières que se livre le dur combat dialogique » (1984, p. 364).

On voit assez bien d'habitude que pour Bakhtine ces frontières fluctuantes passent entre mes mots et ceux d'autrui. L'expérience verbale de l'homme est un processus d'assimilation plus ou moins créatif des mots d'autrui et non pas des mots de la langue en eux-mêmes. Notre parole est remplie des mots d'autrui et nos énoncés sont caractérisés à des degrés variables par l'altérité ou l'assimilation, par un emploi identique ou démarqué, retravaillé ou infléchi des mots d'autrui (1984, p. 296). Pour agir dans le monde, nous vivons dans l'univers des mots d'autrui et toute notre vie consiste à se diriger dans cet univers, à se livrer justement à ce dur combat dialogique aux frontières fluctuantes entre les mots d'autrui et les mots personnels (1984, pp. 363-364). Mais on voit moins bien en général que les frontières dialogiques fluctuent aussi à l'intérieur des mots personnels eux-mêmes dont l'emploi est aussi identique ou démarqué, retravaillé ou infléchi selon les moments et les situations. Bakhtine appelle « microdialogue » (1970a, p. 362) ce dialogue intérieur qui fait du mot personnel une histoire du mot dans le mot. Cet aspect du dialogisme, très mal reconnu, mérite pourtant beaucoup d'attention (Friedrich, 2001).

---

[2] Jakubinski avait déjà beaucoup insisté, dans un texte fondateur, sur le rôle de la mimique et de l'intonation dans le processus de production de l'énoncé et dans la définition de l'intensité du discours (Jakubinski, 2000).

Mais ce n'est pas tout. On voit aussi moins bien, en général, que Bakhtine inscrit ces deux dialogues mêlés à l'intérieur d'un troisième dont ils ne sont que des parties : le « grand dialogue » qui déborde complètement le périmètre de l'échange actuel entre les deux interlocuteurs, mais auquel ils participent même à leur insu. C'est le « troisième front », si on peut s'exprimer ainsi : le « grand dialogue » (1970a, p. 362) ou encore la « grande temporalité » (1984, p. 346) du dialogue. Or, comme le précédent, ce point est décisif pour bien cerner l'originalité de la posture dialogique de Bakhtine. « Comprendre, écrit-il, c'est, nécessairement devenir le *troisième* dans un dialogue » (*ibid.*, p. 336). Il ne s'agit pas bien sûr du *troisième* au sens littéral puisque les participants d'un dialogue peuvent être en nombre illimité. Mais d'une position dialogique particulière. Le destinataire du dialogue réalisé est concret et l'auteur de la production verbale attend de lui une réponse dans l'échange en cours. Ce destinataire est le destinataire second. Mais en dehors de ce destinataire, « l'auteur d'un énoncé, de façon plus ou moins consciente, présuppose un sur-destinataire » (*ibid.*, p. 336). Situé, selon les époques, dans « un lointain métaphysique » ou dans un temps historique éloigné, ce « destinataire de secours » varie à la faveur des perceptions du monde et du milieu : « ce sur-destinataire, avec sa compréhension responsive, idéalement correcte, prend une identité idéologique concrète variable (Dieu, la vérité absolue, le jugement de la conscience humaine impartiale, le peuple, le jugement de l'histoire, la science, etc.) » (*ibid.*, p. 337). On ajouterait volontiers bien sûr, pour ce qui nous concerne, en analyse psychologique du travail, *le métier*. Mais quoi qu'il en soit, l'auteur de l'énoncé en attend aussi compréhension et réponse même à son corps défendant.

L'auteur d'un énoncé « ne peut jamais s'en remettre tout entier, et livrer toute sa production verbale à la seule volonté absolue et définitive de destinataires actuels ou proches » (*ibid.*, p. 337). Tout dialogue, ajoute Bakhtine, se déroule en présence d'un troisième participant invisible « qui se situe au-dessus de tous les participants du dialogue » (*ibid.*, p. 337). Ainsi, la totalité des voix du passé continuent à parler dans le présent. Ce sur-destinataire n'a pourtant rien d'obligatoirement mystique quand bien même il serait susceptible de le devenir dans certaines perceptions du monde. Ce qui est sûr c'est que l'autre n'est donc pas seulement le second dans le dialogue, autrui comme personne, l'autrui singulier de l'intersubjectivité. Il n'est pas seulement quelqu'un d'autre mais *autre chose* : une histoire collective de civilisation du réel. En réalité, cet autre là est transhistorique et non pas supra-historique. Il est très précisément *transpersonnel* (Clot, 2003b). En effet, il n'est pas externe à l'entité dialogique située, il existe à l'intérieur des échanges singuliers de cette entité, même s'il demeure irréductible à eux. Il reste que, pour Bakhtine, « il est moment constitutif du tout de l'énoncé et, à l'analyse plus approfondie, il peut y être décelé » (1984, p. 337). Le dialogue présuppose toujours une instance de « justification » qui protège le locuteur de l'évaluation immédiate du second destinataire. C'est vrai même pour le mensonge, note Bakhtine, ne serait-ce que sous la forme suivante : « N'importe qui, *à ma place,* aurait menti » (*ibid.*, p. 337). C'est que le mot va toujours plus loin et traverse son destinataire immédiat à la recherche d'une assistance, à tous les sens du terme, dont l'absence est ce qu'il y a de plus terrible pour l'homme. De ce point de vue, le mot est sans fond parce que son sens n'a pas de fin même si sa production peut être physiquement interrompue par tel ou tel participant direct au dialogue.

Pour Bakhtine, cet inachèvement structurel qui multiplie les angles dialogiques n'est pas un subjectivisme ou même cette sorte de « panglossie » qui enferme le psychisme dans le langage. Au contraire, cet inachèvement donne une histoire à l'objectivité car les « finalités purement matérielles et opératoires du mot, la faculté qu'il a de se concentrer sur son objet, n'en sont nullement affaiblies » (*ibid.*, p. 337). On peut même penser qu'elles se développent d'autant mieux que l'affrontement dialogique pour la signification de l'objet se mène sur les trois fronts du dialogue. C'est même la lutte pour l'objet qui explique l'instabilité de ces fronts et même qu'il y ait trois dialogues en *un*. Il reste que dans les répliques du dialogue avec le destinataire immédiat deux autres dialogues font entendre leurs voix : le « grand dialogue » avec le troisième participant invisible et le « petit dialogue » avec soi-même. Autrement dit, adressées au(x) destinataire(s) immédiats, les répliques sont simultanément des questions et des réponses au sur-destinataire et à au *sub-destinataire*, concept qu'on utilisera ici pour désigner les voix du dialogue intérieur.

Destinataire, sur-destinataire, sub-destinataire : on comprend alors pourquoi il faut conserver son tranchant à la théorie du dialogue chez Bakhtine et surtout éviter de la ramener à un dialogisme de surface. Bakhtine de ce point de vue est inséparable de Jakubinski et de toute une tradition d'étude du dialogue en Russie. Jakubinski, dans le texte mentionné plus haut, cite par exemple les analyses publiées en 1915 par Scerba qui montrent que « le monologue est, dans une certaine mesure, une forme linguistique artificielle, et que la langue révèle sa véritable essence dans le dialogue » (2000, p. 112). Plus récemment, Ponzio a attiré l'attention sur le risque d'impliquer Bakhtine dans une sorte de morale de la communication qui lui est complètement étrangère. En critiquant l'interprétation de l'oeuvre avancée par Clark & Holquist (1984), il montre que le dialogue, pour Bakhtine, n'est nullement un idéal à atteindre. S'engager dans le dialogue avec les autres pour devenir soi-même à travers l'interaction n'est pas un devoir, comme le suggèrent ces auteurs, car on ne peut pas choisir d'entrer en dialogue. « Le dialogue, pour Bakhtine, ne s'engage pas, il se subit », écrit Ponzio de manière tranchée (1998, p. 112). C'est pourquoi cette théorie du dialogue est asymétrique et a-réciproque contrairement au formalisme de la relation « Je-Tu » proposé par Buber (1959) ou encore à la « polyphonie de réconciliation » promue par Jacques (2000).

Le dialogue n'est pas le résultat d'un acte délibéré d'ouverture à l'autre mais résulte tout au contraire de l'impossibilité de se fermer à l'altérité (Ponzio, 1998, p. 113). On ne choisit pas de s'ouvrir à l'altérité dialogique. Elle nous affecte avant même de vivre et d'agir dans le monde. Elle est insupprimable. On peut, au mieux, retournant la passivité en activité, en faire quelque chose pour soi en la *développant*. Sinon c'est elle qui nous *enveloppe*, non sans nous faire courir le risque d'une déréalisation. On n'y parvient qu'en réussissant à renverser le statut de l'autre, par une subversion de l'autre en soi-même pour soi-même, par appropriation. C'est là une activité de reconversion et d'affectation de l'autre qui autorise sa migration de la fonction de source de mon activité à celle de ressource pour son développement propre. Ces migrations fonctionnelles bien étudiées par Vygotski (Vygotski, 2003 ; Clot, 2002a) rendent compte de l'hétéroglossie décrite par Bakhtine dans les termes d'une hétérotemporalité.

2. Vérité et vérité

Il reste que cette hétérogénéité plurivocale maintient chez Bakhtine une inéliminable discordance entre le dialogue réalisé et le réel du dialogue. Et c'est même cette discordance qui peut se révéler créatrice. Car pour lui, comme l'a très bien vu Bender, non seulement le dialogue est possible quand les interlocuteurs ne partagent pas les mêmes significations mais c'est même la condition de son développement : « Dans la vie tout est dialogue, c'est-à-dire opposition dialogique » (Bakhtine, 1970a, p. 84). Ce que nous partageons n'est pas aussi intéressant que ce que nous ne partageons pas (Bender, 1998, p. 193). Ce qui intéresse Bakhtine, comme

Dostoïevski, c'est moins de montrer l'homme en accord avec l'autre, que ce même homme dialoguant en dépit de l'autre, de lui-même et de ses propres intentions, réfractaire à la synthèse, et ce au nom de la recherche dans le réel de ce qui est vrai ou faux, juste ou injuste, bon ou mauvais, efficace ou non. A la recherche d'autre chose pour vivre et faire quelque chose de sa vie : l'autre geste possible, l'autre objet, l'autre mot, l'autre idée, l'autre activité, l'autre possibilité non encore réalisée. A la recherche de l'homme exposé à la découverte.

C'est que pour Bakhtine, si le dernier mot n'est jamais dit, c'est précisément que tout n'est pas dans les mots. Pour lui, ce ne sont d'ailleurs pas des mots que nous prononçons ou entendons mais des vérités ou des mensonges, des choses importantes ou triviales, agréables ou non, grandiloquentes ou légères. De façon plus générale, comme chez Jakubinski (2000, p. 103), chez Bakhtine la fonctionnalité de la parole est son principe même : « L'arrachement de la parole à la réalité est destructeur pour elle-même ; elle s'étiole, perd sa profondeur sémantique et sa mobilité, sa capacité d'élargir et de renouveler son sens dans des contextes neufs et vivants ; pour tout dire, elle meurt en tant que parole car la parole signifiante vit en dehors d'elle-même, vit de son orientation vers l'extérieur » (1978, p. 171).

C'est là un travail de production de signification qui peut être décrit comme une interminable lutte dans la parole entre un processus centripète et un processus centrifuge (Sandywell, 1998). Un conflit moteur dans l'activité de signification entre le processus centripète du « déjà dit » à vocation monologique et le processus centrifuge du « pas encore dit » à vocation dialogique. Pour Bakhtine, on le voit, l'extérieur n'est pas le dehors, le référent externe de la proposition, mais l'au-delà, la limite à repousser, l'horizon qui recule avec le marcheur, le développement possible. C'est la motricité de l'inaccompli qui engage les attendus de la parole dans ce qui lui échappe encore, aux risques pour le sujet de se trouver à découvert. Pour le dire comme François, « Il n'y a pas là un manifeste et un caché, un signifiant et un signifié, plutôt un difficile à dire » (1998, p. 26).

C'est une question de vie ou de mort : arrachée à cette perspective que lui *tend* le réel la parole meurt, écrit Bakhtine. Sa véracité tient à cette tension qui est la source du dialogue. C'est peut-être ce qui faisait écrire à Todorov : « pour la critique dialogique, la vérité existe mais on ne la possède pas » (1984, p. 21). En tous cas Bakhtine a pris soin d'utiliser deux mots différents en russe pour distinguer cette vérité première – qu'aucune connaissance ne tarira jamais – de la vérité théorique et du savoir. Il a écrit « istina » pour la vérité théorique et « pravda » pour la vérité de l'acte engagé dans l'évènement c'est-à-dire dans la recréation du « donné-à-accomplir » (Bakhtine, 2003, p. 13). A sa suite on peut proposer de regarder la vérité dans une activité dialogique autrement que comme la conformité à un objet externe de référence. La vérité a une histoire. Elle résulte, sans s'y réduire, du *développement* possible de l'objet de connaissance et de celui de l'action au cours de l'activité dialogique entre des sujets qui ne « trichent » pas avec le réel. Cette activité vraie ou encore authentique, dans laquelle le dernier mot n'est jamais dit,[3] signale la véracité du dialogue. Du coup, de deux choses l'une : ou bien renoncer simultanément à la vérité et au dialogue lui-même. Ou bien, sans renoncer ni à l'une ni à l'autre, assumer « le dur combat dialogique aux frontières fluctuantes » entre les voix, non

---

[3] On peut consulter sur ces questions les thèses récentes de Scheller (2003) et de Prot (2003).

pour célébrer le concert des voix en tant que tel, mais pour donner une histoire à l'objectivité.[4] Histoire à jamais inachevée (Bibikhine, 2003 ; Darré, 2001 ; Fillietaz, 2002, p. 321).

Cet inachèvement conçu par Bakhtine comme une chance donnée au surgissement inattendu et imprévu de la vérité est au principe de la théorie dialogique examinée ici. Sans l'horizon de la vérité, le dialogue est délesté. Le dialogue ne vise pas l'expression d'une subjectivité qui confesse ses limites en en appelant à l'autre, comme chez Jacques, mais à soutenir et à organiser la passion de s'emparer de l'objectivité du monde. Il n'y a aucune idéalisation de la réciprocité, de la communauté ou du collectif chez Bakhtine mais plutôt le souci de l'évènement qui peut leur donner un devenir : non pas en niant la réciprocité mais par la voie de son développement en contraignant la communauté et le collectif à se dépasser eux-mêmes. Autrement dit, en cherchant à repousser les limites de l'objectivité, ce sont aussi celles de la subjectivité qui reculent. Plus d'objectivité pour plus de subjectivité et inversement, tel semble être l'engagement bakhtinien. On pourrait le dire autrement : un peu d'objectivité nous éloigne de la subjectivité, beaucoup d'objectivité nous en rapproche : « Rien de définitif ne s'est encore produit dans le monde », écrit Bakhtine (1970a, p. 343). Ne pas renoncer à s'emparer de l'objectivité du monde à la recherche de ce qui excède la vérité du moment, à la recherche de ce qu'on ne peut pas encore faire ou pas encore dire : telle est peut être la signification essentielle du dialogisme bakhtinien, très proche d'ailleurs en cela du transformisme vygotskien : « c'est uniquement en mouvement qu'un corps montre ce qu'il est » (Vygotski, 1978, p. 64).

Répondre aux convocations du réel reste sans doute ce qu'il y a de plus humain en l'homme. C'est particulièrement vrai pour une communauté car c'est ce qui l'oblige à faire le tour de ses possibilités et de leurs limites, à dépasser pour ainsi dire sa naïveté et ses illusions. Mais la réponse à cette convocation, justement pour être sérieuse, ne peut pas, sauf à courir les plus grands risques, « se prendre au sérieux » dans les filets de l'esprit catégorique. Bibikhine a sans doute vu l'essentiel : « l'attrait de Bakhtine consiste en ce qu'il n'a pas quitté le seuil de la vérité qui ne saurait prendre place, et qu'il s'est efforcé de faire comprendre aux autres qu'il y a un espace tout autre et un enthousiasme tout autre que ce que les hommes s'étaient résignés à comprendre. Le rire est la dénomination conventionnelle de cet enthousiasme inexpugnable » (2003, p. 149-150). La vérité est dans le rire de Rabelais qui purifie de la sclérose et déblaye la voie (Bakhtine, 1970b ; Werthe, 2001). Plus précisément, le rire signale la *véracité* de l'activité, si l'on veut distinguer vérité théorique et vérité dans le rapport au réel, comme Bakhtine le fait en utilisant *istina* et *pravda*. Devant les intimidantes vérités autorisées et convenues, dégageons la route : « Tous les habits existants sont trop étroits pour l'homme, et donc comiques » (1978, p. 470).[5]

Pour nous, en tout cas, le rapport s'établit ainsi : ce n'est pas la vérité théorique qui peut *expliquer* l'activité réelle. C'est le réel de l'activité dialogique entre les sujets (dans sa véracité) qui doit *s'expliquer* – au deux sens du terme – avec la vérité théorique.

---

[4] Bakhtine considère d'ailleurs que relativisme et dogmatisme sont plus jumeaux qu'ennemis. Ils excluent l'un et l'autre tout dialogue authentique, en le rendant soit inutile puisqu'il n'y a pas de vérité à chercher (relativisme), soit impossible car on l'a toujours déjà trouvé (dogmatisme). Le dogmatisme est certes un monologue. Mais le relativisme ne fait jamais que multiplier à l'infini les monologues jusqu'à ce qu'ils se dégradent en soliloques. Voloshinov a très bien résumé la thèse du cercle bakhtinien : « la vérité n'est éternelle qu'en tant qu'évolution éternelle de la vérité » (1977, p. 218).

[5] Aucouturier l'a bien vu : le rire de Bakhtine « ne s'en prend pas à des personnes ou à des institutions particulières mais à l'existence tout entière, rieur compris » (1978, p. 15).

3. Clinique de l'activité : entre réel et réalisé

C'est le sens même du genre d'analyse du travail que nous développons en clinique de l'activité. On peut en résumer l'esprit ainsi avant d'entrer dans le détail. En utilisant le dispositif technique des autoconfrontations croisées que nous allons décrire nous délimitons artificiellement un périmètre interlocutoire destiné à produire et à mobiliser des ressources dialogiques nouvelles pour la transformation des situations de travail ordinaires. Nous verrons plus bas comment nous conceptualisons les rapports entre cet artefact méthodologique et l'activité de travail habituelle. Boutet, Gardin & Lacoste ont montré que parmi les obstacles rencontrés dans l'étude de la parole au travail, « l'un des plus importants tient à la pluralité des contextes où l'activité se déploie » (1995, p. 38). Nous partons également de ce constat. Mais nous avons cherché à transformer cet obstacle en ressource. Résumons pour le moment ce que nous retenons de la perspective bakhtinienne pour y parvenir.

En premier lieu, en créant cet artefact nous tentons d'être le moins naïf possible. Nous *partons* – aux deux sens du terme – de la distinction entre dialogue réalisé et réel du dialogue. Contre une compréhension étroite du dialogisme conçu comme discussion ou conversation localisées, nous pensons que le dialogue n'est pas la réaction en chaîne que Bakhtine critiquait dans la linguistique descriptive des béhavioristes (Bakhtine, 1984, p. 333). Le réel dialogique ne coïncide pas avec le rapport qui existe entre les répliques dans l'enchaînement du dialogue réalisé. Car deux énoncés, séparés l'un de l'autre dans l'espace et dans le temps et qui ne savent rien l'un de l'autre peuvent se révéler en rapport dialogique réel (Bakhtine, 1984, p. 334 ; Faïta, 1999). Autrement dit, l'ingénuité est l'un des pires ennemis de l'analyse dialogique. Le dialogue est nomade. Il ne reste pas en place. Comme l'écrit, François, même « le for intérieur de celui qui agit est en même temps 'ailleurs'. Le problème n'est pas de poser des mondes séparés et de décrire chacun d'eux, mais de s'interroger sur leurs relations » (1998, p. 22). Faïta a également bien illustré ce fait (1999, 2001). On reprendra plus bas ce problème du nomadisme dialogique.

Mais une question immédiate vient alors légitimement à l'esprit. Si le dialogue ne tient pas en place, pourquoi vouloir tenter de le mettre entre parenthèse dans l'autoconfrontation croisée ? Ne risque-t-on pas de le déréaliser justement en lui imposant des formes convenues de réalisation ? C'est à cette question qu'on voudrait répondre ici en second lieu. Pour nous, en effet, la polyphonie n'est pas une fin en soi. Ce qui compte surtout, au travers du plurilinguisme professionnel que nous cherchons à organiser en clinique de l'activité, est que le collectif de travail ne se résigne pas aux vérités du moment. Ce qui compte, c'est ce qu'on n'arrive pas encore à dire du réel de l'activité : ce « difficile à dire » avec quoi on pourrait peut-être faire quelque chose de différent de ce qu'on fait. Du coup, nous organisons le dialogue entre les travailleurs *et* cet obstacle mais aussi entre eux *sur* cet obstacle. C'est pourquoi ce dialogue n'est à aucun moment une lutte qui s'apaise. Dans le genre d'analyse du travail dont il est ici question le « difficile à expliquer » est, pour ainsi dire, le furet du jeu dialogique. Si le chercheur tient bon sur les règles du genre, ce « difficile à représenter » devient alors un « objet-lien » (Tosquelles, 2003, p. 111) qui court dans le dialogue entre les répliques, d'une réplique à l'autre. Il participe au dialogue puisqu'il est sa limite même. Ceux qui dialoguent ne parviennent à faire reculer cette limite qu'en développant leur curiosité. La véracité du dialogue se tient sur cette frontière-là : on parle et en même temps on sent, on cherche à voir, à faire voir ou à faire sentir.

Cette frontière fluctuante maintient le dialogue tendu.[6] C'est une limite du langage à l'intérieur du langage, dans le dialogue réalisé lui-même. Mais cette limite n'est pas spécialement au dehors du langage ni en dehors de l'enchaînement des répliques. Elle en est plutôt *le dehors*, un dehors du langage qui n'est pas hors de lui (Deleuze, 1993). Ce dehors est, entre deux répliques, dans le dialogue réalisé le moment de déplacement qui nous fait passer de l'une à l'autre. L'une dans l'autre, l'une *au-delà* de l'autre, les répliques se produisent sous l'impact d'un dehors qui creuse l'intervalle entre elles. Ce développement se réalise dans les répliques, qui n'auraient sans lui rien à incarner ou à accomplir. Mais, à l'inverse, sans ces réalisations ce développement resterait transitif, instable, volatile, exposé à l'extinction. Ainsi, le dialogue réalisé se rapporte bien à « autre chose » qui ne se réduit ni au sens des énoncés ni au référent des propositions. Cette « autre chose » ne concerne pas la vérité des énoncés mais la véracité du dialogue. C'est ce que nous appelons le réel du dialogue dont on voudrait bien marquer qu'il n'est pas *en dehors* du dialogue réalisé mais *son dehors*. On n'a donc aucune chance d'y accéder si on ne focalise pas sérieusement la réalisation des échanges autour de ce qu'on n'arrive pas à dire, autour de ce qui paraît d'abord impossible à dire.

Dans les autoconfrontations croisées, le montage des images vidéos de l'activité est un procédé conçu pour se porter à la rencontre de cette difficulté. Le travail du chercheur consiste aussi à « provoquer » son analyse. Et ce, afin de préserver toutes les chances de développement pour le réel du dialogue à l'intérieur du dialogue réalisé. Ainsi, en se réalisant, le réel du dialogue se développe. Le dialogue réalisé, lui, en se mesurant au réel qui lui échappe, peut aussi se porter au-delà de lui-même. Autrement dit, même dans la parenthèse artificielle que constitue l'autoconfrontation croisée, le dialogue est nomade. Même là, il ne tient pas en place. Dans le cours de l'interaction, le dialogue réalisé n'a pas toujours la même fonction : de *ressource* pour affronter et surmonter ce qu'on n'arrive pas à dire, il peut devenir *source* d'un nouveau « difficile à dire », creusé en cours de route dans le langage et qui pousse le dialogue une nouvelle fois jusqu'à son point de suspension. Ce qui, à nouveau, se présente comme difficile à dire et à comprendre est un événement qui *affecte* le cours dialogique et lui appartient d'autant plus étroitement qu'il l'infléchit et réveille en lui des voix qui s'étaient tues. L'hétéroglossie est relancée par ces écarts de langage. Le « dur combat dialogique » reprend sur les trois fronts définis plus haut. Alors le devenir de l'activité psychique se fait ou ne se fait pas, se voit ou se cache au travers du mouvement des mots qui l'expriment ou, au contraire, l'oppriment. En tous cas, l'avenir du dialogue se joue dans le rapport du langage à son dehors, à ce qu'il y a, au moins pendant un temps, d'impossible dans le langage ou, au contraire, de soudainement pensable ou visible grâce à lui.

On mesure peut-être mieux pourquoi nous écrivions plus haut qu'il faut *partir*, au deux sens du terme, de la distinction indispensable entre réel dialogique et dialogue réalisé. Si on n'opère pas cette distinction, en les confondant, on réduit au silence la polyphonie des voix dans l'échange observable. On risque d'y perdre le travail psychique face au réel. Mais le risque n'est pas moindre si on prend à la lettre cette distinction en la fétichisant, si on la dégrade en opposition métaphysique (Bakhtine, 2003, p. 86 ; Bender, 1998, p. 184). On ampute alors le dialogue réalisé de toute profondeur, de toute grandeur. On le routinise. On l'appauvrit des doutes qu'il fait naître et surmonte, on le prive donc de toute créativité et finalement de son

[6] Vygotski note judicieusement à la fin de *Pensée et Langage* que les rapports entre « conscience sentante et conscience pensante » dans la vie psychique sont au principe du mouvement des mots (1997, p. 499).

histoire c'est-à-dire de sa véracité. Rien ne l'impose comme le montre Kostulski dans le chapitre qu'elle consacre à l'activité conversationnelle dans ce volume (également, Kostulski, 2001 ; Kostulski & Prot, sous presse). Le travail de liaison-déliaison psychique (Scheller, 2003) peut se perdre une nouvelle fois dans cette opération de disjonction. Il faut donc regarder cette différence entre réel et réalisé non pas comme une antinomie de la raison dialogique mais comme un décalage historique dans la temporalité du dialogue. Sinon il ne nous reste plus qu'à accepter l'aller-retour sans surprise entre un *réel* dialogique saturé de voix mais inaudible et un dialogue *réalisé* bruyant mais monocorde. Tout au contraire on peut penser que ce décalage et ces migrations fonctionnelles (Vygotski, 2003, pp. 143, 145, 152) qui voient l'activité psychique changer systématiquement de lieu dans l'échange, signalent bien la « motricité du dialogue » (Clot & Faïta, 2000).

Vygotski (1997) montrait qu'il y a un devenir en partie imprédictible de la pensée dans le mot et inversement. Dans le dialogue autour de ce qu'on n'arrive pas encore à comprendre et à dire du travail, il y a aussi un avenir du réel dans le réalisé et inversement. C'est le terrain même du développement psychique de liaisons nouvelles (Clot, 2003a). Et c'est ce terrain que balise le dispositif technique qui sert la méthodologie décrite jusqu'ici.

4. L'autoconfrontation : une expérimentation dialogique

La réalisation des autoconfrontations a deux présupposés : l'installation d'un plurilinguisme professionnel dans le milieu de travail et la définition du « furet dialogique », « objet-lien » autour duquel elle peut s'enrouler et se dérouler. En effet, on peut considérer que, dans ce cadre, les « passions » du métier entretenues par le chercheur supportent le transfert des ressources professionnelles d'un sujet à l'autre (Yvon, 2003). Ici spécialement – comme l'a bien vu Spinoza de manière générale (1965) –, personne ne sait d'avance les affects et les concepts dont il est capable. C'est une longue affaire d'expérimentation.[7] C'est pourquoi, le dispositif méthodologique que nous allons présenter pourrait être qualifié de clinico-développemental (Clot, Faïta, Fernandez & Scheller, 2001 ; Clot, 2002b ; Faïta, 1997). On peut le décrire en plusieurs phases (Yvon & Clot, 2003).

Dans la première phase, l'activité fait l'objet d'une observation minutieuse aux conséquences psychologiques indirectes en général insoupçonnées. Les analyses sont portées au niveau du collectif pour faire l'objet d'une élaboration. On cherche par là même à « dénaturaliser » l'activité. On redécouvre chaque fois que le sujet au travail porte et transporte une histoire et une expérience que l'observation extérieure confond trop vite avec un ensemble d'automatismes et de routines. Ceux-ci sont en réalité supportés par des choix et un engagement subjectifs. C'est cette redécouverte de l'expérience, de sa richesse mais aussi de ses limites et de ses dilemmes que la première phase cherche à instruire individuellement et collectivement. Et ce à la recherche de l'objet-lien « difficile à expliquer ».

La seconde phase est consacrée à recueillir deux types de traces vidéo : celles de l'activité et celles de la confrontation des pairs à celles-ci. Le chercheur ne cherche pas à comprendre « pourquoi » ce qui est fait est fait. Cette « vérité » n'est pas directement accessible. Il cherche plutôt à obtenir que les travailleurs s'interrogent sur ce qu'ils se voient faire. Autrement dit, il les invite à décrire le plus précisément possible les gestes et opérations observables sur

[7] Pour Spinoza, l'effort pour augmenter la puissance d'agir n'est pas séparable d'un effort pour porter au maximum le pouvoir d'être affecté (1965, V. 39).

l'enregistrement vidéo jusqu'à ce que les limites de cette description se manifestent, jusqu'à ce que la *vérité* établie soit prise en défaut dans la *véracité* du dialogue quand les sujets ne « trichent » pas avec le réel. La décomposition des gestes par le professionnel acquiert de la sorte un tout autre statut. Au lieu d'isoler des éléments de l'activité dont le chercheur aurait à recomposer la logique, le sujet défait et refait les liens entre ce qu'il se voit faire, ce qu'il y a à faire, ce qu'il voudrait faire, ce qu'il aurait pu faire ou encore qui serait à refaire. Autrement dit, le résultat de l'analyse ne débouche pas d'abord sur des connaissances de l'activité, mais souvent sur des étonnements autour d'évènements difficiles à interpréter dans les canons du discours convenu. La mise à jour de ces « furets dialogiques » permet aux sujets de tourner leurs commentaires aussi vers eux. Ce commentaire devient alors l'instrument d'une élaboration psychique. Le commentaire croisé oriente dans un second temps les dialogues sur la confrontation des « manières de faire » différentes, d'atteindre les mêmes objectifs ou de s'en fixer d'autres. D'autres gestes possibles restés insoupçonnés peuvent être imaginés et même « répétés » dans cette confrontation à soi et à l'autre. Ils peuvent être « pris à l'autre ». On assiste, quand on parvient à « tenir bon » sur ce cadre dialogique à l'ouverture de zones de développement potentiel de l'activité.

La troisième phase est le moment de la restitution des analyses au collectif à l'aide des documents vidéos de travail. La confrontation entre les différents milieux que la recherche traverse (chercheurs compris) se trouve encore réveillée par les limites du travail d'interprétation de l'activité concrète qui maintient tous les protagonistes à découvert. Ou plutôt qui les expose aux plaisirs éventuels de la découverte. Ce mouvement de confrontation dialogique sur l'activité de travail n'a, a priori, pas de limites. Le dernier mot ne peut pas être dit.

5. Le dispositif méthodologique comme genre ?

La clinique de l'activité est donc dans ce cadre un instrument de développement de l'expérience. Mais elle nécessite un apprentissage : l'appropriation d'un genre d'activités (Bernié, 2001 ; Clot, 2002a) qui est comme un « processus d'interaction formative » (Bronckart, 2001, p. 150). C'est une appropriation des obligations dialogiques que le dispositif fixe au travers de l'appareillage technique et discursif qui permet de le mettre en œuvre.

La fonction du chercheur est alors ici essentielle car il incarne dans son activité propre les contraintes et les règles du dispositif dialogique. Il est en ce sens un moyen d'apprivoiser le dialogue et son objet. L'appropriation se fait ainsi par « imitation » entendue ici à la manière de Vygotski : comme préparation à continuer sans chercheur ce que les sujets réalisent d'abord avec et en collaboration avec le chercheur. Cette « imitation » n'est d'ailleurs pas à sens unique puisque le dialogue en autoconfrontation croisée cherche à « retrouver » et le plus souvent doit restaurer la fonction psychologique du collectif ordinaire de travail dans ce qu'il a d'essentiellement dialogique. C'est une « répétition sans répétition » (Bernstein, 1996).

Le plus important dans l'observation initiale de l'activité vécue c'est donc moins l'observation que la différence entre les observations, moins la première observation que la seconde qui prend la première pour objet. Autrement dit, l'objectif est le développement chez les travailleurs de l'observation de leur propre activité. De même pour l'interprétation : le but n'est pas l'interprétation de la situation par le chercheur mais le développement de l'interprétation de la situation chez les sujets eux-mêmes. Alors l'analyse de l'activité n'est plus la source de l'action mais une ressource pour soutenir une expérience de modification du travail par ceux qui le font. Bien sûr, pour ce faire, l'observation doit être précise et rigoureusement construite. Le détail devient décisif. Bakhtine a bien vu le problème : « une observation vivante, compétente, impartiale, à partir d'un point de vue quelconque, garde toujours sa valeur et sa signification. La partialité et la limitation d'un point de vue (d'un observateur), voilà quelque chose qui peut toujours être rectifié, complété, transformé (inventorié) à l'aide de cette même observation à partir d'un point de vue différent » (Bakhtine, 1984, p. 334). A l'inverse, « le point de vue neutralisé (sans observation nouvelle, vivante) est stérile » (*ibid.*, p. 334). Nous essaierons plus bas de tirer toutes les conséquences de cette critique du fétichisme de l'observation.

C'est en effet l'un des ressorts principaux du dispositif d'autoconfrontation croisée que de critiquer l'illusion d'un rapport direct à l'activité ordinaire de travail. L'image ne le permet pas non plus. Son destin est d'être rectifiée grâce à l'appropriation par les sujets d'un genre d'activité dialogique organisant la controverse sur les dilemmes de l'activité ordinaire. *Au travers* de l'image. Avec François, nous pensons qu'on ne peut « jamais mettre directement en relation la langue et le hors-langue » et que « ce rapport ne se manifeste que dans des genres de discours particuliers » (1998, p. 9). L'autoconfrontation croisée relève d'un genre d'activités particulier – genre de discours compris – qui superpose aux attendus génériques ordinaires une sorte de plurilinguisme professionnel orchestré contre toute canonisation de cette activité ordinaire afin de provoquer sa réaccentuation psychique dans l'échange. Du coup ce genre d'analyse du travail ne se dirige pas sur l'activité observable pour et par la seule connaissance mais sur l'activité manifestée quand les intéressés dirigent leurs analyses vers cette activité observée. C'est le contenu de l'activité d'analyse dirigée vers l'activité ordinaire qui est l'objet de ce genre d'analyse du travail. On s'y trouve contraint de se référer à l'activité non pas comme à une chose mais pour agir avec elle et sur elle.

Un point est pourtant essentiel pour finir de caractériser ce genre d'activité dialogique que nos interlocuteurs doivent s'approprier. Il est orienté simultanément vers le réel du travail – ce qui fait problème et qui reste difficile à expliquer – et vers le mouvement dialogique lui-même. La motricité du dialogue emprunte à cette tension là son énergie et, dans le meilleur des cas, la développe. Les sujets concernés s'approprient ce genre *en apprenant à s'en servir* à l'aide du chercheur qui transforme avec eux le travail réalisé et observé en instrument d'échange entre les sujets pour que ces dialogues professionnels puissent devenir à leur tour des instruments psychologiques nouveaux du travail effectif, au-delà du périmètre interlocutoire. Rien là de spontané. Le cadre méthodologique auquel on peut « se tenir » fixe des obligations. Ces contraintes deviennent des ressources seulement quand l'enveloppe générique de ce cadre est appropriée par les sujets. En définissant ainsi l'objet de l'appropriation que nous organisons avec nos interlocuteurs, on peut parler d'un apprentissage générique source potentielle de développement. On pourrait même dire que ce cadre méthodologique est, au regard de l'activité quotidienne analysée, dans un rapport précis : celui d'un « genre second » vis à vis d'un « genre premier », pour parler comme Bakhtine (1984). On pourrait dire aussi que l'analyse de l'activité contribue alors à réévaluer les genres qu'elle traverse et même à les retoucher, gestes professionnels compris (Fernandez, 2001). Elle enveloppe le développement. On retrouve en tout cas ici les processus décrits par Schneuwly dans un tout autre contexte d'apprentissage de la langue par l'enfant : l'écrit agit sur l'oral en donnant aux enfants « une capacité fortement croissante de contrôler leur propre processus de production langagière par des 'genres' spécialisés à cet effet » (1994, p. 165). L'autoconfrontation peut être, au même titre, regardée comme un genre spécialisé.

L'appropriation de ce genre spécialisé d'abord source de préoccupations pour les sujets peut devenir une ressource pour le développement de leur activité. Mais il nous faut revenir un peu en arrière si l'on veut comprendre pourquoi nous mobilisons ce « genre spécialisé ». Car il n'a pas sa raison en lui-même. Il n'est que la réponse que nous avons trouvée à ce qu'on pourrait désigner comme le *paradoxe de l'observation.*

6. Paradoxe de l'observation et sub-destinataire

En un sens, tout part de là : toute observation du travail d'autrui est une action sur autrui. Et, à ce titre, elle possède deux destins, elle est à double effet. L'observation du travail produit des résultats pour l'intervenant en termes de connaissances, mais elle ne produit pas que des connaissances. Elle produit aussi de l'activité chez l'observé. Ici l'analyse de Wallon dans un autre contexte est précieuse : « L'attention que le sujet sent fixée sur lui, semble, par une sorte de contagion très élémentaire, l'obliger à s'observer. S'il est en train d'agir, l'objet de son action et l'action elle-même sont brusquement supplantés par l'intuition purement subjective qu'il prend de son propre personnage. C'est comme une inquiétude, une obsession de l'attitude à adopter. C'est un besoin de s'adapter à la présence d'autrui, qui se superpose à l'acte d'exécution » (1983, p. 287). Ce phénomène de superposition mérite qu'on s'y arrête du point de vue de l'analyse du travail.

Car au travail aussi, l'observation de l'intervenant à visée de connaissance laisse un résidu, un reste : le développement de l'observation chez l'observé. L'un des effets les plus méconnus de l'observation, c'est précisément ce qu'elle provoque dans l'activité du sujet observé. Observé dans son travail, il s'observe en travaillant. Le développement de cette activité nouvelle d'observation chez l'observé dépasse la situation d'observation initiale en superposant à celle-ci un nouveau contexte. Du coup, l'observation du sujet en situation sort le sujet de la situation. Contre toute illusion étroitement écologique, voilà certes son action « située » mais autrement : dans plusieurs contextes à la fois. Pas seulement ici et maintenant mais aussi après et ailleurs. De ce point de vue, observer l'activité d'autrui pour la comprendre c'est, immédiatement, la transformer en incitant le ou les sujets concernés à une activité intérieure spécifique au cours même de l'activité extérieure. Aux risques, Wallon le note aussi, d'y provoquer des antagonismes mais aussi en fournissant à ces sujets des occasions éventuelles de développement.

Il reste que toute observation revient à interposer l'activité d'autrui entre le sujet et son activité propre (Scheller, 2003). Autrui peut alors devenir l'instrument psychologique d'une observation de soi par soi dont le dialogue intérieur est le moyen essentiel. Par ce simple phénomène l'observation prend une dimension subjective qu'on sous-estime en général beaucoup trop : sans cesser d'être extérieur, l'observateur devient également intérieur. Il est doublé par le sujet lui-même dont, paradoxalement, l'activité se dédouble en activité psychique à la fois *dans* l'activité pratique et *sur* l'activité pratique. L'observation s'en trouve potentiellement développée, reprise sous un autre angle : elle se trouve retouchée par l'entremise de l'expérience du sujet observé. Pour paraphraser Vygotski, on pourrait dire qu'elle apparaît deux fois, d'abord entre l'observateur et l'observé et ensuite chez l'observé lui-même (Vygotski, 1985, p. 111). D'abord au niveau social, ensuite au niveau psychologique. D'abord en tant que catégorie interpsychologique, ensuite comme catégorie intrapsychologique. Car le travailleur observé « se met à employer à son propre égard les formes mêmes de conduite que les autres ont employées en premier lieu envers lui » (Vygotski, 1978, p. 141). Il mobilise alors toute l'expérience vécue dont il parvient à disposer comme instrument de cette nouvelle expérience, bonne ou mauvaise d'ailleurs. Revenant sur l'activité pratique auto-observée, il peut aller éventuellement au-delà d'elle au cours de cette observation pour soi qui est une forme de collaboration interne avec soi-même. Ici le sub-destinataire est au rendez-vous.

On ne saurait mieux dire alors que, dans ces circonstances, la conscience, loin d'être un simple état mental, est, dans l'action, comme y insiste Vygotski (2003), un contact social avec soi-même. Au-delà de soi-même. Mais un point mérite alors une attention particulière. L'observation intérieure instillée dans l'analyse par l'observateur extérieur – le plus souvent à l'insu de ce dernier qui croit pouvoir neutraliser la situation – engage l'observé, également observé par lui-même, dans une expérience psychologique, même à son corps défendant. Une analyse externe ignorante de ces effets risque alors d'oublier que l'observation n'a pas seulement produit des connaissances sur l'activité d'autrui mais aussi, chez les sujets observés, de l'activité sur l'activité. Au prix de s'aveugler sur le fait que ce mouvement indissociablement subjectif et objectif auquel on les a invités ne peut être arrêté sans conséquence ; aussi bien pour ce sujet que pour les connaissances produites. Tout le problème est alors de déterminer le statut que l'analyste du travail est prêt à donner à ce travail psychologique de l'observé devenu observateur-interprète de son activité. Faut-il l'interrompre au risque de laisser l'observé prisonnier d'un travail « entamé », à tous les sens du terme ? Faut-il faire taire le sub-destinataire ?

Quand l'observation a été bien faite sur la base d'une demande réelle des travailleurs concernés, un dialogue intérieur est né chez eux à partir du dialogue extérieur avec l'observateur. La clinique de l'activité c'est d'abord le choix d'en faire un point de départ de l'action plutôt qu'un point aveugle de l'intervention. C'est le parti pris d'offrir un nouveau destinataire à ce dialogue intérieur, à cette activité endogène d'observation et d'interprétation afin qu'ils ne se dégradent pas en soliloque ou en activité « ravalée ». Dans ce dessein, il faut changer de situation afin de poursuivre l'action dans le cadre de ce que nous appelions plus haut *l'expérimentation clinique*.

Le dialogue entamé dans l'observation doit donc pouvoir bénéficier de nouveaux contextes pour se développer. La « motricité du dialogue » (Clot & Faïta, 2000) doit être conservée. C'est la fonction du dispositif de double autoconfrontation que d'organiser ce déplacement des contextes dialogiques. L'interférence de ces contextes est au principe du développement de la pensée sur le travail pour en repousser les limites. L'expérience vécue n'est alors pas seulement dévoilée, mais peut éventuellement changer de statut : devenir, dans la véracité du dialogue, un moyen de vivre une autre expérience, un moyen de développer le « furet dialogique » dans la parenthèse de l'autoconfrontation croisée et au-delà ensuite.

7. Le collectif dans l'individu : l'autoconfrontation simple

L'activité psychique d'auto-observation était une observation pour soi, un dialogue dans le sujet entre toutes ses voix. L'autoconfrontation simple propose un contexte nouveau dans lequel le sujet devient lui-même un observateur extérieur de son activité en présence d'un tiers. Le commentaire des traces vidéos du travail réalisé se fait certes au travers des interprétations et des questions déjà soulevées par l'auto-observation. Mais d'essentiellement intra-psychologique, l'activité redevient interpsychologique. Le vécu, revécu dans une situation transformée, change de place dans l'activité du sujet. D'objet, il devient moyen. Dans ce déplacement, on ne retrouve pas le vécu antérieur. On découvre qu'il est encore vivant, qu'il n'est pas seulement ce qui est arrivé ou ce qu'on a fait mais ce qui n'est pas arrivé ou ce qu'on n'a pas fait et qu'on aurait pu éventuellement faire. Dans ces conjonctures, une clinique de l'activité s'attache à organiser les migrations du vécu dans l'activité du sujet pour qu'il puisse expérimenter ce dont il est capable ; ce qui est le seul moyen de mieux se connaître.

Mais cette nouvelle extériorité a des effets sur le sujet. En position exotopique à l'égard de son travail et face à des choix ou des dilemmes qu'il redécouvre dans son activité, ce qui était opération incorporée et réponse automatique redevient question. Dans le dialogue qu'il doit assumer avec le chercheur et pour soutenir cet échange portant sur les arcanes de son activité, généralement le sujet cherche « à ne pas rester seul ». Pour le dire dans un vocabulaire commun, il cherche du renfort et convoque dans la conversation une voix initialement étrangère à celle-ci. Cette voix qu'on entend alors dans les variations discursives du « je » et les modulations différenciées du « on », se mêle au dialogue avec le destinataire direct qu'est le chercheur. Cette voix qui dit « on » dans le discours du « je », parle pour les manières de faire commune dans le collectif et avec elles. C'est même, pour le dire à la manière de Bakhtine, ce « destinataire de secours » (1984) que nous avons identifié dans la première partie. Le sujet s'adresse à lui en autoconfrontation simple pour répondre aux questions que soulève l'analyse de son activité avec le psychologue. On peut avancer que la convocation de ce « surdestinataire » dans l'échange signifie l'entrée en lice d'un troisième participant vivant au dialogue. En un sens c'est là « le métier qui parle », si l'on entend par métier non pas seulement les compétences techniques du sujet mais le « répondant » collectif, garant de l'activité individuelle. C'est ce dont le concept de genre professionnel vise à rendre compte : les manières de prendre les choses et les gens stabilisées au moins temporairement dans un milieu de travail donné. Il s'agit d'un enthymème social construit dans une histoire collective : c'est comme « un mot de passe » connu seulement de ceux qui appartiennent au même horizon social et professionnel. Ces évaluations communes sous-entendues font du métier cet ensemble de *rébus* reliés entre eux (Bruner, 1996, p. 192) que les débutants s'efforcent de résoudre et dont les experts peuvent disposer.

Et c'est d'ailleurs de cela dont il s'agit dans l'expérimentation clinique que nous décrivons. Au moment où il faut justifier auprès du chercheur une manière de faire, que ce soit pour l'aider à comprendre le « difficile à dire » ou pour se protéger soi-même d'un conflit surgi au moment où il s'y essaie, le sujet dispose de cette histoire collective avec qui il dialogue alors et qui lui porte assistance pour chercher à rendre compte de ce qu'il se voit faire à l'écran. En un sens, une clinique de l'activité a déjà atteint ici son premier but. Grâce à l'autoconfrontation simple, on a pu recueillir des résultats sur ce qu'un collectif fait ou ne fait pas de la tâche prescrite, on a pu accéder à sa fonction de ressource psychologique dans l'activité personnelle.

Mais de nouveau cette expérimentation n'a pas qu'un résultat. Elle a aussi un produit du côté du sujet. Le réel avec son lot de possible et d'impossible sort développé des réalisations dialogiques précédentes. Car dans cette situation artificielle – artefact devenu instrument psychologique – le sujet s'est regardé non plus seulement avec ses propres yeux – observation intérieure – mais avec les yeux d'un observateur extérieur qui n'est plus seulement le psychologue mais le « métier » ou encore le collectif. Et si ce dernier lui a sans aucun doute donné du « répondant » dans le dialogue avec le psychologue, il doit maintenant lui répondre, voire en répondre. Et ici une précision s'impose : le « métier » au second degré, cette histoire momentanément arrêtée des manières de faire, cet invariant de secours dans le dialogue ouvert chez le sujet, peut tout à fait se retourner contre l'effet recherché par le clinicien. Le « destinataire de secours » peut fermer le dialogue intérieur au sujet. À ce stade, les attendus du métier peuvent venir colmater les inattendus du dialogue intérieur ouvert par l'auto-observation et l'autoconfrontation simple. Il reste que là encore, après l'autoconfrontation simple, il y a des résidus dialogiques (Scheller, 2003). Au mieux, le travail psychologique du sujet continue avec ce nouvel observateur extérieur qu'il porte en lui et qui a grandi en lui. L'hétéro-confrontation (Astier, 2001) se poursuit. Il se regarde faire avec les yeux du « métier » et regarde le métier avec d'autres yeux. Au pire, le « on » est devenu un obstacle pour le développement de l'activité intérieure. Et c'est à quoi s'adosse et aussi se mesure l'autoconfrontation croisée.

8. L'autoconfrontation croisée : devenirs du sur-destinataire

Il s'agit de demander à un binôme de pairs, collègues du même niveau d'expertise, de commenter les traces de l'activité de l'autre dans la même situation de travail. Ici des controverses surgissent le plus souvent, qu'il faut savoir entretenir. En comparant leurs manières de faire ou de dire dans la situation observée, les professionnels y trouvent vite des différences parfois majeures pour eux. Au-delà des activités déjà devenues questions pour chacun, même des activités qui n'avaient fait l'objet d'aucun dialogue avec le psychologue dans l'autoconfrontation simple peuvent devenir objet de controverses. Elles deviennent alors discutables et le grain d'analyse s'affine à proportion des différences qui surgissent à la poursuite de l'« objet-lien ». Du point de vue où nous nous plaçons – celui du développement psychique à cette phase de l'expérimentation clinique – ce que les professionnels partagent alors est moins intéressant que ce qu'ils ne partagent pas. La recherche de la controverse est donc au principe de l'autoconfrontation croisée dont la première victime, si l'on peut s'exprimer ainsi, est la belle unité du « on ». En fait, à ce moment-là, le répondant collectif ne répond souvent plus aux exigences du dialogue inattendu entre les opérateurs. Dans cette polyphonie, où s'engagent des débats d'école, le « on » collectif devient objet de travail et d'interrogations. Au cours de cette stylisation du genre professionnel où se profilent des variantes potentielles, les variations sur les thèmes du métier font reculer ses limites. L'« objet-lien » en développement entre les sujets est à l'étroit dans le « costume » du métier.

Le « on » était moyen intérieur de soutenir l'échange avec le psychologue dans l'autoconfrontation simple et même souvent moyen de se rassurer. Il devient ici objet de l'activité dialogique elle-même, but nouveau *affectant* l'échange entre professionnels. On retrouve alors ce fait que l'objet du dialogue n'est aucunement sédentaire dans cette expérimentation clinique. Il réalise à chaque étape des fonctions différentes qui se développent à travers lui. C'est peut-être là son intérêt. Car cette activité migratoire est de nature à restaurer la vitalité de ce que nous pouvons désigner comme le second métier ou « métier au carré » : le répondant, garant de l'activité individuelle dont la fonction psychologique est ainsi retrouvée. De nature à relancer le travail générique toujours potentiellement défunt et donc à faire reculer les frontières des sous-entendus partagés ; non pas en les niant mais par la voie de leur développement. De nature donc à repousser les limites du collectif dans et grâce à l'activité individuelle. Afin que le répondant professionnel ne parle pas d'une seule voix et qu'il puisse donc participer au dialogue intérieur autorisant chaque travailleur, à titre personnel, à se sentir partie prenante et comptable d'un « devenir-autre » du métier.

9. Problèmes pour conclure

Le sur-destinataire ou destinataire de secours peut sortir grandi de ce processus dialogique. Davantage « parlant », pourrait-on écrire. Le collectif de travail peut également se sentir un peu moins prisonnier des vérités du moment, moins enclin à « ouvrir le parapluie du genre » (Clot & Faïta, 2000). Finalement, davantage prêt à entendre la voix de Bakhtine rapportée par Bibikhine : il y a un enthousiasme tout autre au-delà de ce que les hommes s'étaient résignés à comprendre (2003, p. 150). En ce sens, pour finir, on pourrait presque corriger nos propres remarques. L'autoconfrontation, écrivions-nous, est un genre spécialisé d'activités. Mais, en réalité, elle est peut-être aussi, sinon plus, un anti-genre. Car elle organise le refus de tout discours achevé. C'est pourquoi, on pourrait penser, à la manière de Bakhtine, que le genre dialogique de l'autoconfrontation croisée vise surtout à contaminer l'activité ordinaire, non pour la soumettre à des canons qui ne sont pas les siens mais pour l'affranchir de tout ce qui est conventionnel, nécrosé, ampoulé, amorphe, de tout ce qui freine sa propre évolution. Car « il reste toujours un excédent d'humanité non réalisé », écrit Bakhtine (1978, p. 470).

Un problème demeure que nous ne pouvons pas aborder maintenant. Le dialogisme est décrit ici comme un instrument collectif et personnel destiné à s'emparer de l'objectivité du travail afin de lui donner une histoire. Il est analysé comme une méthode d'action en clinique de l'activité pour provoquer le développement du « métier ». Mais en quoi peut-il être aussi regardé comme une méthode de connaissance scientifique apte à généraliser ? Peut-être en ce qu'il est justement la forme répétable de ce qui n'est pas éternel. C'est là une question déjà abordée ailleurs (Clot, 2004 ; Clot & Leplat, sous presse). Mais elle doit faire l'objet d'investigations systématiques. Nous sommes au début de ce travail.

Références bibliographiques

Astier, P. (2001). Se voir par les yeux d'un autre. Confrontations dialoguées et analyse de l'activité. *Questions de recherches en éducation*, 1, 125-136.

Aucouturier, M. (1978). Préface à M. Bakhtine, *Esthétique et théorie du roman*. Paris : Gallimard.

Bakhtine, M. (1970a). *La poétique de Dostoïevski*. Paris : Points Seuil.

Bakhtine, M. (1970b). *L'oeuvre de François Rabelais et la culture populaire au Moyen Age et sous la Renaissance*. Paris : Gallimard.

Bakhtine, M. (Voloshinov V.N). (1977). *Le marxisme et la philosophie du langage*. Paris : Éditions de Minuit.

Bakhtine, M. (1978). *Esthétique et théorie du roman*. Paris : Gallimard.

Bakhtine, M. (1984). *Esthétique de la création verbale*. Paris : Gallimard.

Bakhtine, M. (2003). *Pour une philosophie de l'acte*. Lausanne : Editions l'Age d'Homme.

Bender, C. (1998). Bakhtinian perspectives on "everyday life" sociology. In M.M. Bell & M. Gardiner (Ed.), *Bakhtin and the Human Sciences* (pp. 181-195). Londres : Sage Publications.

Bernié, J.-P. (Ed.). (2001). *Apprentissage, développement et significations*. Bordeaux : PUB.

Bernstein, N.A. (1996). On dexterity and its development. In M.L. Latash & M.T. Turvey (Ed.), *Dexterity and Its Development*. Mahwah New Jersey : Lawrence Erlbaum Associates Publishers.

Bibikhine, V. (2003). Le mot et l'évènement, In M. Bakhtine, *Pour une philosophie de l'acte* (pp. 123-150). Lausanne : Editions l'Age d'Homme.

Boutet, J. (Ed.). (1995). *Paroles au travail*. Paris : l'Harmattan.

Boutet, J., Gardin, B. & Lacoste, M. (1995). Discours en situation de travail, *Langages*, 117, 12-31.

Bronckart, J.-P. (2001). S'entendre pour agir et agir pour s'entendre. In J.-M. Baudouin & J. Friedrich (Ed.), *Théories de l'action et éducation* (pp. 133-154). Bruxelles : De Boeck Université.

Bruner, J. (1996). *L'éducation, entrée dans la culture*. Paris : Retz.

Buber, M. (1959). *La vie en dialogue*. Paris : Aubier.

Clark, K. & Holquist, M. (1984). *Mikhaïl Bakhtin*. Cambridge (Mass.) & Londres : The Belknap Press of Harvard University Press.

Clot, Y. (Ed.). (2002a). *Avec Vygotski*. Deuxième édition augmentée. Paris : La Dispute.

Clot, Y. (2002b). *La fonction psychologique du travail*. Troisième édition augmentée. Paris : PUF.

Clot, Y. (2003a). Vygotski : la conscience comme liaison. In L. Vygotski, *Conscience, inconscient, émotions* (pp. 7-59). Paris : La Dispute.

Clot, Y. (2003b). Le collectif dans l'individu ? In G. Vallery & R. Amalberti (Ed.), *Modèles et pratiques de l'Analyse du travail. 1988-2003, 15 ans d'évolutions*. Actes du XXXVIIIème Congrès de la SELF. Paris : SELF.

Clot, Y. (2004). Action et connaissance en clinique de l'activité. Revue électronique *@ctivité*, n°1.

Clot, Y. & Faïta, D. (2000). Genre et style en analyse du travail. Concepts et méthodes. *Travailler*, 4, 7-42.

Clot, Y., Faïta, D., Fernandez, G. & Scheller, L. (2001). Les entretiens en autoconfrontation croisée : une méthode en clinique de l'activité. *Education permanente*, 146, 17-27.

Clot, Y. & Leplat, J. (sous presse). La méthode clinique en ergonomie et en psychologie du travail. *Le Travail Humain*.

Darré, J.-P. (2001). Veaux bretons et brebis alpines, entre objectivisme abstrait et relativisme. *Travailler*, 6, 89-105.

Deleuze, G. (1993). *Critique et clinique*. Paris : Editions de Minuit.

Faïta, D. (1997). La conduite du TGV : exercices de styles. *Champs Visuels*, 6, 75-86.

Faïta, D. (1999). Analyse des situations de travail : de la parole au dialogue. In J. Richard-Zappella (Ed.), *Espaces de travail, espaces de parole* (pp. 127-136). Collection Dyalang.

Faïta, D. (2001). L'analyse du travail et le statut de l'activité chez Bakhtine. *Travailler*, 6, 31-55.

Fernandez, G. (2001). Le corps, le collectif et le développement du métier. Etude clinique d'un geste de métier à la SNCF. *Education permanente*, 146, 27-34.

Filliettaz, L. (2002). *La parole en action. Eléments de pragmatique psycho-sociale*. Québec : Editions Nota bene.

François, F. (1998). *Le discours et ses entours*. Paris : L'Harmattan.

Friedrich, J. (2001). La discussion du langage intérieur par L.S. Vygotski, *Langue Française*, 132, 57-72.

Grosjean, M. & Lacoste, M. (1999). *Communication et intelligence collective. Le travail à l'hôpital*. Paris : PUF.

Jacques, F. (2000). Dialogue, dialogisme, interlocution, *L'orientation scolaire et professionnelle*, 29/3, 547-565.

Jakubinski, L. (2000). De la parole dialogale. Présenté par S. Archaimbault, *Histoire, épistémologie, langage*, 22/1, 99-115.

Kostulski, K. (2001). Regard pragmatique sur une clinique de l'activité. *Education permanente*, 146, 175-183.

Kostulski, K. & Prot, B. (sous presse). Analyse interlocutoire de la formation d'un concept potentiel. *Psychologie Française*.

Oddone, I., Rey, A. & Briante, G. (1981). *Redécouvrir l'expérience ouvrière. Vers une autre psychologie du travail*. Paris : Ed. Sociales.

Ponzio, A. (1998). Alterità, responsabilità e dialogo in Michail Bachtin. In M. Bachtin, *Per una filosofia dell'azione responsabile*. Lecce : Piero Manni.

Prot, B. (2003). *Le concept potentiel : une voie de développement des concepts. Le cas de la validation des acquis*. Thèse pour le doctorat de psychologie. Paris : CNAM.

Sandywell, B. (1998). The schock of the old : M. Bakhtin's contribution to theory of time and alterity. In M.M. Bell & M. Gardiner (Ed.), *Bakhtin and the Human Sciences* (pp. 193-213). Londres : Sage Publications.

Scheller, L. (2003). *Elaborer l'expérience du travail : activité dialogique et référentielle dans la méthode des instructions au sosie*. Thèse pour le doctorat de psychologie. Paris : CNAM.

Schneuwly, B. (1994). Genres et types de discours : considérations psychologiques et ontogénétiques. In Y. Reuter (Ed.), *Les interactions lecture-écriture* (pp. 155-173). Berne : Peter Lang.

Spinoza, B. (1965). *Ethique*. Paris : Flammarion.

Todorov, T. (1984). Préface à M. Bakhtine, *Esthétique de la création verbale*. Paris : Gallimard.

Tosquelles, F. (2003). *De la personne au groupe*. Toulouse : Erès.

Vygotski, L. (1978). *Mind in society : the development of higher psychological processes*. Cambridge : Harvard University Press.

Vygotski, L. (1985). Le problème de l'enseignement et du développement mental à l'âge scolaire. In B. Schneuwly & J.-P. Bronckart (Ed.), *Vygotsky aujourd'hui*. Lausanne : Delachaux et Niestlé.

Vygotski, L. (1997). *Pensée et Langage*. (F. Sève, Trad.). 3ème édition. Paris : La Dispute.

Vygotski, L. (2003). *Conscience, inconscient, émotions*. (F. Sève & G. Fernandez, Trad.). Paris : La Dispute.

Wallon, H. (1983). *Les origines du caractère chez l'enfant*. Paris : PUF.

Werthe, C. (2001). Le rire et ses ressources en clinique du travail. *Education permanente*, 146, 193-203.

Yvon, F. (2003). *Stress et psychopathologie du travail. La fonction psychologique du collectif.* Thèse pour le Doctorat en psychologie. Paris : CNAM.

Yvon, F. & Clot, Y. (2003). Apprentissage et développement dans le travail enseignant. *Pratiques psychologiques*, 1, 19-35.

L'analyse des actions et des discours en situation de travail. Concepts, méthodes et applications (sous la direction de L. Filliettaz et J.-P. Bronckart), Louvain, Peeters, BCILL, 2005.

Activité conversationnelle et activité d'analyse : L'interlocution en situation de co-analyse du travail

Katia Kostulski

CNAM, Equipe de Clinique de l'activité

Les formes langagières au travail sont désormais un champ de recherche établi dans les sciences de l'homme : d'importants travaux ont été réalisés, au cours des deux dernières décennies, qui analysent le langage et l'interaction verbale dans le travail, établissent des repères conceptuels et méthodologiques et s'avèrent d'un réel intérêt au plan des pratiques (Boutet, 1995 ; Clot & Faïta, 2000 ; Falzon, 1989 ; Grosjean & Lacoste, 1999 ; Grusenmeyer, 1995 ; Lacoste, 1991 ; Mayen, 1997 ; Trognon & Kostulski, 1998). Comme le montre le présent ouvrage, ainsi que ceux de Filliettaz (2002) ou de Borzeix & Fraenkel (2001), l'intérêt se porte désormais sur le rapport de l'action aux formes langagières. Pour ce qui nous concerne, c'est depuis le champ de la pragmatique conversationnelle que nous interrogeons ce rapport, en tant qu'il peut se réaliser dans une forme langagière immédiate, naturelle, prototypique : l'interaction conversationnelle (Trognon, 1991). Nous pensons pouvoir circonscrire ce rapport par la mise à jour des propriétés psychologiques de la réalisation des activités langagières en conversation. S'inscrivant dans une perspective développementale, la clinique de l'activité (Clot, 1999) propose une théorie de l'activité et une méthode de recherche et d'action propices à une conceptualisation des processus psychologiques sous-jacents au déroulement d'une interaction conversationnelle.[1] Cette voie suppose d'abord de définir et de discuter les rapports de l'interaction conversationnelle à l'action, mais aussi la façon dont l'interaction peut être définie dans un modèle ancré en psychologie.

1. Séquentialité conversationnelle et interaction sociale : les voies de réalisation de l'intersubjectivité

Comme le montrent Bernicot & Trognon (2002), la psychologie ne sort pas indemne d'une investigation pragmatique de ses objets et théories. En retour, la psychologie interroge les théories sur le discours et l'interaction, et va commencer à peser sur la pragmatique. Ainsi l'existence d'un « principe d'interaction » (Trognon, 1991) en sciences de l'homme n'est pas nouvelle, mais ce principe semble surtout éclairé par une pragmatique linguistique ou sociale

[1] Cette contribution entre en résonance avec celle d'Yves Clot dans ce même volume. Chacun de ces deux textes, à partir de courants et de théories différents, tente de poser la question des processus psychologiques de développement engagés dans la mise en œuvre des méthodes développées en clinique de l'activité.

plus que par une pragmatique psychologique qui trouverait dans les séquences conversationnelles des réalisations proprement intersubjectives à interroger en tant que telles. Le choix de cette voie nous contraint à revisiter un ensemble de questions non résolues à ce jour, dont celle du rapport de l'interaction conversationnelle à l'action, ou encore celle du statut du sujet dans le processus interactionnel lui-même.

Dans un précédent travail, nous tentions de circonscrire le champs couvert par la notion d'interaction et son histoire. On peut ainsi dégager au moins deux acceptions distinctes de cette notion d'interaction : d'une part, elle renvoie à un enchaînement séquentiel d'actions ou de tours de paroles (considérés comme des actions à part entière) organisant une interlocution donnée ; d'autre part elle renvoie à ces processus faits d'attentes, de rôles, de représentations, dans lesquels une réalité sociale se constitue (« interaction sociale », cf. Bange 1987). Percevoir le phénomène en se plaçant exclusivement dans l'une ou l'autre de ces perspectives renvoie à une position radicale dans laquelle la subjectivité n'a pas sa place. Pour ce qui nous concerne, la première apparaît comme une forme de réalisation – au sens fort du terme – de l'autre. Et c'est dans cette définition dialectique de l'interaction que la psychologie peut contribuer à son étude. Le rapport de l'interaction au premier sens à l'interaction au deuxième sens a déjà fait couler beaucoup d'encre, car sans nécessairement qu'ils soient ainsi posés, on retrouve là les débats sur l'interactionnisme en sciences sociales. L'interactionnisme est une croyance qui, comme la notion d'interaction, n'est pas homogène, et renvoie à des conceptions différentes des liens qu'entretiennent l'interaction (selon le cas au premier ou au deuxième sens) et, selon les courants, la cognition, le savoir ou la pensée. On peut ainsi distinguer un « interactionnisme faible », selon lequel l'interaction est le bain dans lequel « émergent » les cognitions, pensées, savoirs, d'un « interactionnisme radical », selon lequel ces derniers s'accomplissent *dans et par* l'interaction dans un monde social jamais donné mais produit dans l'ici et maintenant.

Sur la base de ces deux acceptions, nous nous proposons de développer une position théorique permettant d'étudier l'interaction sans sacrifier le sujet psychologique. Tout d'abord, si l'interlocution n'est qu'un enchaînement mécanique de tours de paroles, on pourrait considérer que d'une manière ou d'une autre l'enchaînement conversationnel s'impose au sujet : ses productions (connaissances, croyances, ou productions verbales) seraient alors le fruit de cet enchaînement et le sujet serait assujetti aux règles de la séquentialité conversationnelle. On retrouve là une tendance behavioriste, ancrée notamment dans une *interprétation radicale* des thèses ethnométhodologiques sur l'action. Pourtant, comme le rappellent Bernicot & Trognon (2002) en citant Suchman (1987), la conception de l'action développée par l'ethnométhodologie n'est ni behavioriste ni mentaliste. Mais dans l'interprétation radicale de ces thèses, l'interaction *est* cet enchaînement de tours de paroles ; le sujet disparaît, et par conséquent c'est cet enchaînement qui est *à l'origine* des phénomènes collectifs émergeant de l'interaction : tels les prises de décision, les résolutions de problème, la construction commune de représentations, etc.

L'ethnométhodologie a joué un rôle important dans le développement de la pragmatique conversationnelle. En effet, si différentes disciplines des sciences sociales ont jeté les bases d'un paradigme d'étude de l'interaction, le cadre épistémologique de ce paradigme a été défini par l'ethnométhodologie, avec l'introduction notamment des concepts d'*accountability*, de réflexivité, de séquentialité conversationnelle, d'indexicalité et de membre. Ce paradigme a d'abord été élaboré pour rendre compte des compétences sociales ; il s'est ensuite étendu à la linguistique (Kerbrat-Orecchioni, 1990), aux sciences cognitives (Hutchins, 1990 ; Suchman,1987), à la psychologie (Bernicot *et al.*, 2002 ; Trognon, 1991). Parallèlement au développement de ces travaux, l'interaction est devenue un objet d'étude accessible grâce au développement des instruments d'analyse de la pragmatique.

Le travail de Garfinkel sur la méthode documentaire d'interprétation permet selon nous d'illustrer le caractère abusif d'une interprétation radicale des thèses ethnométhodologiques et l'impasse théorique et épistémologique sur l'interaction ainsi potentiellement ouverte en psychologie. Cette expérimentation consiste à proposer à des étudiants de dialoguer individuellement avec un « conseiller » au sein d'un département de Psychiatrie, afin d'explorer une voie alternative de la psychothérapie : celle de donner aux personnes des conseils à propos de leurs problèmes personnels. L'étudiant et le « conseiller » ne sont pas dans la même pièce et communiquent grâce à un interphone. La consigne donnée aux étudiants est la suivante. L'étudiant doit poser au moins 10 questions auxquelles le conseiller répond par « oui » ou par « non ». Ainsi, au fur et à mesure de l'entretien de conseil, l'étudiant commente les réponses qui lui sont faites. Les réponses du « conseiller » sont en fait décidées à l'avance grâce à une table de nombre aléatoire. Ainsi, l'entretien de conseil *observable* dans cette expérimentation ne peut être qualifié d'interaction conversationnelle dans sa dimension psychologique : il ne s'agit pas là d'une action mutuelle, puisque le « conseiller » ne réagit pas aux questions de l'étudiant mais se conforme aux réponses proposées dans le protocole d'expérimentation. La seule propriété de l'interaction conversationnelle respectée dans ce protocole est celle de la séquentialité des tours de parole. C'est le travail de l'étudiant, travail d'interprétation et de justification continue des actions du conseiller qui est ici observé. Le protocole est lui soigneusement conçu sur un mode aléatoire qui invalide immédiatement la portée d'une telle interprétation psychosociologique sur la situation d'interaction. Garfinkel montre ainsi que les réponses sont toujours considérées comme des réponses aux questions posées, même quand elles sont surprenantes ou contradictoires. Les étudiants comblent, par ce travail interprétatif, l'espace entre les actions conversationnelles a-contextuelles des « conseillers » et leur propre activité conversationnelle de questionnement, auquel ils supposent que le conseiller s'ajuste et participe. Garfinkel met ainsi à jour ce qu'il appellera *la méthode documentaire d'interprétation*. En effet, les étudiants choisissent pas à pas des éléments du contexte pour poursuivre « leur enquête d'interprétation » au fur et à mesure de l'interaction[2] :

> « through the work of documenting - i.e., by searching for and determining pattern, by treating the adviser's answers as motivated by the intended sense of the question, by waiting for later answers to clarify the sense of previous ones, by finding answers to unasked questions - the perceivedly normal values of what being advised were established, tested, reviewed, retained, restored ; in a word, managed. It is misleading, therefore, to think of the documentary method as a procedure whereby propositions are accorded membership in a scientific corpus. Rather the documentary method developed the advice so as to be continually "membershipping" it. » (*ibid.*, p. 94).

---

[2] La deuxième partie de cette citation de Garfinkel est traduite par Coulon (1993, p. 61) mais on est confronté ici au problème d'interprétation dans la traduction. La traduction de Coulon est la suivante (c'est nous qui soulignons) : « les valeurs normales perçues de ce qui avait été conseillé étaient vérifiées, reconsidérées, retenues, rétablies, en un mot *produites*. Il est faux de penser, par conséquent, à la méthode documentaire d'interprétation comme une procédure par laquelle les propositions sont rattachées à un corpus scientifique. Au contraire, la méthode documentaire a développé le conseil de sorte à continuellement le "reconsidérer"». Pour ce qui nous concerne, nous entendons le terme « managed » dans son acception plus large de « géré » ou « organisé ». Les conséquences au plan théorique et épistémologique en psychologie selon que l'on choisit l'une ou l'autre de ces traductions ne sont pas les mêmes.

L'un des cas (pp. 80-85) a plus particulièrement attiré notre attention. Il s'agit d'un étudiant juif qui expose le problème suivant : il fréquente une jeune femme catholique, et demande conseil sur les choix qu'il doit faire, c'est-à-dire rompre avec la jeune femme ou rester en désaccord potentiel avec sa famille et plus particulièrement son père. Les premiers tours de paroles du « dialogue » se déroulent ainsi :

Subject :	OK, this is the situation that I am presented with. I happen to be of the Jewish faith and I have been dating a Gentile girl now for about two months. My dad is not directly opposed to this situation, but I feel at the same time he is not exactly pleased with. Mother feels that as long as Dad is not directly opposed to the situation that I should go ahead and continue dating until he makes some direct statement to the contrary. My reason for feeling why he is not too pleased with this is that he has never said don't date her, but at the same time he will come up with digs and sayings that make me feel very ill at ease about dating the girl. My question is, do you feel under the present circumstances that I should continue or stop dating this girl ? Let me put that in a positive way. Do you feel that I should continue dating this girl ?
Experimenter :	My answer is no.
Subject :	No. Well, that is kind of interesting. I kinda feel that is really no great animosity between Dad and I but, well, perhaps he feels that greater dislike will grow out of this. I suppose or maybe it is easier for an outside to see certain things that I am blind to at this moment. I would like to ask my second question now.
Experimenter :	Okay.
Subject :	Do you feel that I should have a further discussion with dad about this situation or not ? Should I have further discussion with Dad about this situation or not ? Should I have further discussion with dad over this subject about dating this girl ?
Experimenter :	My answer is yes.
Subject :	Well I feel that is reasonable but I really don't know what to say to him. I mean he seems to be not really too understanding. In other words he seems to be afraid really to discuss the situation (...)

Après avoir exposé le contexte de sa préoccupation, l'étudiant pose sa première question. Il s'agit d'une demande de conseil sur la poursuite de la relation. L'expérimentateur « conseiller » répond par la négative. Cette réponse, dans la complexité du contexte initialement posé par l'étudiant, peut être entendue d'au moins deux façons ayant deux ancrages référentiels différents : le « non » peut être interprété en référence à sa relation à la jeune femme ou il peut être entendu en référence à la différence d'appartenance religieuse. Dans l'interprétation de l'étudiant, ce « non » met l'accent sur la difficulté engendrée par les différences religieuses, c'est-à-dire qu'il l'interprète comme se référant à la désapprobation de son père. Cet aspect nous semble particulièrement crucial au regard des courants dits interactionnistes : l'interprétation de ce « non » montre que l'étudiant, dans l'activité conversationnelle orientée vers le conseil dans laquelle il est engagé, reconstruit ou précise au regard de cette réponse – et de façon rétroactive – le sens même de la question. Cette reconstruction repose, non sur l'interaction elle-même, mais sur l'activité conversationnelle de l'étudiant en tant que l'interaction réalisée, disponible in situ, est une ressource pour cette activité conversationnelle en cours : le sens de l'interaction est produit *dans* l'interaction, *au moyen* de l'interaction au sens ou elle est une ressource développée tour de parole après tour de parole, mais non *par* l'interaction. Pour le dire autrement, l'interaction est un produit de l'activité conversationnelle, mais elle est tout autant une ressource locale en cours pour la poursuite de cette activité ou le développement d'une autre.

Cette seule démonstration pourrait cependant nous faire conclure que si le sens n'est pas produit *par* l'interaction, alors les propriétés repérées de l'enchaînement conversationnel (comme la séquentialité en ethnométhodologie, ou encore la réussite, la satisfaction, la non-défectuosité en logique interlocutoire) ne contraignent pas le développement du sens, donc ne jouent aucun rôle structurant dans son émergence. De fait, l'organisation effective de l'interaction réalisée ne serait plus à interroger d'un point de vue proprement psychologique. Dans cette perspective, il s'agirait ici d'une interaction au second sens évoqué plus haut, à savoir une interaction sociale, en tant que jeu d'attentes et de rôles dans lequel la réalité sociale se constitue, et pour laquelle des événements locaux (l'énonciation, l'intervention verbale) donnent à voir des entités existant dans un ailleurs indéfini. Une telle approche ne conférerait aucune fonction structurante aux lois de production des énoncés (composants des actes de langage, etc.) et d'organisation de l'interaction (une réponse suit une question, etc.) ni par là même aucune fonction de *réalisation* subjective ou intersubjective.

Une analyse sur le sens comme développement de la signification, proposée par Vygotski (1997), permet selon nous de saisir cette question. Cette analyse est d'autant plus pertinente que le corpus analysé, une fable de La Fontaine adaptée par Krylov pour le contexte russe du début du XIXème siècle, est une forme de discours rapporté, plus exactement une conversation rapportée. Selon Vygotski, *la signification* n'est qu'une des zones du sens que le mot acquiert dans un certain contexte verbal, mais c'est la zone la plus stable, la plus unifiée et la plus précise. *Le sens du mot* au contraire « représente l'ensemble de tous les faits psychologiques que ce mot fait apparaître dans notre conscience. Le sens d'un mot est toujours une formation dynamique, fluctuante, complexe, qui comporte plusieurs zones de stabilité. » (*ibid.*, p. 480). Le sens d'un mot change constamment selon les consciences et, pour une même conscience, selon les circonstances. Le sens véritable de chaque mot est déterminé, en fin de compte, par toute la richesse des éléments existants dans la conscience qui se rapporte au mot. « Le mot ne prend son sens que dans la phrase mais la phrase elle-même n'acquiert son sens que dans le contexte du paragraphe, le paragraphe dans le contexte du livre, et le livre dans le contexte de toute l'œuvre de l'auteur » (*ibid.*, p. 481). Le sens consisterait donc en un développement, sensible au contexte dans son acception la plus large, d'une signification stable : « Le mot, pris isolément et dans le dictionnaire, n'a qu'une seule signification. Mais cette signification n'est rien de plus qu'une potentialité qui se réalise dans le langage vivant, où elle n'est qu'une pierre dans l'édifice du sens » (*ibid.*, p. 481).

Analysant les rapports du sens et de la signification, Vygotski interroge le sens de « danse » dans la fable de la cigale (devenue libellule sous la plume de Krylov) et la fourmi :

> « Le mot danse, sur lequel s'achève la fable, a une signification tout à fait déterminée, constante, identique, quel que soit le contexte dans lequel il apparaît. Mais dans le contexte de la fable il prend un sens intellectuel et affectif beaucoup plus large. Il signifie à la fois « amuse-toi » et « meurs ». C'est cet enrichissement du mot par le sens qu'il tire de tout le contexte qui constitue la loi fondamentale de la dynamique des significations. Le mot absorbe les contenus intellectuels et affectifs tirés de tout le contexte dans lequel il est inséré, il s'en nourrit et se met à signifier plus ou moins que ce qui est contenu dans sa signification lorsque nous le considérons isolément : plus parce que le cercle de ses significations s'élargit, acquérant encore toute une série de zones chargées d'un nouveau contenu, moins, parce que la signification abstraite

> du mot est rétrécie et limitée à ce que le mot signifie dans le seul contexte donné. » (*ibid.*, p. 481).

Dans son analyse, Vygotski invoque un « contexte » de la fable sans plus de spécification qui permettrait de développer le sens du mot « danse » sur lequel la fable se termine. Reprenons cette fable[3], dans la version que nous partageons culturellement : elle commence par un récit du contexte d'une interaction (« la cigale ayant chanté tout l'été se trouva fort dépourvue...»), et est suivie d'un récit de l'initiation d'une interaction conversationnelle mettant en présence la cigale et la fourmi présentant une demande d'aide (« Elle alla crier famine... la priant de lui prêter...») et de sa justification, présentée sous la forme même d'une interaction conversationnelle (« - je vous paierai, lui dit-elle...»), du rapport que la fourmi entretient à cette demande (« la fourmi n'est pas prêteuse...»). La suite de la fable est une interaction conversationnelle, qui présente une intervention directive de la fourmi, intervention qui ouvre ce qu'on nommerait un échange subordonné en logique interlocutoire, ou une série interrogative en analyse conversationnelle, qui vient interroger les conditions préparatoires de la demande d'aide : (« que faisiez vous au temps chaud ?...») ; ce directif d'information est satisfait (« nuit et jour ... je chantais...»), l'échange subordonné est complété et clôt par une ratification de la part de la fourmi (« vous chantiez, j'en suis fort aise »). La dernière intervention de la fourmi s'organise comme une conclusion (« eh bien...») qui porte une déduction sur la demande étant donné l'échange subordonné qui a permis de mettre à jour la condition préparatoire de la demande. Ainsi, plus qu'un contexte global indifférencié, c'est le récit précis d'une interaction conversationnelle que livre cette fable : suffisamment précis pour en construire un modèle en pragmatique, mais surtout suffisamment précis pour qu'un conversant se l'approprie. Plus exactement, l'auteur livre les contenus entrant dans cette interlocution mais aussi, parfois explicitement, parfois par défaut, le rapport que ces contenus conversationnels entretiennent entre eux : la fable est une interprétation littéraire de l'architecture d'une conversation. L'architecture d'une interlocution réfléchit en effet, dans le processus dynamique de l'enchaînement conversationnel, les activités conversationnelles individuelles, collectives et l'articulation des premières aux secondes, tout comme elle réfléchit leurs développements en situation d'interlocution (Kostulski & Prot, 2004). Ainsi réexaminé, on perçoit dans le contexte diffus de construction du sens de la fable un mouvement interactionnel essentiel qui contribue à la construction du sens du dernier vers de la fable : c'est bien parce que la fourmi formule un directif d'action (« dansez maintenant ») comme réponse à une *demande d'aide* de la cigale, que l'on peut considérer que cela prend le double sens de « amuse-toi » et « meurs ». C'est ici un usage littéraire des propriétés de la conversation qui le permet.

Ceci nous permet de conclure provisoirement cette discussion : certes, l'individu n'est pas à l'origine du sens (Jacques, 1979 , cité par Trognon, 1991) mais le sens ne s'impose pas non plus à lui. Les activités conversationnelles des participants à une interaction ne sont pas nécessairement identiques (par exemple questionneur – questionné), ni convergentes ou complémentaires (comme dans le cas d'une dispute), ni orientées vers la poursuite d'un but commun (comme c'est le cas d'un quiproquo), ni tournées vers le même objet (comme c'est le cas du malentendu). Dans ces derniers cas, ce n'est d'ailleurs pas seulement l'objet de l'interaction ou le but poursuivi qui ne sont pas partagés par les interlocuteurs, mais c'est, à chaque tour de parole, l'instrumentalisation de l'interaction en tant que ressource en cours pour poursuivre une

---

[3] La version originale de *La Cigale et La Fourmi* de Jean de La Fontaine est proposée en annexe.

activité conversationnelle qui est différemment créée par les sujets. Et l'activité conversationnelle de chaque participant à une interaction peut elle-même se développer (Kostulski, 2004 ; Kostulski & Prot, 2004). Un exemple paroxystique de ce phénomène est livré par une très belle analyse conversationnelle de *La conversation fatale* (Whalen *et al.*, 1992) dans laquelle les auteurs mettent en évidence le développement séquentiel de l'activité conversationnelle. Dans cette séquence, ce développement prend la forme d'une « contamination » de l'activité conversationnelle des interlocuteurs : initialement protagonistes d'un appel d'urgence, les interlocuteurs entrent dans une dynamique de conflit interpersonnel qui gouvernera l'interlocution au point de faire échouer la réalisation de leur activité commune initiale. Les auteurs en concluent que « le développement séquentiel d'une activité langagière est critique pour la détermination de son statut et de ses conséquences, pour ce qu'elle est, et pour les effets ultérieurs qu'elle produira » (p. 171).

Pas plus qu'elle ne l'est dans l'activité professionnelle, la subjectivité n'est pas un ornement de l'activité conversationnelle. Elle est au principe même de son développement, un ressort interne de celui-ci (Clot, 1999). L'interaction n'est pas un phénomène surplombant auquel les interlocuteurs peuvent prendre part, mais elle est tour à tour, dans le développement conversationnel, un produit de la coordination des activités conversationnelles qu'ils développent et « une ressource locale en cours » (Clot, 1999) pour développer leurs activités. C'est à la condition de ce double processus que les interactions en autoconfrontations croisées peuvent permettre aux sujets de penser autrement leur activité quotidienne de travail. C'est ce que nous voudrions montrer maintenant.

2. L'interaction en situation d'autoconfrontations croisées : l'appropriation du cadre dans l'activité conversationnelle

Si les autoconfrontations croisées constituent une méthode d'action et de recherche, c'est que la théorie de l'activité proposée dans le champs du travail (Clot, 1999) se voit déclinée en une méthodologie d'intervention et une méthode d'action (Clot *et al.*, 2000) qui en respectent les principes conceptuels. Cette méthode trouve alors une double pertinence dans l'action et la connaissance : en tant qu'activité, elle constitue une ressource pour le développement des sujets et des collectifs qui y sont engagés ; elle est aussi pour le chercheur le moyen d'accès aux processus impliqués dans une activité professionnelle. Les analyses conduites le sont en réponse à la demande, souvent complexe, d'un collectif (Kostulski & Prot, 2002) et visent à favoriser un développement du métier au sein de celui-ci. Ces analyses procèdent en situation au moyen de l'interaction : la co-analyse de l'activité qui s'y réalise verbalement dans une interaction entre les professionnels d'une part, et entre les professionnels et les chercheurs d'autre part. L'autoconfrontation croisée est a minima un trilogue (Kerbrat Orecchioni & Plantin, 1995).

A ce titre, c'est la méthode elle-même en tant qu'elle constitue un moyen d'action que nous posons en objet de recherche, de manière à tenter d'éclairer les phénomènes psychologiques qu'elle rend possibles à partir du développement séquentiel de l'interaction conversationnelle qui s'y réalise. Les analyses en autoconfrontations croisées s'appuient en effet sur « la motricité du dialogue » (Clot *et al.*, 2000) semblant à même de favoriser un processus de développement. En cela, une analyse des usages du langage et de ses effets apparaît pertinente.

Nous ne pourrons ici que présenter les principes de la théorie du processus interlocutoire qui guide nos analyses (pour une présentation plus complète, cf. Trognon & Kostulski, 1999).

La logique interlocutoire s'inscrit dans une épistémologie constructiviste en psychologie et trouve son sens dans le programme de la pragmatique : l'analyse des usages du langage en conversation. Elle constitue une théorie de cette composante langagière de l'interaction que constitue l'interlocution. La thèse développée par la logique interlocutoire est qu'une conversation se tisse par le déploiement d'une logique qui réalise les propriétés des actes de langage qui y sont accomplis. La logique interlocutoire trouve donc ses fondements dans une interprétation dialogisée de la sémantique générale (Searle & Vanderveken, 1985 ; Vanderveken, 1988), l'organisation de l'interlocution constituant sa composante « proprement générative ». Dans cette théorie, c'est bien l'architecture de l'interlocution qui constitue le cœur du phénomène. Si une analyse de l'architecture conversationnelle peut permettre de décrire l'organisation cognitive ou socio-cognitive d'une interaction en situation de travail (Grusenmeyer, 1995 ; Grusenmeyer & Trognon, 1997 ; Trognon & Kostulski, 1999), nous souhaitons aujourd'hui l'utiliser à d'autres fins. L'architecture d'une interlocution réfléchit en effet, dans le processus dynamique de l'enchaînement conversationnel, les activités conversationnelles individuelles, collectives, ainsi que l'articulation des premières au secondes, tout comme elle réfléchit leurs développements en situation d'interlocution.

Au plan pragmatique, les autoconfrontations croisées reposent sur une construction artificielle de situations d'interaction au sein des collectifs de travail, construction visant à produire des cadres d'interaction modifiant le rapport à l'autre, aux objets et aux gestes du travail, ainsi qu'à l'activité. Filmée par les chercheurs, l'activité devient l'objet de l'attention de l'agent qui s'y trouve confronté seul dans un premier temps et qui doit l'analyser. L'activité, les objets et les règles qu'elle mobilise sont alors objets d'analyse et objets de discours : l'activité conversationnelle est mise au service d'une activité d'analyse. Cette confrontation en situation croisée est à la fois une confrontation à sa propre activité et une confrontation à l'analyse de l'autre sur cette activité (Clot *et al.*, 2000). L'activité conversationnelle émergeant dans les autoconfrontations croisées n'est donc pas une activité libre ; elle est définie par un cadre, celui que les chercheurs ont mis en place en amont des autoconfrontations croisées (Kostulski, 2004) et qui prépare les sujets à une analyse réflexive sur leur activité. Le chercheur participe activement pendant les autoconfrontations croisées, à maintenir ce cadre : d'abord en veillant d'abord au maintien de l'objet des dialogues : l'activité professionnelle dans ces détails ; puis en intervenant, comme nous le verrons dans la séquence ci-dessous, pour favoriser l'expression des « controverses » entre les professionnels. Son activité conversationnelle est donc définie par sa contribution au cadre.

L'activité, les modalités d'action qui permettent au sujet de la conduire, l'interprétation des situations d'activité, les objets et les règles de cette activité deviennent dans la situation d'autoconfrontation croisée des objets d'analyse par leur mobilisation dans l'interaction verbale entre les sujets. C'est la globalité des organisateurs de l'activité qui devient potentiellement disponible à la surface du social, à l'interface du sujet et du social dans l'activité conversationnelle. De plus, en autoconfrontations croisées, le sujet est délesté des préoccupations de l'action et les organisateurs de l'activité peuvent alors devenir des objets de pensée.

3. Le développement d'un conflit intrapsychique partagé en auto-confrontation croisée

La séquence que nous nous proposons d'examiner est issue d'une intervention, conduite par l'équipe Clinique de l'activité, dans un établissement industriel qui produit des appareils de voie (des aiguillages) pour le réseau ferroviaire. Cette intervention répondait à la commande initiale du CHSCT, qui a fait appel à nous à la suite du constat d'une dégradation continue de l'état de santé des professionnels. Plus exactement, le médecin du travail, entendu par les représentants du personnel, a attiré l'attention sur les symptômes somatiques et psychologiques d'une dégradation de la santé des professionnels. Les deux premières rencontres avec le comité de pilotage, émanation du CHSCT, ont donné lieu à la production de l'hypothèse partagée d'un rapport entre l'organisation du travail et la santé. C'est donc du côté de la façon dont les professionnels mobilisent leurs pratiques de métier individuellement et collectivement pour faire *avec ou malgré* l'organisation du travail en place, que nous avons choisi d'aborder la question dans l'orientation donnée dans cette intervention.

Les analyses en autoconfrontations croisées ont été menées avec une équipe de logistique d'un atelier. Les agents ont pour tâche d'approvisionner les machines en rails afin qu'ils soient usinés ou assemblés. Ces rails sont transportés grâce à des ponts (hauts de 10 mètres environ) qui se déplacent de façon transversale sur 300 mètres environ entre l'atelier d'usinage et les stocks organisés en plein air. Les stocks étant placés à l'opposé l'un de l'autre, la longueur totale du chantier est d'environ 900 mètres, l'atelier d'usinage étant au centre. Les agents de la logistique doivent également « évacuer » les pièces une fois les manutentions terminées. Leur tâche consiste aussi à mettre en stock les différentes pièces, et à les expédier vers une autre unité de l'établissement (par exemple au montage) ou à l'extérieur de l'établissement. Les équipes se composent d'une part des « servants » c'est-à-dire des agents au sol qui accrochent et décrochent les rails au moment du transport de ces derniers, et guident le chauffeur dans ses manœuvres ; et d'autre part du chauffeur qui conduit un pont (dans une cabine qui se trouve en haut du pont). Servants et chauffeurs collaborent donc pour réaliser les manœuvres de déplacements, de « dépose et d'enlèvement de rails ».

L'activité est une épreuve subjective où l'on se mesure à soi-même et aux autres, tout en se mesurant au réel, pour avoir une chance de parvenir à réaliser ce qui est à faire. C'est ainsi que les activités suspendues, contrariées ou empêchées doivent être intégrées à l'analyse (Clot, 1999) dans la mesure où elles pèsent de tout leur poids dans l'activité présente. L'activité des servants et des chauffeurs, du fait d'une organisation du travail massivement dysfonctionnelle est une activité risquée : elle est gouvernée par des conflits, intrapsychiques mais partagés, qui font souvent cohabiter de manière paradoxale l'efficacité et la sécurité. Pour rester efficace, et même parfois pour réussir à faire ce qui est prescrit, il faut sortir des prescriptions de sécurité : il faut travailler avec un agrès inadapté qui risque de casser ou de s'écraser sous le poids des rails, parce que l'agrès prescrit pour cette tâche n'est pas disponible ou trop loin, ou « absent » de la scène ; il faut lever les rails à 3 mètres du sol pour passer au dessus d'un convoyeur en panne qui constitue un obstacle permanent de l'environnement de travail, alors que selon la prescription les rails doivent rester à hauteur d'homme ; le travail est réalisé à deux seulement, un servant et un chauffeur, alors que les tâches exigent la présence de deux servants. Dès lors, le métier se construit dans ces choix (Clot, Kostulski & Prot, 2003). Le tout dans des conditions climatiques changeantes, mais surtout dans une incessante expérience d'activités suspendues, différées, annulées, remises à plus tard, qui laissent des « traces » sur le chantier, comme ce « tas » de traverses laissé là et qui entrave le travail du transport de rails, devenu prioritaire. Dans ces conditions, le travail se complique grandement. La communication entre les chauffeurs et servant n'est pas aisée du fait de la distance, pourtant cette communication serait d'autant plus nécessaire que le travail est risqué : la confiance prend le relais dans bien des cas.

La séquence que nous proposons n'est pas à proprement parler une autoconfrontation croisée, puisqu'elle n'implique pas deux professionnels ayant la même activité dans la situation. Elle correspond à un long extrait d'une co-analyse impliquant un servant (André) et un chauffeur (Jean-Claude) sur l'analyse de la situation. C'est l'activité conversationnelle et ses effets en situation que nous souhaitons ici observer. On y perçoit la fonction structurante de l'activité conversationnelle du chercheur sur le développement de l'analyse.

L'activité professionnelle analysée consiste en un moment du transport d'un « paquet » de rails vers l'usinage, et plus particulièrement le moment où le servant et le chauffeur collaborent pour poser les rails dans l'atelier d'usinage. Les qualifications différentes de l'un et de l'autre et le prestige professionnel associé à l'activité du chauffeur permettent à ce dernier de manifester, dès les premiers tours de paroles, une inégalité d'accès à la compréhension de la situation de travail : il est servant et chauffeur, André n'est que servant, et à ce titre il ne peut pas comprendre son travail de chauffeur. Fort de cette déclaration, il s'engage dans une activité d'évaluation (teintée négativement) du travail d'André ; il accompagne alors l'analyse d'André, formule des questions teintées de remontrances sur ses manières de faire. A ce moment de l'analyse, le film montre André accompagnant avec son pied et ses bras le dépôt du paquet de rails, et derrière lui, le tas de traverses évoqué plus haut. Le risque ici est celui d'un accident corporel : l'espace est réduit, André accompagne ce dépôt seul, un geste mal mesuré pourrait le « coincer » entre les rails encore suspendus et cet empilement de traverses. La séquence débute au 84ème tour de parole de l'autoconfrontation, et a constitué un thème majeur de l'analyse :

Jean-Claude :	là je t'entends je te vois pas je devine
André :	là, là, comme je disais la dernière fois on est pas en sécu
Jean-Claude :	pourquoi ? vas-y
André :	parce ce que déjà je suis déjà seul et tu me vois pas
Jean-Claude :	je suis d'accord avec toi, c'est pour ça que je dis que je viens de t'entendre, je sais où t'es parce que je t'ai entendu. Bien Dédé, là je suis d'accord avec toi
André :	là je suis tout seul et habituellement on devrait être deux par terre à côté de moi
Jean-Claude :	normalement comme j'ai déjà dit un qui s'occupe pour décrocher et un qui fait des signes, vas-y continue, regarde après dans la situation que toi tu te mets, regarde où que t'es !
André :	j'suis à côté des traverses
Jean-Claude :	regarde !
André :	j'suis à côté des traverses
Jean-Claude :	là mettons regarde un faux mouvement
Chercheur :	allez-y (en s'adressant à Jean-Claude) dites votre point de vue
Jean-Claude :	là on rencontre bien le problème de ce qu'il dit Dédé, il est tout seul, c'est vrai qu'il est tout seul, normalement c'est un gars qui décroche et un gars qui fait signe pourquoi, parce que moi dans la cabine ...
Chercheur :	attendez ça j'ai compris mais vous dites regarde où t'es, qu'est-ce que vous voulez dire par là ?
Jean-Claude :	il est entre la pile de traverses et la poignée qu'il est en train de déposer

Chercheur : et alors ?
Jean-Claude : il est dans une situation difficile, on sait jamais ce qu'il peut arriver au pont, je l'écrase moi
Chercheur : qu'est-ce que vous en pensez André ?
André : là dans un sens il a raison, j'aurais pas dû, j'aurais pas dû me mettre là, j'aurais dû me mettre à côté de l'élingue
Jean-Claude : non, mais ...
Chercheur : attendez, de quel côté ?
André : le côté par ici (en indiquant le côté droit), quand j'ai pris le bout de bois j'aurais pas dû rester là-bas, j'aurais dû me mettre du sens d'où qu'il me voit, d'où qu'il me voyait
Chercheur : pour qu'il puisse vous voir, c'est-à-dire à droite là ?
André : voilà, j'aurais dû me mettre sur la droite
Chercheur : vous êtes d'accord ? (s'adressant à Jean-Claude)
Jean-Claude fait un hochement de tête affirmatif.
André : là j'étais en accident

Cette séquence montre la première interprétation de la situation co-élaborée par André et Jean-Claude, mais aussi l'activité conversationnelle qui vient supporter cette analyse : Jean-Claude « fait dire » à André qu'il n'aurait pas dû se placer à cet endroit, et que s'il n'était pas « en sécu » et risquait l'accident, c'est en raison de ses modalités d'action. Le chercheur résiste à cette interprétation immédiate, et ré-interroge André sur ce qu'il cherchait à faire dans la situation, faisant ainsi émerger une autre cause, puisée dans le registre de l'environnement de travail :

Chercheur : pour vous la bonne position ça aurait été de vous mettre sur la droite ?
André : voilà, côté droit, côté de l'élingue, que lui il me voit, bon là il me voit pas parce que là il est derrière le poteau
Chercheur : mais comment vous expliquez que vous êtes allé là-bas ?
André : habituellement le paquet il aurait pas dû être là
Chercheur : ah
André : le paquet de traverses il aurait pas dû être là, c'est ça
Chercheur : il aurait pas dû, ça veut dire ?
André : parce que ...
Jean-Claude : Ben là ...
Chercheur : attendez, laissez
André : là à mon avis on n'a pas de place pour travailler, bon on a de la place pour travailler mais pas assez, il aurait dû mettre un peu plus en retrait ou je sais pas, le mettre ailleurs, je sais pas moi

Dans cette séquence, une seule intervention de Jean-Claude, empêchée par le chercheur, apparaît. En revanche, dans le dialogue entre le chercheur et André, la responsabilité de ce dernier dans la situation se trouve diluée (« habituellement le paquet il aurait pas dû être là ») et apparaissent les contraintes qui pèsent sur cette activité. La nouvelle proposition rencontre l'intérêt du chercheur, marqué par une onomatopée de compréhension du problème, ce qui permet à André, dans le contexte de la relation asymétrique réalisée par Jean-Claude un peu avant, de la reformuler en la posant comme une explication valide (« c'est ça »). Le chercheur demande une explicitation, et maintient un espace ouvert contre Jean-Claude pour qu'André puisse développer son analyse. Dans la suite de la séquence, il appuie à son tour le point de vue d'André (« c'est ça »), et interroge les deux professionnels sur cette désorganisation :

Chercheur :	c'est ça, est-ce que c'est un endroit pour poser un paquet de contre-rails ? je sais pas
Jean-Claude :	bah oui, ça va au montage
André :	ça va au montage
Jean-Claude :	le mec il vient avec un salev, on n'a pas d'autre endroit pour mettre les pièces à part la route
André :	même, le conducteur du salev il aurait dû, c'est bête parce que je dis ça maintenant, le paquet, il aurait dû descendre, ouvrir la porte et le mettre de l'autre côté parce qu'y avait de la place, y'a plus de place de l'autre côté que par ici
Chercheur :	le mettre où ?
André :	le mettre de l'autre côté du passage, voilà sur l'autre côté, à droite où qu'y avait rien, à ton avis ?
Jean-Claude :	oui, ou même à la limite il ouvre la porte et il le met sur la voie parce que sur la voie ça gène pas, le convoyeur il fonctionne pas donc c'est très bien, situation perturbée, ce paquet là on l'a rentré allez un quart d'heure après on l'a rentré, je sais pas
Chercheur :	donc là il y a deux problèmes quoi, ce serait mieux de se mettre devant plutôt que derrière
André :	oui
Chercheur :	ou si vous êtes derrière c'est parce qu'il y a le paquet de traverses
André :	voilà
Jean-Claude :	voilà, ou il aurait pu se mettre plus en arrière
Chercheur :	ah

Une cause potentielle relevant de l'environnement de travail est ainsi identifiée, qui donne lieu à une ouverture sur le réel de l'activité. André prend conscience de la valeur de cette nouvelle analyse (« c'est bête parce que je dis ça maintenant »). L'activité est maintenant ce qu'on a fait malgré l'organisation, et ce que le conducteur du salev aurait dû ou pu faire pour permettre indirectement à André de travailler en sécurité. Jean-Claude participe à cette analyse, d'abord pour justifier l'impossibilité de faire autrement (« on n'a pas d'autre endroit pour mettre les pièces à part la route »), puis, sur l'invitation d'André, pour participer à l'examen des possibles. Apparaît dès lors un effet de l'activité du chercheur sur celle de Jean-Claude : ce dernier n'est plus évaluateur de l'activité de son collègue, mais participe à la construction des possibles initiée par ce dernier. Le chercheur reformule les propositions, qui donnent lieu à une ratification, et Jean-Claude y ajoute une proposition alternative : une modalité possible de l'action d'André. Le chercheur manifeste son intérêt pour cette nouvelle proposition sur le même mode qu'il l'avait fait avec André (« ah »), ce qui incite Jean-Claude à la développer cette fois du côté des nécessités de l'activité d'André :

Jean-Claude :	plus par là (indique la gauche), déjà d'une il se trouvait pas entre le paquet de contre-rails et les traverses et le problème c'est pas ça, dédé lui ...
Chercheur :	attendez
Jean-Claude :	attendez, je vais vous expliquer pourquoi il s'est mis là parce que là, il faut qu'il mette des bouts de bois pour que je puisse poser le paquet et qu'il puisse enlever les élingues donc lui ce qu'il fait c'est qu'il va se mettre en situation un peu

	dangereuse si on peut dire et parce qu'il surveille, il surveille si je vais bien mettre sur le bout de bois et pas à côté
Chercheur :	c'est ce que vous faites ?
André :	ouais, ouais je pousse avec le pied là
Jean-Claude :	que s'il y avait eu quelqu'un avec lui ce problème on le rencontre pas
André :	voilà
Jean-Claude :	il posait le bout de bois, le gars il fait signe, Dédé il tient les élingues, on pose le paquet, il enlève les élingues et hop terminé
André :	y aurait pas d'accident que là je peux avoir un accident et personne n'est à côté de moi pour venir me secourir, là je suis coincé entre les deux rails et les traverses, là je peux rien faire, là je suis coincé
Chercheur :	là vous êtes en train de guider les contre-rails et en même temps vous poussez avec le pied
André :	voilà, le bout de bois, parce que je peux pas me baisser
Chercheur :	c'est pour ça que vous êtes devant et pas derrière
André :	voilà
Chercheur :	alors çà c'est la troisième chose, c'est pas le paquet de traverses en fait
André :	bah le paquet de traverses si parce que le paquet de traverses, le conducteur du salev s'il est un peu intelligent il voit bien que la barrière est fermée, il aurait pu dire à quelqu'un de l'ouvrir et puis de la mettre un peu plus loin
Chercheur :	d'accord
André :	parce qu'habituellement dans un passage, s'il y a une urgence, comment qu'il fait l'ambulance pour passer ?
Chercheur :	oui d'accord
André :	vous voyez y a les pompiers qui arrivent, comment qu'il fait pour passer ? Il peut pas rentrer là
Chercheur :	vous amenez la cale en bois en même temps que vous tenez le contre-rail
André :	voilà
Chercheur :	c'est pour çà que vous êtes derrière ?
André :	voilà, je peux pas faire autrement

Le développement de l'analyse conduit ici Jean-Claude à invoquer l'activité d'André en cours (« il faut qu'il mette des bouts de bois ») pour expliquer sa position dans l'environnement de travail. Autrement dit, et c'est l'analyse qui émerge de cette séquence, pour faire ce qui est à faire : André « peux pas faire autrement » que de se mettre en danger. Le conflit entre l'activité et la sécurité, qu'André a vécu dans cette situation, trouve, grâce à l'activité conversationnelle du chercheur, une interprétation qui met en rapport étroit les affres de l'organisation du travail et les gestes nécessaires à la réalisation de l'activité. Nous faisons ainsi l'hypothèse, sans pouvoir la vérifier, que l'insistance d'André sur la nécessité de laisser un passage « s'il y a une urgence » pour permettre à une ambulance d'accéder est en rapport avec l'évocation du danger qu'il court (« je peux avoir un accident et personne n'est à côté de moi pour venir me secourir, là je suis coincé entre les deux rails et les traverses »).

La suite de la séquence leur permet d'expliciter, chacun depuis son activité, les gestes nécessaires au dépôt des rails dans le contexte complexe et périlleux mis à jour :

André :	là vous voyez là j'étais en bout de traverses, là, après j'ai été entre deux parce que j'ai poussé avec le pied, là je mets la cale et je suis derrière les traverses et je suis pas entre les deux, j'y ai été qu'après
Chercheur :	c'est donc bien le problème de la cale

André :	voilà, non le problème c'est que les traverses ne doivent pas être là, j'aurais plus de place s'il n'y avait pas de traverse
Jean-Claude :	en plus, moi il fallait que je pose le paquet entre le paquet de traverses que tu dis qu'est gênant et plus les traverses, tu vas voir, on va voir dans la suite, tu vas voir t'entends le pont qui fait clac-clac-clac parce que j'essaie de me guider
Chercheur :	ah ouais
Jean-Claude :	bah pour pas trop l'emmouscailler, c'est pour ça que je sors la tête
André :	regardez, là je suis entre deux là, j'suis entre deux, on le voit bien que je suis entre deux, on voit même ma cale

Les professionnels décrivent alors explicitement les gestes du travail rendus nécessaires par le tas de traverses : se mettre « entre deux » pour poser la cale, être particulièrement attentif pour ne pas blesser son collègue, essayer de se guider, sortir la tête de la cabine… L'interprétation de la situation de travail ayant trouvé là un développement, le chercheur interroge les solutions qui éviteraient la mise en danger du servant :

Chercheur :	alors qu'est ce qui, qu'est-ce qu'on pourrait faire ?
André :	bah les traverses ne devraient pas être là, j'en reviens
Chercheur :	est-ce qu'on pourrait imaginer, je ne sais pas … est-ce qu'on pourrait imaginer que vous, qu'est-ce qu'on pourrait faire, ne pas poser parce que là vous êtes bien obligé de passer entre les deux pour poser les cales
André :	oui, je suis obligé là, on peut pas faire autrement
Chercheur :	si vous passez pas entre les deux
André :	autrement il faut que je fasse le tour et lui il me voit pas, il faut que je fasse le tour par-dessus et que je la mette par derrière entre le mur et puis les traverses
Jean-Claude :	et même on pourrait pas faire autrement comme y avait différentes longueurs de contre-rail, il est obligé de faire ça
André :	et puis si je me mets derrière la longueur du mur Jean-Claude il me voit pas
Jean-Claude :	déjà là j'ai du mal à te voir
André :	déjà il a du mal à me voir
Chercheur :	joli problème
André :	l'accident il est là, là je suis coincé entre les deux
Jean-Claude :	moi faut que je devine, faut que je devine ce qu'il va faire Dédé, tout en pensant que moi il faut que je sache ce que j'ai à faire, il faut pas que je fasse n'importe quoi
André :	parce qu'une fraction de seconde c'est vite passé, là il me coince je peux plus rien faire
Jean-Claude :	vous voyez ce que je veux vous dire ?
André :	là je suis bloqué là
Jean-Claude :	j'essaie de gérer …
André :	y'en aurait un autre qui dirait
Chercheur :	le sien dans une situation délicate et vous au dessus
Jean-Claude :	quand je dis attention, à un moment hop on enlève les mains et on attend
Chercheur :	à ce moment là il faut plus rien toucher
Jean-Claude :	ah non
André :	ah non faut rien toucher
Jean-Claude :	c'est pour ça, tiens appuie Dédé (*sur la télécommande pour arrêter le déroulement du film)*, là il revient et là c'est moi qui gère lui il tient et moi je gère parce que moi de là haut je vois qui y a un paquet de traverses là un tas de traverses derrière et je fais attention à ses pieds aussi, tout, il faut que je fasse attention à tout, là

> c'est clair, voilà, et là vous voyez, là Dédé il me fait signe de descendre, je sais qu'il faut que je descende mais ce que j'essaie de faire c'est que j'essaie de faire, c'est de poser bien le paquet pour pas qu'il soit embêté pour enlever les élingues, pour me re-éviter de relever, voilà, maintenant je lève, maintenant je relève parce que je sais qu'il va pas me raccrocher les traverses parce ce que les traverses pour l'instant on m'a pas dit de les rentrer quoi, je sais qu'il va pas utiliser les élingues (...)

Quelques interventions établissent qu'André ne peut pas faire autrement, malgré l'insistance du chercheur. Les professionnels ont laissé le film défiler et le commentent. Ils réalisent verbalement entre eux, chacun du point de vue de son activité et de sa situation, leurs gestes ou leurs peurs dans la situation, dans un langage qui, selon, dénote la complexité de l'action « j'essaie de gérer ... » ou l'impuissance à agir (« là je suis bloqué là ») : André identifie le moment potentiellement favorable à l'accident, alors que Jean-Claude exprime sa responsabilité dans la situation (« et là c'est moi qui gère lui il tient et moi je gère »).

Coincé dans un conflit opposant l'action professionnelle à la sécurité, on s'en remet à la justesse du geste de l'autre pour éviter l'accident. Nous le disions plus haut : la confiance pallie souvent l'absence de communication. Mais ici elle pallie aussi les insuffisances de l'organisation du travail, sans qu'on puisse penser qu'elle y suffit. C'est bien selon nous une réalisation conversationnelle qui développe ce conflit. Nous parlons ici de développement du conflit, non pas au sens où l'interaction le rendrait plus prégnant, mais au sens ou l'interaction permet aux sujets d'en rendre plus manifeste l'épaisseur dans la situation d'activité : d'abord dans ses liens avec l'organisation dysfonctionnelle du travail, ensuite dans sa dimension psychologique, et enfin et dans une moindre mesure, dans les relations professionnelles au sein du duo qui le rencontre.

4. L'activité conversationnelle et l'activité d'analyse : entre source et ressource

Plusieurs questions peuvent apparaître dans la diversité des exemples d'interlocution proposés ici. Nous ne rappellerons que les deux questions posées en introduction à ce chapitre : celle de la façon dont l'interaction peut être définie dans un modèle ancré en psychologie d'une part, celle des rapports de l'interaction conversationnelle à l'action d'autre part. Nous nous proposons de reprendre ces questions en clinique de l'activité, à partir de l'activité conversationnelle observée dans les différentes situations, activité spécifique mais aussi activité parmi d'autres, et à ce titre conceptualisée comme telle.

Concernant la première, la mise à jour du rôle des propriétés de l'enchaînement conversationnel dans la construction du sens dans *La Cigale et La Fourmi* montre qu'un enchaînement conversationnel, c'est-à-dire un *rapport* d'un énoncé à un autre dans une interaction conversationnelle, peut être *source* d'un événement de pensée qui permet le développement de la signification de « dansez maintenant ».

A l'inverse, on a pu voir dans l'analyse de l'expérimentation de Garfinkel, que si l'enchaînement conversationnel est une source d'événement de pensée, cette source de l'événement de pensée ne présage pas de l'instrumentalisation que le sujet en fera dans la poursuite de sa participation à l'interaction : une source d'étonnement aléatoire – au sens strict de ce terme – peut constituer pour lui une ressource pour réaliser l'activité dans laquelle il est engagé. Cette instrumentalisation dépend au contraire de l'activité qu'il poursuit, et nous rejoignons sur ce point l'approche des genèses instrumentales développée par Rabardel (1995, 1999).

Mais « l'activité qu'il poursuit » est déjà un rapport entre au moins deux activités. Dans cette expérimentation, *l'activité d'analyse* qu'il poursuit est celle de l'analyse de ses problèmes ou préoccupations personnelles. *L'activité conversationnelle* qu'il poursuit est une activité de questionnement mise au service de son activité d'analyse : parler est un moyen et non une fin (Clark, 1999 ; voir aussi Bernicot & Trognon, 2002). Mais en retour, *l'activité d'analyse* est aussi mise au service de *l'activité conversationnelle* de questionnement qui permettra de poursuivre la première. Ainsi, les productions locales de l'une de ces activités se constituent comme ressources pour poursuivre l'autre activité. L'activité que le sujet conduit se situe bien dans le rapport de ces activités, entre source et ressource, l'une au service de l'autre.

Pour la première comme pour la seconde question que nous souhaitions aborder, l'enchaînement conversationnel apparaît comme un lieu de migration fonctionnelle de la source en ressource. C'est à cette condition que l'analyse en autoconfrontations croisées peut constituer une zone de développement pour les sujets impliqués dans l'analyse. Il convient maintenant de reprendre en ce sens la théorie de l'enchaînement conversationnel développée en logique interlocutoire.

Références bibliographiques

Bange, P. (Ed.). (1987). *L'analyse des interactions verbales, La dame de Caluire : une consultation.* Berne : Peter Lang.

Bernicot, J. & Trognon, A. (2002). Le tournant pragmatique de la psychologie. In J. Bernicot, A. Trognon, M. Guidetti & M. Musiol (Ed.), *Pragmatique et Psychologie* (pp.13-33). Nancy : Presses universitaires de Nancy. Collection Langage Cognition Interaction.

Bernicot, J., Trognon, A., Guidetti, M. & Musiol, M. (Ed.). (2002). *Pragmatique et Psychologie.* Nancy : Presses universitaires de Nancy. Collection Langage Cognition Interaction.

Borzeix, A. & Fraenkel, B. (Ed.). (2001). *Langage et travail.* Paris : CNRS Editions.

Boutet, J. (1995). Le travail et son dire. In J. Boutet (Ed.), *Paroles au travail* (pp. 247-267). Paris : L'Harmattan.

Clark, H. (1999). On the origins of conversation. *Verbum*, Tome XXI, n°2, 147-162.

Clot, Y. (1999). *La fonction psychologique du travail.* Paris : PUF.

Clot, Y. & Faïta, D. (2000). Genres et styles en analyse du travail. Concepts et méthodes. *Travailler*, 4, 7-42.

Clot, Y., Faïta, D., Fernandez, G., & Scheller, L. (2000). Les entretiens en autoconfrontation croisée : une méthode en clinique de l'activité. *Pistes*, n° 2, www.unites.uqam.ca/pistes.

Clot, Y., Kostulski, K. & Prot, B. (2003). Rapport d'étude sur les rapports entre l'organisation du travail et la santé. Rapport confidentiel CNAM.

Coulon, A. ([1987] 1993). *L'ethnométhodologie*, 3ème édition corrigée. Paris : PUF.

Falzon, P. (1989). *Ergonomie cognitive du dialogue.* Grenoble : Presses universitaires de Grenoble.

Filliettaz, L. (2002). *La parole en action, Eléments de pragmatique psycho-sociale*, Québec : Editions Nota bene.

Garfinkel, H. ([1967] 1984). *Studies in Ethomethodology*, 2ème édition corrigée. Englewood Cliffs, Prentice-Hall : Polity Press.

Grosjean, M. & Lacoste, M. (1999). *Communication et intelligence collective : le travail à l'hôpital*. Paris : PUF. Collection Le Travail Humain.

Grusenmeyer, C. (1995). Interaction langagière et représentation mentale partagée. *Psychologie Française*, 40-1, 47-59.

Grusenmeyer, C. & Trognon, A. (1997). Les mécanismes coopératifs en jeu dans les communications de travail : un cadre méthodologique. *Le Travail Humain*, 60-1, 5-31.

Hutchins, E. (1990). The technology of team navigation. In J. Galegher, R.E. Kraut & C. Egido (Ed.), *Intellectual Teamwork. Social and technological foundations of cooperative work* (pp. 191-220). Hillsdale : L. Erlbaum Associates Publishers.

Jacques, F. (1979). *Dialogiques : recherches logiques sur le dialogue*. Paris : PUF.

Kerbrat-Orecchioni, C. (1990). *Les interactions verbales*. Paris : Colin.

Kerbrat-Orecchioni, C. & Plantin, C. (Ed.). (1995). *Le Trilogue*. Lyon : Presses universitaires de Lyon.

Kostulski, K. (2004). Co-analyse en auto-confrontations croisées et développement. *Bulletin de Psychologie*, 57(1), 81-85.

Kostulski, K. & Prot, B. (2002). Une intervention sur le rapport entre l'organisation du travail et la santé : la question de la demande. *Actes du 12ème Congrès de Psychologie du Travail et des Organisations de l'AIPTLF*, vol.3, (pp. 340-348). Louvain : Presses Universitaires de Louvain.

Kostulski, K. & Prot, B. (2004). L'activité conversationnelle d'un jury de Validation d'Acquis : analyse interlocutoire de la formation d'un concept potentiel. *Psychologie Française*.

Kostulski, K. & Trognon, A. (Ed.). (1998). *Communications interactives dans les groupes de travail*. Nancy : Presses universitaires de Nancy. Collection Langage Cognition Interaction.

Lacoste, M. (1991). Les communications de travail comme interaction. In R. Amalberti, M. De Montmollin & J. Theureau (Ed.), *Modèles en analyse du travail* (pp.191-227). Liège : Mardaga.

Mayen, P. (1997). *Compétences pragmatiques en situation de communication professionnelle, une approche de didactique professionnelle*. Thèse de Sciences de l'Education, Université de Paris V.

Rabardel, P. (1995). *Les hommes et les technologies*. Paris : Armand Colin.

Rabardel, P. (1999). Le langage comme instrument ? Eléments pour une théorie instrumentale étendue. In Y. Clot (Ed.), *Avec Vygotski* (pp. 241-264). Paris : La Dispute.

Searle, J.R. & Vanderveken, D. (1985). *Foundations of illocutionary logic*. Cambridge : Cambridge University Press.

Suchman, L. (1987). *Plans and situated actions. The problem of human-machine communication*. Cambridge : Cambridge University Press.

Trognon, A. (1991). L'interaction en général : sujets, groupes, cognitions, représentations sociales. L'interaction : négociation du sens. *Connexions*, 57-1, 9-27.

Trognon, A. & Kostulski, K. (1999). Eléments d'une théorie globale de l'interaction conversationnelle. *Psychologie Française*, 44- 4, 307-318.

Vanderveken, D. (1988). *Les actes de discours*. Bruxelles : Mardaga.

Vygotski, L. ([1934] 1997). *Pensée et langage*. Paris : La Dispute.

Whalen, J., Zimmerman, D.H. & Whalen, M.R. (1992). Une conversation fatale. *Réseaux*, 55, 145-179.

Annexe

La Cigale et la Fourmi
Jean de La Fontaine

La cigale ayant chanté
Tout l'été
Se trouva fort dépourvue
Quand la bise fut venue :
Pas un seul petit morceau,
De mouche ou de vermisseau.
Elle alla crier famine,
Chez la fourmi sa voisine,
La priant de lui prêter
Quelque grain pour subsister
Jusqu'à la saison nouvelle.
« - Je vous paierai, lui dit-elle,
Avant l'août, foi d'animal,
Intérêt et principal. »
La fourmi n'est pas prêteuse :
C'est là son moindre défaut.
« - Que faisiez-vous au temps chaud ? »
Dit-elle à cette emprunteuse.
« - Nuit et jour à tout venant,
Je chantais, ne vous déplaise »
« - Vous chantiez ? j'en suis fort aise :
Eh bien Dansez, maintenant ! »

Deuxième partie

CONSEILS ET GESTES DANS LES INTERACTIONS DE SERVICE

L'analyse des actions et des discours en situation de travail. Concepts, méthodes et applications (sous la direction de L. Filliettaz et J.-P. Bronckart), Louvain, Peeters, BCILL, 2005.

Rôle représenté et rôle joué : L'activité des techniciens Conseil

Marie Carcassonne & Laurence Servel
Université Paris IX-Dauphine & CERSO

Comment appréhender une activité de travail impliquant une relation de service ? Afin de mieux comprendre l'activité de Techniciens Conseil (TC) à la CNAV (Caisse Nationale d'Assurance Vieillesse), nous proposons d'utiliser la notion de rôle[1], qui permet de saisir l'activité de travail à travers des représentations et des constructions discursives : nous observons le rôle tel qu'il est mis en mots par le discours institutionnel (prescriptions et conduites attendues), par les acteurs eux-mêmes (conception subjective interprétant le discours prescrit par l'institution et l'expérience vécue), ou « actualisé » (Goffman, 1973)[2] dans l'interaction.

Notre enquête, menée en 1998 au sein de la CNAV, dans trois de ses agences locales, concerne un personnel exclusivement féminin : autrefois en charge d'une tâche spécialisée (la paie, la liquidation, la gestion des comptes individuels, l'accueil, le contentieux), les TC sont désormais responsables de l'ensemble de ces tâches : chaque TC s'occupe d'un certain nombre de dossiers et accueille, dans les agences locales (au cours d'un rendez-vous), les futurs retraités pour établir le calcul de leur retraite. Le traitement administratif des dossiers s'élabore donc en partie dans une relation de face à face avec l'usager : ce nouveau dispositif est présenté comme un élément de modernisation[3] important par les responsables de la CNAV.

Pour cette étude, deux types de corpus, recueillis dans les agences, ont été étudiés :

- Sept entretiens entre les TC et les chercheurs (d'environ une heure trente). A partir d'une analyse thématique de contenu, les représentations que les TC se font de leur travail ont été dégagées.
- Sept « rendez-vous »[4] entre les mêmes TC et les assurés (d'une demi-heure à une heure chacun). Leur analyse, de type interactionnelle et énonciative, a permis de caractériser les places occupées.

---

[1] Cf. Linton pour qui le rôle renvoie à l'ensemble des modèles culturels associés à un statut donné : « Il englobe par conséquent les attitudes, les valeurs et les comportements que la société assigne à une personne et à toutes les personnes qui occupent ce statut. [...] En tant qu'il représente un comportement explicite, le rôle est l'aspect dynamique du statut : ce que l'individu doit faire pour valider sa présence dans ce statut » (1977, pp. 71-72).

[2] Goffman définit le *social role* « comme l'actualisation de droits et de devoirs attachés à un statut donné » (1973, p. 24).

[3] Cf. Weller (1999, p. 7).

[4] Par commodité, nous avons appelé ce type d'interaction « rendez-vous » en reprenant le discours institutionnel, et nous y renverrons dans la suite de ce texte en utilisant l'abréviation rdv.

La présentation que font les TC de leur(s) rôle(s) sera d'abord examinée. Puis ce sont le(s) rôle(s) « joués » qui seront observés, en tant que façons d'occuper différentes places dans l'interaction avec l'assuré (Flahaut, 1978 ; Vion, 1992)[5]. Enfin, les écarts entre les rôles tels qu'ils sont présentés et les rôles tels qu'ils sont joués seront questionnés.

1. La présentation par les TC de leurs rôles : entre constructions institutionnelles et représentations indigènes

Les travaux des sociologues Sainsaulieu (1977) et Dubar (1991) vont servir de point d'appui à notre lecture : les individus sont profondément transformés par le travail. L'activité de travail constitue une expérience fondamentale des individus et contribue à façonner leur identité, au même titre que la famille ou l'école. Par l'expérience du travail, l'individu se construit. L'identité est vue comme étant relationnelle : elle s'élabore dans la rencontre de l'autre ; en particulier lors de situations d'affrontement où ce qui se joue est la question de la reconnaissance, par autrui, de soi, de sa différence, de ses potentialités. Les processus d'identification et d'opposition aux pairs, à la hiérarchie, aux autres en général sont placés au cœur de l'analyse et l'examen des normes de relations entre groupes sociaux est centrale.

S'inscrivant dans cette conception désormais classique de l'identité au travail, notre analyse mettra en évidence la manière dont les TC parlent d'elles-mêmes et fera émerger une conception très partagée de leur rôle, dans laquelle la place accordée à l'usager est centrale.

1.1. Un groupe en construction

Les TC sont réparties par groupe de 8 au sein d'agences locales et placées sous l'autorité d'une responsable d'agence. Les sept TC rencontrées ont pour caractéristique de présenter une forte homogénéité de leur parcours : elles ont un faible niveau de formation initiale (une seule d'entre elle a le bac) et une forte ancienneté (entre 14 et 33 ans). Toutes connaissent bien la CNAV : elles ont occupé plusieurs types de postes (au sein du secteur postal, du secteur des archives par exemple) dont celui, avant leur arrivée en agence locale, de Technicien Retraite (lequel est en charge, au niveau régional et d'un point de vue administratif, du traitement des dossiers de retraite).

L'ensemble du discours des TC est construit autour de la mise en évidence de fortes différences entre leur travail antérieur et leur fonction actuelle. Les mots *avant/aujourd'hui*, *maintenant* ou *ici* structurent les discours. Venir travailler en agence locale est présenté comme un moyen de redonner du sens à son travail, par la rencontre avec l'assuré et par l'enrichissement des tâches :

> La principale différence entre mon métier aujourd'hui et celui que j'exerçais auparavant est que, maintenant je me situe en début de chaîne. C'est très important. Néanmoins il ne s'agit pas là d'une vraie création de poste : je possédais déjà les bases, les outils. Avant je vérifiais, maintenant je fais. J'ai un assuré, je fais tout de A à Z et j'apporte quelque chose à l'assuré. Avant je passais derrière quelqu'un, je vérifiais ce que mes collègues faisaient. Ce qui est moins motivant que mon travail actuel. (entretien 4)

[5] La notion de place présente l'avantage « de dépasser les dichotomies de types 'extérieur' vs. 'intérieur' qui opposent de manière disjointe un social 'externe' à un instant interactionnel 'interne' » (Vion, 1992, p. 80).

En se démarquant de leurs collègues du niveau régional, les TC affirment leur spécificité en tant que membre d'un groupe : tout se passe comme si les TC se vivaient comme des pionniers. Cela est d'autant plus fort que les TC se sont senties critiquées par leurs anciens collègues au moment de leur départ. Cette incompréhension, du point de vue des TC, perdure : elle renverrait à la charge de travail, c'est-à-dire à la différence en terme de productivité demandée, plus forte au niveau régional qu'au niveau de l'agence locale. En but à l'hostilité (réelle ou fantasmée) de leurs anciens collègues, les TC sont conduites à insister sur leur existence en tant que collectif. Ainsi, la valeur « esprit d'équipe » est partagée et affichée. A ce titre, l'utilisation des pronoms *on/nous* par rapport au *je* est remarquable dans l'entretien avec le chercheur.

Certaines études (Boutet, 1986, 1989 ; Lacoste, 1999 ; Salazar-Orvig, 1994) ont bien montré comment l'utilisation des pronoms affirme des solidarités ou révèle des disjonctions identitaires. L'exemple suivant rejoint ce type d'observations.

Dans l'entretien n° 1, la TC utilise :

- 18 fois un *je* associé au présent et 13 fois un *je* associé au passé. Ex : J'ai travaillé dans le secteur retraite depuis 1978. J'ai pas mal d'expérience.
- 60 fois indifféremment *on* ou *nous* ou *les TC* pour renvoyer au même référent. Dans ces cas, et contrairement aux cas illustrés ensuite, on inclut le sujet de l'énonciation. Ex. : On connaît notre travail. On anticipe la question. On leur dit tout de suite ce qui va se passer.
- 2 fois indifféremment *on* et *les assurés* pour renvoyer au même référent. Ex. : Quelquefois on m'appelle par mon prénom, un petit coucou, c'est curieux. Souvent, on nous offre des bouteilles de porto, des chocolats.
- 3 fois *on* pour renvoyer aux ex-collègues. Ex. : En section, c'est plus anonyme. C'est la pâtée. On ne cherche pas à comprendre.

Dans l'entretien étudié, la référence à la personne se fait donc principalement par l'utilisation des pronoms *on* et *nous* ou d'un terme collectif (*les TC*). Les énoncés où le sujet fait partie de la composition interne du *on* sont dominants. Ce type de constat est généralisable à l'ensemble des 7 entretiens.

Dans le même ordre d'idée, on peut citer en exemple un extrait d'entretien très caractéristique de ces énonciations collectives propres aux TC où elles s'affirment à la fois comme membre d'un groupe (formé en agence locale) et où elles revendiquent des disjonctions par rapport à leurs anciens collègues. Le jeu d'opposition entre *on/nous* et *eux/ils* est très marqué :

> On doit passer par le service contrôle avant le service paiement. Ils ont des œillères. Ils n'ont aucun contact avec les assurés. Ils ne voient que des chiffres sur du papier. C'est un travail très administratif. Moi, je travaille au feeling. Les relations sont assez difficiles. Quand on n'est pas d'accord avec le Contrôle, le dossier traîne. Ca dépend évidemment des personnes au contrôle. Nous, on ne va pas chercher la petite bête. On n'est pas des marchands de tapis. Il faut s'élargir. L'ouverture d'esprit n'est pas dans tous les secteurs. Nous, il y a l'assuré en face. Pour eux, ça ne reste qu'un dossier. Pour nous, c'est une personne. Nous on a le téléphone. Eux, ils ne l'ont pas. Ils n'ont qu'une ligne intérieure.

La dynamique typique de construction identitaire, qui renvoie à un double processus d'identification et d'opposition (Erickson, 1972 ; Sainsaulieu, 1977) est ici repérable.

Finalement, c'est un discours très partagé sur soi qui se fait jour. A partir de là, nous allons nous focaliser sur la conception, frappante par son homogénéité, des relations à l'assuré.

1.2. Un rôle « social »

Les TC se voient comme des techniciennes de la retraite (qui possèdent, du fait de leur ancienneté, une bonne connaissance des aspects réglementaires, institutionnels relatifs à cette question) ayant une mission forte de contact avec les assurés :

> Pour travailler en agence locale, il faut avoir toute la technicité du liquidateur de A à Z. C'est pour cela qu'avant d'arriver en agence locale, il faut avoir passé ce second degré qui donne la technicité du liquidateur [...]. On devient technicien conseil plus que liquidateur. Le métier de base, c'est la liquidation. Le liquidateur est la personne qui traite le dossier, une demande de retraite personnelle, réglementaire puis qui traite les questionnaires et régularise les comptes jusqu'à la mise en paiement. Aujourd'hui, notre métier consiste aussi à conseiller les assurés avec lesquels on a un lien privilégié. (entretien 7)

Les TC développent surtout ce second volet de leur fonction : ce pôle relationnel de leur activité est grandement décrit alors qu'il ne représente qu'une partie de leur travail (les TC ont un ou deux rdv par jour, d'une vingtaine de minutes en moyenne. Parfois, elles n'en ont aucun). Ainsi, elles décrivent leur rôle comme étant un rôle d'écoute :

> Nous sommes leur interlocuteur unique : c'est important pour eux. Cela ne s'arrête pas à un dossier mais ça va jusqu'à leur situation familiale aussi. Il faut savoir les canaliser pour les ramener au dossier. Il est vrai que les assurés parlent peut-être plus facilement à un étranger. De toute façon on est tenues au secret professionnel : même s'il y a des conflits dans leur vie personnelle (divorce...). Cela ne dépasse jamais l'agence. On est en vase clos ici (entretien 7).

Cet aspect relationnel a principalement pour fonction, aux yeux des TC, de rassurer les assurés qui sont inquiets. Ce rôle est qualifié par les agents de rôle « social », la figure de l'assistante sociale ou la métaphore de la « bouée de sauvetage » sont évoquées à ce titre.

De plus, les TC se saisissent du discours institutionnel pour mettre en mots l'aspect contact de leur fonction : la présence, dans les propos des agents, d'expressions qui se retrouvent dans la littérature interne et externe à la CNAV est notoire. Les TC reprendraient le discours « disponible » et auraient une difficulté à « pouvoir mettre en mots des connaissances, des expériences qui ne sont pas déjà codées dans des discours, qui ne circulent pas dans un espace dialogique déjà constitué et qui, de surcroît, ne sont pas vraiment reconnues comme des objets légitimes de discours » (Boutet & Gardin, 2001, p. 111).

Les formules ci-après sont présentes dans la quasi-totalité des entretiens :

- *traiter un dossier du début jusqu'à la fin, de A à Z,*
- *proposer à l'assuré un interlocuteur unique, un contact personnalisé,*
- *contact direct en tant que partenaire privilégié,*
- *tête à tête avec l'assuré.*

Au sein des documents à usage interne comme *Repères, le journal de la CNAV* ou *Intercadres*, on retrouve *in extenso* ces mêmes formules. Toutefois, les TC ne réintègrent pas le discours institutionnel dans sa totalité mais sélectionnent certains aspects de ce discours : par exemple, on ne trouve pas de référence dans les propos des agents au thème de la qualité de service, thème auquel il est pourtant largement fait référence dans la politique de communication de la CNAV.

Plus profondément encore, les TC revendiquent leur « titre », il y a adhésion à l'opération de nomination de cette nouvelle fonction proposée par la CNAV : *Si je peux résumer,* [mon travail], *c'est dédramatiser le passage à la retraite. J'ai vraiment l'impression d'apporter une aide aux gens, de conseiller. Le terme de technicien conseil porte bien son nom* (entretien 6).

De façon générale, il y a une nette rencontre entre le rôle construit institutionnellement et la représentation que se font les TC de leur rôle. Comme le remarque Glady (1996, p. 72), « l'identité surgit au détour de la répétition. Elle se révèle dans la manière dont l'acteur en entreprise reprend et transforme les énoncés du discours circulant ».

1.3. Les figures de l'assuré

Cette conception partagée du rôle de TC s'accompagne d'un certain nombre de représentations concernant l'usager. De manière classique[6], les TC opèrent différentes catégorisations des usagers. La localisation géographique des agences induit un certain type de public décrit par les TC. Elles dessinent ainsi plusieurs figures de l'usager dans lesquelles prédomine celle de l'assuré inquiet, qu'il faut donc rassurer :

> Ils sont toujours inquiets pour leur nombre de trimestres, etc. Ceux qui ont de gros salaires aussi [...]. C'est une inquiétude surtout pécuniaire (entretien 1).

En incarnant une bureaucratie de proximité, la TC se décrit comme ayant le pouvoir de lever les inquiétudes de ses interlocuteurs :

> Les assurés peuvent avoir un rdv où l'on s'occupe d'eux et n'ont pas l'impression d'être un dossier parmi d'autres. On leur apporte une sécurité, un service. Ils savent à qui ils donnent leur papiers. Je pense qu'ils ont un soutien moral, un appui de notre part. Ils ont confiance en nous. Ils sont rassurés car ils savent qui contacter en cas de problème. Je crois que c'est surtout une question de réassurance (entretien 2).

La relation s'établissant avec l'usager est, de façon majoritaire, décrite positivement. Les TC s'attardent beaucoup sur les bonheurs de la relation, les manifestations diverses de reconnaissance des usagers (petits cadeaux, mots de remerciement, signes de sympathie, etc.). En revanche, ce qui renvoie aux malheurs de la relation occupe une très faible place dans leur discours : la figure de l'usager exigeant, « mal élevé », « assisté » apparaît rarement. D'ailleurs, lorsqu'on leur demande d'évoquer ce qui pose problème dans le travail, jamais les TC ne traitent des relations avec les usagers :

> Les usagers sont très gentils, attentifs, ils ne remettent pas en cause ce qu'on peut leur dire, y a pas de méfiance. Ils sont très heureux qu'on leur apporte ce service justement (entretien 3).

Les représentations que se font les TC de leur(s) rôle(s) coïncident donc finalement largement avec le rôle prescrit par l'institution. Comment ce rôle est-il concrètement joué dans les interactions ?

---

[6] De nombreuses études (Demazières, 1992 ; Servel, 1998, 2000 ; Hanique-Jobert, 2002) font état des opérations de classifications indigènes du public réalisées par les agents en situation de relation de service.

2. Les rôles en tant que façons d'occuper différentes places dans l'interaction

Jouer son rôle sur la scène interactive peut être vu comme le fait « d'occuper » différentes places[7]. Dans les rdv, ces places sont en partie pré-assignées par le contexte institutionnel. La TC a pour tâche principale de réunir *rapidement* l'ensemble des informations permettant de « reconstituer » la carrière de l'assuré pour, à terme, indiquer le montant de la pension et autoriser une « mise en paiement ». Une part de ces informations est déjà « stockée » dans l'ordinateur ; une autre doit être fournie par l'assuré à qui la TC demande des documents le jour du rdv.

Lors du rdv, les places sont « liées » à une double activité prescrite dans le référentiel de compétences :

(a) une activité « centrale » de constitution de dossier qui passe à la fois par des activités verbales (demandes d'informations) et non verbales (validation des documents fournis par l'assuré qui sont alors enregistrés dans l'ordinateur et vont rejoindre le stock des informations informatisées).

(b) une activité « secondaire » de gestion de l'image de l'institution qui implique des activités verbales d'information et d'explication des droits et des démarches, de gestion de la relation.

Ces contraintes façonnent un genre particulier, au sens bakhtinien[8], c'est-à-dire une configuration discursive liée à la pratique sociale. On rejoint ici la position de Bronckart (1996, p. 63) pour qui les genres premiers bakhtiniens sont « structurés par des actions non langagières » auxquelles ils s'articulent, pour constituer de « véritables actions langagières »[9]. Notons en outre que le genre rdv reprend en partie le discours institutionnel (genre second), ce qui montre la circularité de ces genres.

Une approche plus quantitative va d'abord montrer comment sont occupées, dans ce type de rdv, les différents types de places. Puis une approche plus qualitative permettra de montrer comment ces places fluctuent dans le déroulement discursif.

2.1. Places institutionnelles d'expert et places subjectives

Dans les rdv, le rapport est complémentaire[10], comme dans toutes les interactions dites « de service ». Toutefois, alors qu'habituellement « le caractère institutionnel de ce rapport de places

---

[7] La définition des places s'inspire en partie des propositions de François (1995b) et de Vion (1992, 1995).

[8] Bakhtine distingue les *genres premiers* qui « [...] se sont constitués dans les circonstances d'un échange verbal spontané » et les *genres seconds* qui « [...] apparaissent dans les circonstances d'un échanges culturel (principalement écrit) – artistique, scientifique, socio-politique – plus complexe et relativement plus évolué » (1984, p. 267). Le genre bakhtinien rejoint lui-même la notion de Wittgenstein (1961) de *jeux de langage* liés à des *formes de vie*.

[9] Cf. les typologies de Lacoste (2001, p. 149) et de Filliettaz (2002, p. 260) qui caractérisent en différents niveaux la façon dont le discours se « dégage » ou au contraire « s'ancre » dans l'activité non langagière (pratique) en cours.

[10] La place de l'expert-conseil correspond à la position « haute » de celui qui dispose d'un savoir et/ou d'un pouvoir socialement plus ou moins reconnu. Ici, le savoir de la TC est à la fois « théorique » et « pratique », mêlant savoir et savoir-faire : à partir d'une connaissance théorique des lois et des procédures, la TC *sait* quelles sont les données nécessaires pour constituer un dossier et calculer la pension. L'assuré aurait quant à lui la place complémentaire « pré-assignée » de celui qui se laisse guider dans la constitution de son dossier, demande des explications et écoute les réponses de l'expert.

et l'aspect nettement spécialisé de ces interactions conduisent les sujets à accepter cette dissymétrie constitutive » (Vion, 1992, p. 130), l'acceptation de ce rapport de place nécessite au contraire ici une certaine négociation. Avant d'observer cette dernière, une analyse quantitative[11] de deux des sept rdv[12] va permettre de dégager plusieurs types de « fonctions dominantes » des énoncés des TC, à partir du contenu des énoncés[13].

	RDV1	**RDV2**
Enoncés liés à l'expertise	28%	42%
Enoncés liés à la gestion de l'interaction	63%	41%
Autres	9%	17%

Tableau 1 : Fonctions dominantes des énoncés

Ces fonctions dominantes des énoncés ont été déterminées à partir du *contenu* des énoncés. Elles ont été ensuite « mises en affinité » (François, 1994, p. 42)[14] avec la *forme* (modalités lexicales et énonciatives) des énoncés, avec certaines *actions non verbales*, et avec les *manières d'enchaîner* sur les *énoncés* ou les *actions* de l'*autre* ou de *soi*. Ces unités d'analyse, en tant que modes de fonctionnement du langage, permettent de caractériser le genre discursif (Bakhtine, 1984), et/ou « d'activité » (Clot, 1999) du rdv à la CNAV en montrant que les TC occupent deux types de « places dominantes » :

- des *places institutionnelles* liées à des énoncés ou des actions « d'expert », à l'ordonnancement et à la sélection des activités verbales et non verbales.
- des *places subjectives* en tant qu'elle renvoient une image du locuteur : ici, c'est celle d'un expert soucieux de la relation.

En fait, les énoncés et les actions d'expert, tout en renvoyant à une place institutionnelle d'expert, renvoient aussi à une *image* d'expert, donc à une place subjective.

Réciproquement, la *place subjective* d'expert *soucieux de la relation* est en même temps une façon d'occuper une *place institutionnelle*, puisque l'expertise et le contact sont deux aspects dominants dans les prescriptions du référentiel de compétences.

[11] Les chiffres ont été obtenus avec l'utilisation du logiciel Excel.

[12] A savoir le rdv n°1 qui correspond à une première rencontre et rdv n°2 qui correspond à une seconde.

[13] Ces énoncés ont été dégagés à la manière de Grünig & Grünig (1985, pp. 11-12) : « nous n'entendons pas nécessairement le résultat de la production d'une phrase complète et d'une seule au sens grammatical du terme. Notre unité est ce qui est produit par un LOC [locuteur] entre deux bornes que nous fixons nous-mêmes, selon nos besoins ».

[14] La notion d'affinité permet d'insister sur l'idée que ce ne sont pas les unités isolées mais l'ensemble du message, les affinités entre les unités lexicales et grammaticales, qui font émerger le sens.

2.1.1. Places institutionnelles

Enoncés d'expert

Les énoncés dont la fonction dominante est liée à l'expertise sont qualifiés ainsi lorsque la compétence de la TC, son savoir théorique et pratique, permettent d'actualiser le contenu des énoncés en question.

Parmi ces énoncés, ceux qui sont liés à l'énonciation d'informations sur le(s) droit(s) de l'assuré (ou à leurs reprises ou reformulations) sont majoritaires (41% dans le rdv n°1 et 23% dans le rdv n°2) ; d'autres concernent des informations sur les démarches à exécuter par l'assuré (6% dans le rdv n°1 et 3% dans le n°2).

Voici, pour le rdv n°2, un relevé exhaustif des énoncés indiquant à l'assuré les démarches qu'il doit faire de son côté pour régulariser son dossier ; cette liste respecte le déroulement séquentiel de l'interaction :

(1) *mais au moment de vos 60 ans il faudra vous adresser à cette caisse pour qu'elle fassse le nécessaire* (S5)[15]
(2) *donc dans ce cas là il faut quand même demander une retraite chez nous*
(3) *euh quatre mois avant* (S8)
(4) *donc quatre mois avant vous déposez votre demande de* (S8)
(5) *il faut quand même déposer une demande* (S8)
(6) *mais ceci dit à 60 ans il faudra quand même déposer une demande hein* (S11)
(7) *donc vous venez 4 mois avant* (S11)
(8) *vous venez à l'agence 4 mois avant* (S11)
(9) *par contre euh c'est ce que je vous dis j'insiste sur le fait qu'il faudra quand même déposer une demande de pension avant 60 ans quatre mois avant*
(10) *hein vous allez perdre* (S13)

La TC occupe une *place d'expert* en insistant très fortement sur la même information, déposer une demande à une certaine date (3), car il y a un risque de perdre une partie des droits (10) ; l'information sur la date apparaît pour la première fois en (1), puis est ensuite reprise en (3), (4), (6), (7), et (9) : notons que la TC qualifie elle-même en (9) son acte de langage en utilisant « **j'insiste** ».

C'est très certainement de cette insistance dont les TC veulent parler quand elles évoquent leur rôle « d'assistance » lors de l'entretien avec le chercheur : cette information est comme un « service rendu » à l'assuré puisque cela lui évite de perdre de l'argent. La place d'expert rejoint bien ici une place subjective en présentant une image de quelqu'un qui « aide ».

Les autres types d'énoncés liés à l'expertise sont les suivants[16] :

- informations expérientielles ou factuelles : *j'ai eu un assuré hier qui m'a dit qu'i lui ont fait un rappel donc euh* ; *alors moi je vous ai fait votre attestation*,
- propositions de vérification ou de transmission d'informations : *oui c'est c'que j'vais voir*, *de toutes façons je vais vous notifier tout ça hein*,

[15] L'ensemble des rdv a été découpé en séquences (S = Séquence), au sens d'unité thématique et/ou actionnelle et numérotées dans leur ordre d'apparition.
[16] Cette typologie s'appuie sur des données quantitatives que nous ne pouvons expliciter ici faute de place.

– demandes d'actions, d'informations, de rappel d'informations, de confirmations ou d'explicitations : *vous voulez pas me passer un petit coup de fil quand vous aurez la notification, vous avez votre numéro de cotisant en Italie ? Par contre j'vous avais pas demandé vos bulletins de salaire de janvier à mai 94.*

Enoncés liés à des actions

Les énoncés liés aux actions non verbales de construction du dossier constituent un autre type d'énoncés permettant d'occuper une place institutionnelle. Plusieurs prises de parole[17] au cours du rdv font suite à des actions, que cette action ait eu lieu à proximité ou à distance de l'énoncé, ce qui montre l'importance du savoir-faire pratique dans de ce type d'interaction, avec une « intrication du non langagier dans le langagier » (Boutet, 1995, p. 248). De ce point de vue, Weller (1999), Grosjean & Lacoste (1999), Boutet & Gardin (2001, p. 104) ont bien indiqué à quel point les documents écrits, « objets papiers » et/ou techniques comme « l'ordinateur » étaient des composantes à part entière de l'interaction en milieu de travail. Cette observation des « enchaînements » ou « mouvements »[18] entre verbal et non verbal s'inscrit dans un courant d'analyse qui envisage les données conversationnelles comme des activités pratiques, cela dans le cadre d'une théorie de l'action (Levinson, 1992 ; Bange, 1987 ; Vernant, 1997 ; Lacoste, 1999 ; Filliettaz, 2002)[19].

Dans les rdv, les actions sont les suivantes :

– maniement des pièces constitutives du dossier amenées par l'assuré,
– consultation de l'ordinateur,
– maniement des pièces constitutives du dossier « établies » au cours de l'interaction (impliquant non pas une « consultation » de l'ordinateur mais une « utilisation »),
– présentation de documents permettant de mieux expliquer les droits et les procédures.

Cette dernière action est illustrée dans l'extrait suivant (elle est indiquée en majuscule et en gras, avant l'énoncé enchaînant sur l'action)[20] :

T1 : *pour obtenir ce taux de 50% on prend toute l'activité de l'assuré y compris les pays étrangers et après on applique le nombre de trimestres du général*
A : *oui*
T2 : *mais attendez je vais vous donner un petit livre*
A : *oui*
ACTION DE T : prend et ouvre un livret explicatif en le présentant à l'assuré

[17] 25 énoncés sur 185 sont reliés à l'action non verbale en cours dans le rdv1 et 25 sur 114 dans le rdv n°2.

[18] Ici, le terme de *mouvement* est emprunté à Goffman (1973, tome 2), qui appelle « move » l'enchaînement entre un acte (verbal ou non) et un autre dans le déroulement d'une interaction. Pour lui, cette unité d'analyse peut être aussi bien une séquence discursive qu'une activité physique (« physical doing ») ou un phénomène paralinguistique.

[19] Ce courant est lui-même issu de l'analyse conversationnelle d'inspiration ethnométhodologique : on en retient l'idée que le locuteur qui répond à un énoncé, ou ici, à « une action » montre son interprétation de la situation (incluant les énoncés et les actions précédents) par le type d'enchaînement qu'il fournit à son tour : la compréhension est traitée comme un processus publiquement disponible et non comme un processus mental interne (Psathas, 1990, p. 11).

[20] T = TC ; A = Assuré(e) ; F = fils de l'assurée

T3 : *c'est bien marqué dessus donc c'est pour ça qu'il faut que je me mette en rapport avec ces pays là pour savoir le nombre de trimestres qu'ils valident*

Ici, la TC occupe d'une part une *place institutionnelle d'expert* en énonçant d'abord en T1 un savoir théorique (informations sur les droits et procédures). De plus, en présentant à l'assuré un livret explicatif, elle occupe aussi une *place institutionnelle* que l'on peut qualifier d'*actionnelle.* En outre, la TC occupe une *place subjective*, par le biais des énoncés T2 et T3 (qui sont reliés à l'action de T), en renvoyant l'image de quelqu'un qui sait expliquer et rassurer.

Ordonnancement et sélection des activités

Le fait que l'on a affaire à un type inégal d'interaction est repérable dans la « texture » même de l'interaction : la TC hiérarchise les activités au cours des rdv et lorsqu'elle adopte une position métacommunicationnelle sur le « format » du rdv, elle montre qu'elle a en tête le schéma d'un rdv « type » qui lui permet de donner des renseignements sur la durée et sur l'ordre des activités verbales et non verbales qui vont avoir lieu. Elle explicite alors des aspects qui font partie du savoir partagé des TC de l'agence, liés à une pratique commune, un « genre d'activité » (Clot, 1999). Par exemple, dans l'extrait suivant, le fils de l'assurée tente de parler des bulletins de salaires qu'il a amenés, ce qui conduit la TC à dire : *on va commencer par ça par l'Etat civil et après je verrai avec les bulletins de salaire.* Cet ordre est respecté dans les autres entretiens même s'il n'est pas explicité.

De plus, des marqueurs de structuration (Roulet *et al.*, 1985) signalent à plusieurs endroits l'activité de constitution du dossier comme « prioritaire ». Par exemple, dans le rdv 4, la TC interrompt son activité de constitution de dossier pour donner dans les séquences 8, 9 et 10 des explications sur la façon dont se calcule la retraite, en réponse à des questions de l'interlocuteur. Dans l'extrait qui suit, le marqueur de structuration *bon alors* permet une rupture thématique totale et signale implicitement le caractère principal de l'activité de constitution du dossier :

T : *ça coûtait moins cher aux personnes de ne pas la déclarer*
F : *tout à fait enfin ça c'est une autre époque*
T : *oui ça c'est sûr* ***bon alors*** *je regarde si je n'ai rien oublié*

Enfin, la quasi-totalité des enchaînements thématiques montre comment la place institutionnelle de la TC contribue à la production d'un genre « contraint » par l'activité de travail :

A : *puisque je suis chômeur euh la plupart du temps depuis quelques années*
T : *mmh*
A: *et j'ai travaillé en France depuis 85 hein donc j'ai pas cotisé les fameuses 40 années ou 40 trimestres*
T : *d'accord*
T : *et vous avez eu une activité dans un pays autre*

Malgré l'importance des énoncés liés à la gestion de l'interaction, l'enchaînement entre les propos de T et de A montre bien ici qu'il ne s'agit pas d'associer librement comme dans une conversation (par exemple sur les difficultés du chômage), et par là même de témoigner d'une empathie, mais de recueillir les informations « factuelles » nécessaires à la constitution du dossier : la demande d'information sur la situation de l'assuré opère une « catégorisation » (François, 1995b ; Weller, 1999) des informations selon la grille de constitution du dossier, inconnue de A.

En fait, en observant l'ensemble des aspects actualisant une place institutionnelle, il s'avère que le rôle de conseiller est joué sur un mode particulier. Il ne s'agit pas de « donner des conseils » (sens *a* au niveau étymologique)[21] comme le disent d'elles-mêmes les TC lors des entretiens avec le chercheur, mais « d'assister une personne en tant qu'expert juridique » qui permet les démarches administratives (sens *b*).

2.1.2. Places subjectives

Ces places sont en partie « occupées » par les énoncés liés à la gestion de l'interaction (cf. tableau 1). Il peut s'agir de ratifications, de confirmations, de vérifications de la compréhension ou encore d'énoncés phatiques. En les énonçant, la TC occupe une *place subjective* en renvoyant l'*image* de quelqu'un qui est « à l'écoute », même si cette écoute est très sélective.

Outre les énoncés liés à la gestion de l'interaction, la présence d'expressions (en gras ci-dessous) ou de rires permettent d'adoucir certaines demandes d'informations ou de documents relevant parfois d'une violence administrative, comme nous le montre cet extrait du rdv n°3 où la TC demande des preuves de la naissance des enfants. Ce faisant, la TC occupe là aussi une place subjective renvoyant l'image de quelqu'un qui est soucieux de ne pas vexer son interlocuteur :

T : *mais par contre j'ai dû oublier un enfant alors*
F : *euh oui*
T : *j'ai dû oublier Georges alors je vais vous le redemander* ***encore une fois*** *[le livret de famille]* ***excusez-moi mais vraiment je vous en veux <rire>*** *pourtant il doit bien figurer* ***hein***
F : *ah oui oui*
T : ***bah voilà il est tout seul le pauvre <rire>***
[Discussion à voix basse en espagnol entre la mère et le fils pendant que la TC part faire la photocopie]
T : ***là c'est bon ce coup là je ne vous embête plus*** *avec le livret de famille*

Sur le plan du mode énonciatif, certains énoncés liés à la gestion de l'interaction sont en affinité avec l'utilisation, dans les énoncés d'expert contenant des informations sur le(s) droit(s), d'un *on* ou *nous* « associatif » permettant aux TC d'*associer* l'assuré aux activités en cours. Cette liste d'énoncés extraits du rdv n°2 le montre bien :

T1 : *alors donc ici* ***on*** *a plus les huit trimestres pour enfants* ***j'ai dit***
T2 : *donc ici* ***on*** *a dit 1994 hein puisque l'année 94 n'a pas été validée donc* ***moi je*** *la valide*
T3 : *donc* ***moi je*** *vous mets 4 trimestres et donc ça* ***nous*** *fait ici donc 160 plus donc* ***j'vais*** *vous mettre 8 trimestres <T calcule> ce qui* ***nous*** *fait bien 168 trimestres*
T4 : *donc ce qui* ***nous*** *porte de 156 à 160 plus les huit trimestres pour votre enfant, ça* ***nous*** *fait 168 trimestres*

En T1 comme en T2, le *on* a pour effet d'associer l'assuré à la constitution du dossier, mais dans les faits c'est la TC seule qui « a dit » ou qui « valide » ; il est notoire que le *on* soit ensuite suivi d'un *je*. En T3 et T4, le *nous* a ici à nouveau pour effet « d'atténuer » la position haute de l'expert maniant les formules et d'associer l'assuré à l'activité de calcul.

---

[21] D'après *Le Robert, Dictionnaire historique de la langue française.*

L'approche qui vient d'être présentée montre que plusieurs places peuvent être occupées simultanément. Toutefois, elle ne montre pas à quel point l'occupation de ces places est constamment à négocier. La « micro-analyse » linéaire qui suit va pointer cette fluctuation de ces places en observant les *enchaînements* entre les prises de parole.

2.2. La négociation de la place d'expert : micro-analyse de la fluctuation des places

Nous allons observer plus précisément les mécanismes langagiers de cette fluctuation, à savoir les *mouvements* simultanés (ou non) de *thèmes*, de *catégories*[22], de *modes énonciatifs* et plus globalement de *micro-genres*[23] tout en mettant l'accent sur la rencontre entre contenus et formes de « mises en mots » (François, 1994, 1995a et b).

Ces mouvements[24] correspondent à une façon d'enchaîner sur les propos de l'assuré, et sont observables dans l'ensemble des rdv : on toucherait donc ici à nouveau davantage à ce qui fait la spécificité du *genre* (les aspects communs aux activités des TC)[25].

C'est en grande partie le *mode énonciatif* des informations sur le(s) droit(s) qui permet à la TC de jouer son rôle. Ce mode a pour effet :

- de « généraliser » le cas particulier de l'assuré et de le faire correspondre à ce qui est « admissible » vis-à-vis des lois et des procédures standards ;
- de « particulariser » la généricité de la loi et de favoriser ainsi le contact avec l'assuré.

Ce double mouvement « réalise » une part des prescriptions du référentiel de compétences (constituer le dossier *et* favoriser un contact avec l'assuré). Pour plus de clarté, nous renverrons à ce double positionnement énonciatif dans la transcription des énoncés de T en soulignant les outils énonciatifs génériques et en encadrant les outils énonciatifs relevant de la particularisation, ce qui permettra de montrer « visuellement » la récurrence de ce phénomène.

L'extrait (rdv n°1) concerne un assuré qui a fait une partie de sa carrière à l'étranger, et qui s'obstine à expliquer le fonctionnement des caisses de retraites dans les pays où il a travaillé, alors que la TC lui a déjà indiqué plusieurs fois qu'elle connaissait ce fonctionnement.

---

[22] Pris au sens de *catégorisations lexicales* (en tant que « façons de dessiner le point de vue de chacun sur le référent ») ou *grammaticales* (en tant qu'indicateurs privilégiés de la relation du discours à l'émetteur, à l'interlocuteur, à son objet). Certains, grammaticaux, les « actualisateurs », portent davantage sur le contenu (génériques, particuliers, localisateurs dans le temps et l'espace...), d'autres, les « modalisateurs » (doute, certitude), caractérisent davantage le mode d'énonciation. (François, 1995b, p. 46).

[23] Au sens de passage ponctuel centré sur la même activité discursive : salutations, explications, description, etc.

[24] La notion de mouvement, empruntée à François (1994, 1995a et b), s'inspire en partie des notions de circulation discursive et de « compréhension responsive » de Bakhtine (1977) ; elle concerne tout autant l'interprétation du chercheur qui observe un corpus que celle des interactants « pris » dans un échange (mais dans le second cas la contrainte de la gestion de l'interaction implique certainement des mouvements interprétatifs plus « ponctuels »). La façon dont nous concevons cette notion est davantage développée dans Carcassonne (1997), Carcassonne, Salazar-Orvig & Bensalah (2001) et Froment & Carcassonne (2002).

[25] En-deçà du style particulier à chaque TC ; sur l'opposition « genre » vs. « style », cf. Bakhtine (1977, 1979), Salazar-Orvig (1999), Clot (1999).

T10[26] : *et euh on va se mettre en relation donc quand vous déposerez votre demande de retraite on va se mettre en relation avec ces pays là qui vous calculeront eux chaque pays calculera la part de pension qui vous est attribuée suivant le nombre de semestres que vous avez dans ces pays là*
A10 : *Bon../*
T11 : *D'accord ?*
A11 : *mais est-ce que ça va influencer ou marquer la carrière en France ?*

En T10, la TC donne des informations d'expert dans un micro-genre explicatif et sur un mode énonciatif mélangeant le particulier (*vous, futur proche et futur*) et le générique (*on, chaque pays, la part de pension, le nombre de semestres*).

L'assuré procède en A11 à une demande d'information d'expert, ce qui aboutit à reconnaître la place institutionnelle d'expert de la TC.

T12 : *euh::: point de vue::: euh ça rentre dans le calcul hein*
A12 : *bon d'accord*
T13 : *hein d'accord mais euh chaque caisse va verser son:::son montant*
A13 : *oui donc*
T14 : *nous c'est surtout sur un plan euh:::comment je pourrais vous dire euh:::sur un plan carrière / global on peut pas laisser comme ça euh à droite à gauche une activité il faut qu'on sur le plan euh global on calcule votre euh*
A14 : *oui : :*
T15 : *votre euh pension*
A15 : *d'accord*

De T12 à T14, la TC donne des informations d'expert dans un micro-genre explicatif. On note une légère particularisation de l'énonciation du fait de l'emploi du futur proche en T13. En T14, la généricité domine à nouveau avec l'utilisation du présent intemporel, du pronom indéterminé (*un plan global* et non « votre carrière »). Ce mouvement énonciatif de décentration du cas particulier de l'assuré vers le générique est renforcée par une centration sur les fonctions de la TC qui s'identifie à un collectif (nous). En même temps, cette généricité est « contre-balancée » par l'emploi d'un « vous » et d'un « je » interactifs (*comment j'pourrais vous dire*).

Puis, toujours en T14, la TC explicite l'information d'expert donnée en T9. Dans ce micro-genre explicatif, le passage du *nous* à *on* fait glisser davantage encore le mode énonciatif vers la généricité : le « on » ne renvoie pas seulement au collectif des TC mais aussi à la procédure permise par « la loi ». En outre, dans le même énoncé T14 et dans l'énoncé T15, la TC particularise son énoncé en direction de l'assuré avec l'apparition du pronom *votre*.

T15 : *votre euh pension*
A15 : *d'accord alors pour finir sur cet argument moi je en Italie il y a une décentralisation disons un éparpillement des caisses*
T16 : *oui*

---

[26] T10 = dixième prise de parole de T dans le corpus considéré ; A10 = dixième prise de parole de A dans le corpus considéré, etc.

A16 : *de retraites et qui permet à un certain type d'organisme de survie qui s'appelle les patronats et qui font un service de reconstruction de carrière aux gens qui le demandent*

Comme il l'a déjà fait auparavant (en **A8**), l'assuré « offre » ici un discours relevant d'un micro-genre explicatif générique, qui implicite que la TC ne connaît pas le fonctionnement des caisses de retraite au niveau européen : ce qui aboutit à ne pas reconnaître le rôle d'expert (ni les places occupées précédemment) de la TC.

T17 : *d'accord et après vous vous adressez où alors pour euh ?*
A17 : *après il y a un organisme central qui verse les retraites*
T18 : *c'est l'INPS c'et ça*
A18 : *l'INPS oui c'est ça*
T19 : *oui d'accord <u>c'est là où on se met en rapport</u> <u>c'est avec cette caisse qu'on se met en rapport aussi</u>*

En T17, avec la demande d'information et d'explicitation de l'énoncé informatif A16, la TC semble « accepter » la place de celle qui est informée ; en fait on va s'apercevoir avec l'énoncé T19 qu'elle vérifie l'exactitude de ce qu'elle « sait » pour ensuite signaler son savoir et sa place d'expert. En T19, l'utilisation du *<u>on</u>* générique peut renvoyer à la fois au groupe des TC comme à la procédure en général ; ce mode énonciatif, associé au contenu, est une façon d'asseoir son rôle institutionnel : par rapport à T17, la TC retrouve sa place d'expert après avoir laissé un flottement lui permettant de s'assurer qu'elle pouvait occuper cette place.

Toutefois, l'assuré ne semble toujours pas « reconnaître » cette place puisqu'il enchaîne en fournissant de nouvelles informations sur le fonctionnement des caisses de retraite en Italie, occupant à nouveau une place subjective d'expert :

A19 : *oui voilà c'est-à-dire qu'ils ont bon ce qu'ils ont en ce moment je sais pas exactement ça fait un moment que j'ai laissé l'Italie euh:::qu'ils avaient comme problème c'est que chaque cotisation va à une caisse provinciale différente*
T20 : *hum*
A20 : *et donc à la fin il faut reconstruire*
T21 : *voilà*
A21 : *en plus de ça il y a eu pendant longtemps plusieurs caisses qui avaient le droit de /*

L'énoncé A19 reprend une partie de l'information contenue en A15 : ce faisant, l'assuré positionne à nouveau la TC comme ne connaissant pas le droit et les procédures concernant la retraite en Europe, bien que la TC ait indiqué qu'elle détenait ce savoir. La ratification en T21 est une manière pour la TC de montrer qu'elle connaît déjà les informations que l'assuré est en train de donner.

T22 : *oui mais c'est à <u>nous on</u> est au courant*
A22 : *bon*
T23 : *donc <u>on</u> <u>se met en rapport</u> [je vous dis] avec l'INPS*
A23 : *oui voilà*
T24 : *qui après <u>régularise</u> [votre] carrière là-bas*

Comme en **T19**, la TC indique qu'elle connaît au moins aussi bien le fonctionnement des caisses de retraites en Europe que l'assuré. Le mode énonciatif de la TC sert en même temps le rôle d'expert. Ce mode associe le ***présent intemporel*** d'une part et d'autre part, la « force » des pronoms collectifs ***nous*** et ***on*** renvoyant au groupe des TC en T22, mais aussi « la force » du ***on*** en T23 qui peut prendre à la fois la valeur du collectif TC et de la généricité de la procédure.

En même temps, la présence de *je vous dis* en T23 et de *votre* en T24 donne à ces énoncés une forme de particularisation que l'on n'aurait pas sans leur présence, ce qui « compense » le fort degré de généricité du « on ».

Ce phénomène de double positionnement énonciatif s'est déjà produit 10 fois depuis le début de l'interaction (en T8, T9, T10 et T14). A chaque fois, c'est le mode énonciatif qui permet d'accomplir le double rôle institutionnel prescrit de constitution du dossier *et* de contact.

La reconnaissance de la place d'expert par l'assuré est donc très fluctuante : plusieurs extraits de divers rdv montrent que la TC « négocie » cette place qui peut être mise en doute ou non reconnue d'emblée par l'assuré. L'observation de cette négociation est d'autant plus surprenante qu'elle n'est pas mentionnée par les TC lors de l'entretien avec le chercheur. Pourtant c'est bien cette occupation des places qui *permet à la TC de jouer son rôle*. On ne peut pas en effet prendre sa place (et jouer le rôle fixé par l'institution) si l'interlocuteur ne reconnaît pas cette place (Flahaut, 1978, p. 58).

3. Rôles représentés et rôles joués : une interprétation des divergences

La mise en regard de l'analyse du discours des TC dans les entretiens avec le chercheur et de celle du discours des TC en interaction avec l'usager conduit à la question suivante : comment interpréter le fait que la négociation des places, qui apparaît si nettement dans les rendez-vous, ne soit pas mentionnée quand les TC parlent d'elles-mêmes ?

3.1. Un rôle en construction

C'est peut-être parce que ce rôle est « neuf », que la TC ne le joue pas depuis longtemps, qu'elle accepte en même temps qu'il ne soit pas reconnu d'emblée : le déroulement de l'interaction n'apparaît finalement pas suffisamment ritualisé pour que les participants « prennent » leurs rôles. Toutefois, cette constitution existe même avec des « vieux » rôles : « [...] si le social préexiste à l'interaction, il n'existe en fait que par sa mise en scène interactive qui, tout en le confirmant, le transforme et le constitue. » (Vion, 1995, p. 183).

De plus, la révélation du montant de la retraite est peut-être suffisante pour que la TC se sente reconnue comme une véritable professionnelle. La sociologie américaine des professions, avec notamment Hughes (1958), montre que certaines activités ont plus de chances que d'autres de se constituer comme des professions : ce sont celles qui manipulent des « savoirs coupables » comme le crime, la sexualité, la naissance, la mort, la maladie ou le malheur. Ces savoirs sont en effet recueillis par les agents qui ont obligation de garder le silence, ce qui est le cas des TC. Mais cela va plus loin pour les TC qui détiennent la recette permettant de parvenir à la révélation du « secret » relatif au montant de la pension de l'assuré et, par conséquent, à ses conditions de vie futures.

Les TC se sont servies par ailleurs de ce pouvoir d'annonce pour se faire reconnaître par le chercheur en effectuant, à partir des données fournies par l'ordinateur, un calcul de pension de retraite indiquant ce à quoi aurait droit le chercheur.

3.2. La mise à jour d'une stratégie identitaire visant une reconnaissance statutaire

En situation fragilisée, les TC se saisiraient du thème de la relation de service afin de se faire reconnaître par l'institution, ce qui relèverait d'une stratégie identitaire. Derrière cela, c'est une certaine conception de l'identité (Sainsaulieu, 1977 ; Dubar, 1991) qui est en jeu : elle est ontologique, a une relative permanence.[27] Pour le dire autrement, l'agent est socialement situé et construit en partie par l'institution : il est porteur d'un statut. Nous reprenons ici Linton pour qui le statut renvoie à « la place qu'un individu donné occupe dans un système donné [...]. Dans d'autres recherches sur la structure sociale, le terme de position [...] a été utilisé dans un sens très voisin. [...] On s'est servi [...] pendant longtemps du terme 'statut' pour désigner la position de l'individu dans le système de prestige de la société. Mais dans l'usage que nous en faisons, il s'applique aussi bien à la position de l'individu dans chacun des autres systèmes » (Linton, 1977, p. 71), à savoir, les catégories d'âge et de sexe, l'activité professionnelle, les relations familiales, les groupes associatifs, les positions de prestige.

En fait, au moment de l'enquête, une opération de reclassification décidée par la CNAV touche directement les TC. Celles-ci, lorsque leur poste a été créé, avaient bénéficié d'un niveau supplémentaire, lequel se traduisait par un léger supplément en terme de salaire. Or, il est question de faire passer tous les agents travaillant en région à ce même niveau. Les TC perdent de fait leur avantage comparatif. Cela a d'autant plus d'impact que, traditionnellement dans l'univers de la CNAV, et du point de vue du système de représentation symbolique, occuper une fonction non technique ou « moins » technique est pénalisant.[28] Par cette mesure, l'institution renoue avec ses fonctionnements précédents et dénie aux TC toute spécificité.

On se trouverait donc dans une situation de crise identitaire. Or, comme nous l'ont montré Erikson (1972) ou Pollack (1990), c'est précisément dans ces moments où l'identité ne va plus de soi qu'elle apparaît avec force. La communauté de discours sur soi et ses fonctions trouvent sans aucun doute ici matière à explication. De plus, on comprend mieux pourquoi les TC cherchent à ce point à se démarquer de leurs collègues. Rappelons la force des oppositions qui structurent leur discours : l'emploi si particulier des pronoms qui les fait apparaître comme un groupe à part entière, les scansions du discours bâties autour d'une opposition frappante entre avant/ici, et surtout eux/nous. Si elles insistent sur les aspects relationnels de leur fonction et se saisissent de cette partie du discours institutionnel au point de s'approprier le titre qui leur a été donné, on peut penser que c'est pour faire reconnaître leur différence. Les mots, ceux du travail en particulier, « ne servent pas qu'à représenter des objets du monde, ils entrent aussi dans des stratégies sociales » (Boutet, 2001, p. 189).

Cette situation de crise donne donc naissance à une véritable stratégie identitaire dont les TC sont porteuses. L'idée de stratégie identitaire telle qu'elle est développée dans l'ouvrage éponyme et en particulier dans les contributions de Kasterztein (1990) et Taboada-Leonetti (1990) suppose :

---

[27] Notons que cette approche de l'identité ne recouvre pas la dimension implicite de l'identité véhiculée par les approches interactionnistes, dans lesquelles l'identité s'actualise dans les situations.

[28] Cf. Weller (1999, p. 195) pour qui « les agents techniciens du service du contrôle et, dans une moindre mesure, les liquidateurs constituent le vivier traditionnel de l'encadrement, bénéficiant des attributs de prestige, octroyant considération, alors que les agents non techniciens sont estimés sans grandeur ».

- que l'acteur est capable d'agir sur sa propre définition de soi ;
- qu'il existe des finalités poursuivies par les acteurs. Dans notre corpus, c'est la finalité de reconnaissance par l'institution que semble viser le groupe. Il s'agit pour lui de faire reconnaître sa spécificité afin, pour le moins, de préserver sa différence en terme de niveau de classification.

Les TC se serviraient de la tribune offerte par la recherche : elles se soucieraient de l'image qu'elles renvoient à cet observateur-chercheur introduit par la hiérarchie, qui représente finalement le poids institutionnel le plus massif, et cela dans les deux types de corpus (les entretiens avec le chercheur et les rdv). Les agents supposeraient que ce qu'ils ont dit sera porté à la connaissance de leur hiérarchie et pourrait faire l'objet de commentaires de celle-ci. Ils auraient en tout cas présent à l'esprit ce discours possible en tant « qu'horizon responsif institutionnel » (Bakhtine, 1979).

Conclusion

Le croisement des analyses de différents corpus a permis de développer ici les aspects suivants :

1. Les TC se trouvent, au moment de l'enquête, dans une phase de construction identitaire. Dans ce cadre, s'élabore une conception de leur rôle extrêmement cohérente et partagée : la rencontre avec l'assuré est fortement valorisée, elle est présentée comme heureuse, les TC estimant jouer pleinement un rôle de conseil et avoir une mission « sociale ».

2. Au cours des interactions avec l'assuré, les TC se conduisent comme des experts de la retraite, soucieux de la réussite de leur rencontre avec l'assuré. Cependant, cette place d'expert ne va pas toujours de soi pour l'assuré : elle peut être à négocier dans le cours de l'interaction.

3. Ce double constat amène à proposer les interprétations suivantes :

- dans le face à face avec l'assuré, les TC ne semblent pas vivre de tensions parce que le rôle est en cours d'élaboration et la dimension de l'annonce du montant de la pension est valorisante ;
- les TC mettraient en place une stratégie identitaire visant à se faire reconnaître par l'institution ; elles se serviraient de la recherche comme tribune de reconnaissance, et à l'occasion du recueil de corpus, enrôleraient le chercheur.

Nous avons finalement confronté, à partir d'une analyse de corpus croisant discours sur soi et discours en interaction, trois dimensions classiques du rôle (Maisonneuve, 1973 ; Chapuis & Thomas, 1995 ; De Montmollin, 1977) :

- le rôle prescrit, qui correspond aux attentes de l'institution (ou plus largement à celles de la structure d'appartenance sociale),
- le rôle subjectif, qui renvoie à une conception narrative du rôle par les acteurs,
- le rôle mis en actes, joué en interaction, traduit en places dialogiques.

Le rôle étant une notion qui n'est pas directement saisissable dans les conduites des individus, c'est tout l'intérêt d'une approche croisée que de contribuer à mieux saisir ses différentes dimensions. La notion de rôle se présente en effet comme un point d'articulation entre nos disciplines (linguistique et sociologie) : elle ouvre un programme de recherche pour étudier l'activité de travail sur des terrains variés.

Références bibliographiques

Bakhtine, M. (1977). *Le marxisme et la philosophie du langage. Essai d'application de la méthode sociologique en linguistique.* Paris : Editions de Minuit.

Bakhtine, M. (1979). *Esthétique de la création verbale.* Paris : Gallimard.

Bakhtine, M. (1984). *Esthétique de la création verbale.* Paris : Gallimard.

Bange, P. (Ed.). (1987). *L'analyse des interactions verbales, La dame de Caluire : une consultation.* Berne : Peter Lang.

Boutet, J. (1986). La référence à la personne en français parlé : le cas de « on ». *Langage et société,* 38, 19-50.

Boutet, J. (1989). La qualification professionnelle entre langue et discours. *Langages*, 93, 9-22.

Boutet, J. (1995). Le travail et son dire. In J. Boutet (Ed.), *Paroles au travail* (pp. 247-267). Paris : L'Harmattan. Collection Langage et travail.

Boutet, J. (2001). Les mots du travail. In A. Borxeix & B. Fraenkel (Ed.), *Langage et travail* (pp. 89-111). Paris : CNRS Editions.

Boutet, J. & Gardin, B. (2001). Une linguistique du travail. In A. Borxeix & B. Fraenkel (Ed.), *Langage et travail* (pp. 89-111). Paris : CNRS Editions.

Bronckart, J.-P. (1996). *Activité langagière, textes et discours. Pour un interactionisme socio-discursif.* Paris : Delachaux et Niestlé.

Carcassonne, M. (1997). *Enonciation, mouvements et temporalité dans trois récits de vie recueillis en interaction.* Thèse de doctorat, Université René Descartes Paris-V.

Carcassonne, M., Salazar-Orvig, A. & Bensalah, A. (2001). Des récits dans des entretiens de recherche : entre narration et interprétation. *Revue québécoise de linguistique*, 29-1, 97-122.

Chapuis, R. & Thomas, R. (1995). *Rôle et statut.* Paris : PUF. Collection Que sais-je ?

Clot, Y. (1999). *La fonction psychologique du travail.* Paris : PUF.

Demazière, D. (1992). *Le chômage en crise ? La négociation des identités des chômeurs de longue durée.* Paris : Presses Universitaires de Lille.

De Montmollin, G. (1990). *L'influence sociale : phénomènes, facteurs, théories.* Paris : PUF.

Dubar, C. (1991). *La socialisation. Construction des identités sociales et professionnelles.* Paris : Armand Colin.

Erickson, E. (1972). *Adolescence et crise. La quête de l'identité.* Paris : Flammarion.

Filliettaz, L. (2002). *La parole en action. Eléments de pragmatique psycho-sociale.* Québec : Editions Nota bene.

Flahaut, F. (1978). *La parole intermédiaire.* Paris : Seuil.

François, F. (1994). *Morale et mise en mots.* Paris : L'Harmattan.

François, F. (1995a). Dialogue entre psychiatre et patient. In J. Boutet (Ed.), *Paroles au travail* (pp. 123-148). Paris : L'Harmattan. Collection Langage et travail.

François, F. (1995b). Quelques remarques sur la notion d'interprétation ou du dialogue quotidien comme modèle d'interprétation. *Cahiers de l'ILSL*, 6, 97-129.

Froment, M. & Carcassonne, M. (2002). Genres et mouvements discursifs : un éclairage sur la réflexivité des oraux à l'école primaire. In J.-C. Chabanne & D. Bucheton (Ed.), *Parler pour penser, apprendre et se construire* (pp. 145-162). Paris : PUF.

Glady, M. (1996). Répétition et décalage ; le travail identitaire du langage. *Education permanente*, 128, 71-83.

Goffman, E. (1973). *La mise en scène de la vie quotidienne.* Paris : Editions de Minuit.

Grosjean, M. & Lacoste, M. (1999). *Communication et intelligence collective. Le travail à l'hôpital.* Paris : PUF.

Grünig, B.-N. & Grünig, R. (1985). *La fuite du sens. La construction du sens dans l'interlocution.* Paris : Hatier.

Hanique-Jobert, F. (2002). *Les liens du sens ; transformation des fonctionnements collectifs et de l'engagement subjectif au travail des guichetiers de la Poste impactés par la modernisation.* Thèse de Doctorat, Université Paris VII- Denis Diderot.

Hughes, E. (1958). *Men and their work.* Glencoe : The Free Press.

Kastersztein, J. (1990). Les stratégies identitaires des acteurs sociaux : approche dynamique des finalités. In C. Camilleri *et al.* (Ed.), *Stratégies identitaires* (pp. 28-41). Paris : PUF.

Lacoste, M. (1999). L'interaction langagière, pierre de touche du service ? *Education permanente*, 137, 23-33.

Levinson, S. ([1979] 1992). Activity types and language. In P. Drew & J. Heritage (Ed.), *Talk at work, interaction in institutional settings* (pp. 66-100). Cambridge : Cambridge University Press.

Linton, R. (1977). *Le fondement culturel de la personnalité.* Paris : Dunod.

Maisonneuve, J. (1973). *Introduction à la psychosociologie.* Paris : PUF.

Pollack, M. (1990). *L'expérience concentrationnaire. Essai sur le maintien de l'identité.* Paris : Métailié.

Psathas, G. (1990). *Interaction competence.* Washington : International Institute for ethnomethodology and converstion analysis.

Roulet, E. *et al.* (1985). *L'articulation du discours en français contemporain.* Berne : Peter Lang.

Sainsaulieu, R. (1977). *L'identité au travail.* Paris : Presses Nationales de la Fondation des Sciences Politiques.

Salazar-Orvig, A. (1994). Les jeux de l'indéfini. ON et VOUS dans le discours de patients hémiplégiques. *Faits de langue*, 4, 221-229.

Salazar-Orvig, A. (1999). *Les mouvements du discours. Style, référence et dialogue dans des entretiens cliniques.* Paris : L'Harmattan.

Servel, L. (1998). *Pour un autre usage du temps : l'expérience modernisatrice de la RATP.* Thèse de Doctorat, Institut d'Etudes Politiques de Paris.

Servel, L. (2000). Les temps de la modernisation : l'expérience réformatrice de la RATP. In J. Barreau & J.-Y. Menard (Ed.), *Une irrésistible modernisation des entreprises publiques ?* (pp. 65-79). Rennes : Presses universitaires de Rennes.

Taboada-Leonetti, I. (1990). Stratégies identitaires et minorités : le point de vue du sociologue. In C. Camilleri *et al.* (Ed.), *Stratégies identitaires* (pp. 43-83). Paris : PUF.

Vernant, D. (1997). *Du discours à l'action.* Paris : PUF.

Vion, R. (1992). *La communication verbale.* Paris : Hachette.

Vion, R. (1995). La gestion pluridimensionnelle du dialogue. *Cahiers de linguistique française*, 17, 179-203.

Weller, J.-M. (1999). *L'Etat au guichet. Sociologie cognitive du travail et modernisation administrative des services publics.* Paris : Desclée de Brouwer.

Wittgenstein, L. (1961). *Tractatus logico-philosophicus.* Paris : Gallimard.

L'analyse des actions et des discours en situation de travail. Concepts, méthodes et applications (sous la direction de L. Filliettaz et J.-P. Bronckart), Louvain, Peeters, BCILL, 2005.

Conseiller, une activité et un jeu de langage professionnel

Patrick Mayen & Antonietta Specogna

ENESAD Dijon, UP Développement Professionnel et Formation,
Equipe de Didactique Professionnelle

1. Donner un conseil ou construire les conditions du conseil ?

« Je dirais que le conseil il est là pour vous aider à prendre un peu de recul et vous aider à avoir un avis. Il y a des fois où il faut dire que ce n'est pas toujours évident de dire "on fait ou on ne fait pas" … »

C'est en ces termes, qu'au cours d'un entretien, le conseiller de gestion B décrit ce qu'est le conseil à ses propres clients, responsables d'une entreprise agricole. Ce faisant, il leur donne des clés pour se repérer et agir dans la forme d'activité professionnelle dans laquelle ils sont engagés avec lui. En d'autres termes, il énonce les règles de ce jeu dont il fait, comme on dit, profession. S'il les énonce, c'est qu'il a identifié, dans les échanges qui précèdent, mais aussi au cours d'autres interactions, que cette forme particulière de relation de service qu'est le conseil, est un jeu dont les règles ont à être précisées pour que ses interlocuteurs et lui-même puissent travailler ensemble. Ses partenaires ont, en effet, une expérience sociale de ce qu'est ou doit être le conseil qui relève de son acception courante : « vous dire ce que vous avez intérêt à faire ». Mais ils en ont aussi une expérience que l'on peut dire « plus professionnelle » ou plus éclairée à travers les situations de vente (ou d'achat) qu'ils ont vécues, ou encore par la consultation médicale. Enfin, ils en ont une acception spécifique aux pratiques du secteur professionnel dans lequel ils évoluent, en l'occurrence le secteur agricole et para-agricole.

Pendant longtemps, le conseil en agriculture s'est en effet limité à un conseil technique dont la signification correspond effectivement à l'acception courante : « vous dire ce que vous avez intérêt à faire ». L'intérêt (ce qui est « profitable » ou encore « la meilleure solution ») est, dans cette logique, essentiellement fonction d'un raisonnement technico-économique. Le conseiller y est un intermédiaire entre l'univers de la prescription, reposant sur la recherche scientifique à partir de laquelle sont édictées les bonnes pratiques, et celui qui devrait nécessairement les appliquer parce qu'elles sont « vraies », donc bonnes. La pertinence des actions à mener est alors assurée par la référence à la science. Le conseil porte essentiellement sur l'entreprise comme objet technique et prend peu en compte les intentions et les caractéristiques de celui dont l'exploitation est l'objet de travail et la source de revenus mais aussi l'objet d'un investissement subjectif. Dans cette configuration, le responsable ne se distingue guère de son entreprise. Plus exactement, ses priorités sont conçues comme celles d'un agent économique visant exclusivement à maximiser son outil de production.

Toutefois, le conseil, et pas seulement le conseil en agriculture, est une activité soumise à une forte évolution du fait de la modification des attentes des prescripteurs du travail et des bénéficiaires du conseil. Cette évolution est, en fait, commune à l'ensemble du secteur de la relation de service. Elle accentue la complexité du travail pour des professionnels dont l'expertise – par formation et par expérience – est le plus souvent une expertise sur un objet matériel, même de la taille d'une entreprise de production. On assiste ainsi à une évolution d'une forme d'activité technique à une forme d'activité technique et relationnelle qui s'accompagne, pour les professionnels, d'un accroissement du temps passé en interactions verbales avec leur interlocuteur. Mais c'est surtout l'objet du travail lui-même qui change puisque celui-ci n'est plus seulement l'objet d'usage ou/et de travail d'un individu à propos duquel s'exerce une intervention, mais une dyade composée de la relation entre l'objet et son usager (Falzon, 1994 ; Mayen, 1997, 1998 ; Rogalski, 1998). La nature de cette relation différant selon les situations. Les prescriptions dans le domaine du conseil en agriculture vont dans ce sens puisque c'est l'ensemble de la relation chef d'entreprise / exploitation dans son environnement qu'il est préconisé de considérer. L'introduction du concept de « priorité » (du ou des responsables d'entreprise), commun à un ensemble de méthodes enseignées aux conseillers, constitue ainsi un repère significatif de l'évolution de ce que doit être le conseil. Il a pour but d'amener les conseillers à interpréter l'état de la situation de l'entreprise puis à penser la production du conseil pour les décisions à venir en relation aux priorités de son responsable. Un autre concept, le « cadre de référence » du chef d'entreprise, amène le conseiller à identifier les finalités, les valeurs, les croyances du responsable, à en identifier les effets sur ses modes de décision et à orienter la co-construction des prises de décision pour l'avenir (le conseil proprement dit) à partir du « cadre de référence » spécifique au chef d'entreprise. La rationalité en cause n'est ainsi plus seulement celle de l'intervention sur un système technico-économique dont le but ultime serait de maximiser le fonctionnement et les gains, mais d'un système à rationalité subjective et limitée.

L'évolution du cadre prescriptif du travail est déterminée par un faisceau d'évolutions plus ou moins propres au secteur agricole : diversification des structures et des types de production, limites d'un modèle technico-économique, et, plus récemment, évolution même de la demande sociale adressée aux professionnels du secteur, en premier lieu à propos de l'environnement ou de la qualité sanitaire. Mais l'évolution est plus générale. Hatchuel (1994) souligne que la relation de service évolue d'une logique d'offre de produit standardisé à une logique de co-production de solutions personnalisées. Non plus une même gamme limitée de conseils bons pour tous mais une ressource pour co-produire avec les responsables d'entreprise une décision individuelle pour une entreprise particulière dans un environnement spécifique (Cerf, Maxime & Mayen, 2000). La notion de co-production du conseil (ou du service dans d'autres domaines) devient ainsi un leitmotiv du discours prescriptif.

Dans cet article, nous allons nous intéresser à la manière dont ce que nous pouvons appeler la forme d'activité professionnelle de conseil évolue et comment l'évolution s'accomplit dans la coactivité des conseillers et de leurs clients au sein des entretiens de conseil. Il s'agit donc de caractériser les éléments d'évolution de cette forme d'activité langagière en montrant comment se pratique le conseil, en examinant les différences entre *conseil disant ce qu'il faut faire* et *co-construction d'une solution personnalisée*, enfin en analysant les différences d'organisation cognitive de l'action entre les conseillers « nouvelle » manière et les conseillers « ancienne » manière. L'objectif est de concevoir des modalités de formation et d'accompagnement des professionnels dans cette évolution et/ou de concevoir des outils pour l'action.

2. Didactique professionnelle et analyse interlocutoire

Un des objectifs de la didactique professionnelle est de contribuer à la connaissance de cette forme d'activité qu'est le conseil, à partir des buts de l'analyse du travail en didactique professionnelle. Il s'agit de caractériser une situation : premièrement, au regard de l'activité qu'elle suscite chez les sujets qui y travaillent, deuxièmement, au regard des compétences qu'ils y développent et y mobilisent pour résoudre les problèmes posés par la situation, et troisièmement, en termes didactiques, au regard des moyens à mettre en œuvre pour, comme l'écrit Vygotski (1985) à propos de l'éducation, contrôler le processus de développement et l'optimiser. L'objectif est de mettre en évidence l'organisation invariante, les schèmes qui organisent l'action en situation. Ici, la visée de caractérisation n'est pas typologique mais générative. En effet, pour reprendre la définition donnée par Vergnaud du concept de schème (1990, 1996, 2003) il s'agit, d'une part, de définir « l'organisation invariante de l'action dans une classe de situation donnée » et d'autre part, dans une visée de guidage du développement des compétences, ou de conception de situations potentielles de développement (Mayen, 1999), de définir les processus d'élaboration et de réélaboration de cette organisation. Une situation professionnelle constitue, dans ce cadre, une forme de vie, inscrite dans un univers spécifique et définie comme un scénario structuré par des règles et orienté vers un but (Bruner, 1991). L'analyse du travail en didactique professionnelle utilise très largement le concept de schème défini par Vergnaud. Un schème peut être défini comme le système organisateur de l'action pour une classe de situations. L'apport principal de Vergnaud tient en deux points : premièrement, il propose une définition analytique du schème et en décrit donc les composantes qui sont les buts, les règles d'action, les prises d'information et de contrôle, les possibilités d'inférence et les invariants opératoires.

Les invariants opératoires forment la partie la plus cognitive du schème et, en accord avec la théorie piagétienne, constituent la part la plus générique de l'organisation de l'action. Les invariants opératoires sont, pour Vergnaud, les concepts en acte et les théorèmes en acte. Ces derniers correspondent à ce qu'une personne tient pour vrai sur le réel. Le deuxième apport de Vergnaud tient au fait qu'il rappelle que la conceptualisation est au cœur de l'action, autrement dit que c'est à ce niveau de l'organisation de l'action que se fait la différence. L'ampleur des capacités d'action est fonction du niveau de conceptualisation relatif à une classe de situations. Il s'agit donc d'identifier les principaux invariants opératoires : concepts et propositions tenues pour vraies qui font la différence et à partir desquelles l'ensemble des connaissances peut être mobilisé et finalisé pour réaliser les tâches et résoudre les problèmes spécifiques à une situation. Dans une perspective de formation, les invariants opératoires sont les principaux constituants qui sont amenés à devoir subir une transformation et sur lesquels doit donc porter l'action didactique.

Parmi les formes de vies professionnelles, certaines s'exercent pour une grande part dans des interactions verbales. C'est le cas du conseil. L'analyse du travail telle qu'elle est conduite par la didactique professionnelle a donc besoin, lorsqu'elle porte sur des situations dans lesquelles le travail s'accomplit dans la communication, de s'appuyer sur des repères théoriques et méthodologiques qui ne se limitent pas à ceux qui s'appliquent aux situations qualifiées de relations homme machine ou homme système. C'est dans cette perspective que le recours à une pragmatique empirique des conversations trouve sa place en tant « qu'étude du contenu et des méthodes d'accès à la pragmatique mise en œuvre par les individus humains au cours de leurs activités réelles » (Trognon, 1998, p. 78).

Dans cet article, nous partons de l'hypothèse selon laquelle l'activité langagière de conseil n'est autre que la négociation des conditions de réussite (Ghiglione & Trognon, 1993 ; Trognon, 1994) de l'acte de conseiller qui vient, à un moment donné du jeu interlocutoire, en réaliser l'objectif. Bien entendu, cette négociation n'est pas désordonnée ; c'est même sa mise en ordre qui peut permettre d'en assurer la réussite et elle relève précisément de la compétence de celui qui assure la place de conseiller. Parmi les conditions de réussite, « les conditions préparatoires » représentent les états de choses que le locuteur présuppose ou tient pour vraies lors de l'accomplissement d'un acte de langage dans un contexte d'énonciation donné et « concernent des propriétés du locuteur, de l'auditeur, de leurs relations et du monde » (Ghiglione & Trognon, 1993, p. 161). Les propositions et les propriétés sur lesquelles elles portent constituent ainsi ce que Vergnaud appelle la partie proprement cognitive du schème, autrement dit les invariants opératoires. Un autre composant du schème, identifié par Vergnaud : le but, constitue un autre élément déterminant de l'organisation de l'action. Dans l'apprentissage du travail, le but ne fait pas simplement l'objet d'une acquisition, mais celui d'un véritable travail d'appropriation, autrement dit, d'élaboration conceptuelle. Ce fait est depuis longtemps repris en psychologie du travail avec la notion de tâche redéfinie. Pour Leplat (1997), qui définit une tâche comme « but dans des conditions déterminées », le but, tel qu'il est prescrit par l'organisation, est redéfini par chaque sujet en fonction des ressources dont il dispose dans son répertoire de compétences, mais aussi en fonction de ses mobiles, de ses valeurs, de ses identifications sociales. La forme d'élaboration ou de réélaboration du but change la tâche et change l'organisation cognitive pour la réaliser. Dans le cadre de la définition du jeu de langage comme scénario structuré par des règles et orienté par un but, la réélaboration de ce dernier constitue une réélaboration du jeu en lui-même. Les propos du conseiller B, cités en ouverture de cet article, illustrent le fait que la redéfinition du but et des règles du conseil n'est pas seulement adressée aux partenaires, mais qu'elle est aussi tournée vers lui-même puisque c'est à un nouveau jeu qu'il essaie, lui aussi, de jouer. L'action sur le but peut, dans cette optique, devenir une action didactique pour engager et étayer le processus de structuration ou de restructuration de l'organisation de l'activité.

3. Conseiller, une décision à prendre

La définition de ce que doit être le conseil peut trouver une correspondance dans la caractérisation qui en est proposée en pragmatique. Nous avons retenu trois définitions générales qui correspondent à trois époques : la première est celle de Searle (1972, p. 109) : « conseiller, ce n'est pas essayer de vous faire faire quelque chose comme c'est le cas de demander. Conseiller, c'est plutôt vous dire ce que vous avez intérêt à faire. » Il la précise en énonçant les règles qui conditionnent la réussite de l'acte de conseiller : « C'est un acte futur (C) de l'interlocuteur (A). La règle préliminaire est que le locuteur a des raisons de penser que C sera profitable à A. Il n'est certain, ni pour L, ni pour A, que A serait conduit à effectuer C de toute façon. La condition de sincérité est que L pense que C sera profitable à A. » Pour Vanderveken (1988, p. 185) « Conseiller, c'est suggérer à un allocutaire de faire quelque chose, en présupposant (condition préparatoire) que cela est bon pour lui et qu'on a de bonnes raisons de croire que l'action envisagée est appropriée dans le contexte ». Enfin, Trognon (1999) définit le conseil comme un jeu de langage qui vise à « faire converger des points de vue, à trouver des solutions rationnelles avec l'idée que les solutions sont d'autant meilleures qu'elles sont vraies. » A proprement parler, les deux premières définitions s'appliquent non pas à des jeux de langage ou à des formes plus larges d'activité langagière comme le sont les entretiens de conseil, mais à des actes de langage, c'est-à-dire à des unités constitutives des interventions elles-mêmes. Toutefois, la troisième définition proposée par Trognon permet de comprendre en quoi elles peuvent être opératoires pour définir et caractériser la forme d'activité professionnelle de conseil. Trognon définit le conseil comme un jeu de langage qui ne se limite pas à l'acte de langage. Par ailleurs, il faut revenir un instant sur la question des conditions de réussite d'un acte de langage. Si l'on fait l'hypothèse qu'une décision est prise, à un moment donné de l'entretien de conseil, qu'elle est énoncée et validée par les interlocuteurs comme une décision acceptable en fonction des buts assignés à la co-activité qui a réuni les deux interlocuteurs (relativement acceptable puisque c'est un compromis), alors, l'ensemble des échanges et donc l'ensemble du déroulement interactionnel peut être considéré comme la négociation des conditions de réussite de cet énoncé reflétant la décision co-construite. Dans cette hypothèse, ce n'est pas seulement l'acte correspondant à cet énoncé « de conseil » qui nous intéresse mais le processus par lequel les conditions de réussite ont été explicitées et négociées. Car, en situation, les conditions de réussite d'un acte de langage ne sont pas déjà-là, prête à servir. Dans ce sens, « ce qui est bon pour celui qui bénéficie du conseil » relève d'une construction qui peut être d'autant plus longue que les modèles du « bon » ne sont plus définis a priori et supposés applicables à tous. De même « qu'on a de bonnes raisons de penser que la solution envisagée est appropriée dans le contexte » suppose une activité d'analyse (de co-analyse) qui, en matière de conseil, suppose parfois un travail préalable important d'analyse de l'environnement ou des caractéristiques techniques, économiques de l'entreprise par le conseiller.

Trois points ressortent de ces définitions : le conseil suppose la collaboration de deux acteurs ou catégories d'acteurs dont l'un est placé en position de conseiller et l'autre de conseillé ; il concerne l'orientation d'une action future de ce dernier dans l'intérêt de celui-ci. On peut noter également que, pour qu'il y ait conseil il faut qu'il y ait des décisions à prendre et donc des voies à explorer, même si la décision peut être de ne rien faire ou de continuer comme avant. Cela suppose, soit l'existence de problèmes au sens strict, soit de projets, soit tout simplement présomption de problèmes. A l'intérieur même de chaque entretien de conseil, on trouve ainsi le jeu de l'avertissement ; c'est-à-dire la mise en évidence par le conseiller d'éléments qui risquent d'être néfastes à l'autre. L'avertissement fait l'objet d'attentes explicites chez ceux qui recourent au conseil. Le diagnostic régulier permettant la mesure des problèmes et des besoins devient une tâche constitutive du conseil. Cela nous ramène à ce que soulignait Searle, à savoir qu'il n'est certain ni pour l'un ni pour l'autre que celui qui est conseillé n'aurait effectué une action sans l'intervention du conseiller. Le conseil suppose ainsi une fonction d'avertissement au sens que lui donne Vanderveken (1988, p. 185) : « avertir quelqu'un est un acte complexe, à la fois assertif et directif qui consiste à informer quelqu'un de quelque chose afin que son attention soit appelée sur elle et qu'il y prenne garde. Avertir, c'est donc donner une information en présupposant que l'état de chose représenté est mauvais pour l'allocutaire, dans le but de lui suggérer d'y réagir d'une façon appropriée ».

4. L'activité de conseil

Le conseil, dans le cas des conseillers de gestion, est socialement défini comme le but de leur travail et comme le but de la relation de service qui contractualise leur collaboration avec les responsables des entreprises agricoles. Cela implique que les deux catégories d'acteurs, conseillers et conseillés sont, d'office, engagés dans le jeu qu'est cette forme de co-activité professionnelle du conseil. L'ensemble des évènements qui se produisent alors s'inscrivent et sont interprétés par les acteurs dans ce cadre. Cette caractéristique ne se retrouve pas dans d'autres situations où le conseil n'est pas le but de la rencontre, mais où il peut intervenir comme une phase du jeu ou comme un jeu à l'intérieur du jeu plus global. Par exemple, dans la vente, dans la consultation médicale, dans les relations de service de dépannage ou d'entretien. Une autre caractéristique du conseil que nous étudions tient à la dimension temporelle. Le conseil s'inscrit dans une longue durée. Dans certains cas, la collaboration peut se poursuivre pendant plusieurs années. En outre, elle prend des formes diverses, depuis l'entretien téléphonique bref où un conseil est produit en quelques instants sur un point spécifique, jusqu'à une série d'entretiens et d'activités complémentaires telles que la réalisation de bilans de gestion, en passant par des réunions avec d'autres professionnels. Dans la tâche que nous avons étudiée, c'est-à-dire le conseil individuel, les interactions que nous avons analysées (14 interactions pour 10 conseillers) comportent en moyenne 340 tours de parole correspondant à une durée moyenne de 2h45mn. On peut parler d'une macro structure pour désigner le cadre général qui définit des places respectives de conseiller et de conseillé et impliquent la présence d'un but qui est la production de conseil(s). Cette macro structure détermine évidemment un système d'attentes qui s'exprime fréquemment, chez les clients, par l'irruption rapide dans l'interaction de demandes explicites de conseil portant sur des objets spécifiques. A ce titre, comme le jeu de l'avertissement, le jeu du conseil partiel, souvent spécialisé, fait partie du conseil. La demande s'y exprime parfois par l'énoncé d'une déception lorsque le conseil ne s'est pas concrètement exprimé sous la forme d'une solution, comme le montre la réaction de l'un des interlocuteurs du conseiller T, qui, après deux heures d'entretien, intervient pour demander « où elle est l'idée géniale ? » qui lui aurait permis de trouver la solution immédiate à son problème. Ces réactions traduisent la difficulté mais aussi une part essentielle de l'activité conjointe de conseil qui porte en fait sur les règles du jeu dans lequel les partenaires sont engagés : à quoi joue-t-on et pour quel but ? qui fait quoi ? comment joue-t-on ? La négociation des nouvelles règles est ainsi d'autant plus prégnante et nécessaire que celles-ci sont soumises à de fortes évolutions. La distribution des rôles est ainsi un élément déterminant. Elle porte sur qui fait quoi, mais aussi sur qui sait quoi et qui produit quoi, autrement dit sur la manière dont les conditions de réussite du conseil vont être négociées. Si l'on reprend le postulat de Roulet (1985), selon lequel toute négociation a sa source dans un problème qui donne lieu à une initiative du locuteur, le conseil relève de la négociation puisqu'il s'inscrit dans un espace où le conseillé a, a minima, accepté de rencontrer un conseiller, ne serait-ce que pour faire le point. Ce but minimal autorise le conseiller à constituer un espace de jeu dans lequel les partenaires vont éclairer la situation de la dyade chef d'entreprise/exploitation. En fait, ils vont en construire une certaine représentation à partir de laquelle des problèmes, mais aussi l'absence de problèmes peuvent y être repérés. Dans les deux cas, ce sont les actions futures qui sont en jeu. Mais c'est aussi la représentation même que l'agriculteur chef d'entreprise peut avoir de sa relation avec l'environnement qui est visée. En préconisant aux conseillers de co-analyser la situation, de co-produire des solutions, d'aider à l'appropriation des méthodes et repères pour comprendre et agir, en réintroduisant la subjectivité dans l'analyse de l'entreprise, ce sont aussi de nouveaux comportements de conduite des entreprises agricoles qui sont visés. Dans ce sens, les conseillers ne sont plus seulement là pour traiter une situation mais ils sont aussi là pour co-produire un apprentissage supposé permettre aux agriculteurs d'affronter ensuite des situations de moins en moins prévisibles et pour lesquelles des modèles trop généraux sont inopérants.

5. Le conseiller, l'entreprise et l'agriculteur : analyse des interactions et didactique professionnelle

Nous allons à présent, examiner une séquence qui s'insère dans un long entretien (326 interventions) entre un conseiller de gestion expérimenté (C) et un couple d'agriculteurs. L'entretien a lieu dans un contexte de changement pour le conseiller. En effet, il s'agit, pour l'institution dans laquelle il travaille, de développer de nouvelles pratiques de conseil beaucoup plus orientées vers le conseil global et l'aide à la décision, telles que nous les avons présentées plus haut. L'extrait choisi présente l'intérêt de porter sur la négociation même des buts et des règles du jeu du conseil entre un conseiller de gestion et un chef d'entreprise agricole. La question de ce qu'est l'entreprise, et des propriétés sur lesquelles doit porter le diagnostic qui doit permettre d'aboutir à des décisions d'action, y fait l'objet d'un débat. Le conseiller organise son activité à partir de trois notions largement répandues dans le secteur auquel il appartient : le couple Forces (F) et faiblesses (f) et la notion de priorité (P). Ces notions s'inscrivent dans une perspective d'approche globale et systémique des entreprises au cœur de laquelle les priorités (on parle aussi de finalités) du chef d'entreprise sont déterminantes. Elles ont pour but, en tant qu'outils conceptuels, d'aider à la construction d'une représentation du système de production suffisamment fonctionnelle pour éclairer les interactants sur les prises de décision à venir. La mise à jour des priorités, l'analyse des éléments de la situation ordonnée aux priorités et la prise de décision en cohérence avec elles, figurent au premier rang des principales évolutions du conseil tel qu'il est prescrit. Le concept de priorité fait cependant l'objet d'acceptions différentes. Pour certains, elle se limite encore principalement aux dimensions technico-économiques et les priorités y relèvent de la conception d'un acteur économiquement rationnel. En termes de psychologie du travail, on en reste au niveau des buts. Pour d'autres, elle s'étend en fait aux mobiles, constitués des aspirations individuelles et sociales d'un sujet qui est ici chef d'entreprise. Les propos du conseiller C définissent assez bien ce que sont les priorités dans cette acception : « ... ce qu'il faut dans un premier temps, c'est recadrer vos aspirations, enfin vos priorités sur les années à venir *ce que vous voulez être* (c'est nous qui soulignons) et ce qui est prioritaire et ce qui ne l'est pas (...) donc par rapport à ça, ça me paraît important de bien recadrer les volontés, enfin les volontés de vous deux sur les années à venir... ». La notion de priorité fait l'objet de conceptualisations différentes selon les conseillers. Autrement dit, la représentation de ce que sont les priorités, mais aussi de ce en quoi elles doivent être prises en compte pour diagnostiquer une situation et orienter des décisions peuvent être très différentes. Dans notre échantillon de dix conseillers, on peut considérer que la plupart sont en phase de réélaboration conceptuelle de ce que nous avons appelé plus haut la dyade chef d'entreprise / entreprise. Si l'on revient à présent sur la notion d'intérêt (ce qui est profitable au conseillé) telle qu'elle se dégage des définitions du conseil, l'évolution vers la prise en compte de la dyade constitue, en somme, une redéfinition de l'univers dans lequel les solutions négociées sont pertinentes. Redéfinition qui correspond à un rééquilibrage vers une prise en compte de la subjectivité dans la conduite de l'entreprise. Comme l'asserte le conseiller P dans une phase aiguë de négociation : « je ne vais pas aller contre votre volonté » ; à quoi il faudrait ajouter : malgré tous les arguments technico-économiques qu'il pourrait avancer pour aller contre.

La séquence suivante, entre le conseiller C et monsieur et madame B intervient après environ cinq minutes d'entretien. Le conseiller propose d'identifier les forces et les faiblesses de l'entreprise. Il va le faire en partant d'une analyse préalable des résultats de l'entreprise de B pour l'année précédente :

1. C : alors maintenant, on va voir les ressources, c'est-à-dire les points forts et les points faibles de votre entreprise
2. B : ah ça ça m'intéresse surtout les points faibles
3. C : ah non non non il ne faut pas regarder que les points faibles il faut regarder les points forts parce que les points forts on s'appuie dessus pour parce que s'il n'y a que des points faibles de toutes façons vous ne savez pas où vous appuyer ça sert à rien
4. B : oui mais on peut essayer de les améliorer parce que moi les points faibles j'en vois certainement mais quelqu'un de l'extérieur il peut en voir d'autres que moi je ne m'en rends même pas compte
5. C : alors je parie qu'on n'a pas mis les mêmes
6. B : c'est possible
7. C : pour vous l'entreprise c'est quoi vos points faibles ?
8. B : peut-être mon niveau intellectuel je ne sais pas
9. C : c'est le bonhomme ça pas l'entreprise
10. B : non mais ça joue quand même
11. C : ne vous sous-estimez pas
12. B : j'ai l'habitude
13. C : non je parle de votre entreprise
14. B : mon entreprise
15. C : je vais vous dire ce que j'y ai mis
16. B : oui allez-y
17. C : les points faibles c'est le potentiel agronomique vous n'avez pas des terres extraordinaires en terme de potentiel de rendement
18. B : non
19. C : vous avez des terres plutôt séchantes vous avez des terres où pour avoir de la pomme de terre il faudrait pouvoir arroser
20. B : oui et puis énormément entourées de bois
21. C : c'est pas un mauvais potentiel mais je dirais que par rapport à un certain nombre de choses c'est plutôt moyen même si vous arrivez quand même à sortir des rendements qui sont corrects c'est peut-être quelque chose qui vous demande d'être un peu plus exigeant que pour d'autres qui ont la facilité parce qu'ils travaillent sur du limon. L'autre point faible que j'ai trouvé, c'est que vous êtes seul pour assurer le travail
22. B : tout à fait, seul on ne va pas dire seul mais
23. C : vous n'êtes pas seul mais bon vos enfants commencent à grandir heu...
24. B : mais c'est des filles
25. Mme B : dis pas ça parce que quand tu plantes des pommes de terre si c'est un week-end tout le monde y va aussi bien les filles que les beaux fils
26. B : mais bon c'est vrai que le fait d'être seul pour faire tant que ça
27. C : physiquement et moralement ça doit jouer
28. B : oui tout à fait plus je vieillis et plus c'est difficile
29. Mme B : oui bien souvent tu te sens plus fatigué que tu n'étais avant
30. B : je n'arrive plus à faire ce que je faisais
31. C : bon heu... La force de votre entreprise...

La séquence est consacrée à la définition des points faibles (f) de l'entreprise. Elle comporte 2 sous-séquences :

1. (1-6) : négociation des règles du jeu « Forces-faiblesses »
2. (7 -31) : négociation de ce que sont les points faibles

Cette seconde séquence est elle-même constituée :

- (7-14) par une première forme du jeu dans laquelle B est mis en position de formuler les points faibles. Forme qui échoue aux yeux de C puisqu'il est d'abord amené à renégocier une des propriétés de la notion de point faible : le champ sur lequel elle s'applique (9-14), et qu'il semble faire le constat que B n'est pas en mesure de produire une réponse dans le cadre de ce qu'il attend (16-17).
- (15-31) par la prise en main du jeu par C, qui en constitue une seconde forme dans laquelle c'est lui qui formule les points faibles, hypothèses qui sont ensuite négociées avec B (le potentiel agronomique (19-23)), puis avec B et Mme B (B est seul pour travailler (23-30)).

A ce niveau d'analyse, on peut relever deux points saillants : tout d'abord, l'agriculteur obtient de jouer à ce que nous avons appelé plus haut le jeu de l'avertissement ; c'est ce qu'il demande lorsqu'il manifeste son intérêt pour les points faibles. Ensuite, la règle du jeu préconisée de la co-production trouve un destin particulier qui va se répéter tout au long de l'entretien : C lance le jeu selon la règle qui dit que le chef d'entreprise doit pouvoir participer à l'identification des points faibles (acception forte de la co-production). Or, C change rapidement la forme du jeu et de la co-production, puisque de la construction d'une interprétation commune de la situation, il passe à l'énoncé de sa compréhension de la situation qu'il soumet à la discussion (acception faible de la co-production). Ce faisant, il tend à se retrouver plus encore dans le jeu de l'agriculteur qui lui demande de l'avertir de ce qui pourrait lui être « néfaste ».

Afin d'observer les choses d'un peu plus près, nous allons travailler de la manière suivante : en prenant en compte ce qui se passe dans l'enchaînement conversationnel, nous allons tour de parole après tour de parole développer ce que les locuteurs disent lorsqu'ils disent ce qu'ils disent, c'est-à-dire que nous nous référons au statut illocutoire du dire énoncé par un locuteur. Nous nous situons au niveau pragmatique des énoncés, ceci selon le sens attribué par le locuteur 2 à propos du dire du locuteur 1, en distinguant deux niveaux conversationnels qui sont liés aux actes contextuels et à l'implicature (Specogna, 1998) :

1.C	Propose que le jeu s'inscrive dans le cadre de la méthode : examiner les Forces de l'entreprise et ses faiblesses : F(e) et f(e).
2.B	Marque son accord par un expressif, tout en redéfinissant le point de focalisation sur l'examen de f(e).
3.C	Marque son désaccord avec la proposition de B qui résulte de ce que celui-ci a compris de la règle du jeu. C précise ainsi qu'il ne s'agit pas seulement d'examiner f(e) indépendamment, mais F(e) et f(e) en fonction du principe selon lequel F(e) est un appui pour l'action alors que f(e) sans F(e) ne peut pas l'être.
4.B	Valide tout en posant une objection en fonction d'un autre principe : on peut agir pour améliorer les points faibles. Il poursuit par une assertion par laquelle l'application de ce principe suppose que soit réalisée une condition préalable : connaître les points faibles. Ce faisant, nous pouvons penser que B implicite qu'il attend du conseil la mise à jour de ces points faibles qu'il ne connaît pas et qu'il attend du conseiller un éclairage différent.

	On peut aussi penser qu'une autre prémisse est à l'œuvre et s'exprimera plus loin à propos de son niveau intellectuel : le conseiller peut identifier et dire ce qui ne va pas, alors que B pense qu'il ne le peut pas lui-même. Ce qui nous ramène à la fonction d'avertissement. On peut aussi penser que c'est la conception même de la manière de considérer le diagnostic d'une entreprise qui est en jeu : pour B, diag (e) = diag (f) et diag (f) implique action sur (f). En termes d'équilibres, cette conception considère que les faiblesses doivent être corrigées. Les faiblesses sont des problèmes à résoudre et non pas des points de déséquilibre potentiels dont il faut examiner la relation avec d'autres points pour trouver la manière dont ils se compensent ou non ou trouver la manière dont la faiblesse peut être corrigée et/ou compensée.
5.C	Marque le décalage entre les points de vue. Le statut du terme « alors » est difficile à définir. On peut faire l'hypothèse qu'il s'agit d'une concession provisoire à ce qui est contenu dans l'énoncé de B, c'est-à-dire la proposition d'examiner les points faibles. Autrement dit, il accepte de jouer le jeu dans la ligne de ce qu'a asserté B : il peut y avoir des points faibles vus par l'un et pas par l'autre. Mais « alors » peut aussi apparaître comme le marqueur de la contre-partie de la concession qu'il accorde à B. Si on pense en effet que toute objection constitue une offense, alors la réplique de C : « alors je parie » qui implicite que cette fois, il va avoir raison, constitue une contre-offensive ? et une préservation de sa place.
6.B	Cette interprétation permet de rendre pertinente la réponse de B laissant ouverts les paris.
7.C	Pose une question sous une forme un peu insolite et ambiguë qui correspond aux éléments de règle du jeu de co-production et d'analyse des points faibles et des points forts : on peut la formaliser ainsi : quelle représentation B se fait-il de f(e) ?
8.B	Propose une hypothèse qui porte sur une propriété de lui-même : le niveau intellectuel. Ce faisant, B implicite qu'il considère que les propriétés du chef d'entreprise « jouent », comme il le dira plus loin, sur l'entreprise, ce qui implique que les propriétés du chef d'entreprise peuvent constituer des faiblesses. B définit ainsi l'univers dans lequel il raisonne et qui correspond à la dyade : chef d'entreprise/entreprise.
9.C	Entend la réponse de B, n'explicite pas son désaccord mais explicite la condition préparatoire qui fait défaut chez B : les faiblesses du chef d'entreprise n'appartiennent pas à f(e) en fonction du principe selon lequel le chef d'entreprise est différent de l'entreprise. La condition préparatoire constitue un nouvel élément de règle du jeu non explicité par C auparavant. Elle définit l'univers dans lequel raisonne C – l'entreprise – et marque la différence de raisonnement entre C et B puisque B raisonne « individu ». Au niveau de l'implicature nous pouvons penser ici que C est en désaccord avec le raisonnement invoqué par B. Ceci dit, le fait de ne pas l'expliciter lui permet éventuellement de réajuster son dire ou de jouer sur un autre tableau.
10.B	Objecte en argumentant par la réintroduction de la relation de détermination entre les propriétés du Chef d'entreprise et certaines caractéristiques de l'entreprise.

On a en fait deux représentations de la manière dont le jeu d'analyse de la situation pour prendre des décisions (le conseil) doit se jouer : pour le conseiller, c'est l'équilibre des Forces et des faiblesses qui est à considérer alors que pour l'agriculteur, c'est la correction des faiblesses qui semble devoir faire l'objet du rééquilibre. Mais, alors que le conseiller ne considère que l'univers de l'exploitation, c'est le couple homme-exploitation qui est considéré par l'agriculteur. On ne saurait mieux mettre en évidence la différence des univers de référence à partir desquels deux interlocuteurs peuvent raisonner.

On retrouve cet écart dans la dernière partie de la séquence où C réintroduit le jeu de conseil classique structuré selon la règle : « Le conseiller fait part de son analyse, l'agriculteur complète ». C'est l'estimation du potentiel agronomique qui est l'objet des échanges à partir de (17) ; potentiel agronomique que C considère comme un point faible, mais dont la compensation « demande (à B) d'être plus exigeant ». C énonce ensuite, en (21 + 23), le second point faible qu'il a trouvé : B est seul pour assurer le travail. Il ne fait cependant pas explicitement le lien entre les deux points faibles. Or, pour une grande part, la nécessité d'être plus exigeant implique plus de travail et la mise en œuvre de raisonnements plus complexes pour conduire la culture, deux exigences qui entrent en conflit avec ce sur quoi B a déjà exprimé une réserve : son niveau intellectuel, et ce sur quoi il va réagir : sa solitude pour travailler et la fatigue qui en résulte. Les échanges suivants, dans lesquels s'insère Mme B, valident en effet pleinement l'hypothèse de C, mais ils la valident à partir de ce que nous appellerons le ressenti individuel ou plus exactement humain : la solitude et la fatigue, et non pas à partir d'un raisonnement technico-économique tel que celui que C développera plus loin. C partira, en effet, d'une proposition tenue pour vraie dans le corps professionnel de la gestion : « 1 personne (UTH) = 800'000 Fr. de chiffre d'affaire » et du constat selon lequel B dégage un chiffre d'affaire de 1'200'000 Fr. Ce qui est énoncé dans les échanges correspond à un raisonnement constitué par la référence à des normes d'équilibre technico-économiques, alors qu'il ne réagit jamais aux énoncés de ses interlocuteurs qui subjectivent le constat :

> C : votre chiffre d'affaire on l'a déjà vu : 1'250'000 donc un petit peu moins de CA ce qui est logique compte tenu de la baisse des prix des céréales. Au niveau des charges c'est pratiquement identique et on sort avec un résultat qui est supérieur à Fr. 200'000.-. Au niveau des principaux indicateurs là vous êtes bien placé mais à la limite c'est logique si je regarde le chiffre d'affaire par unité de travail mais c'est normal vous êtes tout seul et vous travaillez pour deux.

La séquence se termine sur une absence de conclusion et sur une proposition de recentrage sur le thème des points forts. Cette stratégie de fermeture se retrouve de manière significative dans l'ensemble de l'entretien et dans les entretiens de huit conseillers sur dix. Dans les deux autres cas, c'est un autre jeu qui est joué, dans lequel le rééquilibrage subjectif est réalisé.

6. Conclusions : nouvelle forme du jeu, nouvelle forme d'organisation des compétences

A partir de l'analyse du travail (au centre de laquelle l'analyse des interactions) que nous avons réalisée auprès de ces dix conseillers, nous avons pu caractériser deux formes du conseil, l'une qui correspond à un modèle historique ancien et considéré par les prescripteurs, les usagers, et les professionnels eux-mêmes comme inadapté, et l'autre qui correspond à ce que serait l'expertise et vers laquelle tendent les prescriptions, les experts du conseil, dans le domaine de la gestion (voir par exemple Hatchuel, 1994) et une partie des professionnels eux-mêmes. C'est à l'intérieur de cet écart que nous avons ensuite cherché à placer l'activité des sujets observés. Précisons dès à présent que le jeu effectivement joué par les conseillers se situe plutôt entre les deux modèles et est loin d'être maîtrisé.

L'activité du conseiller C, présentée dans cet extrait, peut être considérée comme représentative de l'activité de huit des dix conseillers de notre échantillon. Pour les deux derniers, l'évolution vers une nouvelle forme de jeu est significativement plus avancée. Cela se manifeste sur trois plans :

1. une inversion de la participation quantitative dans les dialogues : alors que la moyenne de mots prononcés chez les huit premiers se situe autour de 61% pour les conseillers ; elle se situe autour de 43% chez les deux derniers. Le nombre de questions ou d'interventions qui engagent l'interlocuteur à produire des informations et, surtout, des interprétations, est aussi en augmentation, aussi bien en valeur absolue qu'en valeur relative ;
2. la présence récurrente de séquences de négociation des buts et des règles du jeu et, dans ces séquences, la prééminence donnée à la co-production et à la notion de priorité ;
3. la présence et la longueur des séquences « d'anamnèse », dans lesquelles l'histoire de l'entreprise est en fait l'histoire de la dyade ;
4. enfin, la réduction du nombre de conseils donnés, c'est-à-dire explicitement énoncés par le conseiller, au profit d'un accroissement des décisions énoncées par les clients ou, plus exactement, des alternatives ultimes rapportées à une interprétation de l'état du problème et de l'état de la situation.

Sur le plan cognitif, on peut ainsi penser que le processus de réélaboration de l'organisation de l'activité (les schèmes) est en cours chez ces conseillers, aussi bien au niveau des buts, des règles d'action, que des invariants opératoires, au premier rang desquels le concept d'entreprise comme monade ou comme dyade, et les propositions tenues pour vraies sur le réel qui en constituent les propriétés.

Le tableau suivant présente les résultats de l'analyse de l'ensemble des données, c'est-à dire de l'analyse du travail. Il propose une modélisation des principaux éléments organisateurs de l'activité de conseil, selon la forme actuelle et selon la forme en devenir, déjà accomplie par certains conseillers. Il ne s'agit donc plus ici, comme dans l'extrait du dialogue que nous avons analysé, de l'activité de conseillers « réels », mais d'une modélisation des constituants organisateurs (concepts, connaissances, buts) de l'action pour les deux profils ; autrement dit de deux formes d'activité de conseil :

Conseiller = dire ce qu'il y a intérêt à faire	Conseiller = co-construire une solution
But du conseil : dire à A(griculteur) ce qu'il a intérêt à faire	« produire les conditions pour assurer le caractère profitable pour A(griculteur)/ E(ntreprise) des décisions à prendre »
Procédure : à partir d'un diagnostic technico-économique sur E (entreprise)	le conseil comme processus devient une négociation des conditions de réussite du conseil comme résultat : prise de décision de A dans un environnement spécifique
(propositions tenues pour vraies sur les constituants de la situation) :	

Le conseil vise un développement quantitatif et de maximisation	le conseil vise un équilibre afin d'assurer la viabilité de E pour l'atteinte des priorités de A
prémisses : les priorités de A sont des priorités de maximisation ; elles sont les mêmes pour tout responsable	prémisses : les priorités de A peuvent être multiples et touchent à sa vie d'individu (resubjectivation de l'univers de référence composé d'un sujet affecté de caractéristiques individuelles et de priorités qui orientent sa conduite de l'entreprise)
cela implique que ce qui est profitable pour E est profitable pour A	ce qui est profitable pour E peut ne pas être profitable pour A
le modèle des finalités et du fonctionnement de l'entreprise présente un degré élevé de généralité (d'universalité) prémisse : ce qui est bon pour tout A est bon pour a	la construction d'un état de la situation et son interprétation se réfèrent aux priorités et au cadre de référence de A
l'univers considéré est celui d'un système technico-économique basé sur un référentiel normatif (moyenne)	le référentiel normatif est utilisé comme repère pour identifier des équilibres dont l'interprétation n'est pas absolue mais relative aux priorités et au cadre de référence de A
la répartition des places est représentée par le modèle suivant : C définit l'univers et produit l'analyse de la situation dans l'univers technico-économique. Il produit l'interprétation puis le conseil. A reçoit le conseil et l'applique dans la relation ce qui est produit par A est d'abord de l'information pour instancier le cadre d'interprétation économique de C	la dissymétrie est d'une autre sorte : C et A produisent deux types d'information sur la situation. En outre, C et A négocient les interprétations
c est supposé profitable à E donc à A	c est supposé être profitable à A c est supposé être reconnu profitable par A ce qui implique de le démontrer, mais aussi de mettre en évidence les priorités de A c est supposé pouvoir être accompli par A, ce qui suppose aussi que A sache qu'il est capable de le faire et en ait la volonté donc en comprenne la nécessité
le conseil c est formulé par C explicitement	le conseil c peut être formulé par l'un ou l'autre ou simplement accompli en acte. Le processus de conseil est en fait la construction des conditions profitables de c
C est l'agent d'application d'une expertise scientifique externe	C a une compétence sur E et A a une compétence sur E et sur P (priorités). La compétence

	de C sur E est aussi une compétence argumentative et non seulement compréhensive. Elle a pour buts d'expliquer, de faire comprendre, de convaincre et pas seulement de comprendre et de produire les solutions
La valeur de vérité des représentations élaborées est référée à cette expertise et la validité des solutions en découle	La valeur de vérité des représentations et des interprétations élaborées est référée aux connaissances scientifiques et techniques mais est pondérée par la référence aux priorités spécifiques. Elle s'exerce donc dans un univers plus vaste que l'univers technico-économique

Dans une perspective de conception de conditions (de formation, d'étayage, d'instrumentation) pour accompagner le processus de réélaboration du répertoire des compétences, et de construction de la nouvelle forme d'activité, les deux parties du tableau dessinent un écart entre deux formes de conseil : la forme d'expertise encore la plus répandue et la forme d'expertise à construire.

Comme nous l'avons signalé, les dix conseillers dont nous avons analysé l'activité se situent entre ces deux extrêmes. On peut constater que ce qui est à construire pour passer d'une forme de jeu de conseil à une autre forme de jeu est considérable et ne peut s'opérer que par un réaménagement du système de représentation des conseillers, lui-même élaboré dans un système de formation de techniciens et d'ingénieurs qui n'a probablement pas encore pris la mesure des transformations du travail. On mesure aussi l'importance des réaménagements identitaires que cela implique.

Références bibliographiques

Bruner, J. (1991). *Et la culture donne forme à l'esprit.* Paris : Eschel.

Cerf, M., Maxime, F. & Mayen, P. (2000). Analyser les apprentissages croisés lors d'une relation de conseil en agriculture : aspects méthodologiques. In *4th European Symposium on European Farming and Rural systems research an Extension into the next Millenium : environmental, agricultural ans socio-economic issues* (pp. 231-241). Volos, Grèce : Volos AFSRE.

Falzon, P. (1994). Dialogues fonctionnels et activités collectives. *Le Travail Humain*, 57, 299-312.

Ghiglione, R. & Trognon, A. (1993). *Où va la pragmatique* ? Grenoble : Presses universitaires de Grenoble.

Hatchuel, A. (1994). Les savoirs de l'intervention en entreprise. *Revue Entreprises et Histoire*, 7.

Leplat, J. (1997). *Regards sur l'activité en situation de travail.* Paris : PUF. Collection Le travail Humain.

Mayen, P. (1997). *Compétences pragmatiques en situations professionnelles.* Thèse de doctorat. Université Paris V René Descartes.

Mayen, P. (1998). Le processus d'adaptation pragmatique dans la coordination d'une relation de service. In K. Kostulski & A. Trogon (Ed.), *Distribution des savoirs et coordination de l'action dans les équipes de travail* (pp. 205-234). Nancy : Presses universitaires de Nancy.

Mayen, P. (1999). Des situations potentielles de développement. *Education Permanente*, 139, 65-86.

Pastré, P. (1997). Didactique professionnelle et développement. *Psychologie Français*, 42-1, 89-100.

Pastré, P. (1999). La conceptualisation dans l'action : bilan et nouvelles perspectives. *Education Permanente*, 139, 13-36.

Rogalski, J. (1998). *Les activités médiatisées*. Communication présentée au séminaire d'ergonomie cognitive, Université Paris VIII, février 1998.

Roulet, E. (1985). De la conversation comme négociation. *Le français aujourd'hui*, 71, 7-14.

Searle, J.R. (1972). *Les actes de langage*. Paris : Hermann.

Specogna, A. (1998). *Méthode de Bales et Processus Interlocutoires. Perspective comparative sur la structuration socio-cognitive d'un groupe d'enfants scolarisés de 10-11 ans accomplissant une tâche de narration*. Thèse de doctorat en Psychologie de l'Université de Nancy 2.

Trognon, A. (1998). Le statut de l'assertion dans la pragmatique des conversations. *Psychologie de l'interaction*, 5-6, 75-85.

Trognon, A. (1999). *Communication au séminaire du groupe de travail « coordination dans les groupes »*,GRC, Université de Nancy 2.

Vanderveken, D. (1988). *Les actes de discours*. Liège : Mardaga.

Vergnaud, G. (1990). La théorie des champs conceptuels. *Recherches en didactique des mathématiques*, vol 10, 2-3, 133-170.

Vergnaud, G. (1996). Au fond de l'action, la conceptualisation. In J.-M. Barbier (Ed.), *Savoirs théoriques et savoirs d'action*. Paris : PUF.

Vergnaud, G. (2003). Qu'est-ce que la pensée ? Les compétences complexes dans l'éducation et le travail. *Actes du Colloque de Suresnes*, pp. 7-23.

Vygotski, L. (1985). *Pensée et langage*. Paris : Messidor/Editions Sociales.

L'analyse des actions et des discours en situation de travail. Concepts, méthodes et applications (sous la direction de L. Filliettaz et J.-P. Bronckart), Louvain, Peeters, BCILL, 2005.

L'interdépendance actes de langage / gestes praxiques dans les interactions de commerce et de service

Isabelle Dumas

Université Lumière Lyon 2, ICAR, UMR 5191

La problématique des interactions de commerce et de service (ICS) a fait l'objet de nombreux questionnements dans des champs disciplinaires variés. L'une des caractéristiques communes aux ICS est qu'elles sont ancrées dans un *script*, c'est-à-dire « a predetermined stereotyped sequence of actions that defines a well-known situation (Schank & Abelson, 1977, p. 41). A chaque type d'ICS correspond un script. Un travail purement linguistique portant principalement sur les actes de langage et sur les activités verbales en général ne permet de rendre compte que partiellement des ICS. Ces dernières reposent en effet sur la combinaison d'activités langagières et non-langagières occupant toutes une place prépondérante dans la perspective des scripts mentionnée ci-dessus. Il est par conséquent impossible de rendre compte de l'ensemble du fonctionnement des ICS qui combinent activités verbales et activités non-verbales. Ainsi, comme le remarque Goodwin, « talk and activity in such a setting mutually structure each other in ways that require a rethinking of some of the basic frameworks for the analysis of human interaction (cité par Streeck, 1996, p. 365). Les activités verbales impliquées dans les ICS sont les activités issues de la théorie pragmatique du langage : la théorie des *speech acts* (Austin, 1962 ; Searle, 1972) dont le postulat de départ consiste à admettre que « dire », c'est certes transmettre à ses partenaires d'interaction certaines informations sur l'objet dont on parle. Mais « dire », c'est aussi « faire », c'est-à-dire tenter d'agir sur son interlocuteur. Ainsi, parole et action ne sont plus liées par une relation d'opposition : la parole elle-même est envisagée comme une forme et un moyen d'action. Les interactionnistes considèrent donc les énoncés comme des actes, ce qui revient à admettre que les actes ont un double objectif : agir sur autrui, mais aussi et surtout, l'amener à réagir. Dans cette approche interactionniste, « dire », c'est bien sûr « faire », mais c'est aussi « *faire faire* ».

Parmi les activités non-langagières, on a coutume de distinguer les actes *communicatifs*, qui ont fait l'objet de nombreuses études dans des perspectives très variées : d'un point de vue typologique (Kendon, 1981 ; Mc Neill, 2000), dans leur rapport avec le langage (Cosnier & Vaysse, 1997 ; Filliettaz, 1999) ou la prosodie (Nobe, 1998 ; Purson *et al.*, 1998). A l'opposé, les études sur les actes ou gestes à valeur *extra-communicative* n'en sont qu'à leurs prémisses. Elles se développent essentiellement dans les interactions de travail et les interactions à fonction transactionnelle car « il est absolument impossible de faire l'économie de la description des activités non-verbales, qui constituent même le *noyau dur* de l'interaction » (Kerbrat-

Orecchioni, 2001a, p. 156). Ces gestes *praxiques* (Cosnier & Vaysse, 1992, p. 47) ou *instrumentaux* ont été mis en évidence dans les transactions commerciales par Goffman et analysés en tant que *physical doings* (1981, p. 38) faisant partie intégrante de la séquence de paiement :

> « Le client qui s'approche d'une vendeuse et pose des marchandises sur le comptoir accomplit ce faisant ce qu'on peut interpréter comme étant un premier mouvement de paiement, car c'est cette mise en position elle-même qui va provoquer une deuxième phase d'action, à savoir l'obligation pour la vendeuse de peser, de taper le prix et d'emballer. » (Goffman, 1987, p. 45)

Cette réflexion s'est poursuivie dans le cadre des interactions professionnelles : sur des chantiers de construction (Lacoste, 1995), lors d'interrogatoires policiers (Lebaron & Streeck, 1997), au cours d'une vente de biscuits (Streeck, 1996 ; Streeck & Kallmeyer, 2001), en milieu médical (Grosjean & Lacoste, 1999) ; puis dans le cadre des interactions à fonction transactionnelle (Filliettaz, 2001 et 2002 ; Dumas, 2001 et 2002).

Mise en évidence par Goffman (1981), l'imbrication étroite entre les activités langagières et les gestes praxiques a été récemment rappelée par Streeck (1996), Scollon (2001), et Streeck & Kallmeyer (2001). Le problème posé par les gestes praxiques a trait à la sémiotisation. Les gestes praxiques n'ont pas l'air d'être sémiotisés parce qu'ils ne sont pas codés de manière systématique comme d'autres types de gestes le sont. En l'absence d'un codage systématique, les gestes ne sont pas sémiotisés. Or les gestes praxiques deviennent sémiotisés dans les ICS par leur mise en contexte (Dumas, 2002, p. 269). De cette manière, les gestes praxiques deviennent fonctionnels. Ils sont simultanément orientés vers la transformation intentionnelle de l'environnement physique et vers la régulation de pratiques symboliques (Streeck, 1996, p. 367).

Poser la sémiotisation des gestes praxiques en contexte transactionnel revient à les considérer comme faisant partie intégrante du système de construction des échanges, ce qui n'est pas sans soulever des questions quant à la relation entre discours et gestes.

> « How turns at talk are co-organized with *instrumental* actions, which may have projectable trajectories of their own – whether the organization of action is subsumed to that of talk, or vice versa, or if the two systems are organized independently – is a complicated open-ended question, and it is not at all clear that it will be able to be answered in any general fashion. » (Streeck & Kallmeyer, 2001, p. 484, souligné par les auteurs)

La question, plus limitée, concernant la possibilité de considérer les gestes praxiques comme composants des échanges est débattue par Goodwin (2000) et Streeck & Kallmeyer (2001), où le discours est présenté comme pouvant inclure des gestes instrumentaux au même titre que des tours de parole, les uns et les autres étant reliés par un *but (inter)actionnel.* Ce type d'échange composé d'une intervention verbale et d'une intervention gestuelle sera appréhendé à partir de données authentiques.

Cinq corpus constituent la base de cette étude, chacun d'entre eux étant composé d'une quarantaine d'interactions d'un type particulier d'ICS déterminé à partir d'une classification préalablement établie. Les corpus ont été collectés à micro caché avec l'accord des commerçants et agents (désormais *commagents*), mais les clients et usagers (désormais *cliagers*) ignoraient qu'ils étaient enregistrés. Les deux premiers corpus ont été enregistrés en situation commerciale : dans une librairie-papeterie-presse, où la quasi-totalité des articles sont en libre-service, et un tabac-presse, où certains biens sont en libre-service (presse) quand d'autres nécessitent la formulation d'une requête (tabac). Un corpus intermédiaire recueilli dans un bureau de poste présente l'avantage de contenir des interactions dont la transaction a une visée commerciale (vente de timbres) ou constitue un service (relation bancaire). Les deux derniers corpus représentent une situation de service : un service monnayé dans une banque et un service gratuit à l'état civil d'une mairie. Un dernier corpus, filmé à caméra cachée à la librairie-papeterie-presse – l'accord des participants ayant été obtenu après coup –, permet un accès visuel à certains phénomènes gestuels.

En ce qui concerne les corpus librairie-papeterie-presse (audio et vidéo), j'occupe successivement la position de participante aux interactions en tant que vendeuse, puis celle d'analyste. Le fait que le chercheur intervienne en tant que participant aux interactions mérite quelques précisions. La librairie-papeterie-presse a été choisie principalement parce qu'à cette époque, j'y travaillais moi-même en tant que vendeuse. Ainsi, lorsque les libraires s'absentent, ils sont remplacés par une autre équipe composée d'un vendeur et de moi-même. Au moment où j'ai voulu effectuer un premier recueil de données durant le temps de travail des libraires, les clients ont été extrêmement perturbés par nos présences conjointes et les interactions prenaient alors une tournure tout à fait inhabituelle, essentiellement basée sur le pourquoi de la présence conjointe des libraires et de la vendeuse, et plus du tout sur la transaction. C'est ce qui m'a conduite à effectuer les enregistrements durant mon temps de travail en prenant un certain nombre de précautions afin de me comporter le plus naturellement possible. Au total, plus d'une quarantaine d'heures d'enregistrements ont été réalisées et non utilisées, le temps pour moi d'oublier la présence du matériel d'enregistrement.

Deux types de séquences ont été extraits des ICS : les séquences de requête-mise à disposition du bien et les séquences de requête de paiement-paiement-remerciement. L'acte de langage de requête, qu'il soit initié par le cliager pour demander le produit, ou par le commagent pour réclamer son dû, précède toujours le geste praxique indépendamment du fait qu'il soit intégré à une paire adjacente ou à un échange plus complet. La réaction à cette requête prend toujours la forme d'un geste praxique qui s'intègre également à la paire adjacente ou à l'échange plus complet. Les séquences contenant des énoncés supplémentaires n'ont pas été prises en compte : elles s'inscrivent en effet dans un mécanisme plus ample dont il est préférable d'isoler le fonctionnement basique avant de se pencher sur les cas plus complexes. Ainsi, les séquences dans lesquelles les requêtes du bien des cliagers sont suivies d'un accusé de réception des commagents par acceptation de la requête ou répétition du référent n'ont pas été prises en compte. Il en va de même pour les gestes praxiques de mise à disposition du bien faisant l'objet d'un accompagnement verbal fonctionnant comme acte subordonné à l'acte directeur non-verbal.

1. La paire adjacente requête-mise à disposition du bien

Notion centrale en analyse conversationnelle, la *paire adjacente* est utilisée pour décrire l'organisation séquentielle des échanges dans la conversation. Définie comme un ensemble de deux énoncés en positions adjacentes produits par deux locuteurs distincts (Schegloff & Sacks, 1973, p. 295), la paire adjacente fonctionne sur le principe suivant : lorsque le locuteur qui vient d'énoncer le premier membre d'une paire s'arrête, le second locuteur prend la parole pour produire le second membre de la paire. Ce faisant, il indique au premier locuteur qu'il souhaite prendre part à l'échange qui vient d'être initié. Les deux membres de la paire adjacente sont soudés par un lien de *dépendance conditionnelle* (*conditional relevance*) (Schegloff, 1968, p. 1083) :

> « Given the first, the second is expectable ; upon its occurrence it can be seen to be a second item to the first ; upon its nonoccurrence it can be seen to be officially absent—all this provided by the occurrence of the first item. »

Lorsque le premier membre de la paire est produit, le second est attendu. Par conséquent, si les deux membres d'une paire sont produits, ils sont considérés comme formant une paire. En revanche, si le premier membre d'une paire n'est pas suivi du second membre attendu, il sera considéré comme manquant et le locuteur du premier membre de la paire pourra faire des inférences afin d'expliquer cette absence.

Les principes définis par Schegloff et Sacks semblent pouvoir être transposés à des cas particuliers de paires adjacentes où les deux énoncés n'empruntent pas le même canal. Dans le cas présent, un item de la paire adjacente est véhiculé par le canal verbal tandis que l'autre item revêt une forme gestuelle. Les deux items sont produits par des participants différents et sont également liés par un lien de dépendance conditionnelle.

1.1. La requête et ses formulations

Lorsque les articles proposés sur le site transactionnel sont en libre-service, le cliager peut s'en emparer sans avoir recours au commagent. Dans le cas contraire, il doit formuler une requête auprès du participant en position institutionnelle afin que celui-ci mette à sa disposition le bien désiré. La requête appartient à la classe des actes de langage *directifs* (Searle, 1972) visant à tenter d'imposer sa volonté au destinataire, une demande de faire – opposée à la question, demande de dire (Gardiner, 1989, p. 263 ; Kerbrat-Orecchioni, 2001a, p. 84). Le caractère directif de la requête est cependant atténué dans le contexte des ICS par le fait que le cliager doit passer par cette formulation pour expliciter le but de l'interaction (Dumas, 1999, p. 134). La requête se présente donc comme un acte de langage légitime attendu et même souhaité par le commagent. En réalité, « ce serait au contraire l'absence de toute requête qui passerait pour menaçante » (Kerbrat-Orecchioni, 2001a, p. 107) car le script de l'ICS exige que le cliager formule une requête.

Bien que toutes les requêtes des cliagers soient des requêtes explicites, elles ne revêtent cependant pas toutes la même forme et deux formes principales se dégagent : des formes directes et des formes indirectes conventionnelles[1].

	LIBRAIRIE	TABAC	POSTE	BANQUE	MAIRIE
Requête directe	13 %	76.1 %	52.9 %	10.7 %	3.9 %
Requête indirecte conventionnelle	87 %	23.9 %	47.1 %	89.3 %	96.1 %

Tableau 1 – Formes des requêtes[2]

Formulations directes et indirectes conventionnelles sont diversement attestées en fonction du site.

[1] Sur les requêtes indirectes non-conventionnelles (hints), cf. Weizman (1989).

[2] Résultats obtenus à partir du nombre total de requêtes recensées.

1.1.1. Les formulations directes

Les formes directes de la requête sont les formes les plus naturelles : elles verbalisent de manière explicite la volonté du locuteur de faire faire quelque chose à son interlocuteur. Elles sont donc orientées vers le récepteur et présentent la caractéristique d'afficher ouvertement la valeur illocutoire de l'énoncé en tant qu'énoncé ayant pour but d'imposer une action au destinataire. Dans les ICS, les requêtes directes revêtent deux formes : les formes impératives et les formes elliptiques. Les formes elliptiques de la requête sont attestées sur tous les sites, mais les formes impératives n'apparaissent qu'à la librairie-papeterie-presse. Le mode impératif est, par essence, la forme syntaxique qui semble la plus appropriée pour la formulation d'une requête en contexte transactionnel : il signale immédiatement la valeur illocutoire de l'énoncé.

Corpus librairie-papeterie-presse : interaction n°18

(13) Cliente n°25 : oh ben donnez[3] don(c)::: un *Tac-o-tac* tiens[4]↑

La forme elliptique de la requête fait uniquement mention du référent, c'est-à-dire du bien désiré.

Corpus tabac-presse : interaction n°1

(103) Client n°2 : un *Marlboro*

Corpus La Poste : interaction n°9

(1) Client n°11 : un carnet s'i vous plaît

Les requêtes elliptiques sont réduites au minimum avec une simple forme nominale faisant mention du référent : aucun verbe ne permet d'expliciter la valeur de demande.

1.1.2. Les formulations indirectes

Toutes les formulations indirectes des requêtes recensées dans les corpus sont des formulations indirectes conventionnelles, c'est-à-dire qu'il s'agit d'énoncés auxquels le destinataire attribue spontanément une valeur de requête et enchaîne normalement sur la délivrance du bien.

Kerbrat-Orecchioni (2001a, pp. 100ss) dresse un inventaire des formulations indirectes conventionnelles de la requête admises en français selon plusieurs axes. En contexte transactionnel, toutes les formes généralement admises en français ne sont pas attestées quand d'autres apparaissent comme plus particulièrement adaptées à la situation. Alors que deux formes grammaticales sont utilisées pour véhiculer les demandes – les assertions et les questions – les requêtes peuvent être orientées de trois manières différentes : vers le locuteur, vers le destinataire, ou non orientées lorsqu'elles revêtent une forme impersonnelle (Blum-Kulka, House & Kasper, 1989, p. 17). Quand le cliager choisit d'orienter sa requête vers lui-même, il opère un choix allant dans le sens du contexte de l'ICS qui le pose en effet comme le demandeur. Il assume ainsi pleinement son rôle en imposant sa volonté. En revanche, lorsqu'il oriente sa requête vers le récepteur, le degré de coercition véhiculé par l'énoncé est plus marqué.

---

[3] A signaler, comme le souligne Kerbrat-Orecchioni, que « dans les magasins français, on ne vend ni n'achète, on "donne" et on "prend" : il s'agit d'"euphémiser" la relation marchande, en gommant son caractère vénal » (2001b, p. 110, note 12)

[4] Éléments essentiels pour la lecture des transcriptions : allongements signalés par : ; intonation montante↑ ; intonation descendante↓ ; pauses très brèves... ; pauses égales ou supérieures à une seconde (2'') ; élision d'un son ' ; élision d'une suite de sons ( ).

=> Les requêtes indirectes orientées vers le rôle du récepteur

Les requêtes indirectes orientées vers le rôle du récepteur peuvent prendre la forme d'une assertion ou d'une question, mais les formes interrogatives sont largement préférées.

– **Stratégie n°1** : une assertion extrêmement directive puisqu'il s'agit d'un trope illocutoire[5], la requête est alors déguisée en assertion (Kerbrat-Orecchioni, 2001a, p. 102). Ces assertions sont peu utilisées, mais il est tout de même possible de relever quelques occurrences faisant appel tantôt au présent, tantôt au futur de l'indicatif.

Corpus banque : interaction n°9

(7) Cliente n°10 : vous m'en commandez un↓... chéquier↓

Corpus librairie-papeterie-presse : interaction n°40

(21) Cliente n°55 : vous me mettrez deux *Morpions*↓

– **Stratégie n°2** : une question sur la possibilité qu'a le destinataire de fournir le bien demandé. La question est également un trope illocutoire : la réaction attendue n'est pas une réponse verbale, mais la délivrance du bien. De manière plus générale, dans les ICS où la disponibilité du bien est une condition préalable à la satisfaction de la requête du cliager, les questions concernant la disponibilité des biens se sont routinisées et fonctionnent comme des requêtes (Ervin-Tripp, 1976 ; Trosborg, 1995).

La question peut être posée de manière explicite ou implicite, avec ou sans particule interrogative :

- question explicite avec particule interrogative :

Corpus librairie-papeterie-presse : interaction n°39

(2) Client n°53 : est-ce que vous avez des toutes petites calculatrices↑ mais euh... vous savez les toutes simples là↓

- question explicite sans particule interrogative :

Corpus banque : interaction n°27

(10) Client n°32 : vous pouvez me verser du 56↑... sur le 1234... vingt mille (pause 2'') vir'ment

- question explicite dotée d'une formulation syntaxique indirecte[6] :

Corpus librairie-papeterie-presse : interaction n°40

(2) Client n°54 : je me demandais si vous: si: s'il y avait un journal hier↑... et si vous: i vous en reste↑

---

[5] Les tropes sont « des figures par lesquelles on fait prendre à un mot une signification qui n'est pas précisément la signification propre de ce mot » (Dumarsais, cité par Charaudeau & Manigueneau, 2002, p. 590). Il y a donc trope illocutoire chaque fois qu'il y a « décalage entre les valeurs illocutoires apparente et réelle de l'énoncé » (Kerbrat-Orecchioni, 1990, p. 100).

[6] Kerbrat-Orecchioni signale que les termes « direct » et « indirect » prêtent à confusion car ils peuvent aussi bien renvoyer à une distinction syntaxique qu'à une distinction pragmatique. « Or les deux usages ne coïncident pas forcément : dans le cas par exemple de la formule performative ("Je vous demande quelle heure il est"), la question est directe (ou explicite) d'un point de vue pragmatique, mais indirecte d'un point de vue grammatical » (2001a, p. 88, note 1).

=> ***Les requêtes indirectes orientées vers le rôle du locuteur***

Les requêtes indirectes orientées vers le rôle du locuteur peuvent prendre la forme d'une assertion ou d'une question, les formes assertives étant largement majoritaires.

– **Stratégie n°3** : l'assertion à la première personne d'un vouloir ou d'un désir faisant intervenir la condition de sincérité. Le vouloir ou le désir sont parfois écartés du temps présent par des *désactualisateurs modaux* ou *temporels* (Kerbrat-Orecchioni, 1996, p. 56) :

- l'indicatif présent : cette formulation est brutale et extrêmement directive en dépit de sa forme indirecte. Elle est relativement peu attestée et semble être liée à la spécificité de certains locuteurs.

Corpus banque : interaction n°9

(1) Cliente n°10 : j'ai mon compte à Roanne et je veux des sous↓

- l'indicatif imparfait, dit « passé de politesse » : cette formulation est perçue comme beaucoup plus douce puisqu'elle fait appel à un procédé connu comme procédé de politesse.

Corpus mairie : interaction n°17

(3) Client n°22 : je voulais: (pause 1'') un certificat de:: vie

- le conditionnel présent : il est considéré par Brown & Levinson (1987) comme l'adoucisseur par excellence et représente la stratégie majoritairement utilisée par les cliagers pour formuler leur demande.

Corpus La Poste : interaction n°17

(2) Cliente n°19 : je voudrais faire un retrait↓

- le conditionnel passé : il s'agit d'un autre procédé d'atténuation du caractère directif de la requête. Il suscite une prise de distance par rapport à la requête elle-même et n'est que très peu employé.

Corpus banque : interaction n°22

(105) Client n°24 : j'aurais voulu toucher cin(q) cents francs↓

– **Stratégie n°4** : l'assertion à la première personne de l'incapacité du locuteur à accomplir lui-même l'acte. Cette formulation est excessivement rare et seuls quelques cas isolés ont pu être relevés. L'incapacité avouée du cliager s'exprime au moyen de différents temps permettant de situer la requête dans le présent ou au contraire de distancier le locuteur de sa requête :

Corpus librairie-papeterie-presse : interaction n°8

(2) Cliente n°12 : je cherche le *Journal du Dimanche*

Corpus librairie-papeterie-presse : interaction n°27

(2) Client n°35 : je::: cherchais Philippe Alexandre↓

– **Stratégie n°5** : l'assertion à la première personne de l'acquisition que le cliager s'apprête à faire. Cette formulation s'inscrit dans un futur immédiat. Elle est très peu attestée :

Corpus librairie-papeterie-presse : interaction n°28

(145) Cliente n°39 : je vais prend(re) un::- j'ai dix francs... je vais prend(re) un jeu↓

– **Stratégie n°6** : une question sur la possibilité d'obtenir une action de la part du destinataire de la requête. Le degré de coercition est donc beaucoup plus faible puisque la forme interrogative de la requête laisse à penser – même si ce n'est qu'un leurre en contexte transactionnel – qu'il est possible de refuser d'accomplir l'acte. La question peut prendre deux formes différentes :

- avec une particule interrogative :

Corpus banque : interaction n°37

(10) Cliente n°46 : et est-ce que v- qui s'rait possible que je retire euh::: mmm:: (pause 2'') cinquante francs↑...

- sans particule interrogative mais avec un marqueur intonatif :

Corpus banque : interaction n°20

(14) Cliente n°22 : je pourrais pas voir m'sieur Dupont n°2... non↑

=> *Les requêtes indirectes sans orientation spécifique*

Les requêtes indirectes qui ne sont pas orientées vers un participant en particulier n'utilisent pas la deixis personnelle. L'absence d'orientation est supposée réduire le caractère imposant de la requête (Kerbrat-Orecchioni, 1992, p. 205). Ces requêtes peuvent cependant revêtir deux formes distinctes et avoir recours à une stratégie franche ou masquée.

– **Stratégie n°7** : une ellipse grammaticale conférant à la requête une tournure impersonnelle :

Corpus banque : interaction n°33

(6) Client n°40 : c'est possible d'avoir de la monnaie pour deux cents francs↑ (pause 2'') en dix francs et en cin(q) francs

Aucune généralité n'est perceptible derrière ce type de requêtes car le « je » sous-jacent se fait nettement ressentir : « c'est possible que j'aie de la monnaie... ».

– **Stratégie n°8** : l'assertion, sans mention du locuteur ou du destinataire, du bien désiré :

Corpus mairie : interaction n°23

(5) Client n°28 : c'est pour avoir droit au au colis social↓

La généralité est fortement perceptible par l'absence du « on » sous-entendu.

Les stratégies utilisées par les cliagers pour formuler leurs requêtes sont donc assez nombreuses. En effet, même si certaines d'entre elles ne sont que très peu attestées, leur présence confirme qu'elles sont admises en tant que requêtes en contexte transactionnel. Certaines stratégies semblent, par ailleurs, plus spécifiques à certains sites que d'autres.

1.2. A chaque type de bien son mode de délivrance

La première partie de la transaction est prise en charge par le cliager qui exprime la nécessité d'un besoin à satisfaire et formule une demande au commagent qu'il a sélectionné comme individu ayant la capacité de satisfaire ce besoin. Quelle que soit la forme que prend la demande du cliager, elle constitue un acte initiatif appelant une réponse de la part du commagent, réaction matérialisée par la délivrance du bien.

1.2.1. Les biens en accession directe

Lorsque le bien demandé par le cliager est un bien disponible dans l'enceinte du site institutionnel, l'acte initiatif de demande est immédiatement suivi de l'acte réactif de mise à disposition du bien. Seules les demandes bien formulées conduisent à cette réponse immédiate (Brodine, 1991, pp. 294-295) tandis que les autres sont retardées par les demandes de précisions jusqu'à obtention d'une requête accessible. Ce délai n'est pas pris en compte ici : la phase de mise à disposition du bien désiré ne commence qu'à partir du moment où le commagent a identifié la demande comme une demande accessible.

On rencontre ce type de délivrance quasi-immédiate du bien matériel à la librairie-papeterie-presse et au tabac-presse pour les articles qui ne sont pas en libre-service ou bien que le cliager n'a pas su trouver dans les rayons, et à La Poste pour les ventes de timbres. Les articles sont disponibles immédiatement et ne demandent qu'à être acheminés jusqu'au guichet où ils pourront entrer en possession du cliager.

Corpus tabac-presse : interaction n°34

(2) Cliente n°49 : bonjour… un *Camel* s'i te plaît↓

((La buraliste se retourne et prend un paquet de Camel *qu'elle pose sur le comptoir-caisse.))*

Corpus La Poste : interaction n°7

(4) Cliente n°8 : vous me donnez dix timbres à:: deux soixante-dix↓

((La guichetière ouvre le classeur dans lequel sont rangés les timbres, en détache dix et les glisse sous la vitre.))

1.2.2. Les biens soumis à un protocole de délivrance

Tous les biens mis à disposition par les commagents ne peuvent s'obtenir aussi facilement et aussi rapidement que les biens en accession directe. La délivrance de certains biens est soumise à un protocole de délivrance, protocole qui peut varier en fonction des biens et des sites mais dont le point commun et central consiste pour le commagent à obtenir une signature du cliager en échange du bien. La remise de la quasi-totalité des biens à la banque doit passer par ce genre de protocole, tout comme les produits similaires à La Poste ainsi que la délivrance des colis ou lettres et paquets recommandés.

Corpus banque : interaction n°37

((L'attaché de clientèle n°4 signe le bordereau de virement avant de le poser sur le guichet.))

(6) Attaché de clientèle n°4 : une signature ici s'i vous plaît↓

Corpus La Poste : interaction n°41

((La guichetière pianote sur son clavier d'ordinateur puis glisse le bordereau sous la vitre.))

(45) Guichetière : vous voulez signer s'il vous plaît↓

Le protocole de délivrance des actes de naissance à la mairie est basé sur le même principe. Il ne consiste cependant pas pour le commagent à obtenir une signature mais une pièce officielle pouvant prouver l'identité du demandeur, et par voie de conséquence la légitimité de la demande.

Corpus mairie : interaction n°6

(2) Cliente n°11 : moi c'est pour un bulletin de naissance avec filiation↓… c'est pour faire renouv'ler ma carte d'identité↓

(3) Guichetière n°2 : oui↓ (pause 1'') vous avez une pièce d'identité↑

1.2.3. Les biens co-élaborés

Il existe une troisième catégorie de biens qui n'est pas disponible au moment où le cliager pénètre dans le lieu institutionnel. Il ne s'agit pas d'un bien général, du type de ceux étudiés jusqu'ici, que tout un chacun pourrait acquérir, mais d'un bien unique, propre à chaque cliager.

Ce bien est élaboré à partir d'informations fournies par le cliager et ordonnées puis inscrites sur un document par le commagent. Ce genre de biens *co-construits* regroupe la majorité des pièces administratives disponibles au service de l'état civil de la mairie : les déclarations de naissance et de décès, les attestations de sortie du territoire, les recensements pour le service militaire, etc., qui ne pourraient être établies sans les informations apportées par les cliagers ni le pouvoir d'établir le document des commagents.

Ces transactions sont les plus longues dans la mesure où elles font intervenir les deux protocoles – vérification d'identité et signature – ainsi que de nombreux échanges enchâssés destinés à la collecte/délivrance des informations nécessaires à la rédaction de l'acte.

<u>Corpus mairie : interaction n°39</u>

(3) <u>Client n°47</u> : c'est pour le recens'ment↓... s'i vous plaît↓

(4) <u>Guichetière n°5</u> : oui... vous avez une pièce d'identité↑

((Le client pose sa carte d'identité sur le guichet. La guichetière la prend.))

(5) <u>Guichetière n°5</u> : donc vous êtes né le vingt janvier quatre-vingt-cinq↓ et vous habitez à Roanne↑

(6) <u>Client n°47</u> : oui

(7) <u>Guichetière n°5</u> : d'accord↓ (pause 51'')

((La guichetière se lève et part puis revient avec un formulaire d'attestation de recensement. Elle se rassoit.))

(8) <u>Guichetière n°5</u> : vous êtes né quand↑

(9) <u>Client n°47</u> : le vingt janvier quatre-vingt-cinq↓

((La guichetière remplit manuellement l'attestation de recensement.))

(10) <u>Guichetière n°5</u> : votre adresse à Roanne↑

(11) <u>Client n°47</u> : le sept quai Tisserands↓ (silence 9'')

((La guichetière porte le renseignement sur l'attestation de recensement.))

(12) <u>Guichetière n°5</u> : vous êtes lycéen↑

(13) <u>Client n°47</u> : oui (silence 28'')

((La guichetière remplit l'attestation.))

(14) <u>Guichetière n°5</u> : vous avez un diplôme↑

(15) <u>Client n°47</u> : le brevet E↓ (silence 13'')

((La guichetière finit de remplir l'attestation, la signe et la tamponne. Elle la pose sur le guichet face au client.))

(16) <u>Guichetière n°5</u> : voilà je vais vous d'mander une signature ici s'il vous plaît↓ (silence 2'')

((Le client s'empare du stylo.))

(17) <u>Client n°47</u> : je signe là alors↑ =

(18) <u>Guichetière n°5</u> : = oui (pause 48'')

((Le client appose sa signature.))

(19) <u>Guichetière n°5</u> : voilà↓

La requête principale du cliager est immédiatement suivie du protocole de vérification d'identité auquel succède une demande de confirmation sur l'identité du cliager. La phase de co-élaobration du bien débute alors avec des échanges ternaires ne relevant plus du type « paire adjacente » : question du commagent, réponse du cliager, et évaluation du commagent marquée par l'inscription du renseignement sur le document administratif. Viennent ensuite le protocole de signature puis la délivrance du bien.

La présence de ces échanges *enchâssés* maintient toutes les propriétés de la paire adjacente, excepté la position adjacente des interventions initiatives et réactives lorsque le bien est un bien soumis à un protocole de délivrance ou co-élaboré. La notion d'échange sera donc utilisée préférentiellement à celle de paire adjacente.

1.3. L'interdépendance requête-mise à disposition du bien

Pris en compte séparément, les premier et second membres de l'échange ne semblent pas entretenir de liens particuliers. Or la mise en relation de l'intervention initiative et de l'intervention réactive montre que les requêtes sont exprimées de manière plus directe lorsque l'action demandée est facile à réaliser. Déjà signalée par Blum-Kulka, House & Kasper (1989, p. 144) et Neumann (1997, p. 80), cette corrélation entre facilité d'exécution et caractère direct de la requête se retrouve dans les ICS.

A la mairie, où les biens demandés par le cliager relèvent soit du type soumis à un protocole de délivrance, soit du type co-construit, plus de 96 % des requêtes sont exprimées de manière indirecte. La moitié d'entre elles sont des requêtes non-orientées relevant de la stratégie n°8, donc peu directives, où le cliager ne prend pas en charge la responsabilité de la demande, mais n'assigne pas non plus de contrainte au commagent. Les autres requêtes appartiennent à la stratégie n°3 et sont donc assumées par le cliager. Il n'a toutefois pas été possible d'établir une concordance entre les requêtes véhiculées par les stratégies 3 et 8, et les biens co-construits ou soumis à un protocole de délivrance.

Les biens mis à disposition à la banque sont tous des biens soumis à un protocole de délivrance que le cliager demande principalement de manière indirecte dans 89.3 % des cas. Ces requêtes indirectes sont exprimées par le biais de la stratégie n°3 dans 34 % des cas, et de la stratégie n°6 dans 26 % des cas, le cliager assumant son rôle de demandeur.

L'analyse de la situation à La Poste révèle bien le statut ambivalent de ce site qui propose deux types de biens : les biens soumis à un protocole de délivrance comme à la banque, et les biens en accession directe. Aucune différence significative entre les requêtes directes et indirectes n'a pu être relevée : elles constituent respectivement 52.9 % et 47.1 % des requêtes. En revanche, une corrélation entre les requêtes directes et les biens en accession directe ainsi qu'entre les requêtes indirectes et les biens soumis à un protocole de délivrance a pu être établie : 87.3 % des biens en accession directe font l'objet d'une requête directe quand 95.4 % des biens soumis à un protocole de délivrance font l'objet d'une requête indirecte.

Le tabac-presse offre en même temps des biens en libre-service dont le cliager peut s'emparer seul, et des biens nécessitant la formulation d'une requête auprès du commagent. Tous les biens faisant l'objet d'une requête sont des biens en accession directe demandés essentiellement par les formulations directes de la requête : 76.1 % des cas. On retrouve cette correspondance entre facilité d'exécution et caractère direct de la requête. Si le cliager opte pour une requête indirecte, c'est la stratégie n°3 qui est préférée dans 54.6 % des cas.

Il serait légitime d'attendre le même type de résultats à la librairie-papeterie-presse où l'intégralité des biens sont en accession directe. Cependant, la quasi-totalité d'entre eux sont exposés dans les rayons à la disposition du cliager qui n'a plus qu'à s'en emparer. Lorsque le cliager est contraint de formuler une requête auprès du commagent, il a recours à une formulation indirecte dans 87 % des cas. L'hypothèse interprétative la plus probable consiste à admettre qu'à partir du moment où les articles sont à la disposition du cliager, le fait de devoir formuler une requête le met dans une situation délicate où il se voit contraint d'admettre qu'il n'a pas su trouver lui-même ce dont il avait besoin. Une différence avec les requêtes indirectes utilisées pour véhiculer les demandes de biens co-construits ou soumis à un protocole de délivrance apparaît néanmoins. Dans 40.9 % des requêtes indirectes, le cliager utilise la stratégie n°2 figurant parmi l'une des stratégies indirectes les plus directives puisqu'elle est non seulement orientée vers le récepteur, mais relève également d'un trope illocutoire.

Le passage en revue du type de bien et des formulations des requêtes sur chaque site confirme cette corrélation entre la rapidité d'exécution de la requête et la formulation choisie pour véhiculer cette requête. Par ailleurs, la stratégie n°3, l'assertion à la première personne d'un vouloir ou d'un désir, semble constituer une sorte de norme de requête en contexte transactionnel et peut être employée, indépendamment du type de bien demandé et de la rapidité d'exécution de la requête à partir du moment où le cliager s'investit dans le script de l'interaction et accepte d'assumer son rôle de demandeur.

2. L'échange autour du paiement

Quelques biens, tels que les documents administratifs délivrés à la mairie, les opérations bancaires à la banque ou au bureau de poste, ou les renseignements ne nécessitent pas de rétribution financière immédiate, même si certains d'entre eux seront monnayés en d'autres occasions sous forme de frais de dossiers, par exemple. La partie transactionnelle de l'interaction s'achève donc sur la remise du bien au cliager. La prestation du commagent n'est suivie d'aucune contre-prestation de la part du cliager. D'autres biens, en revanche, ne peuvent être emportés pas le cliager qu'en échange d'une rémunération financière. Ce sont tous les articles de la librairie-papeterie-presse, du tabac-presse, et tous ceux qui concernent les articles postaux du bureau de poste.

2.1. La demande de paiement

Les demandes de paiement des commagents se font par le biais d'un énoncé verbal annonçant la somme due par le cliager. Il s'agit d'un énoncé assertif dont l'élément indispensable est le montant, mais d'autres items peuvent venir s'inclure dans cet énoncé. Les demandes de paiement des commagents revêtent donc les formes suivantes :

– l'annonce du prix brut, avec ou sans unité de valeur

Corpus tabac-presse : interaction n°33

(8) Buraliste : trente-huit soixante-dix↓

Corpus La Poste : interaction n°9

(8) Guichetière : trente francs↓

– l'annonce du prix brut suivie de la lexie « s'il vous plaît »

Corpus librairie-papeterie-presse : interaction n°4

(5) Vendeuse : quin:ze francs s'i vous plaît

Corpus La Poste : interaction n°23

(9) Guichetière : quarante francs et cinquan:te centimes s'il vous plaît↓

– la production d'un ou deux marqueur(s) de structuration de la conversation tels que « alors » ou « donc » suivis de l'annonce du prix

Corpus librairie-papeterie-presse : interaction n°27

(17) Vendeuse : alors donc douze francs↓

Corpus tabac-presse : interaction n°13

(15) Buraliste : alors vingt et un

– la production d'un marqueur de structuration de la conversation suivi de l'annonce du prix et de la lexie « s'il vous plaît »

Corpus librairie-papeterie-presse : interaction n°26

(18) Vendeuse : donc vingt-deux francs cinquante s'il vous plaît↓

Corpus tabac-presse : interaction n°10

(7) Buraliste : alors vingt-sept↓... s'i vous plaît

La réaction du cliager à la requête d'argent du commagent consiste à fournir la compensation financière qui lui permettra de repartir avec les biens.

2.2. Le paiement

Le paiement s'effectue toujours de manière non-verbale : il s'agit d'un faire réalisé au moyen de gestes praxiques. Le cliager cherche dans son porte-monnaie ou dans son portefeuille. Dès qu'il a trouvé ce qu'il cherchait – que ce soit l'appoint ou non – le cliager doit mettre l'argent à la disposition du commagent. A La Poste, le cliager n'a qu'une seule possibilité de faire parvenir l'argent au commagent : il doit le glisser par la trouée de la vitre de l'hygiaphone. A la librairie-papeterie-presse et au tabac-presse, deux possibilités s'offrent au cliager : il peut déposer l'argent sur le ramasse-monnaie – ou sur les articles qui sont fréquemment posés sur le ramasse-monnaie – ou bien le remettre au commagent de la main à la main, à condition que le commagent comprenne les intentions du cliager et accepte de tendre la main. Les films réalisés à la librairie-papeterie-presse aident à comprendre ce qui se passe à ce moment-là : la vendeuse tient généralement la main droite serrée à proximité du ramasse-monnaie. Elle suit des yeux la trajectoire de la main du cliager et reste immobile si la main du cliager se dirige vers le ramasse-monnaie.

La main de la vendeuse est immobile. Le cliager pose une pièce sur sa revue.

La main de la vendeuse reste immobile jusqu'au moment où la pièce est posée et où elle effectue un mouvement en avant pour la prendre.

En revanche, si la main du cliager se dirige vers la sienne, elle se trouve dans une position où il lui est très facile d'ouvrir rapidement sa propre main afin de réceptionner l'argent.

La main de la vendeuse est serrée. Elle suit la main du cliager des yeux.

Lorsqu'elle comprend que la main du cliager se dirige vers la sienne, elle l'ouvre pour réceptionner le billet.

L'analyse de cet échange autour du paiement montre qu'au moment de la remise de l'argent en mains propres ou du dépôt sur le ramasse-monnaie, les commagents remercient souvent le cliager. On relève en effet la présence d'un remerciement de la part du commagent après réception de l'argent dans 71.4 % des cas à La Poste, 64.6 % à la librairie-papeterie-presse, et 59.2 % au tabac-presse. L'énoncé du remerciement modifie la structure de l'échange : il ne s'organise plus en tant que paire adjacente car il donne lieu à une troisième intervention, une intervention évaluative, venant compléter un échange ternaire.

2.3. L'interdépendance paiement - remerciement

Prises en compte séparément, les interventions réactives et évaluatives ne semblent pas liées d'une quelconque manière. Pourtant leur mise en relation montre que les remerciements sont plus fréquents lorsque le paiement est effectué de la main à la main. Sur la totalité des interventions réactives, 67.7 % des gestes praxiques de paiement de la main à la main sont suivis d'un remerciement à la librairie-papeterie-presse et 58.9 % au tabac-presse alors que les gestes praxiques de paiement sur le ramasse-monnaie suivis d'un remerciement ne s'élèvent qu'à 48.4 % à la librairie-papeterie-presse et 47.1 % au tabac-presse. La présence de l'hygiaphone à La Poste interdit toute comparaison : l'argent ne peut s'échanger que par une trouée dans la vitre rendant tout contact entre le commagent et le cliager impossible. Il convient tout de même de rester prudent avec cette corrélation entre préhension directe de l'argent et présence de remerciement : d'une part, la différence entre remerciements après la remise d'argent de la main à la main et le dépôt d'argent sur le ramasse monnaie, si elle ne peut être niée, n'est pas démesurée ; d'autre part, seuls deux sites ont pu faire l'objet de cette étude. Les résultats ainsi obtenus mériteraient d'être vérifiés sur d'autres sites.

3. Remarques conclusives

La correspondance établie entre la requête et la délivrance du bien puis entre le paiement du bien et le remerciement du commagent tend à prouver l'existence d'un lien entre la formulation des actes de langage et les gestes praxiques qui varient les uns en fonction des autres. Cette interdépendance leur attribue une propriété d'influence, un *pouvoir d'action*. Les données ne permettent malheureusement pas de mesurer ce pouvoir. Seules des expériences conduites sur le terrain pourraient donner accès à une évaluation. Il serait certainement intéressant de voir s'il y aurait une réaction du commagent, et quelle serait cette réaction, si le cliager demandait au tabac-presse un paquet de cigarettes au moyen d'une requête non-orientée du type « est-ce qu'il serait possible d'avoir un paquet de *Camel* ? », ou un extrait de naissance à la mairie par le biais d'une requête directe à l'impératif telle que « faites-moi un extrait de naissance ! ». Les répercussions de l'absence de remerciement du commagent après le paiement du cliager seraient incontestablement plus difficiles à évaluer dans la mesure où le remerciement ne constitue qu'une intervention évaluative facultative. Une partie des échanges au moment du paiement ne contient pas cette troisième intervention sans qu'aucun malaise ne soit perceptible ni par le commagent, ni par le cliager.

J'ai choisi de traiter ici l'échange de requête - mise à disposition du bien en termes de rapidité d'exécution de la requête. Il serait cependant tout à fait possible de l'envisager également dans le contexte de la théorie de la politesse de Brown & Levinson (1987) qui montre très bien que la formulation des actes de langage est fonction de la nature et du poids de l'acte à accomplir : plus l'acte à accomplir est coûteux et plus la formulation de l'acte de langage le requérant présentera un travail de figuration des faces important. De plus, le contexte de la politesse permet également de rendre compte de l'échange requête de paiement – paiement - remerciement et de montrer que plus l'acte accompli est généreux, et plus la formulation de l'acte de langage venant le sanctionner présentera un travail de figuration des faces conséquent.

Références bibliographiques

Austin, J.L. (1962). *How to do things with words.* Oxford : Oxford University Press.

Blum-Kulka, S., House, J. & Kasper, G. (Ed.). (1989). *Cross-cultural pragmatics : requests and apologies.* Norwood – New Jersey : Abex Publishing Corporation.

Brodine, R. (1991). Requesting and responding in Italian and English service encounters. *Dialoganalyse,* III, 293-305.

Brown, P. & Levinson, S. (1987). *Politeness. Some universals in language usage.* Cambridge : Cambridge University Press.

Charaudeau, P. & Maingueneau, D. (Ed.). (2002). *Dictionnaire d'analyse du discours.* Paris : Editions du Seuil.

Cosnier, J. & Vaysse, J. (1992). La fonction référentielle de la kinésique. *Prothée*, 20(2), 40-47.

Cosnier, J. & Vaysse, J. (1997). Sémiotique des gestes communicatifs. *Nouveaux actes sémiotiques*, 52, 7-22.

Dumas, I. (1999). *Les interactions verbales en situation de commerce : étude comparative réalisée dans une librairie-papeterie-presse et un tabac-presse.* Mémoire de DEA de sciences du langage. Université Lumière Lyon 2.

Dumas, I. (2001). Contexts in which gestures appear in service interactions. *Communication présentée au colloque Gesture Workshop 2001.* Londres, 18-20 avril 2001.

Dumas, I. (2002). Are praxical gestures semiotised in service encounters ? In I. Wachsmuth & T. Sowa (Ed.), *Gesture and sign language in human-computer interaction* (pp. 268-271). Berlin : Springer.

Ervin-Tripp, S. (1976). Is Sybil there ? The structure of some American English directives. *Language in Society*, 5(1), 25-66.

Filliettaz, L. (1999). La structure actionnelle et la structure textuelle des interactions verbales. *Cahiers de linguistique française*, 21, 79-100.

Filliettaz, L. (2001). L'hétérogénéité sémiotique de la gestualité en contexte transactionnel : de la gestualité coverbale à la verbalité cogestuelle. In C. Cavé, I. Guaïtella & S. Santi (Ed.), *Oralité et gestualité : interactions et comportements multimodaux dans la communication* (pp. 401-404). Paris : L'Harmattan.

Filliettaz, L. (2002). *La parole en action. Éléments de pragmatique psycho-sociale.* Québec : Editions Nota bene.

Gardiner, A.H. (1989). *Langage et acte de langage. Aux sources de la pragmatique.* Lille : Presses Universitaires de Lille.

Goffman, E. (1981). *Forms of talk.* Oxford : Blackwell Publishers.

Goffman, E. (1987). *Façons de parler.* Paris : Editions de Minuit.

Goodwin, C. (2000). Action and embodiment within situated human interaction. *Journal of Pragmatics*, 32(10), 1489-1522.

Grosjean, M. & Lacoste, M. (1999). *Communication et intelligence collective. Le travail à l'hôpital.* Paris : Presses Universitaires de France.

Kendon, A. (Ed.). (1981). *Non-verbal communication, interaction and gesture.* La Hague / Paris / New York : Mouton Publishers.

Kerbrat-Orecchioni, C. (1990). *Les interactions verbales, tome I.* Paris : Armand Colin.

Kerbrat-Orecchioni, C. (1992). *Les interactions verbales, tome II.* Paris : Armand Colin.

Kerbrat-Orecchioni, C. (1996). *La conversation.* Paris : Editions du Seuil, Collection Mémo.

Kerbrat-Orecchioni, C. (2001a). *Les actes de langage dans le discours. Théorie et fonctionnement.* Paris : Nathan Université.

Kerbrat-Orecchioni, C. (2001b). "Je voudrais un p'tit bifteck" : la politesse à la française en site commercial. *Les carnets du Cediscor*, 7, 105-118.

Lacoste, M. (1995). Paroles d'action sur un chantier. In D. Véronique & R. Vion (Ed.), *Des savoir-faire communicationnels* (pp. 451-461). Aix-en-Provence : Publications de l'Université de Provence.

Lebaron, C. & Streeck, J. (1997). Built space and the interactional framing of experience during a murder interrogation. *Human Studies*, 20, 1-25.

McNeill, D. (Ed.). (2000). *Language and gesture.* Cambridge : Cambridge University Press.

Neumann, I. (1997). Requests in German-Norwegian business discourse : differences in directeness. In F. Bargiela-Chiappini & S. Harris (Ed.), *The languages of business. An international perspective* (pp. 72-93). Edinburgh : Edinburgh University Press.

Nobe, S. (1998). Synchrony between gestures and acoustic peaks of speech : a cross-linguistic study. In C. Cavé, I. Guaïtella & S. Santi (Ed.), *Oralité et gestualité : communication multimodale, interaction* (pp. 543-548). Paris : L'Harmattan.

Purson, A. *et al.* (1998). Mouvements de sourcils dans le questionnement : relation entre geste et voix. In C. Cavé, I. Guaïtella & S. Santi (Ed.), *Oralité et gestualité : communication multimodale, interaction* (pp. 297-303). Paris : L'Harmattan.

Schank, R.C. & Abelson, R.P. (1977). *Scripts, plans, goals and understanding : an inquiry into human knowledge structure.* Hillsdale : Lawrence Erlbaum Associates.

Schegloff, E.A. (1968). Sequencing in conversational openings. *American Anthropologist*, 968, 1075-1095.

Schegloff, E.A. & Sacks, H. (1973). Opening up and closings. *Semiotica*, 8(4), 289-327.

Scollon, R. (2001). Action and text : towards an integrated understanding of the place of text in social (inter)action. In R. Wodak & M. Meyer (Ed.), *Methods of critical discourse analysis* (pp. 139-183). Londres : Sage.

Searle, J.R. (1972). *Les actes de langage. Essai de philosophie du langage.* Paris : Hermann.

Streeck, J. (1996). How to do things with things. *Human Studies*, 19, 365-384.

Streeck, J. & Kallmeyer, W. (2001). Interaction by inscription. *Journal of Pragmatics*, 33(4), 465-490.

Trosborg, A. (1995). *Interlanguage pragmatics. Requests, complaints and apologies.* Berlin : Mouton de Gruyter.

Weizman, E. (1989). Requestive hints. In S. Blum-Kulka, J. House & G. Kasper (Ed.), *Cross-cultural pragmatics : requests and apologies* (pp. 71-95). Norwood – New Jersey : Abex Publishing Corporation.

Troisième partie

COORDINATION, PRISE DE DÉCISION ET EXPERTISE DANS LES INTERACTIONS SPÉCIALISÉES

L'analyse des actions et des discours en situation de travail. Concepts, méthodes et applications (sous la direction de L. Filliettaz et J.-P. Bronckart), Louvain, Peeters, BCILL, 2005.

L'exploitation située de ressources langagières et multimodales dans la conception collective d'une exposition

Lorenza Mondada

Université Lumière Lyon 2 & CNRS (UMR 5191 ICAR)

```
FRA    J'crois qu'ces deux idées elles sont FORtes/ .
       et il faut les faire DeriVEr/ à partir de là\
```

Cet article traite des processus de co-conception comme impliquant l'élaboration multimodale collective non seulement de solutions mais aussi des ressources permettant de les formuler et de les conceptualiser. Pour ce faire, il se penche sur une activité professionnelle – des réunions de co-conception pendant lesquelles des commissaires élaborent conjointement un concept et sa mise en espace pour une exposition qu'ils vont réaliser dans un musée. Dans une perspective inspirée de l'ethnométhodologie et de l'analyse conversationnelle (§ 1.), cette situation se présente comme un cas exemplaire (§ 2.) permettant de traiter des processus d'émergence, d'acceptation ou de rejet, de stabilisation ou d'abandon de propositions, ainsi que les ressources multimodales mobilisées et configurées au fil de ces processus (§ 3.). Plus radicalement, ce processus de co-conception permet d'analyser la manière dont il n'élabore pas uniquement des objets de discours, mais aussi des ressources originales et inédites qui en permettent la formulation (§ 4.).

1. Pour une analyse séquentielle des activités au travail : linguistique interactionnelle et *studies of work*

Cette réflexion participe d'un intérêt général et grandissant pour les situations de travail et les pratiques langagières et interactionnelles qui les caractérisent – en France (Borzeix & Franckel, 2001 ; Pène, Borzeix & Fraenkel, 2001 ; Boutet, 1995 ; Theureau & Filippi, 1994) comme ailleurs (Engeström & Middleton, 1996).

Elle se situe plus particulièrement au sein de différentes mouvances apparues en ethnométhodologie et en analyse conversationnelle. Dans ce cadre, les situations professionnelles ont été abordées dans des perspectives différentes : d'une part, elles ont été considérées en tant que « talk at work » ou « institutional talk » (Drew & Heritage, 1992), par des analyses qui ont insisté sur les spécificités des formats séquentiels caractérisant les activités professionnelles et les distinguant de ceux de la conversation ordinaire. D'autre part, dans le cadre des « workplace studies » (Luff, Hindmarsh, Heath, 2000) ou des « studies of work » ethnométhodologiques (Button, 1993), les activités professionnelles ont été explorées dans leur complexité située, en tenant compte de leur dimension écologique, structurée notamment par l'usage des technologies (Button, 1993 ; Heath & Luff, 2000) et par les mouvements du corps (Goodwin, 2000). Ces travaux invitent ainsi à une analyse qui intègre les artefacts et la corporéité comme ressources essentielles dans l'organisation des activités (Mondada, 2002) ; ce faisant, elles invitent à une approche praxéologique des situations de travail qui ne se réduit pas à l'analyse des ressources verbales mais qui les articule aux ressources multimodales. En retour, cette position analytique est susceptible d'enrichir les perspectives de la linguistique interactionnelle inspirée de l'analyse conversationnelle, qui jusque là s'est concentrée sur l'organisation séquentielle des ressources linguistiques dans des interactions conversationnelles ordinaires et qui ne s'est encore que peu penchée sur la dimension multimodale de la conversation (mais voir Ford, Fox & Thompson, 2002).

En choisissant d'analyser des situations professionnelles, nous suggérons que celles-ci permettent non seulement d'alimenter une réflexion sur l'organisation des interactions au travail dans leur complexité, mais aussi sur l'organisation de la parole-en-interaction voire de la grammaire-pour-l'interaction, en tenant compte de son caractère incarné dans des cours d'action où les objets, les corps, l'espace, la technologie jouent un rôle configurant, même pour cette grammaire. Dans ce sens, cet article entend prolonger les réflexions en cours dans la littérature de la linguistique interactionnelle non seulement sur l'usage situé des ressources linguistiques dans des contextes spécifiques mais aussi sur l'*usage configurant* de ces ressources.

2. L'exposition comme matérialisation d'un raisonnement collectif

Le corpus que nous analyserons ici est constitué d'une série de réunions de travail au cours desquelles un groupe de professionnels élabore ensemble le concept et la scénographie d'une exposition ayant pour thème « le trou ». Ces réunions ont fait l'objet d'un enregistrement vidéo par l'équipe du musée lui-même au début des années quatre-vingt-dix, qui nous l'a confié plus de dix ans après pour analyse[1].

Les expositions font l'objet depuis longtemps d'analyses à la fois muséographiques, historiques, ethnographiques, sociologiques, communicationnelles ou sémiotiques. Dans le domaine des *workplace studies*, elles ont été appréhendées à la fois à travers les pratiques des visiteurs et la manière dont l'écologie de leur activité était conçue et matérialisée dans des dispositifs muséaux (Heath & vom Lehn, 2003 ; vom Lehn, Heath & Hindmarsh, 2003 ; Heath *et al.*, 2002 ; vom Lehn, Heath, Knoblauch, 2001). Dans ce qui suit, nous ne dirons rien de la conduite des visiteurs dans l'espace de l'exposition, pour nous concentrer sur les activités qui ont mené à la production de ce dispositif à la fois spatial et symbolique.

Ces activités présentent une série de dimensions intéressantes pour une analyse des processus de conception collaborative :

– les participants sont engagés dans un travail commun de conception, où les idées, les hypothèses, les opinions, les solutions sont exposées et discutées en détail. En tant que travail collectif, l'activité de conception est publiquement manifestée et organisée dans et par

[1] Je remercie vivement Marc-Olivier Gonseth du Musée d'Ethnographie de Neuchâtel d'avoir mis à ma disposition ces données et de m'avoir éclairé sur leur contexte de production.

l'interaction. Ce travail est catégorisé par les participants eux-mêmes comme un processus de « pensée collective ».

– Cette activité collaborative est rendue mutuellement accessible et descriptible par et pour les participants grâce à leur mobilisation située de différentes ressources symboliques, tant langagières que gestuelles et matérielles. Le travail de conception ne se fait pas uniquement dans la parole-en-interaction, mais aussi par des gestes et par la manipulation et constitution locale d'objets, notamment de textes, croquis et maquettes. Ces ressources constituent la dimension multimodale de l'interaction.

– Cette multimodalité élabore de manière localement située non seulement des objets de discours mais aussi, en retour, le caractère indexical des ressources elles-mêmes, voire l'émergence de nouvelles ressources inédites, non préexistantes et apparaissant dans l'interaction. Le processus de co-conception ne se limite donc pas à élaborer un objet à exposer et une cohérence de l'exposition, mais configure activement les ressources mêmes (notamment, mais pas uniquement, linguistiques) qui permettent à ces objets et à ces cohérences de s'élaborer (dans l'émergence de ce que nous avons appelé une « grammaire-pour-l'interaction » qui est en fait une grammaire multimodale ; Mondada, 2000a, 2001).

Dans ce qui suit, nous allons donc développer ces dimensions dans une analyse séquentielle de la manière dont les ressources multimodales sont à la fois mobilisées et configurées dans l'activité de co-conception.

3. Dynamiques multimodales et interactionnelles de la co-conception : séquences d'accord et de désaccord

La dynamique de l'accord et du désaccord est constitutive des activités de co-conception, où le désaccord fonctionne comme un moteur de recherche d'alternatives et de critique ou de justification des solutions proposées ou rejetées et l'accord permet une stabilisation des solutions retenues.

Dans son travail sur les discussions dans les laboratoires scientifiques, Lynch (1985) montre la relation étroite entre l'émergence d'un désaccord et la modification des descriptions d'entités observées durant le travail de recherche. L'organisation séquentielle dans laquelle se suivent assertion, contre-assertion, réassertion a un effet structurant sur le format par lequel des objets sont décrits et progressivement modifiés dans l'interaction (1985, p. 202 ; cf. aussi Mondada, 2000b, 2003 ; Mondada & Schütze, sous presse). Alors que dans les cas étudiés par Lynch ces processus ont des conséquences sur la production de la factualité et l'objectivité de la description scientifique, dans le cas analysé ici ils définissent progressivement ce qui compte comme une solution adéquate, une idée originale, un bon concept d'exposition. Dans les deux cas, on a affaire à la production située, contingente et dynamique d'objets de discours qui, une fois retenus et stabilisés, seront objectivés dans une scénographie ou reconnus comme ayant une existence factuelle indépendante des observations qui les ont produits (cf. aussi Latour, 1993).

Le désaccord est donc productif. Toutefois, il ne se distribue pas de manière homogène au cours de l'activité : si la phase initiale de discussion d'une proposition ou d'un problème est un lieu favorable à l'expression des désaccords, la phase de clôture d'un point discuté, notamment dans des séquences de récapitulation, est le lieu d'exhibition d'un accord, voire d'exhibition d'alliances ou de (sous)-groupes.

Nous allons ici aborder un certain nombre de ces dynamiques, en nous focalisant sur la manière dont leurs trajectoires séquentielles vont de pair avec l'émergence, l'adoption ou le rejet d'objets de discours particuliers (cf. Mondada, à paraître).

3.1. Le démarrage de l'activité : des désaccords productifs

Nous allons d'abord nous pencher sur le début d'une réunion de co-conception, où François récapitule pour Edgar les acquis de la réunion précédente, à laquelle il n'était pas présent. Alors que François, ainsi que les deux autres participants, Philippe et Martin, sont des concepteurs de l'exposition, Edgar s'occupe de la scénographie de l'espace muséographique.

(1) (TR07/3'47)

```
1  FRA  et puis si on prend le troisième espace de la maison/ .. nous
2       avions pensé\ là/ .. mais quoi qu'on est de nouveau en doute/
3       . êt- illustrer le problème de la cave et du grenier\
4  EDG  mhm
5  FRA  hein l'espace/ . pour faire *la #liaison
                                    *main ouverte à mi-hauteur->
   im                                   #im1 3'59
6       haut [bas/ . #bas haut\*
        -> h -> b -> h-------->*
   im                #im2 4'00
7  EDG       [xx l'escalier et: oui oui
```

Image 1

Image 2

```
8  FRA  alors on: l'objet qui était choisi c'était un escalier en
9       colimaçon\ . qui était pétrifié pour *montrer cette liaison\*
                                             *geste vague circ v. haut*
10      . mais là/ on a la même critique qu'on peut adresser au f- .
11      au frigo:/ . c'est que euh le péquin qui débarque/ face à un
12      escalier [<en colimaçon/ ((ton rieur))>] . on voit pas  &
13 EDG           [xxxxxxxxxxxxx]
14 FRA  &ce qu'il peut voir comme trou:/&
15 FRA  très honnêtement\ . n'est-ce pas/ donc c'est certainement .
16      h euh quelque chose à rediscuter\
17 EDG  mhm
18 PHI  bon on avait discuté hier du tire-bouchon
19      hein\ [. on pensait plutôt à la cuisine
20 FRA        [ouais <on avait aussi dit de peut-être mettre un
21      tire-bouchon dans la cuisine ((fort))>
22 EDG  oui
23 PHI  mais/ . i pourrait figurer euh *dans cet espace euh ca:ve#
                                       *geste circ vert av stylo->
im                                                           im3 4'34#
24      colimaçon* euh *.. verticalité/* à la rigueur\ . en prenant
        ->b-h/h-b*     *lève le stylo--*
```

Image 3

```
25        comme:
26 FRA    ha [ha
27 PHI       [(si vous voulez) rapport au tr*ou/ le rapport à la cave*
                                             *geste colimaçon --------*
28        *à la:* montée descente\
          *geste vert h-b*
29        (2)
30 PHI    ce serait peut-être pas:: . c'est un peu tarabiscoté mais:=
31 EDG    =ouais parce que ouais
32 FRA    vachement [tarabiscoté hein
33 EDG              [c'est un peu tiré par les:
34 FRA    aller au grenier avec un tire-bouchon/ tu m['excuses
35 FRA    ((pose le doigt contre sa tempe))
36 PHI                                                 [non c'est pas le
37        grenier/ c'est la ca :ve
38 FRA    °ouais°\ ((baisse la tête))
```

L'extrait commence par la présentation d'un « problème » par François (1-16), rapporté de la séance de travail du jour avant. Son statut épistémique incertain n'est pas seulement marqué par des modalisations (« nous avions pensé/ là\ .. mais quoi qu'on est de nouveau en doute » 2-3 ; « c'est certainement . h euh quelque chose à rediscuter » 15-16 ; « on avait discuté » 18, « on pensait » 19 – avec de nombreuses occurrences de l'imparfait qui situe ces activités dans le passé et met ainsi éventuellement en cause leur statut dans le présent), mais aussi par le format séquentiel du tour. En effet, le tour de François est organisé de manière à retarder le plus possible l'apparition de l'objet concerné, l'« escalier en colimaçon » (8) : il commence par un cadrage thématique (1), suivi du verbe (« nous avions pensé\ » 2) qui n'est pas immédiatement suivi par son argument, mais par une pause, puis une incise, une hésitation et ensuite seulement des infinitives. Celles-ci permettent à Edgar d'anticiper l'objet (« l'escalier » 7) avant même qu'il soit introduit par François (8-9).

Le « problème » est présenté comme celui « de la cave et du grenier » (3), de « la liaison haut bas/ bas haut\ » (5-6). Cette formulation va déclencher la recherche de plusieurs solutions possibles, devant satisfaire à des critères conceptuels élaborés localement en rapport à la problématique de l'exposition, ainsi qu'à des critères de mise en espace élaborés en relation avec une scénographie efficace et lisible pour les visiteurs.

Le premier objet candidat à matérialiser ces relations, un « escalier en colimaçon » (8-9), est immédiatement associé à un autre objet qui a déjà été écarté (le « frigo » 11). Philippe en introduit un autre encore, le « tire-bouchon » (18), dans un tour qui au premier point pertinent de transition est chevauché par François (20-21). Celui-ci le reformule en s'orientant vers Edgar qui n'était pas présent à cette réunion (par exemple il emploie l'indéfini, alors que Philippe emploie le défini) et en introduisant un modalisateur supplémentaire (« peut-être » 20). Ce tour énoncé à voix haute et en chevauchement, reformulant ce que Philippe vient de dire, a un caractère concurrentiel laissant poindre une divergence. En effet Philippe, en continuant avec un connecteur adversatif (« mais » 23), approfondit la divergence possible, en énonçant une nouvelle proposition (au conditionnel, rompant donc avec l'imparfait précédemment utilisé) intégrant le tire-bouchon dans une nouvelle configuration (alternative par rapport à l'espace de la cuisine rapporté de la réunion précédente) où sont associés tous les éléments mentionnés jusque là (« dans cet espace euh ca:ve colimaçon euh » 23-24). Leur énumération est suivie de la mention d'une propriété commune (« verticalité » 24). La réception de ce tour par François (« ha ha » 26) montre qu'il n'a pas la même valeur que les tours précédents, faisant le bilan d'une discussion commune, et se présente au contraire comme une nouvelle proposition non encore envisagée jusque là (Heritage, 1998). Comme chez François auparavant (qui mentionnait « le péquin qui débarque » et le fait qu'« on voit pas ce qu'il peut voir comme trou » 12, 14), le lien avec le thème de l'exposition tel qu'il sera donné à voir aux visiteurs est considéré par Philippe (« en prenant comme: (...) rapport au trou/ le rapport à la cave/ à la: montée descente\ » 24-28) : c'est même le critère qui est utilisé pour évaluer, légitimer, justifier le caractère adéquat de l'objet à prévoir dans l'espace muséographique. Les participants ne se limitent donc pas simplement à proposer ou à rejeter des propositions. Ils ne se limitent pas non plus à justifier leur rejet, mais élaborent en outre les critères locaux qui permettent d'évaluer les propositions et plus généralement qui permettent de construire une cohérence de l'exposition et de ses partis-pris. On voit par là que le travail des concepteurs est un travail d'élaboration réciproque des objets et des critères, les uns informant réflexivement les autres de manière située et occasionnée au fil de l'interaction.

Toutefois, la proposition de Philippe est reçue de manière non-préférentielle (Pomerantz, 1984), en étant suivie d'un long silence (29) et d'une reprise du tour par le même locuteur en absence de réactions des autres. Sa reprise entraîne une modification de la proposition, caractérisée par des hésitations, par deux énoncés syntaxiquement incomplets, comportant un modalisateur (« peut-être » 30) et incorporant une évaluation négative (« un peu tarabiscoté » 30). Contrairement au tour précédent, cette reprise suscite cette fois les enchaînements immédiats des deux autres participants, renforçant les évaluations défavorables introduites par Philippe lui-même (« vachement tarabiscoté » 32). Alors que la proposition ne reçoit ni évaluations positives ni aucune réponse, sa modification et association avec des évaluations négatives de la part de son énonciateur provoque l'alignement des autres participants avec ce changement d'orientation. François enchaîne avec une reformulation clairement négative (à la fois verbalement et gestuellement, par un geste qui renvoie à un dysfonctionnement cérébral, et donc qualifie la proposition de démente, 34), qui tout en étant rejetée et réparée par Philippe (36), porte à l'abandon de la proposition au tour suivant (38). On a ainsi une première proposition qui émerge de manière non consensuelle entre Philippe et François et qui est ensuite rejetée et abandonnée.

Immédiatement après on observe une dynamique inverse, menant cette fois à un accord :

(2) (continuation de 1)

```
37 FRA  °ouais°\ ((baisse la tête)) . mais i: on i nous faut
38      *la:  li-* on # essayait d'illustrer* la liaison/*
        *main b-h*h-b-----------------------*b-h-b-------*
                      # im4 4.57
39      . [parce qu'il y avait un lien avec l'escalier
40 EDG    [mais/                                   bon euh j'sais
41      pas moi si si on a . on a la ca :ve donc/ ça peut être une
42      claie euh *j'en#tends ou*verte/ un- la porte avec des:
                  *à mi hauteur, amène les mains vers lui*
   im                  # im5 5.06
```

im4

im5

```
43      comment les trucs en bois
44      là tout [ça/ xxxx
45 FRA          [la tra:ppe/ . *qu'on #soulè[ve/*
                           *traj circ b.dev-h.derr la m*
   im                                # im6 5'12
46 EDG                                    [ouais même/ ou
47      simplement ou bien *une # trappe/* mais on peut très bien
                           *2 mains dessinent un carré*
                               # im7 5'13
48      avoir un escalier dedans/ l'escalier/ (et puis)
49      fa*talement ce qui* descend # il mon :[te aussi/*. j'sais pas&
          *mains se baissent*mains remontent----------*
           mais ouvertes parallèles palmes v. haut----
                                  # im8 5'18
```

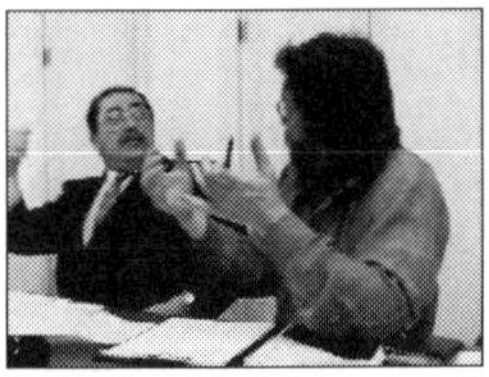
im6

im7

im8

```
50 PHI  [mhm mhm mhm mhm
51 EDG  &c'est pour avoir un simplement un symbole qui soit simple/
52      j'entends parce que:
53 PHI  non le problème c'est [que
54 FRA                        [l'escalier seul/ excuse-moi\ ne suffit
55      pas/ apparemment [d'accord
56 EDG                   [ouais l'escalier seul euh ouais
57 FRA  mais effectivement/ mis en condition avec une trappe/ une
58      sortie et une entrée/ éventuellement\ . hein/
```

François revient en effet à la formulation initiale du problème (« on essayait d'illustrer la liaison » 38 – cf. 5, 9), montrant qu'il reste intact et non résolu ; il déclenche cette fois une autre proposition venant d'Edgar. Cette proposition (« une claie euh j'entends ouverte/ un- la porte » 42) en provoque une autre chez François (« la tra:ppe/ » 45), reprise par Edgar (47). Contrairement à ce qui s'est passé avec le « tire-bouchon » introduit par Philippe, la « trappe » suscite donc l'adhésion immédiate d'Edgar et une consolidation de la solution, associant « escalier » et « trappe » (48-58). Une objection possible de Philippe est chevauchée, interrompue et ne sera plus reprise par la suite (53).

Dans ces deux extraits on a donc des solutions – des « idées » – qui émergent et qui se confrontent dans l'interaction. Tout en entretenant des liens avec des discussions passées, elles prennent une forme spécifique dans le présent de l'interaction et dans les enchaînements séquentiels occasionnés par la forme particulière de son déroulement. La formulation initiale du problème à résoudre n'est mise en doute par aucun des participants, mais les solutions qu'ils proposent relèvent de conceptions profondement différentes de l'espace à mettre en scène. Cette différence ne s'exprime pas uniquement verbalement (le colimaçon et le tire-bouchon s'opposant à l'escalier, à la porte de la cave ou à la trappe) mais aussi visuellement et gestuellement.

En effet, lorsque François introduit le problème de la liaison entre cave et grenier, il le fait avec un geste générique de la main ouverte balayant l'espace du haut en bas et vice-versa (5-6, im. 1-2). De même, lorsqu'il parle du colimaçon, il ne fait aucun geste pour l'introduire et n'y fait allusion que plus tard, par un geste vague co-occurrant avec un anaphorique qui renvoie de manière générale à « cette liaison ». Par contre, les gestes effectués par Philippe durant son articulation de tous les éléments dans une configuration verticale (23-28) exploitent de manière très précise et à deux reprises au moins (23-24, 27-28) la forme du colimaçon et la dimension verticale. Alors que les gestes de François sont effectués par un balayage générique de l'espace par la main droite ouverte, les gestes de Philippe renforcent la dimension verticale en utilisant la figure filiforme du stylo tenu par la main droite. Ce contraste se maintient durant la suite de l'interaction, puisque François reprendra son geste (38) en reformulant le problème de manière très semblable au début.

La solution finale, celle de la trappe, fait elle aussi l'objet de figurations gestuelles différentes : François fait un geste iconique accompagnant l'apparition verbale de cette idée (45) ; celle-ci n'est toutefois pas reprise en tant que telle par Edgar lorsqu'il reprend pourtant à son compte le lexème (47), puisqu'il dessine à ce moment-là un espace différent, qui ne privilégie pas le mouvement de l'ouverture de la trappe que mime François, mais sa délimitation au sol. Finalement, outre la trappe, cette solution retient surtout, verbalement et gestuellement, les données initiales du problème, le rapport générique entre le haut et le bas (49). Les reprises gestuelles renforcent donc les enchaînements d'un tour à l'autre et les manifestations d'alignement entre les différents participants : elles jouent tout autant pour remanifester des différences de conception que des alliances entre partenaires ; elles incarnent la conception de l'espace et préfigurent (souvent en l'anticipant) le développement de l'« idée » verbalisée dans la discussion. On voit bien à différents niveaux qu'une activité de co-conception ne repose pas nécessairement sur un accord entre les participants, mais que, pour qu'elle soit possible, les propositions doivent être mutuellement disponibles : ceci est assuré grâce à un « dispositif de publicisation » constitué autant de la parole que des gestes dans l'interaction.

3.2. La liste récapitulative : formes d'accord en clôture

La réunion de co-conception se déploie donc dans une succession de désaccords et d'accords partiels ou partagés par tous, dans des enchaînements séquentiels manifestant des alignements ponctuels pouvant prendre la forme d'alliances et de positions communes. Reste que ce type de dynamique ne caractérise pas toute la réunion de manière uniforme : celle-ci se structure en phases, la clôture de chacune permettant de passer à un autre point de l'ordre du jour ou à un autre problème à traiter (ici c'est la disposition linéaire des espaces d'exposition au fil d'un parcours qui organise le déroulement temporel de la réunion). Les clôtures sont des positions séquentielles où un accord est manifesté de manière différente qu'au milieu des phases de discussion : l'accord ne se manifeste pas de manière ponctuelle sur des objets de discours particuliers ou des prises de positions singulières, mais dans la production d'une récapitulation du travail effectué jusque là, prenant souvent la forme d'une liste.

Les travaux effectués en analyse conversationnelle sur les listes ont bien montré que leur caractère organisé en unités permettait des projections et des anticipations des unités à venir et donc leur complétion collaborative (Jefferson, 1990 ; Selting, 2003). Tel est le cas aussi de cet extrait :

(3) (TR06éc4)

```
1  ROB      l'éΔpon:Δge/ la beignoire/
               ΔregFΔ
2  FRA      ouais Δle::Δ . le éventuellement le bidet/
   rob            ΔregFΔ
3  ROB      le bidet ou le Δvécé/Δ . éventuellement\ avec [de l'eau]
                           Δreg.FΔ
4  FRA                                                    [là ça m-]
5           Δça Δm'paraît encore assez eh
   rob      Δ...Δ---------reg.FRA-------->
6           (1,6)
7  ROB      ça c'est plus facile hein
8  FRA      assez fa†cile\ . ça doit jou[er
                    †---------reg.ROB---------†
9  ROB                                   [faci:†le*
                                          ------->*
10 FRA      (j'dirais) c't espace rouΔle\ . alors on avait quoi/
   rob                                Δ--reg.FRA------------> l.16
11          qu'est-ce qu'on avait déconné\ aphrodite/ botticelli/
12          la grille/ l'évacuation/ l'écume/ .. euh:: les cygnes/
13          les xxx/ les calebatsses/ les menstrues/ . d'où l'o†rigine/
                                †---reg.dev.--------------------†
14          l'écoulement/ le baptème/ les (bières)/ les liba†tions/
                                                          †--->
15          la purificati†on/ . ça m'paraît assez b†ON\
            --reg.ROB--->†----reg.dev.-------------†reg.ROB-->
16 ROB      moiΔ j'trouve que [†là/
            -->Δreg.dev.------------>
   fra      ------------------>†
   im                                   #im9
17 FRA                         [†ça ça rou[le\ #              [ça roule/†
                                †----reg.dev.---------------------------†
18 ROB                                    [là y a- y a pas bea[ucoup à
19 ROB      modifier par rapport [à ce qu'on a dit
20 FRA                           [il faut complé†ter/ mais j'ente†nds
                                                †---reg.dev.-----†
21          c'est un paquet qui:=
22 ROB      =c'est un paquet qui se tΔ†ient #
                 ---reg.dev.--------->Δreg.FRA--->
```

```
   fra                               †reg.ROB->
   im                                         #im 10
23 FRA   qu'il fau:t négocier mais il est [là/†Δ il est bon/
                                    -------->†
   rob                            ---------->Δ
24 ROB                                     [tout à fait
```

Im 9 FRA et ROB reg. devant eux

Im 10 FRA et ROB se regardent

Dans cet extrait, Robert et François, le premier debout à côté du second, développent ensemble des évaluations et des listes.

La liste est initiée par Robert, qui propose deux éléments, chacun se terminant sur une intonation continuative qui laisse entendre qu'elle n'est pas finie (1). Un troisième élément est ajouté par François, de manière modalisée (2). Cet élément est repris par Robert, en alternative avec un autre (3). Les deux locuteurs s'orientent donc dans la construction collaborative de la liste vers une structure à trois éléments, complexifiée par le fait que le troisième est moins stabilisé que les deux premiers. Cette première liste est suivie de l'expression d'un accord sous forme d'une évaluation conjointe, initiée par François (4), formulée parallèlement par Robert (6) et reformulée par le François de sorte à intégrer dans la reprise et poursuite de la construction syntaxique précédemment ébauchée l'évaluateur proposée par Robert (« assez facile » 7). Après avoir énoncé collaborativement la liste, les deux formulent de la même manière son évaluation (« facile »).

Les échanges de regards renforcent le caractère collectivement énoncé de ce segment : les deux participants jettent des coups d'oeils rapides l'un sur l'autre durant l'énoncé de la liste, mais échangent des regards de manière beaucoup plus persistante durant l'énoncé des évaluations, qui dès lors sont formatées comme une position commune et partagée.

Ce double accord est la base sur laquelle François lance sa récapitulation, cette fois sous la forme d'une liste plus complexe et plus longue (11-15), ouverte par un verbe introducteur (« qu'est-ce qu'on avait déconné » 11) et fermée par un évaluateur (« ça m'paraît assez bon » 15). Cette liste est elle-même dotée d'une structure interne, que François produit par la prosodie et par les gestes des mains en forme de balancier rythmant chaque élément (non indiqués dans la transcription).

En outre, les regards contribuent aussi à structurer cette liste, d'une part dans la relation entre les deux co-énonciateurs, d'autre part dans la relation avec leurs récipiendaires qui sont assis en face, de l'autre côté de la table. En particulier, on remarque que lorsque François arrive à la fin possible d'un fragment de liste, il regarde alternativement l'un et les autres. La liste est clairement adressée aux participants de l'autre côté de la table et François par ses regards traite Robert comme son co-énonciateur.

La liste est clôturée à nouveau par une série d'évaluations et d'accords co-énoncés par les deux partenaires qui en un premier temps regardent leur vis-à-vis et en un deuxième temps se regardent mutuellement. Le fait que les évaluations conclusives soient reformulées à plusieurs reprises peut être associé au fait qu'elles sont formulées en gérant deux types de regards, celui qui assure le contact avec les récipiendaires et celui qui assure le contact entre les partenaires. Cette distribution des regards et des positions corporelles qui vont de pair avec eux configure la scène comme un espace de participation clairement segmenté en deux parties (Goodwin & Goodwin, sous presse), distribuées de part et d'autre de la table, celle des synthétiseurs des acquis de la réunion et les autres, qui n'y sont pas associés – qui non seulement ne la co-énoncent pas mais qui ne se manifestent pas audiblement.

4. Travail sur les objets de discours et travail sur les ressources de la langue

Dans les extraits que nous avons analysés jusqu'ici nous avons privilégié la séquentialité de l'accord et du désaccord ainsi que les modalités par lesquelles les participants construisaient des alignements voire des alliances au fil de la séquence. Ces mouvements séquentiels ne contribuent pas uniquement à structurer le groupe et la trajectoire de l'activité (Sacks, 1992) ; ils sont le contexte séquentiel où des objets de discours sont élaborés, élaborés collectivement, transformés ; ils sont aussi un contexte où les ressources linguistiques mobilisées pour élaborer ces objets sont elles-mêmes travaillées par les participants. Nous allons reprendre l'analyse des listes pour approfondir cette problématique de manière générale (§ 4.1.), puis nous nous focaliserons sur deux formes linguistiques qui émergent de ce travail interactif, le lexème « trou » et les patterns syntaxiques où il apparaît (§ 4.2.) et le verbe « pétrifier » (§ 4.3.).

4.1. L'élaboration collective de l'espace de l'exposition

Dans l'extrait suivant nous avons à nouveau affaire à une liste, déclenchée cette fois par une question de Philippe portant sur la configuration d'un des espaces de l'exposition (la cuisine). Cette fois la liste apparaît non pas en clôture d'une phase d'activité mais au cours de l'activité même de co-conception :

(4) (TR07/7'30)

```
FRA  ouais il faut f- [pétrifier un bout de cuisine
PHI                   [ouais
     ouais mais quand tu dis pétrifier un bout de cuisine tu
     penses euh f:our/ frigo/ lava[bo:/ ou tu penses que lavabo:/ ou
EDG                               [non: . non mais .. mais . non
     mais si on n'a que le: si on a une approche disons si on le
     prend dans un angle/ il faut voir comment (c')est construit hein
     parc'que faut quand même prendre des objets qui soient réels/ à
     un certain [moment/ mais si on en prend on peut- l'amorce là du:&
PHI             [ouais
EDG  &par exemple du: de la cuisinière/ on peut le mettre/ parce
     que: faut mettre celui à gaz pour qu'il y ait des trous quoi
PHI  mhm
FRA  ouais ouais
EDG  ouais parce que si on me[t xxx
FRA                          [et pis l'évier de la vaisselle qui
     fait trou
EDG  et pis l'évier/ y a des trucs qui xx[xxx
```

```
19 FRA                                    [qui fait évacuation
20 EDG  il peut y avoir des entonnoirs/ des trucs euh posés dans
21      la: dans *le vaissellier etcetera/ il peut y avoir des
   fr            *écrit--->
22      trucs à trou aussi [xxx
23 FRA                     [cuisinière à [ga:z]
24 PA                                    [passoire]
25 EDG  ouais faut cuisin- disons % moi c'est évier euh
   ed                              % écrit --->
26 FRA  évier/ [vaisselle . plonge/
27 EDG         [plonge/
28 EDG  plonge\ % et pis une amorce de de: * cuisson quoi/ % hein
   ed        --->%                                      % écrit ->
   fr                                  ---->*
29 FRA  pis une amorce de cuisson%
   ed                     -------->%
```

Cet extrait commence par une conclusion (« il faut f- pétrifier un bout de cuisine » 1) énoncée par un déontique très éloigné des premières modalisations qui ont ouvert la séance (cf. extr. 1). Cette formulation est reprise à l'identique par Philippe dans une demande de clarification qui fait explicitement référence à ce que François « pense » (4) comme à quelque chose qui est susceptible d'être élaboré et rendu public verbalement. Le tour de Philippe prend la forme d'une liste d'alternatives parmi lesquelles François n'aurait qu'à puiser – exhibant encore une fois le fait que ce qu'il « pense » est traité non comme opaque et indiscernable mais comme pouvant être envisagé, deviné, formulé à sa place. En outre, ce n'est pas François qui répond à cette invitation à expliciter sa « pensée », mais Edgar qui dans un tour assez long finit par mentionner un élément non inventorié par Philippe, la « cuisinière » (11).

A partir de là, la formulation finale va se construire entre Edgar et François : le premier introduit la cuisinière spécifiée comme « celui à gaz pour qu'il y ait des trous » (12), le second introduit « l'évier de la vaisselle qui fait trou » (16) selon un critère analogue, le premier enchaîne avec « des entonnoirs » (20) et surtout « des trucs à trou » (22), alors que François a commencé à inscrire la liste – alimentée au passage par Patricia proposant en chevauchement un nouvel item (24) qui ne sera pas repris – ratifiée ainsi par l'écriture. Cette liste, déclenchée par une énumération hypothétique attribuée à la « pensée » de François par Philippe, est donc initiée par Edgar et complétée par François, dans un travail collaboratif qui réunit ainsi les trois participants.

Ici le travail collaboratif concerne l'espace de la cuisine, qui est détaillé successivement par tous les participants. La liste représente une série de propositions dont le caractère adéquat – contrairement à ce qui se passait dans les modes de proposition de l'extrait 1 – est exhibé par la forme même de leur intégration dans la liste. Le critère qui rend cette liste légitime et adéquate est la référence au « trou », qui loin de préexister à l'exercice, s'établit elle-même interactivement dans le fil des séances.

4.2. Dynamiques réflexives : le « trou » comme critère d'évaluation et comme entité en train de s'élaborer

« Le trou » est le thème et le titre de l'exposition, établi et stabilisé dans des activités antérieures aux enregistrements que nous étudions. En tant que thème de l'exposition, « le trou » est le critère qui permet à la fois d'unifier les objets et les espaces proposés et de motiver le rejet d'autres objets et espaces possibles évoqués lors du travail de co-conception. Toutefois, le

« trou » ne fonctionne pas comme un critère préexistant à la réunion, comme un étalon déjà là auquel faire appel pour la prise de décision. La référence au « trou » fonctionne de manière réflexive : elle est mobilisée comme une ressource argumentative pour évaluer, juger, légitimer, justifier – rendre *descriptible* et *intelligible* – les décisions, les propositions, les rejets ; elle est toutefois configurée dans la manière même dont elle est mobilisée, car elle acquiert progressivement une série de propriétés flexibles nourries par le fil de l'interaction et par son exploitation située et *ad hoc* dans la discussion. Autrement dit, le « trou » est une ressource réflexivement configurée par ses usages, se transformant indexicalement à chaque nouvelle mention, alors même qu'elle est invoquée comme un horizon sémantique partagé et précédemment stabilisé.

Ces considérations font du « trou » un terrain exemplaire sur lequel poser deux types de questions :

– d'une part, il offre un exemple de « sémantique praxéologique», d'univers de sens qui se constitue dans l'action située et qui s'enrichit dans le temps de cette action : c'est la référence au « trou » tel qu'il est défini localement et à toutes fins pratiques par les concepteurs qui permet d'inclure ou d'exclure dans la liste une série de candidats – ce qui peut construire un ensemble *ad hoc* d'objets, un *paradigme* réunissant les « trucs à trou » (22).

– d'autre part, il offre un exemple de forme linguistique en train elle-même de se configurer, prise dans une série de variations syntaxiques intéressantes : « pour qu'il y ait des trous » (12), « qui fait trou » (16), « trucs à trou » (22). « Faire trou » en particulier, est une expression qui prend sa forme et son sens dans les usages spécifiques émergeant de cette activité, où « trou » devient une propriété plus qu'un objet.

A travers le bricolage de la syntaxe d'« être trou » ou de « faire trou » c'est donc la langue elle-même qui est localement aménagée et transformée, à la fois formellement et sémantiquement (l'entrée des candidats dans cette catégorie étant soumise à des négociations locales au cours desquelles ses frontières sémantiques sont activement maintenues ou transformées par les participants).

La constitution d'une collection – non exhaustive – d'occurrences du lexème qui s'ajoutent à celles de l'extrait 4 permet de développer cette double dimension du « trou » , à la fois objet et propriété d'objets autres.

Le « trou » est ce qui permet de fonder des paradigmes réunissant les « trucs à trou » (extr. 6 = extr. 4, 22) ou les « machins à trou » (extr. 5, 11) :

(5) (TR07av11'30)

```
1  EDG   et pis on peut très avoir avoir le mu- un mur avec
2        euh une petite armoire j'entends
3        pour [créer
4  FRA        [xxx deux trois machi[ns qui pendouillent/ . &
5  EDG                             [oui xxxxx
6  FRA   & y a la: y a la: la pELle [à trou là/ qui xxx
7  EDG                              [oui xxxxx
8  PAT   la louche/=
9  FRA   l'écumoir/ <((regarde PAT)) la louche>
10 EDG   l'entonnoir
11 FRA   l'entonnoir/ tous ces machins à trou
```

(6) (Cf. extrait 4)

```
19 EDG  il peut y avoir des entonnoirs/ des trucs euh posés dans
20      la: dans le vaissellier etcetera/ il peut y avoir des
21      trucs à trou aussi [xxx
22 FRA                     [cuisinière à [ga:z]
23 PAT                                   [passoire]
```

Dans ce sens, le « trou » est ce qui unifie non seulement un paradigme abstrait mais le paradigme tel qu'il s'objective discursivement dans des listes ou matériellement dans l'espace de l'exposition. Dans les deux extraits qui précèdent, on voit bien que l'exposition prévoit des espaces réceptacles, comme la cuisine ou l'armoire, où peuvent être disposés les éléments du paradigme, constitué de « deux trois machins qui pendouillent/ » (4), ensuite reformulés comme des « machins à trou » (11). Les « machins » prennent corps dans le déroulement interactif de la liste nourrie interactivement, dans l'extrait 5, sous la forme de « pELle à trou » 6, « louche » (8-9), « écumoir » (9), « entonnoir » (10-11). Dans l'extrait 6, on a une expression semblable qui totalise le paradigme (« trucs à trou » 21), suivie d'une liste analogue (« cuisinière à gaz » 22, « passoire » 23, puis « évier » 24, « vaisselle » 25, « plonge » 25-26).

Certains de ces objets peuvent d'ailleurs intégrer le lexème dans leur appellation (comme dans « la pELle à trou » extr. 5, 6, qui fait l'objet d'une recherche lexicale chez François), en prenant la forme < N à trou >.

Le paradigme peut se construire sur le « trou » traité soit comme un élément conceptuel (extr. 7) soit comme un élément référentiel (extr. 8, 12) :

(7) (TR07av9'57)

```
1  MAR   y a de moins en moins de cuisinières à gaz si
2        tu [veux\ y a vitrocéram/&
3  FRA      [oui alors xx
4  MAR   &pis c'est plat/ pis y a même pas l'idée d'trou/
```

(8) (Cf. extrait 4)

```
12      faut mettre celui à gaz pour qu'il y ait des trous quoi
```

Dans l'extrait 7 c'est explicitement une propriété sémantique (« l'idée de trou » 4) que Martin fait fonctionner comme un trait distinctif pour le choix de la cuisinière à mettre en scène. Alors que dans l'extrait 8, la cuisinière à gaz est considérée comme adéquate parce qu'elle en possède le trait référentiel (« pour qu'il y ait des trous » 12).

Le trou peut donc intervenir comme un objet visible et reconnaissable, dénombrable (« pour qu'il y ait des trous » 12) mais aussi comme une propriété abstraite (« y a du trou » extr. 9, 4) :

(9) (TR07/apap9'03)

```
1  PHI   bon si tu es prêt à défendre euh/ .. l'idée de cuisinière
2        aussi face à l'objection de: -fin de Robert
3        hie:r/ [c'est-à-dire que :
4  FRA          [y a du trou/ il était pas con:tre le gaz/
5  PHI   non/
6  MAR   non non
7  FRA   la cuisinière à gaz/ on en a évoqué n'est-ce pas/ hier\
```

En tant que propriété, le « trou » est ici traité comme une entité non-comptable. En outre, cette propriété devient graduelle, n'étant pas simplement présente ou absente, mais pouvant être plus ou moins prononcée :

(10) (TR06éc3)

```
1  PHI    non mais s- simplement\ on se disait que le
2         spermatozoïde: bon/ ... il est pas très trou
3         lui-même .. [°il est°
4  FRA                 [non/ mais il éVOque le [trou/
5  MAR                                          [°il cherche/°
6  PHI    il évoque le trou\
```

Dans la formulation utilisée ici par Philippe, un objet peut « être trou », « trou » étant traité comme un qualificatif et comme une propriété mesurable, en référence à un trou prototypique, qui permet d'évaluer des exemplaires plus ou moins centraux ou marginaux. Dans cet extrait, le fait que Philippe recoure à une dislocation à gauche de « spermatozoïde » suivie d'une pause importante avant « il est pas très trou » montre le caractère non prototypique de l'objet ainsi décrit, ainsi que la recherche collaborative de verbes alternatifs par les autres participants (« il éVOque », 4, « °il cherche/° » 5), qui se centrent moins sur les caractéristiques essentielles de l'objet que sur son apparence, voire son activité.

A côté de « être (plus ou moins) trou », les participants créent une autre expression, avec le verbe « faire » : « faire trou ».

(11) (TR07/9'03)

```
1 PHI           [mais attends tu vois alors on retombe sur notre
2         problème d'hier/ qui était euh on veut p- on veut
3         démarrer sur . après critique euh
4 EDG     le trou
5 PHI     sur un trou [xxxxxxx . alors alors que
6 FRA                 [IMMEDIAtement que ça fasse trou
```

(12) (cf. extrait 4)

```
13 PHI  mhm
14 FRA  ouais ouais
15 EDG  ouais parce que si on me[t xxx
16 FRA                          [et pis l'évier de la vaisselle
17      qui fait trou
18 EDG  et pis l'évier/ y a des trucs qui xx[xxx
19 FRA                                      [qui fait évacuation
```

(13) (TR07/ap9'03)

```
1  PHI    est-ce que vraiment bon à part le le trou du gaz qui là est
2         concret/ .. [euh::
3  EDG                [mhm
4  FRA                [le frigo c'est ce qui fait moins trou/ .
5         dans la cuisine
```

Un objet particulier peut « faire trou » comme l'évier dans l'extrait 12 ; en outre, de manière générale, l'exposition est conçue pour « que ça fasse trou » (extr. 11, 6). Cette expression peut être lue comme une réparation ou une contre-proposition de François vis-à-vis de la première formulation coénoncée par Philippe et Edgar, « démarrer [...] sur un trou » (3, 5), qui traite le « trou » de manière simplement référentielle.

On remarque que là encore l'emploi peut être graduel (extr. 13). Dans ce dernier cas, on a une opposition entre deux candidats à devenir des objets exhibés, « le trou du gaz », qualifié de « concret » et « le frigo », exclu en invoquant qu'il « fait moins trou/ . dans la cuisine » (4-5), où la propriété est de plus contextualisée par rapport à une localisation particulière. Les participants élaborent donc des distinctions endogènes entre concret et abstrait, entre objets et propriétés, entre entités identifiables avec le trou (« être trou ») et entités associables au trou (« faire trou »).

4.3. « Pétrifier » comme procédé de mise en scène émergeant du travail collaboratif et comme expression de l'appartenance au groupe

Une autre ressource linguistique apparaît de manière spécifique à ce corpus en émergeant de manière située de la conception de l'exposition par les participants. Le verbe « pétrifier » intervient souvent dans ce corpus ; il n'a été utilisé dans le groupe des concepteurs que durant cette exposition, ni avant et ni après. Dans les extraits précédents on en trouve trois occurrences :

(14) (cf. extr. 1 supra)

```
8  FRA  alors on: l'objet qui était choisi c'était un escalier en
9       colimaçon\ . qui était pétrifié pour montrer cette liaison\
```

(15) (TR07)

```
1  PHI    donc dans un sens les associations on pourrait les
2         démarrer avec n'importe quoi à l'intérieur de cette
3         pétrification
4  FRA    effec[tivement\ .. n'importe quoi
5  EDG         [ah oui ah oui
```

(16) (cf. extr. 4 supra)

```
1  FRA  ouais il faut f- [pétrifier un bout de cuisine
2  PHI                   [ouais
3       ouais mais quand tu dis pétrifier un bout de cuisine tu
4       penses euh f:our/ frigo/ lava[bo:/ ou tu penses que lavabo:/
5  EDG                               [non: . non mais .. mais . non
```

Alors que dans les deux premiers extraits le terme est utilisé de manière aproblématique, sans hésitations ni questionnements, et au contraire avec des ralliements importants et des affirmations chorales, dans d'autres cas, comme dans l'extrait 16 ou dans les extraits que nous citerons ensuite, le sens même du terme est interrogé et soumis à la discussion collective.

« Pétrifier » se présente ainsi comme une ressource linguistique qui est utilisée pour dire un procédé scénographique « inventé » par le groupe spécifiquement pour l'exposition et dont le sens est constamment retravaillé au sein de son usage même dans le groupe.

Dans l'extrait 16 et dans l'extrait 17, le sens en usage du terme est interrogé localement par un des participants, Philippe :

(17) (TR07/11.30)

```
1  PHI    euh euh question/ . tu te souviens quand on avait
2         parle de: pétrification/ t'avais dit que tu préfèrais
3         qu'on parte sur un seul motif/
4  EDG    c'est-à-dire un: un bloc/
5  PHI    ou sur plusieurs/
```

```
6  FRA    un bloc/
7  EDG    non mais: un bloc/ hein ça c'est une idée/ ça peut être
8         une table chaise et tout le ba- mais mais parce que moi
9         on pourrait carrément à c'moment là on les peint/ on
10        neutralise [tout ça/ xx
11 FRA               [faut tout peindre/
12 EDG    oui pour qu'on le: on le démarque oui c'est ça on le
13        pétrifie [dans l'sens où on xxx-
14 FRA             [on le pétrifie/ oui oui
15 PHI    alors on pétrifierait l'ensemble dans [ce cas là
16 EDG                                          [l'ensem[ble
17 FRA                                                  [l'ensemble/
18 PHI    d'accord
```

Dans ce cas comme dans l'extrait 16, la question de Philippe porte sur l'unité qui est concernée par la « pétrification » : dans les deux cas il articule des ensembles alternatifs, où il oppose des totalités (exprimées sous forme de liste comme dans l'extrait 6 ou sous forme lexicalisée comme dans l'extrait 17, « un seul motif » 3, « un bloc » 4) à des sous-ensembles distincts ou à des ensembles composites. Les réponses qui sont données suggèrent que la « pétrification » traite les objets de la scénographie d'une manière unifiée et unifiante : dans l'extrait 17, Edgar répond à la question qui est articulée en deux parties en intervenant dès la fin de la première partie et avant la seconde (4), en réparant la formulation de Philippe « un seul motif » par une autre expression « un bloc » (4), repris par François (6). Cette entité est développée par une liste (8) mais surtout par des totalisateurs (« on les peint/ on neutralise tout ça » 9-10, « faut tout peindre » 11) qui sont énoncés collaborativement par Edgar et François et qui sont ensuite lexicalisés dans « l'ensemble » qui est énoncé par les trois participants (15, 16, 17) et qui produit et exhibe l'accord entre eux. La « pétrification » produit donc un effet d'unification des objets disparates exposés ; son sens est reformulé à plusieurs reprises par les participants eux-mêmes (« peindre » « neutraliser ») : le procédé consiste à recouvrir des ensembles d'objets par une peinture spéciale très granuleuse qui a pour effet à la fois d'exhiber leur matérialité et de suspendre leurs effets de réalisme pour favoriser des associations imaginaires.

Mais la « pétrification » n'est pas uniquement un procédé qui unifie les objets sur scène ; c'est aussi un procédé dont l'invocation unit les concepteurs dans l'usage d'un terme spécifique au groupe, qui en cimente en quelque sorte l'unité et la spécificité dans le travail situé de préparation de cette exposition particulière (Sacks, 1992). De ce point de vue, il peut être intéressant de remarquer aussi bien les convergences suscitées par le terme que les désalignements dans son usage.

(18) (TR07ap 6'19)

```
1  MAR    c'qu'y a/ c'est qu'on ait buté sur le problème/ . de: .
2         déguisement\ (.) qu'était le voile/ qu'était peint en
3         blanc [et pis cette réification/ [elle
4  EDG          [ouais ouais               [cette pétrification
5         j'entends
6  MAR    pétrification/ elle va con- peut conduire à regarder l'objet
7         comme objet/ (.) et pas comme [signe de quelque chose
8  EDG                                  [ouais justement pas
9         comme xxxxx (appel)
```

Dans cet extrait, Martin réfère à un objet « peint en blanc » (2-3), qu'il reprend anaphoriquement par « cette réification » (3). Il est immédiatement hétéro-réparé par Edgard qui la reformule en « cette pétrification » (4) et cette réparation est reprise sans déterminant par Martin qui l'adopte en continuant sa forme disloquée esquissée plus haut (6). Par son hétéro-réparation, Edgar exhibe pour Martin une alternative marquée à un choix lexical qui a sélectionné un terme savant autre que le terme du groupe ; dans sa reprise auto-réparant un futur par un verbe modalisé (6) Martin utilise le terme mais avec hésitation.

On peut lire cette brève séquence comme une occasion d'abord manquée par Martin puis rappelée par François d'exhiber l'appartenance commune à un projet spécifique, à une manière particulière de concevoir ce projet, à un exercice spécifique de la pensée collective. C'est dans l'usage approprié du terme par le groupe que se constitue le groupe lui-même, en même temps que se stabilise réflexivement le sens du terme.

5. Conclusions

Dans cet article, nous avons abordé quelques-uns des processus fondamentaux dans une réunion de travail orientée vers la co-conception d'une exposition à travers une analyse séquentielle de la façon dont s'élaborent à la fois des objets de discours et les ressources langagières et multimodales qui les construisent. Trois aspects fondamentaux ont ainsi été dégagés :

– L'importance des formats séquentiels caractérisant une réunion de travail, comme toute autre interaction au travail : ces formats – soient-ils constitués de listes, de propositions-contrepropositions, d'accords et de désaccords, ou encore de séquences évaluatives – ont des effets configurants non seulement sur les objets de discours qui y sont co-élaborés mais aussi sur les positions des participants, voire sur leur identité comme co-participants à un groupe spécifique.

– Le travail sur les objets de discours montre la manière dont ceux-ci sont des entités émergentes de l'activité interactionnelle : ils ne sont ni la verbalisation d'objets mentaux préalablement conçus et devant simplement être encodés, ils ne sont pas l'expression d'objets figés et élaborés une fois pour toutes. Au contraire, ils constituent des entités discursives fluctuantes, se transformant au gré des enchaînements séquentiels entre les participants. En particulier, ils sont sensibles aux séquences de désaccord, les divergences portant à leur modification à la recherche d'un nouvel accord. En outre, ce sont des entités qui ne s'élaborent pas uniquement linguistiquement mais aussi par des ressources multimodales variées : nous avons insisté ici sur l'importance des gestes accompagnant les configurations d'objets et d'espaces scénographiques proposés par les participants ; nous avons montré qu'un même lexème peut renvoyer à des objets configurés de manière très différente par les ressources gestuelles, constituant ainsi non seulement des objets de discours distincts mais aussi des positions énonciatives et interactionnelles divergentes.

– Le travail sur les objets de discours est indissociable du travail sur les formes linguistiques et plus généralement sur les ressources multimodales de l'interaction : d'une part des ressources disponibles sont mobilisées et exploitées de manière indexicale dans l'activité ; d'autre part, plus fondamentalement, des ressources sont reconfigurées voire crées dans leur usage interactif lui-même. Les analyses que nous avons proposées de « trou » et de « pétrifier » ont précisément voulu montrer à l'oeuvre cette dimension émergente et dynamique des ressources langagières. En outre, leur caractère émergent ne concerne pas uniquement l'organisation d'une grammaire-pour-l'interaction mais aussi l'organisation de l'ordre et de l'identité sociale du groupe qui l'élabore.

Conventions de transcription

[	chevauchements	. .. ...	pauses
(2)	pauses en secondes	xxx	segment inaudible
/ \	intonation montante/ descendante\	exTRA	segment accentué
((rire))	phénomènes non transcrits	:	allongement vocalique
< >	délimitation des phénomènes entre (( ))	par-	troncation
&	continuation du tour de parole	=	enchaînement rapide
^	liaison	(h)	aspiration
(il va)	essai de transcription	°bon°	murmuré
* *	indication du début/de la fin d'un geste, décrit en italique à la ligne successive ; la délimitation du geste peut recourir à tout couple de signes, comme %, Δ ou †.		
---->	continuation du geste aux lignes suivantes		

Références bibliographiques

Borzeix, A. & Fraenkel, B. (Ed.). (2001). *Langage et Travail. Communication, cognition, action.* Paris : CNRS éditions.

Boutet, J. (Ed.) (1995). *Paroles au travail.* Paris : L'Harmattan.

Button, G. (1993). *Technology in Working Order : Studies of Work, Interaction and Technology.* Londres : Routledge.

Drew, P. & Heritage, J. (Ed.). (1992). *Talk at work.* Cambridge : Cambridge University Press.

Engeström, Y., Middleton, D. (Ed.). (1996). *Cognition and Communication at Work.* Cambridge : CUP.

Ford, C., Fox, B. & Thompson, S. (Ed.). (2002). *The Language of Turn and Sequence.* Oxford : Oxford Studies in Sociolinguistics.

Goodwin, C. (2000). Action and embodiment within situated human interaction. *Journal of Pragmatics*, 32, 1489-1522.

Goodwin, C. & Goodwin, M.H. (sous presse). Participation. In A. Duranti (Ed.), *A Companion to Linguistic Anthropology.* Oxford : Blackwell.

Heath, C. *et al.* (2002). Crafting participation : Designing ecologies, configuring experience. *Visual Communication*, 1/1, 9-34.

Heath, C. & Luff, P. (2000). *Technology in Action.* Cambridge : CUP.

Heath, C. & vom Lehn, D. (2003). Misconstructing interaction. In M. Hinton (Ed.), *Interactive Learning in Museums of Art and Design.* Londres : Victoria and Albert Museum.

Heritage, J. (1998). Oh-prefaced responses to inquiry. *Language in Society*, 27, 291-334.

Jefferson, G. (1990). List Construction as a Task and Interactional Resource. In G. Psathas (Ed.), *Interaction Competence* (pp. 63-92). Washington : University Press of America.

Latour, B. (1993). Le topofil de Boa Vista. *Raisons Pratiques*, 4, 187-216.

Luff, P., Hindmarsh, J. & Heath, C. (Ed.). (2000). *Workplace Studies. Recovering Work Practice and Informing System Design.* Cambridge : CUP.

Lynch, M. (1985). *Art and Artifact in Laboratory Science : A Study of Shop Work and Shop Talk in a Research Laboratory.* Boston : Routledge and Kegan Paul.

Mondada, L. (2000a). Analyse conversationnelle et grammaire-pour-l'interaction. In A.-C. Berthoud & L. Mondada (Ed.), *Modèles du discours en confrontation* (pp. 23-42). Berne : Peter Lang.

Mondada, L. (2000b). La construction du savoir dans les discussions scientifiques. Apports de la linguistique interactionnelle et de l'analyse conversationnelle à la sociologie des sciences. *Revue Suisse de Sociologie*, 26/3, 615-36.

Mondada, L. (2001). Pour une linguistique interactionnelle, *Marges Linguistiques*, no 1, mai 2001. (http://www.marges-linguistiques.com) (republié in M. Santacroce (Ed.), *Faits de langue, faits de discours* (pp. 95-136). Paris : L'Harmattan, vol. 2).

Mondada, L. (2002). Interactions et pratiques professionnelles : un regard issu des *studies of work. Studies in Communication Sciences*, 2/2, 47-82.

Mondada, L. (2003). Trajectoires d'objets de discours : Observer la science en train de se dire. In A.B. Hansen & M.-B. Mosegaard Hansen (Ed), *Structures linguistiques et interactionnelles dans le français parlé. Revue d'Etudes Romanes*, 54, 31-68.

Mondada, L. (à paraître). Parler topical et organisation séquentielle : l'apport de l'analyse conversationnelle. *Verbum.*

Mondada, L., Schütze, F. (Ed). (sous presse). *Social interaction and the making of science, Special Issue Zeitschrift für qualitative Bildungs- Beratungs- und Sozialforschung.*

Pène, S., Borzeix, A. & Fraenkel, B. (Ed.). (2001). *Le langage dans les organisations. Une nouvelle donne.* Paris : L'Harmattan.

Pomerantz, A. (1984). Agreeing and disagreeing with assessments : Some features of preferred/dispreferred turn shapes. In J.M. Atkinson & J. Heritage (Ed.), *Structures of Social Action : Studies in Conversation Analysis.* Cambridge : CUP.

Sacks, H. (1992). *Lectures on Conversation.* Londres : Blackwell, 2 vol.

Selting, M. (2003). Lists as embedded structures and prosody of list construction as an interactional resource. *InLiSt*, 35.

Theureau, J. & Filippi, G. (1994). Cours d'action et conception d'un système d'aide. *Sociologie du travail*, 4, 547-562.

vom Lehn, D., Heath, C. & Knoblauch, H. (2001). Configuring exhibits : The interactional production of experience in museums and galleries. In H. Knoblauch, H. Kotthoff (Ed.), *Verbal Art Across Cultures : The Aesthetics and Proto-Aesthetics of Communication.* Tübingen : Narr.

vom Lehn, D., Heath, C. & Hindmarsh, J. (2003). La découverte interactive des objets de musée. *Alliage*, 50-51, 165-178.

L'analyse des actions et des discours en situation de travail. Concepts, méthodes et applications (sous la direction de L. Filliettaz et J.-P. Bronckart), Louvain, Peeters, BCILL, 2005.

Discours, travail et polyfocalisation de l'action

Laurent Filliettaz
Université de Genève
Section des Sciences de l'Education

1. La linguistique de l'interaction face aux « discours institutionnels »

Les théories conversationnelles de la première heure ont été élaborées principalement sur la base d'analyses d'*échanges dyadiques*, et ont ainsi contribué à ériger, au titre de modèle de référence de la communication verbale, le schéma d'une interaction homogène, bipolaire et focalisée (voir notamment Kerbrat-Orecchioni & Plantin 1995, p. 1 ; Grosjean & Traverso, 1998). Dès les années 1970 cependant, la prise en compte des discours « institutionnels »[1] (Drew & Heritage, 1992) ou « professionnels »[2] (Candlin, 2002) a fait émerger une conception moins idéalisée des interactions sociales et de leur dimension langagière. Les travaux portant sur des pratiques professionnelles diverses ont en effet mis en évidence que les situations d'interaction s'articulent parfois à des activités collectives très élaborées, qui sollicitent de la part des agents des mécanismes de coordination d'une grande complexité. De manière plus générale, l'analyse des discours en situation de travail a entraîné une complexification du schéma dyadique initial, qui tient notamment aux trois ensembles de faits qui suivent.

a) Les activités de travail mobilisent très souvent des interactions impliquant plus de deux participants ; la parole y circule selon des modalités parfois très fluctuantes, au sein de « regroupements » d'individus qui assument des positions distinctes dans des tâches prises en charge collectivement (voir Grosjean & Lacoste, 1999, p. 61). L'analyse doit dès lors, conformément aux propositions de Goffman (1987, pp. 138ss), envisager des « cadres participatifs » complexes comportant notamment des « formats de réception » multiples[3], et elle doit prendre en compte les spécificités structurelles, illocutoires et relationnelles propres aux échanges polylogaux[4].

---

[1] Drew & Heritage (1992, p. 22) définissent le discours institutionnel comme suit : « Institutional interaction involves an orientation by at least one of the participants to some core goal, task or identity (or set of them) conventionally associated with the institution in question ».

[2] Sarangi & Roberts (1999, pp.14ss) proposent une distinction entre les « discours institutionnels » et les « discours professionnels ».

[3] On rappellera que Goffman (1987) distingue globalement deux catégories de récepteurs : les *destinataires ratifiés* – directs ou indirects – et les *destinataires non ratifiés*, lesquels peuvent consister soit en des *témoins ratifiés*, soit en des *intrus*.

[4] Pour un inventaire et une illustration des principales propriétés des trilogues ou polylogues dans le domaine francophone, voir Kerbrat-Orecchioni & Plantin (1995).

b) Le caractère unique et homogène du foyer attentionnel (ou *focal event*, selon Duranti & Goodwin, 1992) ne résiste pas non plus à la réalité des pratiques observées en situation de travail : comme le remarque Lacoste à propos du travail infirmier, « des activités multiples se succèdent, mais aussi se déroulent en parallèle, ou se recoupent : loin d'être monotonement linéaire, l'univers de l'action se révèle feuilleté, intriqué, enchevêtré » (1995b, p. 38). Dans ce contexte, la parole ne peut plus être conçue comme focalisée sur une tâche unique ; elle constitue au contraire un instrument de régulation et de coordination majeur pour faire face à cet enchevêtrement de l'univers de l'action.

c) Enfin, si la part langagière du travail est à la fois déterminante et en expansion (voir Boutet, 1998 et ici même), l'univers du travail ne se réduit pas à des prises de parole, mais se caractérise aussi par des interventions corporelles dans des environnements matériels et technologiques fortement structurés (voir Boutet & Gardin, 2001, p. 97). Si l'on admet, avec Goffman, que « l'habitat naturel de la parole est un lieu où la parole n'est pas toujours présente », et que « l'étude du comportement verbal nous entraîne plaisamment vers l'étude du comportement sans parole » (1988, p. 145), il devient urgent de dépasser une conception verbocentrique de l'interaction et de déplacer le regard du langage vers l'observation de « l'histoire événementielle des activités réelles des sujets en situation » (Brassac, 2001, p. 245).

Cette complexification du prototype dyadique a produit des bouleversements majeurs dans le champ de la linguistique de l'interaction. Au plan théorique, l'étude des discours institutionnels a nourri la réflexion des linguistes à propos de la notion de *contexte* : elle a par exemple alimenté les controverses entre des conceptions déterministes et émergentistes de l'usage du langage (voir Gumperz, 1982, 1999 ; Duranti & Goodwin, 1992) ; elle a donné lieu également à des définitions « locales » et « globales » du contexte (Cicourel, 1992) ; enfin, elle a conduit à dépasser l'étude des conditions de production du discours en termes de « paramètres situationnels » (Brown & Fraser, 1979), pour instituer le concept d'*action* comme pièce maîtresse de l'analyse du discours (Scollon, 2001 ; Filliettaz, 2002, 2004b, 2004d). Au plan méthodologique, la prise en compte des discours institutionnels a généré des démarches interdisciplinaires (voir Borzeix & Fraenkel, 2001), dans lesquelles les rapports entre théorie et pratique se trouvent profondément repensés, et dans lesquelles des analyses multidimensionnelles sont jugées seules à même de rendre compte de « l'épaisseur » des mécanismes en jeu dans l'organisation des discours situés (voir Sarangi & Roberts, 1999, p. 1).

Cet article se propose de contribuer au développement des théories de l'interaction par l'étude d'une situation de travail se caractérisant par sa complexité, son instabilité et par la variabilité des rapports entre les actions et les processus langagiers qui les médiatisent. Il vise à préciser à quelles conditions l'étude des conduites verbales peut être enrichie, d'une part par des données ethnographiques issues d'une observation participante, d'autre part par une approche « multimodale » qui met les productions langagières en lien avec d'autres modalités matérielles d'intervention finalisée dans l'environnement (LeVine & Scollon, 2004).

Nous nous centrerons sur le fonctionnement de l'activité en milieu industriel et plus particulièrement sur les stratégies de coordination locale et située que mobilisent les opérateurs en charge d'un process de fabrication. Plusieurs questions seront au centre de la démarche : Comment les opérateurs font-ils face aux contraintes multiples et parfois contradictoires qui déterminent leur engagement dans la situation d'action ? Comment parviennent-ils à s'orienter dans des situations d'action dans lesquelles le travail collectif se fragmente en une pluralité de foyers ? Comment s'y prennent-ils pour garantir un engagement équilibré dans les différentes sphères d'activité que sollicite leur poste de travail ? Quels rôles jouent les processus langagiers dans la régulation de ces situations d'action ?

2. Présentation des données et de leurs conditions de recueil

Les données qui servent de base empirique à ce travail sont issues d'enregistrements vidéo effectués sur une ligne de production d'une entreprise industrielle spécialisée dans la fabrication de liquides injectables utilisés en milieu hospitalier (poches à perfusion, substituts nutritifs, etc.)[5]. Les situations d'interaction que nous analyserons concernent une étape particulière du process de fabrication : la stérilisation des poches à perfusion. Nous nous centrerons principalement sur le travail réalisé par l'opérateur spécialisé en charge de cette étape du process, l'*opérateur de stérilisation* (OS). Au vu du caractère très spécifique des activités en cours sur ce site, quelques précisions s'imposent à propos des tâches assumées par OS et de l'environnement spatial dans lequel il évolue :

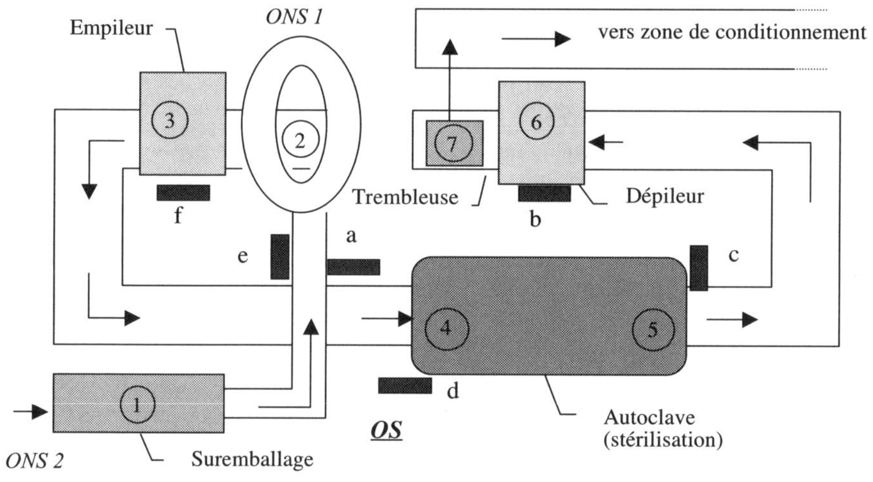

Figure 1 : Le site de stérilisation sur une ligne de fabrication de poches à perfusion[6]

[5] Cette étude s'inscrit dans le programme de recherche « L'analyse des actions et des discours en situation de travail et leur exploitation dans les démarches de formation », subsidié par le Fonds National Suisse de la Recherche Scientifique (crédit 1114-065376). Ce programme analyse la contribution des mécanismes langagiers à l'émergence des formes actionnelles, en comparant trois situations de travail contrastées : les soins infirmiers, l'enseignement d'une langue seconde et la production industrielle (voir Bronckart & Groupe LAF, 2004).

[6] Dans le schéma présenté en Figure 1, les zones grisées désignent des machines associées à des étapes du processus de stérilisation, les rectangles noirs (a-f) représentent des tableaux de commandes, et les bandes fléchées évoquent des tapis ou des rails de convoyage, qui retracent le parcours des poches à perfusion.

Comme l'indique le schéma ci-dessus, le processus de stérilisation constitue une étape intermédiaire du process de fabrication des poches à perfusion. En amont du site de stérilisation (à gauche du schéma), les poches sont automatiquement formées, imprimées et remplies dans une zone stérile, dans laquelle travaillent trois voire quatre « opérateurs de formage-remplissage ». En aval du site de stérilisation (à droite du schéma), les poches sont évacuées vers la zone de conditionnement, où elles sont emballées, étiquetées puis stockées, ce par trois « opérateurs de conditionnement ». Quant à l'étape de stérilisation, elle a pour objectif d'éliminer toute activité bactériologique dans les liquides perfusables, en soumettant l'ensemble des poches produites à une température de 120 °C pendant une durée d'au moins 40 minutes.

Dans ce but, les poches étanches issues de la zone de remplissage suivent un parcours bien spécifique dans le site de stérilisation : elles sont tout d'abord suremballées (1), puis acheminées vers une zone où elles sont disposées à plat, par lots de 50, sur des plateaux de fer (2), lesquels sont progressivement superposés par un « empileur » (3). Les « chars », qui résultent d'une pile de 17 plateaux, sont ensuite évacués de l'empileur, puis acheminés devant l'entrée d'un autoclave (4). Lorsque quatre chars sont constitués, le processus de stérilisation peut prendre place : les chars sont alors guidés dans l'autoclave, et le cycle de stérilisation, d'une durée totale d'environ 140 minutes, peut être lancé. Au terme du programme de stérilisation, les chars sont évacués de l'autoclave (5) et conduits devant un « dépileur » (6), qui va progressivement défaire les piles de plateaux et les orienter sur une « trembleuse » (7). Les poches stériles rejoignent alors un tapis de convoyage qui les dirige vers la zone de conditionnement.

Trois opérateurs sont généralement impliqués dans cette étape du process de fabrication. Un opérateur non spécialisé (ONS 1) est affecté au remplissage manuel des plateaux (2) ; un second opérateur non spécialisé (ONS 2) est en charge d'introduire les poches dans la machine de suremballage (1) ; enfin un opérateur spécialisé de stérilisation (OS) assume la responsabilité de l'équipe. Les tâches de ce dernier consistent non seulement à assurer le bon fonctionnement des cycles de stérilisation (déplacement des chars dans l'autoclave, lancement des programmes de stérilisation, contrôle), mais encore à tenir à jour la documentation Assurance-Qualité en lien avec cette étape du process de fabrication (dossiers de fabrication, procédures, etc.).

La séquence de travail qui retiendra notre attention met en scène un opérateur de stérilisation non-francophone[7] (OS) et un opérateur francophone de maintenance (OM), qui cherche à résoudre différents dysfonctionnements signalés sur le site de stérilisation. L'extrait retranscrit ci-dessous à partir d'un enregistrement vidéo porte sur un segment de 2 minutes de cette rencontre, période durant laquelle OS va tenter de faciliter le travail diagnostic de OM tout en faisant face aux nombreuses autres contraintes qui sont liées à la poursuite du process de fabrication. Deux objets de dysfonctionnement seront ici successivement abordés par les interactants, dans des espaces distincts du site de stérilisation : un problème de guidage manuel en lien avec l'entrée des chars dans le dépileur (6), problème pour lequel OM et OS décident de procéder à une simulation (00:00 – 00:17) visant à déterminer si des plateaux sont endommagés (00:50 – 01:43) ; et un problème de réglage d'un capteur identifié dans la zone d'évacuation de l'empileur (3) (01:51). Entre ces deux temps de la rencontre, OS reçoit un appel téléphonique de la part d'un opérateur de remplissage (OR), qui lui signale que l'opératrice en charge de la

[7] Le caractère exolingue de cette interaction doit être mentionné pour comprendre la nature de certaines formulations attestées. Cette spécificité de la communication ne fera cependant pas l'objet d'une attention approfondie dans la démarche d'analyse présentée ici.

suremballeuse (1), ONS 2, a quitté son poste de travail, et que les poches s'accumulent à la sortie de la zone de remplissage (00:17 – 00:50). Cet événement imprévu va obliger OS à quitter momentanément OM afin de remplacer ONS 2 à son poste de suremballage (01:54)[8] :

00:00			OM saisit des commandes sur l'écran de contrôle (a) Un char entre dans le dépileur (6)
00:06			OM et OS se replacent devant la trembleuse (7)
00:11	OM > OS :	laissons comme ça on va voir le bordel que ça fout . là-bas derrière il y a une bande qui est qui est pas bonne . sur la bande juste à l'entrée <ouais ouais>	
00:17			le téléphone de OS sonne
00:25	OS > OR :	oui allo . oui ..	OM se penche à l'intérieur du dépileur ; OS répond au téléphone
00:30		pourquoi .. elle est MAlade ou bien cette nana .. ah : .. attends voir attends . j'ai des problèmes là OK . ciao	OS s'avance pour observer le poste de suremballage (1); OM suit et observe OS
00:50	OM > OS :	de toutes façons un plateau quand il est dedans il doit pas pouvoir être coincé	OS raccroche, revient vers OM mais continue de regarder vers le poste de suremballage
00:55			OS et OM s'avancent vers le dépileur et se penchent pour regarder à l'intérieur
01:00	OS :	qu'est-ce tu dis	
01:01	OM :	un plateau quand il MONTE . <ouais> pour chercher le le suivant <mhmm> .. on a AUcune raison de coin de casser le plateau	
01:12	OS :	de toutes façons il arrête à une hauteur hein <ouais ouais> il va pas : monter	
01:16	OM :	il il va pas plier la hauteur qui reste <voilà ouais> est plus grande que la hauteur d'un plateau . <voilà> on peut pas le casser <voilà> .	
01:23	OS :	mais il casse pas simplement . tu peux pas quittancer pour descendre . tu vois . tu peux pas donner priorité là : manuel descendre avec le bouton	OS se recule et pointe en direction du tableau de commande manuel du dépileur (b)
01:33	OM :	tu dois pouvoir passer en init c'est pas possible	
01:35	OS :	voilà	
01:36	OM :	non : . tout à l'heure on l'a fait . on l'a fait et	

[8] Conventions de transcription : la colonne de droite rassemble des conduites non verbales (les chiffres et les lettres renvoient à la Figure 1) ; la colonne centrale retranscrit les propos échangés par les interactants ; les chevrons (>) marquent des relations d'interlocution ; les points (.) (..) indiquent des pauses de durée variable ; les (:) marquent des allongements vocaliques ; les chevauchements sont indiqués par des soulignements ; les segments entre chevrons (< >) désignent des signaux d'écoute qui se superposent totalement au discours du locuteur ; les MAJUSCULES mettent en évidence des segments accentués ; les segments intranscriptibles sont désignés par des XXX.

		on s'est <ouais> mis en init	
01:43	OS :	ouais . écoute je vais vite voir là-bas sur le machine . je suis juste à côté	OS pointe en direction de la suremballeuse (1)
01:49	OM :	ouais ouais . bon XX je laisse . on verra	
01:51	OS :	tu tu regardes là-bas . <ouais ouais> pour le : hein	OS pointe en direction de l'empileur (3)
01:54			OS se dirige vers la suremballeuse (1)
02:01	OS :	ces nanas elles font chier	OM se déplace vers l'empileur (3)

Cet extrait nous suggère plusieurs observations, qui confirment la nécessité d'une approche praxéologique de ce type de données (voir § 1.). En effet, si on prend en considération les circonstances locales dans lesquelles les productions discursives prennent place, on est tout d'abord conduit à constater la relative complexité de la configuration des actions accomplies durant cette séquence de travail : la situation d'action ne se ramène pas à la réalisation conjointe d'une tâche unique et homogène (comme le seraient par exemple certaines transactions de service ou une prise de rendez-vous par téléphone), mais elle renvoie à la prise en charge de tâches multiples, qui impliquent une pluralité d'instances d'agentivité et des mécanismes de coordination eux-mêmes complexes. Plus spécifiquement, on peut observer que l'orientation de OS dans la situation d'action prend la forme d'un engagement discontinu dans une pluralité de tâches qu'il doit assumer successivement : la contribution à une activité diagnostique, la participation à une conversation téléphonique, la prise en charge du poste de suremballage, etc. De ce point de vue, la situation d'action se caractérise non seulement par sa complexité, mais encore par sa grande instabilité. Une régulation constante de l'activité est ici nécessaire, qui implique de redéfinir en permanence les modalités de participation au cours d'action (voir Theureau, 1992).

Cette séquence fait également apparaître l'importance des conduites langagières dans ce processus de régulation de la situation d'action. OS et les co-agents avec lesquels il coopère ne se contentent pas d'intervenir physiquement dans l'environnement, mais ils recourent à des formes discursives pour coordonner leurs engagements et mener à bien certaines des tâches qui leur sont assignées. Ces productions langagières apparaissent comme fortement dépendantes des cours d'action auxquels elles s'articulent. Coupées de leur situation d'action, elles demeurent opaques, difficilement interprétables, et leur organisation ne peut être décrite de manière véritablement satisfaisante.

C'est la raison pour laquelle il importe de réinvestir ces premières observations, et de chercher à développer des catégories conceptuelles et des instruments d'analyse explicites permettant de rendre compte à la fois de la complexité de cette situation d'action et de son lien avec les processus discursifs qui la médiatisent. C'est à une telle démarche que seront consacrés les paragraphes suivants.

3. La complexité configurationnelle comme polyfocalisation des cadres actionnels

Dans le second volume de *La mise en scène de la vie quotidienne*, Erving Goffman (1973b) fait remarquer que les regroupements d'individus sur la scène publique peuvent donner lieu à des configurations de participation très variables. Il propose à cet égard de distinguer deux modalités de regroupements : les regroupements *non focalisés* (*unfocused gathering*), dont les piétons ou les patients d'une salle d'attente constituent des exemples emblématiques, et qui consistent en de simples juxtapositions d'individus seuls ou « ensemble », qui partagent une même situation sociale[9] et un espace perceptuel commun, mais sans pour autant l'investir d'un engagement réciproque et mutuellement ratifié autour d'un enjeu collectif ; et les regroupements *focalisés* (*focused gathering*), qui concernent en revanche des individus qui non seulement partagent une situation sociale, mais encore l'investissent d'une « rencontre », et qui ainsi « se ratifient mutuellement comme soutiens autorisés d'un objet particulier d'attention visuelle et cognitive » (Goffman, 1988, p. 147). La conversation, les jeux ou la danse permettent d'illustrer cette seconde catégorie.

En complément à cette distinction, Goffman (1973a, p. 105) observe que certaines situations d'interaction se structurent autour d'un pluralité de « foyers », qu'elles « sont constituées de noyaux distincts ou de groupes d'interaction verbale », et qu'elles sont donc, de ce point de vue, « polyfocalisées ». C'est le cas par exemple des réceptions ou des cocktails, qui se fragmentent en une pluralité de regroupements d'individus, et qui donnent lieu à une multitude de foyers conversationnels juxtaposés.

A l'évidence, la situation d'action qui nous intéresse ici relève de cette troisième catégorie, et ce à double titre. D'une part parce que, comme nous l'avons relevé, elle se structure autour d'une pluralité de foyers praxéologiques, qui sont activés tantôt simultanément, tantôt de manière alternée : l'activité diagnostique par OM et OS, le remplissage des plateaux par ONS 1, le suremballage des poches par OS et ONS 2, la conversation téléphonique entre OS et OR. Et d'autre part parce qu'elle place OS devant la nécessité de contribuer simultanément à une démarche d'optimisation de l'appareil de production et à l'accompagnement d'un process de fabrication. De ce point de vue, on doit considérer que c'est aussi bien la configuration d'action elle-même que l'engagement de OS dans celle-ci qui présentent un caractère polyfocalisé.[10]

En définitive, la complexité configurationnelle attestée dans le segment d'interaction étudié ici ne résulte pas seulement de la pluralité des individus qui y prennent part ni même des potentialités d'interlocution qui s'en trouvent générées au plan des « schémas participatifs ». Elle repose de manière plus profonde sur une stratification de la situation d'action, qui renvoie à un « cadrage de l'expérience » bien particulier, dans lequel se découpent plusieurs «régions »[11], en lien avec des activités qui reposent sur des prémisses organisationnelles singulières, et que permet d'expliciter l'emboîtement des cadres schématisé ci-dessous :

[9] Goffman définit la situation sociale comme « un environnement fait de possibilités mutuelles de contrôle, au sein duquel un individu se trouvera partout accessible aux perceptions directes de tous ceux qui sont *présents* et qui lui sont similairement accessibles » (1988, p. 146).

[10] Dans Filliettaz (2002, pp. 97ss), nous proposons de distinguer les notions de « polyfocalisation configurationnelle » et de « polyfocalisation individuelle ».

[11] Pour Goffman (1973a, p. 105), une *région* se définit comme « un lieu borné par des obstacles à la perception ».

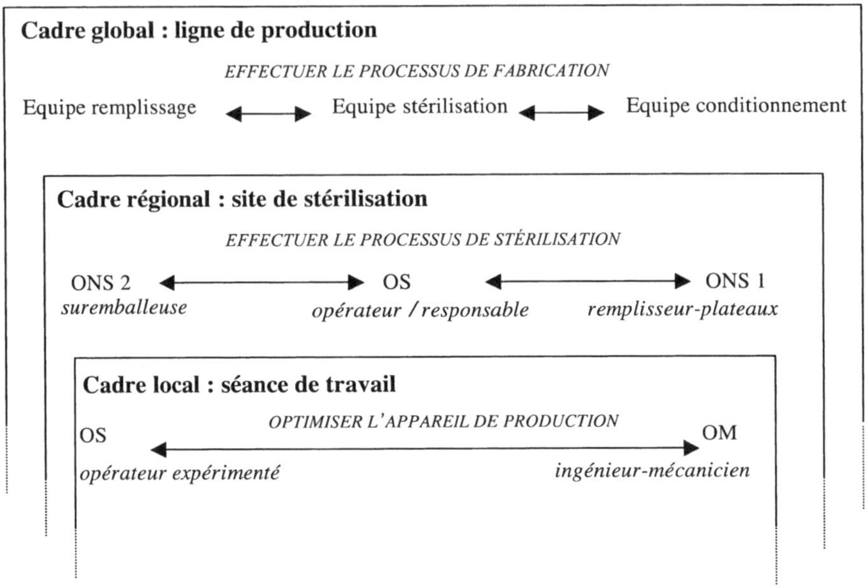

Figure 2 : Polyfocalisation et stratification des cadres actionnels

La stratification des cadres actionnels proposée ci-dessus confirme l'intuition goffmanienne selon laquelle « un tas de choses différentes peuvent trouver place en même temps dans la plupart des situations » (1991, p. 17), et donc que « nous utilisons à tout moment plusieurs cadres» (*ibid.,* p. 34). Elle permet en outre d'expliciter le fait qu'une pluralité d'enjeux transparaissent dans la situation d'action, qui renvoient à des configurations de participation distinctes, et qui mobilisent des modalités d'engagement, des identités situées[12] et des mécanismes discursifs qui ne doivent pas être confondus. C'est pourquoi il importe de spécifier chacune des strates séparément, avant de déterminer comment elles se combinent au fil du déroulement de l'interaction.

3.1. Le cadre local : la séance de travail

La séance de travail qui réunit ponctuellement OS et OM constitue qualitativement et quantitativement une activité essentielle dans cette situation d'interaction. A ce niveau local, l'enjeu de la rencontre repose sur une analyse du site de stérilisation en vue d'optimiser le fonctionnement de l'appareil de production. Des tâches bien particulières sont affectées à une telle activité conjointe : l'identification de dysfonctionnements, la pose de diagnostics, la négociation de solutions, la prise de décisions, etc. Dans cette activité fortement engageante aux plans cognitif et relationnel, les agents assument des identités praxéologiques distinctes : OS participe à l'activité diagnostique en tant qu'opérateur spécialisé, reconnu pour sa longue

[12] La problématique des identités que les agents assument dans les activités dans lesquelles ils sont engagés a fait l'objet d'une abondante littérature. Pour quelques éclairages sur cette question, voir Zimmerman (1998).

expérience et pour l'expertise qu'il a su faire valoir ; OM s'engage dans l'activité au titre d'ingénieur mécanicien en charge de la maintenance de cette ligne de production.

Les « prémisses organisationnelles » attachées au cadre local ne sont pas sans liens avec les réalités langagières, dès lors que l'activité diagnostique mobilise de manière prépondérante la circulation de la parole et sollicite abondamment des genres discursifs comme par exemple le récit (raconter une panne), l'explication (exposer un diagnostic) ou la négociation (prendre une décision collectivement).

De plus, cette rencontre conduit à une forme d'interaction spécifique des opérateurs avec les objets matériels présents dans l'environnement, et plus particulièrement avec les instruments composant la ligne de fabrication des poches. En effet, dans leurs tâches diagnostiques, OS et OM sont souvent conduits à opérer des simulations sur les machines dont ils évaluent les performances. Dans ce cas, les objets qu'ils manipulent ne constituent pas seulement de stricts « objets-outils »[13], mais aussi des « artefacts cognitifs » (Norman, 1993), c'est-à-dire qu'ils servent de supports pour l'activité réflexive et de ressources pour penser et conceptualiser les problèmes à résoudre.

3.2. Le cadre régional : le site de stérilisation

La séance de travail qui organise le cadre local n'est ni autonome, ni « décontextualisée ». Au contraire, elle prend place durant la poursuite du process de fabrication (et non pendant l'arrêt de la ligne), et elle se trouve ainsi emboîtée dans un cadre qui la détermine fortement, et qui renvoie aux activités en lien avec le processus de stérilisation. A ce niveau, la situation s'organise autour d'enjeux, de tâches et d'identités praxéologiques bien particuliers. Le site de stérilisation implique en effet un collectif de trois opérateurs, qui assument des fonctions et des tâches distinctes dans un espace perceptuel commun, et qui contribuent collectivement à la réalisation d'une étape du process de fabrication : ONS 2 effectue le suremballage des poches ; ONS 1 dispose les poches sur les plateaux ; et OS prend en charge les cycles de stérilisation, diverses tâches ponctuelles, et la supervision de l'ensemble du processus.

La réalisation collective du processus de stérilisation n'évacue pas la dimension langagière du travail, mais elle assigne aux réalités discursives des fonctions spécifiques, différentes de celles qui président à l'activité diagnostique. Dans ce cadre régional, la parole intervient en effet ponctuellement dans des « séquences d'action-communication » (voir Lacoste, 1995a) : elle initie l'action, l'évalue, la commente, la supporte, mais elle s'autonomise rarement des cours d'actions non langagières dans lesquels elle prend place. De ce point de vue, elle ne fonctionne pas « comme » une activité à part entière, mais intervient « dans » des activités finalisées, dont les enjeux dépassent celui de l'intercompréhension langagière (voir Filliettaz, 2002, 2004a).

Enfin, la régulation du cadre régional implique nécessairement des formes d'interactions entre les opérateurs et les objets matériels qui peuplent la situation d'action. Les machines font figure ici d'« objets-outils », conçus pour étendre les possibilités d'intervention des agents dans l'environnement, et non d'objets de simulation, destinés à supporter une activité cognitive indépendante du process de fabrication.

---

[13] Une distinction entre *objets-outils* et *artefacts informationnels* est proposée dans Grosjean & Lacoste (1999, p. 41).

3.3. Le cadre global : la ligne de production

L'analyse peut cependant difficilement s'arrêter à la prise en compte de ces deux cadres. Au-delà de ce « lieu borné par des obstacles à la perception », existent en effet d'autres « régions », dont l'organisation n'est pas sans effets sur les opérateurs engagés dans le site de stérilisation : ce qui se passe en amont (le remplissage des poches) et en aval (le conditionnement) détermine profondément les conditions dans lesquelles s'effectuent le processus de stérilisation et l'activité diagnostique. C'est pourquoi il semble nécessaire de considérer que la régulation du cadre régional est elle-même déterminée par un cadre superordonnant, qu'on peut qualifier de global, et qui renvoie au fonctionnement de la ligne de production dans son ensemble.[14]

A ce niveau, les enjeux consistent pour trois équipes spatialement disjointes à coordonner le travail afin de permettre un fonctionnement continu de la ligne de production et d'assurer un process de fabrication conforme aux normes de qualité. Les individus y assument donc une identité collective, dès lors qu'ils intègrent soit « l'équipe de remplissage », soit « l'équipe de stérilisation », soit « l'équipe de conditionnement ».

Les pratiques discursives associées à ces mécanismes de coordination sont fréquentes. Elles prennent le plus souvent la forme de brèves conversations téléphoniques ou d'échanges mimés devant les fenêtres qui « communiquent » d'une zone à l'autre.

Décrire la situation d'action de notre séquence de travail comme une stratification des cadres actionnels contribue à spécifier les bases organisationnelles sur lesquelles se fonde la complexité de l'activité observée. Plus particulièrement, elle permet de souligner le caractère multi-orienté des engagements de OS, qui se trouve dans une position à partir de laquelle il doit satisfaire simultanément aux attentes en lien avec une triple posture identitaire : celle d'un *expert*, qui l'engage dans l'activité diagnostique conduite avec OM ; celles d'un *opérateur* et d'un *responsable*, qui découlent de son implication dans le processus de stérilisation ; et celle d'un *membre d'une équipe de production*, qu'il assume collectivement avec l'ensemble des opérateurs en charge de cette ligne de fabrication.

La question qui se pose dès lors est de mieux comprendre comment OS gère cette stratification de la situation d'action, comment il s'oriente dans cette configuration poly-focalisée, et comment il concilie les multiples facettes de l'identité praxéologique qu'il assume dans son travail. Répondre à cette question implique d'une part de prêter attention aux réorientations permanentes dont l'activité collective fait l'objet, et d'autre part de prendre en considération le rôle des mécanismes discursifs dans la régulation de cette instabilité configurationnelle.

4. La régulation discursive de l'instabilité configurationnelle

Comme nous l'avons déjà relevé, l'engagement des opérateurs dans la situation d'action s'opère ici de manière discontinue, et l'organisation globale du cours d'action présente à certains égards un caractère largement instable. Par conséquent, le foyer attentionnel de OS glisse en

[14] D'autres cadres englobants pourraient être envisagés : les autres lignes de production, l'organisation de l'entreprise, le fonctionnement des échanges économiques, etc. Mais ceux-ci ne paraissent pas directement liés à l'étude conduite ici, d'une part parce que nous nous en tenons à une micro-analyse des conditions de production du discours, et d'autre part parce que ces déterminants transversaux se manifestent peu dans la portion d'activité qui fait l'objet de notre étude.

permanence d'un cadre à un autre, ce qui entraîne de fréquentes reconfigurations de l'activité collective. Selon nous, cet effet de morcellement découle directement de la nature polyfocalisée de la situation d'action, et il constitue précisément pour OS un moyen de garantir un engagement équilibré dans les multiples cadres qui structurent la configuration d'action.

La prise en considération des mécanismes liés à l'instabilité configurationnelle implique, comme Grosjean & Traverso (1998) l'ont bien montré, un changement de perspective dans l'analyse des interactions. Plus particulièrement, elle impose de décrire les situations d'action « en coupe », et non plus seulement « en durée ». Si l'on adopte un tel point de vue sur notre séquence de travail, on est conduit à effectuer, dans l'extrait d'interaction retranscrit ci-dessus, quatre « coupes » qui délimitent quatre configurations d'action successives et qui constituent autant de modalités différentes d'organisation de l'activité collective.

L'objectif des paragraphes suivants est donc de proposer une démarche d'analyse plus dynamique, qui cherche à aborder l'organisation de la situation d'action dans sa linéarité et sa séquentialité. Dans cette optique, il s'agira de présenter successivement ces quatre modalités d'organisation de l'activité collective, et de décrire succinctement non seulement leurs propriétés configurationnelles, mais encore les formes et les fonctions des processus discursifs qui s'y trouvent attestés.

4.1. Configuration 1 : la simulation

Dans l'épisode initial de notre extrait, OS et OM poursuivent une activité qu'ils conduisent conjointement depuis près de trente minutes devant l'empileur (position 6 dans le schéma de la Figure 1). OS a signalé à OM des dysfonctionnements dans le système de guidage automatique des chars, et plus particulièrement dans la phase d'entrée des chars dans le dépileur. Après avoir envisagé plusieurs hypothèses, OS et OM décident de procéder à une simulation consistant à faire entrer manuellement un char dans le dépileur afin de déterminer si des blocages se produisent et si des plateaux sont endommagés. Au moment précis où commence la séquence, OM actionne le tableau de commande et donne l'ordre d'introduire le char dans le dépileur :

00:00			OM saisit des commandes sur l'écran de contrôle (a) Un char entre dans le dépileur (6)
00:06			OM et OS se replacent devant la trembleuse (7)
00:11	OM > OS :	laissons comme ça on va voir le bordel que ça fout . là-bas derrière il y a une bande qui est qui est pas bonne . sur la bande juste à l'entrée <ouais ouais>	

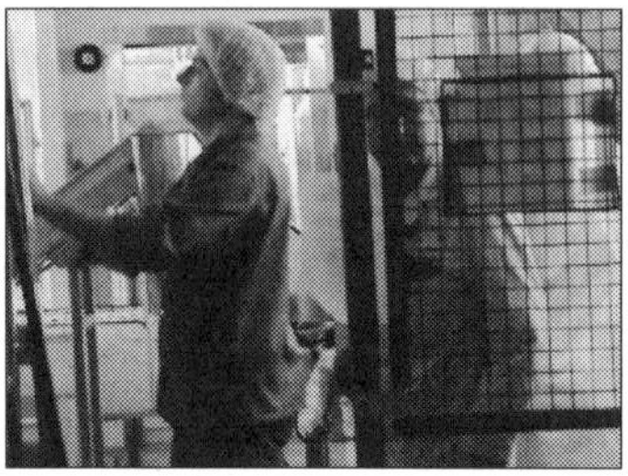

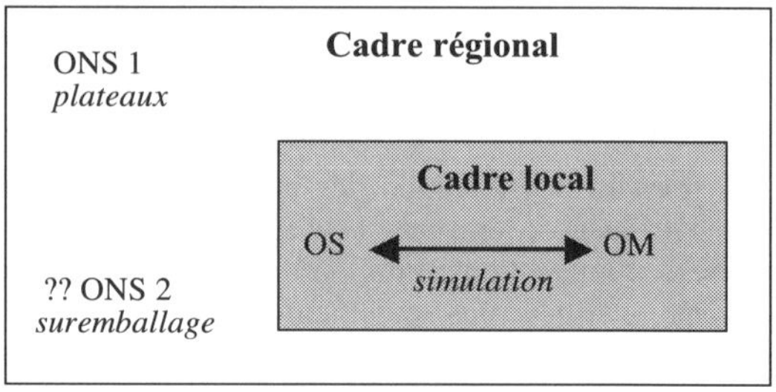

Dans cet épisode initial, OS (à droite dans l'image ci-dessus) focalise essentiellement son attention sur le cadre local[15], centré sur une opération de simulation destinée à optimiser le fonctionnement de l'appareil de production. Dans ce cadre, il conduit une action conjointe avec OM (à gauche dans l'image ci-dessus) et assume à son égard un engagement réciproque et complémentaire consistant à observer les déplacements du char pendant que OM actionne les commandes. En dépit d'une focalisation évidente sur une tâche diagnostique, les activités en cours dans cette brève séquence d'interaction ne sont pas sans liens avec les enjeux qui président au processus de stérilisation dans son ensemble. En effet, on doit considérer que l'entrée manuelle du char dans le dépileur présente de ce point de vue un double statut : a) à l'égard de l'activité diagnostique, elle constitue une condition nécessaire pour obtenir un certain nombre d'informations sur le fonctionnement de l'appareil de production ; b) par rapport au processus de stérilisation, elle consiste à amorcer le dépilage des plateaux et donc à anticiper l'évacuation des poches en direction de la zone de conditionnement. Ainsi, on peut considérer que l'entrée manuelle du char dans le dépileur assume à la fois une fonction « instrumentale » par rapport au processus de stérilisation, et une fonction « cognitive » par rapport à l'activité diagnostique.

Au même instant, les autres opérateurs co-présents dans le cadre régional poursuivent des actions individuelles en lien avec le processus de stérilisation : on peut observer ONS 1 (de dos et en blouse blanche à l'arrière-plan de l'image ci-dessus) qui dispose les poches sur des plateaux, et on suppose que ONS 2 occupe son poste de suremballage, ce qui sera infirmé par la suite (voir § 4.2.).

Si cette séquence d'activité n'évacue pas la dimension langagière, elle comporte cependant des formes discursives dont l'organisation présente un caractère relativement élémentaire. Au plan du « cadre participationnel » (Goffman, 1987), on peut observer par exemple que la parole circule au sein d'une dyade stabilisée, dans laquelle OS et OM interagissent oralement dans un même espace-temps, et occupent alternativement les positions de *locuteur* et d'*allocutaire*. Les mécanismes de structuration de la conversation sont eux aussi minimalement déployés, dès lors que cette brève séquence compte principalement deux interventions[16] faiblement textualisées : la

[15] Le schéma ci-dessus ainsi que ceux qui seront présentés par la suite se fondent sur les conventions suivantes, partiellement reprises de Filliettaz (2002, chap. 2) : les zones grisées désignent les cadres qui font l'objet d'une focalisation de l'attention de OS ; les flèches décrivent des engagements, qui se distinguent à la fois par leur direction (univoque *vs* réciproque) et leur degré de force (trait normal *vs* trait marqué en gras).

[16] Les notions d'*intervention* et d'*échange* renvoient au modèle hiérarchique d'analyse des dialogues développé dans les travaux genevois, et à la conception de la textualité qui lui est associée (voir Roulet, Filliettaz & Grobet, 2001 ; Filliettaz & Roulet, 2002 ; Filliettaz, 2004c).

première (« laissons comme ça on va voir le bordel que ça fout »), produite par OM, ne donne même pas lieu à un échange ; la seconde, produite par le même locuteur (« là-bas derrière il y a une bande qui est qui est pas bonne . sur la bande juste à l'entrée »), initie un échange minimal que OS va ratifier succinctement (« <ouais ouais> »).

Cet éclatement des structures conversationnelles s'explique par la grande dépendance des productions langagières à l'égard des cours d'action dans lesquels elles prennent place. En effet, les formes discursives ne ponctuent ici que localement le processus praxéologique, et assument à son égard des fonctions bien spécifiques :

a) La première intervention de OM (« laissons comme ça on va voir le bordel que ça fout ») énonce un commentaire à l'égard de la simulation amorcée. Elle véhicule des représentations que l'opérateur construit à propos des actions non langagières qu'il vient d'accomplir, et atteste d'une attitude réflexive à l'égard de son intervention dans l'environnement.

b) La seconde intervention de OM vise à porter l'attention de OS sur une bande qui fait obstacle à l'entrée du char dans le dépileur (« là-bas derrière il y a une bande qui est qui est pas bonne . sur la bande juste à l'entrée »). Elle permet de préfigurer une intervention de OS dans l'environnement au moyen d'un acte directif indirect, qui initie ce que Grosjean & Lacoste (1999) identifient comme un *échange opérationnel de coaction*. De ce point de vue, l'intervention de OM contribue à une régulation de l'activité non langagière.

4.2. Configuration 2 : l'appel téléphonique

En réalité, OS n'aura pas véritablement l'occasion de satisfaire la requête indirecte de OM et de clore « par l'acte » l'échange opérationnel de co-action initié par son interlocuteur. En effet, à peine la simulation est-elle amorcée, qu'il est interrompu par un appel téléphonique de l'opérateur responsable de la zone de remplissage (OR), qui l'informe que l'opératrice de suremballage (ONS 2) a quitté son poste, et que les poches s'accumulent à la sortie de la zone de remplissage, ce qui pourrait occasionner des perturbations dans le fonctionnement global de la ligne :

00:17			le téléphone de OS sonne
00:25	OS > OR :	oui allo . oui ..	OM se penche à l'intérieur du dépileur ; OS répond au téléphone
00:30		pourquoi .. elle est MAlade ou bien cette nana .. ah : .. attends voir attends . j'ai des problèmes là OK . ciao	OS s'avance pour observer le poste de suremballage (1); OM suit et observe OS

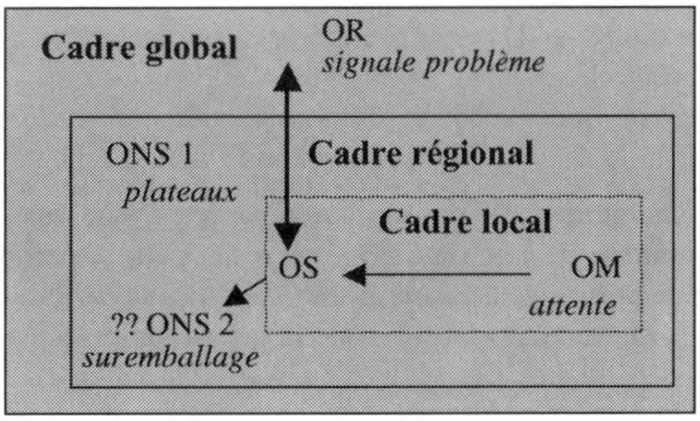

L'interruption que constitue l'appel téléphonique produit plusieurs effets dans la situation, et elle opère de profonds bouleversements de la configuration d'action :

a) Elle provoque une réactivation du cadre global, ainsi qu'une réorientation de l'engagement d'OS en direction des mécanismes de coordination qui régissent la ligne de production. A ce niveau, OS accomplit une action conjointe avec OR, qui lui signale des dysfonctionnements sur le site de stérilisation.

b) Cette réorientation conduit OS à se désengager à l'égard du cadre local, dont on observe la désactivation progressive mais temporaire de l'activité diagnostique, comme le montrent les indices posturo-gestuels suivants : OS s'éloigne progressivement du dépileur pour chercher un contact visuel avec son interlocuteur, qu'il peut entrevoir par la fenêtre séparant les deux zones de production ; de son côté, OM poursuit seul pendant un temps l'activité diagnostique en se penchant à l'intérieur du dépileur (voir illustration ci-dessus), avant de se redresser et de suivre OS en adoptant ainsi une posture d'attente à l'égard de la reprise de l'activité diagnostique.

c) Mais cette réorientation ne produit pas seulement des effets aux plans local et global ; elle conduit également OS à focaliser son attention sur le cadre régional, comme en atteste son déplacement en direction du poste de suremballage, destiné à vérifier les informations transmises par OR. ONS 1 poursuit quant à lui sa tâche individuelle de constitution des plateaux.

On mesure bien ici la complexité configurationnelle de la situation d'action et surtout la position particulière qu'occupe OS, qui se trouve engagé dans trois foyers praxéologiques distincts : il assume à la fois une tâche de coordination du process de fabrication et une tâche de supervision du processus de stérilisation, tout en faisant l'objet d'une invitation à se réengager dans une tâche diagnostique.

De ces trois foyers praxéologiques, seul le premier – qui porte sur le cadre global – fait l'objet d'une médiation langagière. Peu d'éléments d'analyse peuvent être développés à propos de cette brève conversation téléphonique, dont seules les répliques de OS ont fait l'objet de l'enregistrement. Quelques observations s'imposent cependant à propos de la participation des agents au processus conversationnel. Contrairement au schéma participatif qui présidait à l'activité de simulation (§ 4.1.), la conversation téléphonique prend place selon des modalités matérielles bien particulières : OS et OR partagent un même référentiel temporel, mais des espaces perceptuels partiellement disjoints ; ils assument alternativement les positions de *locuteur* et d'*allocutaire*, alors que OM, en se rapprochant, s'impose progressivement comme un *témoin ratifié*. A cet égard se produit une légère ambiguïté, que le cadrage du film ne permet pas de lever. Il semble en effet difficile de déterminer si l'intervention « attends voir attends . j'ai des problèmes là » est adressée à OR ou si elle est adressée en *a parte* à OM, en « réponse » à sa posture d'attente. Dans le premier cas, on considèrera que OS prolonge son désengagement du cadre local et que OM est maintenu en position de simple *témoin ratifié* ; dans le second, on considérera que OS change momentanément d'*allocutaire* et qu'il négocie avec OM une prolongation de son désengagement de l'activité diagnostique.

Pour clore cette question des rapports que les processus langagiers entretiennent avec l'organisation de l'activité collective, on peut remarquer que les productions verbales de cette séquence prennent la forme d'une activité langagière à part entière, qui renvoie à un genre de discours clairement identifiable : la conversation téléphonique. Pourtant, force est de constater que la dépendance des réalités langagières à l'égard de l'organisation du cours d'action reste importante, surtout si l'on tient compte du fait que ce genre de discours vise précisément à produire des effets dans la situation d'action et à induire des changements dans l'organisation collective du travail.

4.3. Configuration 3 : le diagnostic

La clôture de la conversation téléphonique va rendre possible la poursuite de l'activité diagnostique en lien avec la simulation amorcée précédemment. OS et OM peuvent alors procéder à l'analyse de la position du char dans le dépileur :

00:50	OM > OS :	de toutes façons un plateau quand il est dedans il doit pas pouvoir être coincé	OS raccroche, revient vers OM mais continue de regarder vers le poste de suremballage
00:55			OS et OM s'avancent vers le dépileur et se penchent pour regarder à l'intérieur
01:00	OS :	qu'est-ce tu dis	
01:01	OM :	un plateau quand il MONTE . <ouais> pour chercher le le suivant <mhmm> .. on a AUcune raison de coin de casser le plateau	
01:12	OS :	de toutes façons il arrête à une hauteur hein <ouais ouais> il va pas : monter	
01:16	OM :	il il va pas plier la hauteur qui reste <voilà ouais> est plus grande que la hauteur d'un plateau . <voilà> on peut pas le casser <voilà> .	
01:23	OS :	mais il casse pas simplement . tu peux pas quittancer pour descendre . tu vois . tu peux pas donner priorité là : manuel descendre avec le bouton	OS se recule et pointe en direction du tableau de commande manuel du dépileur (b)
01:33	OM :	tu dois pouvoir passer en init c'est pas possible	
01:35	OS :	voilà	
01:36	OM :	non : . tout à l'heure on l'a fait . on l'a fait et on s'est <ouais> mis en init	

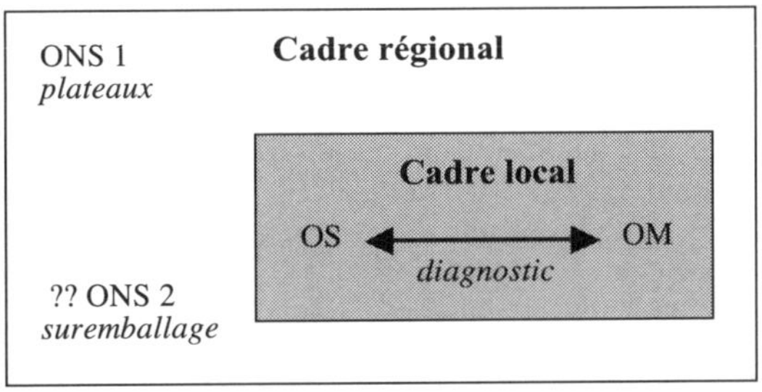

Une configuration d'action à certains égards similaire à celle observée en § 4.1. s'impose ici. C'est en effet sur le *cadre local* que se focalise à nouveau l'attention de OS et OM, qui assument respectivement leur rôle d'*expert* et d'*ingénieur* dans une activité diagnostique mobilisant un investissement cognitif et relationnel important. Il convient cependant de noter que cette action conjointe ne s'impose pas d'emblée aux yeux d'OS, mais qu'elle est précédée d'une étape de transition, durant laquelle il va très progressivement réorienter son foyer attentionnel, comme en témoignent à la fois des marques verbales et posturo-gestuelles. La réactivation du cadre local est en effet initiée abruptement par OM, aussitôt la conversation téléphonique achevée, et avant même que les agents aient regagné leur position initiale devant le dépileur (« de toutes façons un plateau quand il est dedans il doit pas pouvoir être coincé »). Dans cette phase initiale, OS n'est cependant pas encore pleinement engagé dans l'activité diagnostique : au plan proxémique, il maintient une orientation en direction du poste de suremballage et reste en retrait dans le déplacement qu'initie OM en direction du dépileur ; au plan discursif, il formule une demande de clarification (« qu'est-ce tu dis ») qui trahit sa relative inattention à l'égard de l'explication amorcée par OM. Le repli de l'activité sur le cadre local constitue donc un processus lui-même dynamique et non pas immédiat.

De manière analogue, on peut montrer que l'engagement de OS dans l'activité diagnostique est irrégulier, plus particulièrement vers la fin de la séquence, où on observe que les co-agents abandonnent progressivement une situation dans laquelle ils focalisent exclusivement leur foyer attentionnel sur un même objet (ils sont penchés à l'intérieur du dépileur, comme le montre l'image ci-dessus) pour adopter des postures distinctes : OM maintient sa position dans le dépileur alors que OS commence par se redresser (01:23), lance des regards en direction de la zone de stérilisation, puis finit par se reculer insensiblement en proposant, au plan discursif, des marques d'un acquiescement pas franchement convaincu (« ouais ouais »). Se jouent ici les prémisses d'un désengagement programmé du cadre local (voir § 4.4.).

Si, dans ces moments de transition, les mécanismes discursifs jouent un rôle important dans la régulation globale des configurations de participation, ils assument surtout une fonction déterminante dans la gestion du cadre local. En effet, contrairement à ce qui était observé dans les séquences précédentes, les propos échangés ici par les co-agents ne sont pas destinés à réguler, commenter ou évaluer ponctuellement l'activité non langagière. Au contraire, ils médiatisent en grande partie l'activité essentiellement langagière qu'est le diagnostic, et tendent à s'autonomiser pour devenir le lieu même où se déploient les enjeux de l'action conjointe.

Cette centralité des ressources langagières dans l'engagement des co-agents laisse des traces perceptibles dans la complexité des structures conversationnelles attestées dans cette séquence. Les interactants s'engagent dans un véritable processus de négociation[17] dans lequel ils défendent des positions partiellement antagonistes : OM cherche à faire admettre que les plateaux ne risquent rien et qu'aucun problème véritable ne se pose ; OS argumente quant à lui que le système automatique n'est pas au point et qu'il empêche certaines commandes manuelles. Suit un long échange linéaire dans lequel des interventions initiatives et réactives alternent dans une logique de proposition / contre-proposition. L'échange aboutit finalement à une complétude dialogique, mais par « abandon » de OS, qui cesse progressivement de défendre sa position tout en manifestant un certain scepticisme à l'égard de l'explication d'OM.

4.4. Configuration 4 : la réorientation négociée

La raison de l'abandon progressif de OS dans sa négociation avec OM réside dans la permanence du dysfonctionnement identifié précédemment dans le site de stérilisation. Constatant que ONS 2 n'a pas regagné son poste de suremballage, OS se doit de résoudre le

---

[17] Nous entendons ici le terme de *négociation* comme un principe sous-jacent à la textualité dialogique, et non pas nécessairement comme un genre d'activité langagière régie par des principes organisationnels spécifiques. Pour une discussion de diverses conceptions de la négociation, voir Filliettaz (2004c).

problème d'accumulation des poches. Il décide alors de remplacer temporairement sa collaboratrice et de négocier avec OM la réorientation de son engagement :

01:43	OS :	ouais . écoute je vais vite voir là-bas sur le machine . je suis juste à côté	OS pointe en direction de la suremballeuse (1)
01:49	OM :	ouais ouais . bon XX je laisse . on verra	
01:51	OS :	tu tu regardes là-bas . <ouais ouais> pour le : hein	OS pointe en direction de l'empileur (3)
01:54			OS se dirige vers la suremballeuse (1)
02:01	OS :	ces nanas elles font chier	OM se déplace vers l'empileur (3)

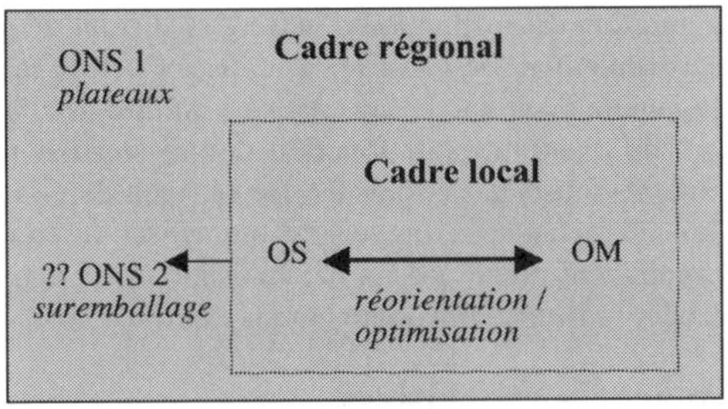

Cette réorientation de l'engagement de OS va produire plusieurs effets au plan de la configuration globale de l'action. Elle va tout d'abord reconvoquer dans le champ attentionnel des interactants les impératifs du processus de stérilisation, et ainsi refocaliser partiellement l'activité sur le cadre régional. Cette réactivation du cadre régional se marque, chez les deux co-agents, à la fois au plan discursif et au plan posturo-gestuel : OS annonce verbalement à OM la réorientation de son engagement (« ouais . écoute je vais vite voir là-bas sur le machine . je suis juste à côté ») tout en détournant son corps en direction du site de stérilisation et en produisant un geste déictique dirigé vers le poste de suremballage ; quant à OM, il ratifie cette réorientation, d'abord en la validant verbalement (« ouais ouais . bon XX je laisse . on verra »), puis en s'orientant à son tour en direction du site de stérilisation (voir l'image ci-dessus).

Cette reconfiguration de la rencontre vient confirmer l'abandon progressif de l'activité diagnostique, et conduit les interactants à renégocier les enjeux qui président au cadre local. S'amorce alors une planification globale de la rencontre, puisque OS invite OM à profiter de cette interruption pour résoudre un autre problème identifié sur la ligne, à savoir le réglage approximatif d'un capteur situé à la sortie de l'empileur (position 3 sur le schéma de la Figure 1) : « tu tu regardes là-bas . <ouais ouais> pour le : hein. ». On peut dès lors considérer que l'activité conjointe conduite par OS et OM au niveau du cadre local s'oriente d'une part vers la réorganisation de la situation d'action et d'autre part vers la poursuite de l'optimisation de l'appareil de production.

Aussitôt cette réorientation négociée, se produit un éclatement de la configuration d'action, puisque OM se déplace en direction du site d'empilage des plateaux pendant que OS regagne le poste de suremballage, non sans manifester son mécontentement à l'égard de cette situation (« ces nanas elles font chier »).

Les productions langagières attestées dans cette séquence présentent une organisation textuelle relativement élémentaire. Deux échanges minimaux y sont développés, tous deux initiés par des interventions de OS et immédiatement ratifiés par OM : le premier échange porte sur la réorientation de l'engagement de OS (« ouais . écoute je vais vite voir là-bas sur le machine . je suis juste à côté » – « ouais ouais . bon XX je laisse . on verra ») ; le second échange permet aux interactants de négocier les activités futures de OM (« tu tu regardes là-bas . <ouais ouais> »).

En dépit du caractère élémentaire de leur construction, ces processus discursifs occupent une place déterminante dans l'organisation de l'activité collective. En effet, on peut constater que les brefs échanges produits par OS et OM permettent de négocier explicitement la reconfiguration de la situation d'action, et surtout de planifier la suite de la rencontre. La parole n'est pas seulement destinée ici à réaliser l'action langagière (voir § 4.3.) ni à réguler l'action non langagière (voir § 4.1.) ou encore à induire des changements dans la situation d'action (voir § 4.2.). Elle a surtout pour fonction de projeter des cours d'action à venir et de préfigurer les engagements futurs des co-agents. De ce point de vue, le recours aux formes langagières devient pour les interactants un moyen de thématiser la situation d'action, et d'expliciter les options qu'ils souhaitent prendre dans l'organisation de l'activité collective. La dimension anticipatoire du discours se trouve ainsi pleinement exploitée (voir De Saint-Georges, 2003).

5. Remarques conclusives

Au fil de cette micro-analyse des configurations d'action et de leurs multiples redéfinitions, nous avons cherché à montrer comment un collectif de travail et un opérateur en particulier sont conduits à reformater en permanence l'orientation de leurs engagements, et à montrer le rôle que les mécanismes discursifs peuvent jouer dans ce processus. Au terme de ce parcours, il nous semble utile de préciser, de manière plus transversale, ce qu'une telle approche permet de mettre en évidence, à la fois au plan des propriétés spécifiques à cette situation d'interaction, et au plan plus général des rapports qui peuvent se tisser entre les pratiques professionnelles et les modèles du discours qui cherchent à en rendre compte.

Une première remarque portera sur les mécanismes de coordination du travail collectif que notre analyse a permis de mettre en évidence. En dépit de l'effet de discontinuité apparent, provoqué par les multiples interruptions et réorientations que subit l'activité de OS, on relèvera qu'une véritable continuité s'installe, non pas dans le travail des opérateurs pris isolément, mais dans le fonctionnement global de l'activité collective. Par ses engagements ponctuels et discontinus à différents niveaux de la situation d'action, OS permet à une pluralité de processus de prendre place simultanément : l'activité diagnostique, le processus de stérilisation, le process de fabrication. De ce point de vue, on peut considérer que l'instabilité des engagements et les multiples réorientations de la configuration d'action constituent précisément un moyen pour les agents de garantir la continuité d'une activité collective et de faire face à la complexité de la situation d'action dans laquelle ils se trouvent engagés. C'est bien dans la discontinuité des tâches réalisées individuellement que l'activité collective trouve sa cohérence et sa continuité.[18]

[18] Cette logique de continuité sous-jacente à la fragmentation de l'action individuelle a été bien décrite par Grosjean & Lacoste (1999), qui recourent aux concepts de *trajectoire* et d'*histoire* pour souligner les unités d'action qui superordonnent l'activité infirmière.

Dans cette réarticulation permanente des engagements individuels et des activités collectives, les ressources langagières occupent une place prépondérante. Comme notre analyse l'a montré, les productions discursives attestées dans cette séquence de travail sont fréquentes, et prennent des formes variables selon les configurations d'action dans lesquelles elles interviennent : la parole est tantôt ponctuelle, locale, faiblement textualisée, et ce principalement dans les séquences où prédomine l'activité non langagière ; elle est en revanche centrale et articulée dans des mécanismes conversationnels complexes lorsqu'elle médiatise l'activité diagnostique conduite par OS et OM. Par ailleurs, il apparaît que les productions verbales assument ici une vaste palette de fonctions à l'égard des processus praxéologiques avec lesquels elles sont en lien. Nos données montrent en effet que le discours permet aux interactants non seulement de médiatiser les activités langagières (§ 4.3.), mais encore de réguler les actions non langagières (§ 4.1.), d'induire des reconfigurations dans la situation d'action (§ 4.2., § 4.3.), de négocier explicitement ces reconfigurations (§ 4.4.) et de procéder à des préfigurations (§ 4.4.) et à des évaluations de l'activité en cours.[19]

Une telle intrication des mécanismes langagiers à l'égard des environnements matériels et des activités qui y sont en jeu montre l'extrême importance, pour les modèles du discours, d'abandonner une vision verbocentrique de la communication pour prendre au sérieux la complexité des questions qui se posent lorsqu'on cherche à rendre compte de la dimension praxéologique de l'usage du langage. C'est en effet seulement à condition d'admettre, avec Brassac (2000, p. 224), que « les dires ne sont pas des objets à traiter », mais « des actions continûment modificatrices du monde interlocutoire » que les modèles de l'interaction peuvent s'attacher efficacement à l'analyse des discours professionnels, et que la « part langagière » du travail peut faire l'objet de descriptions satisfaisantes.

Références bibliographiques

Borzeix, A. & Fraenkel, B. (Ed.). (2001). *Langage et travail.* Paris : CNRS Editions.

Boutet, J. (1998). Quand le travail rationalise le langage. In J. Kergoat *et al.* (Ed.), *Le monde du travail* (pp. 153-164). Paris : La Découverte.

Boutet, J. & Gardin, B. (2001). Une linguistique du travail. In A. Borzeix & B. Fraenkel (Ed.), *Langage et travail* (pp. 89-111). Paris : CNRS Editions.

Brassac, C. (2000). Interprétation et communiaction®. In A.-C. Berthoud & L. Mondada (Ed.), *Modèles du discours en confrontation* (pp. 219-228). Berne : Peter Lang.

Brassac, C. (2001). Formation et dialogisme : l'exemple d'un apprentissage situé et distribué. *L'orientation scolaire et professionnelle,* 30/2, 243-270.

Bronckart, J.-P. & Groupe LAF (Ed.). (2004). *Agir et discours en situation de travail. Cahiers de la Section des Sciences de l'Education,* 103, Université de Genève.

Brown, P. & Fraser, C. (1979). Speech as a marker of situation. In K.R. Scherer & H. Giles (Ed.), *Social markers in Speech* (pp. 33-62). Cambridge : Cambridge University Press.

Candlin, C.N. (Ed.). (2002). *Research and Practice in Professional Discourse.* Hong Kong : City University of Hong Kong Press.

[19] Ces catégories recoupent à certains égards l'inventaire fonctionnel proposé par Lacoste (1995b ; 2001).

Cicourel, A. (1992). The interpenetration of communicative contexts : examples from medical encounters. In A. Duranti & C. Goodwin (Ed.), *Rethinking context. Language as an interactive phenomenon* (pp. 291-310). Cambridge : Cambridge University Press.

De Saint-Georges, I. (2003). *Anticipatory Discourse : Producing futures of action in a vocational program for long-term unemployed*, Thèse de doctorat, Georgetown University (Washington).

Drew, P. & Heritage, J. (Ed.). (1992). *Talk at Work. Interaction in Institutional Settings.* Cambridge : Cambridge University Press.

Duranti, A. & Goodwin, C. (Ed.). (1992). *Rethinking context. Language as an interactive phenomenon.* Cambridge : Cambridge University Press.

Filliettaz, L. (2002). *La parole en action. Eléments de pragmatique psycho-sociale.* Québec : Editions Nota bene.

Filliettaz, L. (2004a). The multimodal negotiation of service encounters. In P. LeVine & R. Scollon (Ed.), *Discourse and Technology : Multimodal Discourse Analysis* (pp. 88-100). Washington : Georgetown University Press.

Filliettaz, L. (2004b). Le virage actionnel des modèles du discours à l'épreuve des interactions de service. *Langage et Société*, 107, 31-54.

Filliettaz, L. (2004c). Négociation, textualisation et action : Le concept de *négociation* dans le modèle genevois de l'organisation du discours. In M. Grosjean & L. Mondada (Ed.), *La négociation au travail.* Lyon : Presses universitaires de Lyon.

Filliettaz, L. (Ed.). (2004d). *Les modèles du discours face au concept d'action. Cahiers de Linguistique Française*, 26. Université de Genève.

Filliettaz, L. & Roulet, E. (2002). The Geneva Model of Discourse Analysis : an interactionist and modular approach to discourse organization. *Discourse Studies*, 4(3), 369-393.

Goffman, E. (1973a). *La mise en scène de la vie quotidienne*, vol. 1, *La présentation de soi.* Paris : Minuit.

Goffman, E. (1973b). *La mise en scène de la vie quotidienne*, vol. 2, *Les relations en public.* Paris : Minuit.

Goffman, E. (1987). *Façons de parler.* Paris : Minuit.

Goffman, E. (1988). La situation négligée. In Y. Winkin (Ed.), *Erving Goffman : Les moments et leurs hommes* (pp. 143-149). Paris : Seuil/Minuit.

Goffman, E. (1991). *Les cadres de l'expérience.* Paris : Minuit.

Grosjean, M. (2001). Verbal et non-verbal dans le langage au travail. In A. Borzeix & B. Fraenkel (Ed.), *Langage et travail* (pp. 143-166). Paris : CNRS Editions.

Grosjean, M. & Lacoste, M. (1999). *Communication et intelligence collective. Le travail à l'hôpital.* Paris : Presses universitaires de France.

Grosjean, M. & Traverso, V. (1998). Les cadres participatifs dans les polylogues : problèmes méthodologiques. In F. Cabasino (Ed.), *Du dialogue au polylogue*, Roma, CISU.

Gumperz, J. (1982). *Discourse Strategies.* Cambridge : Cambridge University Press.

Gumperz, J. (1999). On interactional sociolinguistic method. In S. Sarangi & C. Roberts (Ed.), *Talk, Work and Institutional Order. Discourse in Medical, Mediation and Management Settings* (pp. 453-471). Berlin : Mouton de Gruyter.

Kerbrat-Orecchioni, C. & Plantin, C. (Ed.). (1995). *Le trilogue*. Lyon : Presses universitaires de Lyon.

Lacoste, M. (1995a). Paroles d'action sur un chantier. In D. Véronique & R. Vion (Ed.), *Des savoir-faire communicationnels* (pp. 451-461). Aix-en-Provence : Presses universitaires de Provence.

Lacoste, M. (1995b). Parole, action, situation. In J. Boutet (Ed.), *Paroles au travai* (pp. 23-44). Paris : L'Harmattan.

Lacoste, M. (2001). Peut-on travailler sans communiquer ?. In A. Borzeix & B. Fraenkel (Ed.), *Langage et travail* (pp. 21-53). Paris : CNRS.

LeVine, P. & Scollon, R. (Ed.). (2004). *Discourse and Technology : Multimodal Discourse Analysis*. Washington : Georgetown University Press.

Norman, D.A. (1993). Les artefacts cognitifs. In B. Conein, N. Dodier & L. Thévenot (Ed.), *Les objets dans l'action. De la maison au laboratoire* (pp. 15-34). Paris : EHESS.

Roulet, E., Filliettaz, L. & Grobet, A. (2001). *Un modèle et un instrument d'analyse de l'organisation du discours*. Berne : Peter Lang.

Sarangi, S. & Roberts, C. (Ed.). *Talk, Work and Institutional Order. Discourse in Medical, Mediation and Management Settings*. Berlin : Mouton de Gruyter.

Scollon, R. (2001). Action and Text. Toward an Integrated Understanding of the Place of Text in Social (inter)action. In R. Wodak & M. Meyer (Ed.), *Methods of Critical Discourse Analysis* (pp. 139-183). Londres : Sage.

Theureau, J. (1992). *Le cours d'action : analyse sémio-logique. Essai d'une anthropologie cognitive située*. Berne : Peter Lang.

Zimmerman, D.H. (1998). Identity, Context and Interaction. In C. Antaki & S. Widdicombe (Ed.), *Identities in Talk* (pp. 87-106). Londres : Sage.

L'analyse des actions et des discours en situation de travail. Concepts, méthodes et applications
(sous la direction de L. Filliettaz et J.-P. Bronckart), Louvain, Peeters, BCILL, 2005.

L'expression du dysfonctionnement technique dans la Navigation Aérienne : Une approche de linguistique de corpus

Anne Condamines* & Pascale Vergely**
* ERSS : Université de Toulouse-Le-Mirail et CNRS
** Centre d'Etudes de la Navigation Aérienne

1. La linguistique en entreprise : une linguistique impliquée

La linguistique et l'entreprise n'ont pendant longtemps pas fait bon ménage au point que des thèmes comme « langage et travail » ont souvent été traités seulement par des sociologues ou des psychologues du travail (voir Boutet, 1995). Au mieux, lorsque des linguistes étaient engagés sur des projets professionnels (finalisés dit-on parfois), souvent en lien avec des études terminologiques ou de traduction, on considérait qu'ils pratiquaient une linguistique appliquée, nécessairement de seconde zone :

> « Par linguistique appliquée, on désigne l'ensemble des recherches qui utilisent les démarches de la linguistique proprement dite pour certains problèmes de la vie courante et professionnelle [...]. Partie utilitaire et pratique de la linguistique, elle est nécessaire mais ne peut évidemment constituer la fin unique des recherches en matière de langage. » (Dubois *et al.*, 1973, p. 43).

Cette position un peu méprisante de la linguistique dite théorique par rapport à la linguistique dite appliquée peut s'expliquer par l'histoire de la discipline. En effet, un des grands défis de la linguistique du XXème siècle a consisté à se donner un statut de science. Il s'agissait de repérer ce qui, dans la langue, faisait système, c'est-à-dire pouvait être modélisé par des règles stables et reproductibles. Pour des raisons différentes (construction méthodologique dans le premier cas, hypothèse sur le fonctionnement systématique de la langue dans le second), des courants aussi marquants que le structuralisme et le générativisme se sont ainsi donnés un objet qui ne faisait pas intervenir d'usages réels de la langue. Les régularités étaient identifiées sur la base du recours à l'introspection (tout linguiste est d'abord locuteur) et, dans le cas de l'approche générative, l'utilisation de corpus était même considérée comme une linguistique descriptive sans ambition théorique :

> « Ce travail sur l'anglais noir non standard ressemble à l'étude du coréen ou des langues amérindiennes. C'est un travail très utile. Mais ce qui me gêne, c'est sa prétention théorique. Nous avons affaire à de la bonne linguistique descriptive. » (Chomsky, 1977, p. 73).

Dans le courant du XXème siècle, d'autres travaux ont pris les textes comme objet d'étude : citons par exemple le distributionnalisme, la sociolinguistique, l'analyse de discours, etc. Mais la vision d'une étude possible de la langue comme un système unique et stable n'a été remise en question de manière nette que dans les vingt dernières années. Ce revirement peut être expliqué de plusieurs façons :

- l'approche générativiste a été considérée comme beaucoup trop hégémonique et souvent peu compatible avec la réalité de la diversité des langues ;
- les outils de traitement automatique se sont beaucoup développés vers l'analyse de corpus et ont permis de tester très rapidement certaines hypothèses linguistiques ;
- enfin, la demande sociétale s'est accrue. Les entreprises en particulier ont pris conscience de leurs difficultés à traiter le matériau langagier et de la nécessité de faire appel à des spécialistes pour les assister.

Pour ce qui concerne le rôle de la linguistique dans les entreprises, il s'est développé dans deux directions : la sociolinguistique et l'ingénierie linguistique.

La sociolinguistique avait déjà une longue tradition d'implication dans les problématiques langagières réelles lorsqu'elle est apparue dans les entreprises. Vaille que vaille, ce mode d'approche, nécessairement sur corpus, a résisté aux assauts de la linguistique générative en affirmant la nécessité non seulement d'étudier des usages réels mais aussi de les étudier dans une perspective identifiée. Pour Labov, cette façon d'appréhender l'étude du langage n'était rien d'autre que l'approche linguistique même:

> « Pour Labov, la sociolinguistique n'est pas une des branches de la linguistique, et pas davantage une discipline interdisciplinaire : c'est d'abord la linguistique, toute la linguistique mais la linguistique remise sur ses pieds. » (Encrevé, 1976, p. 9).

Les sociolinguistes ont très tôt été appelés pour donner leur avis sur des problèmes de sens, surtout dans un contexte juridique. Boutet (1992) présente ainsi deux exemples de problèmes sociaux dans lesquels Labov et son équipe furent amenés à intervenir. L'un concernait l'évaluation de la lisibilité et de l'objectivité d'un document officiel envoyé à 600 ouvriers noirs engagés dans une action en justice pour discrimination. L'autre concernait l'évaluation de la similitude entre deux enregistrements, l'un anonyme, annonçant une alerte à la bombe, l'autre étant l'enregistrement du présumé coupable (1992, p. 91).

En France, l'ingénierie linguistique est apparue lorsque les grandes entreprises se sont mises à élaborer des programmes de gestion assistée par ordinateur, du contenu de leur documentation : Gestion Electronique de Documents, comme par exemple EADS, EDF, CNES, THALES. Les besoins en ce domaine sont en effet immenses : ces entreprises construisent des produits extrêmement sophistiqués comme des satellites ou des centrales nucléaires en utilisant le langage naturel à tous les stades de la conception, du développement et de la maintenance.[1] Toutes sortes de projets qui peuvent contribuer à gérer cette documentation sont mis en place : constitution de référentiels terminologiques ou ontologiques, d'outils d'aide à la traduction ou à la rédaction, de logiciels de recherche d'information, etc. Des linguistes (le plus souvent avec une formation en traitement automatique de la langue) sont très souvent partie prenante de ce genre de développement.

---

[1] On considère par exemple que la documentation relative à un satellite représente 150'000 pages, ou encore, que la documentation relative à un avion occuperait tout le volume de ce même avion.

Il semble que cette intervention des linguistes sur des thèmes nouveaux, en entreprise, les ait rapprochés de problématiques plus proches des linguistes « théoriciens ». En effet, il ne s'agit pas de proposer des analyses de textes particuliers mais des analyses qui soient suffisamment systématiques pour pouvoir être prises en compte dans des outils de traitement automatique. Les textes sont alors considérés comme représentatifs d'autres textes produits dans des situations similaires et les analyses visent à établir des régularités en fonction d'objectifs définis.

Les linguistes qui travaillent sur des textes produits dans des situations d'activités sociales et pour un objectif particulier considèrent ainsi qu'ils pratiquent une linguistique impliquée, par opposition à une linguistique appliquée (Léglise, 2000), cette dénomination témoignant de ce que le linguiste peut jouer un rôle social, sans pour autant renoncer à la dimension « scientifique » de son approche.

1.1. Une linguistique de corpus

Qu'il s'agisse de sociolinguistique ou d'ingénierie linguistique, l'objet d'étude est toujours un corpus entendu comme un ensemble de productions langagières (écrites ou orales) rassemblées ou constituées dans la perspective d'une étude particulière.

La notion de corpus vient interpeller une linguistique plus classiquement introspective sur le problème de la variation et de sa prise en compte éventuelle dans un modèle du fonctionnement du système d'une langue (Condamines, 2003). Suivant le point de vue qu'on lui porte, le corpus peut jouer trois types de rôles. Il peut constituer un objet d'étude en lui-même et les résultats obtenus ne sont alors valides que pour ce corpus. Il peut aussi être considéré comme représentatif d'un genre discursif donné, et les résultats sont alors censés être valides pour tous les textes relevant de ce même genre.[2] Enfin, il peut être considéré comme le point de départ d'une analyse ascendante qui permettra d'aller jusqu'à la mise au jour de régularités généralisables à l'ensemble du système.

L'analyse portant sur un corpus particulier est la démarche la plus fréquente d'intervention en entreprise. Il se peut que ce soit l'entreprise qui demande ce type d'analyse (par exemple, le service qualité d'EDF a demandé à l'ERSS d'analyser un manuel technique afin de rendre son contenu plus synthétique et plus accessible pour les ingénieurs censés l'utiliser) (Condamines & Rebeyrolle, 2000). Il se peut aussi que, en fonction d'une demande particulière, le linguiste construise le corpus qui lui paraît le plus approprié, pour pouvoir élaborer un modèle du contenu permettant la constitution d'un outil d'aide à la recherche d'informations. Dans les deux cas, la portée de l'étude est limitée à ce corpus et à cette demande, mais il peut y avoir un prolongement dans une perspective plus théorique, qui vise à comprendre certains des fonctionnements particuliers de la langue.[3]

Parfois, le corpus étudié est considéré comme représentatif d'un genre particulier. Ainsi, dans le cas où l'on souhaite construire une terminologie pour un département d'une entreprise, on constitue un corpus qui doit être homogène quant au domaine couvert mais aussi quant au

---

[2] Pour les limites dans la prise en compte de la notion de genre afin de systématiser les fonctionnements linguistiques, voir Condamines (2003).

[3] Dans le cas d'un contrat avec un laboratoire, il est évident que cette dimension est toujours prise en compte.

genre textuel duquel il relève (spécifications, manuel de maintenance, compte-rendu de réunions, etc.). La terminologie construite doit être elle-même homogène et cohérente.[4]

Dans quelques cas, sans doute peu fréquents dans le cadre d'un projet avec une entreprise[5], le corpus est considéré comme représentatif du fonctionnement de la langue et utilisé pour mettre au jour le fonctionnement du système propre à cette langue.

La mise en œuvre de ce type d'approche ascendante (du corpus vers le système de la langue) a été particulièrement développée par la linguistique anglo-saxonne (citons Biber *et al.* (2000) pour ne parler que des travaux les plus récents.). L'objectif de ce type de démarche est de dégager des régularités, souvent sur la base de méthodes statistiques. Mais la notion de représentativité pose problème. En effet, il s'agit d'une part de construire un corpus pour décrire le fonctionnement de la langue, mais d'autre part, le caractère représentatif du corpus est posé, alors que ce dernier n'a pas encore été analysé. Ce problème est, à l'évidence, la pierre d'achoppement d'une linguistique qui s'intéresserait au système de la langue et souhaiterait le décrire à partir d'un corpus. Pourtant, il semble que cette difficulté, majeure dans la perspective de décrire des fonctionnements spécifiquement linguistiques comme le fonctionnement de tel ou tel temps verbal ou de tel déterminant, puisse être relativisée si l'on considère des fonctionnements plus en lien avec des modes d'expression de certaines informations. De ce point de vue, certaines demandes d'entreprises peuvent coïncider parfaitement avec des études linguistiques qui s'intéressent au fonctionnement systématique de la langue. C'est le cas de l'étude qui est proposée dans cet article.

1.2. Identification de régularités à partir de l'usage : du corpus à une systématisation

Le projet dont il est question dans la suite de l'article permet d'envisager la mise au jour de régularités de fonctionnement qui ne soient propres ni à un corpus particulier ni à un genre textuel donné, mais bien à une catégorie précise d'information. Le Centre d'Etude de la Navigation Aérienne (CENA) nous a demandé de travailler sur des dialogues qui interviennent toujours dans une situation récurrente : des locuteurs experts (les techniciens de maintenance opérationnelle) s'adressent à d'autres locuteurs également experts (les chefs de salle) par téléphone pour les informer d'un dysfonctionnement technique et leur demander une assistance (voir ci-dessous). Après une première analyse d'un corpus existant (retranscription de conversations téléphoniques), nous avons émis l'hypothèse que les structures syntaxico-sémantiques mobilisées pour l'expression d'un dysfonctionnement témoigneraient d'une certaine stabilité, autrement dit que les modes d'expression du dysfonctionnement technique relèveraient d'un fonctionnement qui ne serait pas dépendant de la situation de communication.[6] La validation de cette hypothèse suppose la constitution d'un corpus organisé en sous-corpus qui varient en fonction d'éléments extérieurs mais dont on pense que, pour ce qui concerne

---

[4] Cela signifie aussi qu'une terminologie est construite dans un but précis ; la même terminologie ne peut pas être utilisée pour la traduction, l'aide à la rédaction, la recherche d'informations, etc.

[5] Hormis dans le cas d'entreprises d'ingénierie linguistique qui sont très intéressées par la constitution de données de ce type, qui semblent plus facilement réutilisables pour de nouveaux projets (Xerox, Thales, Microsoft, etc.).

[6] On peut penser que ce type de fonctionnement correspond à ceux qui sont généralement décrits comme relevant d'un fonctionnement en langue. Dans une perspective ascendante, nous ne pouvons avoir d'*a priori* sur le type de fonctionnement et seules des analyses très poussées sur des corpus permettent de faire le départ entre fonctionnement propre à un corpus, fonctionnement propre à un genre de corpus et fonctionnement sans lien avec des éléments extra-linguistiques, c'est-à-dire, dans une vision classique, des fonctionnements du système linguistique.

l'expression du dysfonctionnement, ils vont mettre en œuvre le même type de structures. Les sous-corpus étudiés mettent en œuvre des situations extra-linguistiques différentes (périodes de recueil des données différentes, situation de travail réelle *vs* simulée).

Une régularité apparaîtrait donc, qui ne serait pas dépendante d'un corpus ou d'un genre textuel particulier mais qui relèverait de l'expression d'une information et qui serait stable quel que soit le domaine. Bien évidemment, pour valider complètement cette hypothèse, il faudrait la confirmer sur d'autres corpus, en provenance d'autres domaines : nous pensons au contrôle maritime mais aussi à des domaines encore plus éloignés comme les dialogues entre un patient et son médecin.

2. Présentation et cadre de l'étude

L'étude concerne une analyse linguistique réalisée au CENA[7] et portant sur un corpus de communications téléphoniques ayant trait au dysfonctionnement technique d'un des outils de contrôle de la Navigation Aérienne.[8] Ces communications interviennent dans le cadre d'une mission commune de restitution de la disponibilité des outils utilisés par les contrôleurs. Il s'agit de résoudre les problèmes que ces dysfonctionnements techniques entraînent sur les positions de contrôle. Le dysfonctionnement d'un de ces outils doit donc se gérer dans l'urgence pour le maintien de la disponibilité opérationnelle. De fait, les énoncés du dysfonctionnement technique doivent se faire le plus rapidement mais surtout le plus précisément possible pour que le rétablissement puisse avoir lieu.

L'analyse propose de mettre en avant des régularités dans cette Expression du Dysfonctionnement Technique (dorénavant EDT). Plus précisément, l'analyse syntaxique et sémantique permet d'une part d'identifier trois types de structures canoniques en lien avec le type d'information transmis : il s'agit des structures assertives, présentatives et détachées. D'autre part, l'examen de ces énoncés montre, dans la lignée des travaux de Lambrecht (1994, 2001, 2004), que les structures syntaxiques dépendent étroitement du statut informationnel des unités introduites. Autrement dit, les structures syntaxiques et la structure informationnelle sont intimement liées dans l'EDT, les locuteurs semblant privilégier certaines structures syntaxiques pour renseigner leur allocutaire sur un contenu sémantique et informationnel particulier.

Notre objectif est d'élaborer une grammaire de l'EDT pour le corpus étudié. Au-delà de l'étude des formes syntaxiques qui expriment les éléments qui dysfonctionnent, la nature du dysfonctionnement et/ou la localisation géographique d'une de ces deux entités, il s'agit de voir quels types de procédés syntaxiques sont utilisés et privilégiés par les locuteurs pour donner certains types d'information. Notre hypothèse est que, dans ces EDT, les locuteurs utilisent certaines structures syntaxiques pour rendre saillante une unité d'information plutôt qu'une autre.

---

[7] Les résultats fournis dans cet article sont issus d'une thèse en cours de rédaction. Celle-ci s'effectue dans le cadre de la collaboration entre le CENA de Toulouse et le laboratoire de linguistique Équipe de Recherche en Syntaxe et Sémantique (ERSS-UMR 5610 du CNRS) de Toulouse.

[8] Le corpus d'étude se compose de 181 dialogues oraux retranscrits pour un total de 27.201 mots. Un dialogue correspond à l'ensemble des tours de parole qui débute lorsqu'un des interlocuteurs décroche le téléphone et se termine lorsqu'un des deux interlocuteurs raccroche.

2.1. Définition de l'EDT

Nous définissons l'EDT comme un énoncé qui informe, dans une communication, d'une part de l'objet qui est dysfonctionnant ou du dysfonctionnement et d'autre part, de la nature du dysfonctionnement. Dans l'énoncé[9] :

(1) *Oui heu bonjour j'ai mon clavier heu STPV là en salle IFR position assistant heu A ouest qui est bloqué*

l'élément dysfonctionnant est *le clavier STPV en salle IFR* et la nature du dysfonctionnement est d'*être bloqué*. Les éléments dysfonctionnants appartiennent à la classe des objets techniques utilisés dans le service du contrôle aérien et pouvant être à la source de dysfonctionnements. Il peut s'agir aussi bien d'une chaîne technique (par exemple, la chaîne radar) que d'un élément technique constitutif (méronyme) de cette chaîne technique (par exemple, le *STPV* est un élément, ou plus précisément un système, constitutif de la chaîne radar). Le dysfonctionnement peut être, au même titre que l'objet dysfonctionnant, à la source de l'objet de l'appel. Dans l'exemple :

(2) *le dédoublement d'étiquette est toujours là entre Saint Tropez et Nice*

le dysfonctionnement est le *dédoublement d'étiquette*. Il correspond au résultat d'une panne et a pour conséquence le mauvais fonctionnement d'une des parties techniques de la chaîne radar.

Enfin, la nature du dysfonctionnement est exprimée par le prédicat. Elle correspond à *être bloquée* et *être toujours là* dans les énoncés mentionnés ci-dessus. Nous verrons que cette fonction n'est pas toujours aussi clairement identifiée et qu'elle peut même être absente dans certains énoncés.

2.2. Rôle de l'EDT

Le rôle de l'EDT est de donner les symptômes du mauvais fonctionnement d'un outil technique (objet dysfonctionnant) ou encore d'énoncer les effets d'une panne d'un élément technique (dysfonctionnement). Un troisième élément est déterminant dans l'EDT : il s'agit de la localisation géographique du dysfonctionnement[10] auquel il est fait référence. La multiplicité des équipements techniques nécessite en effet que soit précisée la localisation des entités dysfonctionnantes comme le montre, dans les exemples précédents, les compléments localifs : *en salle IFR position assistant heu A ouest* et *entre Saint Tropez et Nice*. Nous verrons que ce constituant, bien que facultatif, est nécessaire pour une interprétation rapide de l'EDT.

L'EDT ainsi définie, nous allons reprendre dans les parties suivantes chacun des trois types d'EDT assertives, présentatives et détachées en nous attachant dans un premier temps à la description syntaxique et sémantique de chacune d'entres elles et plus particulièrement à la place syntaxique occupée par l'entité représentant le dysfonctionnement dans les structures. Nous nous centrerons dans un second temps sur le rôle pragmatique de ces structures syntaxiques et sur leur statut informationnel.

---

[9] Pour des raisons de confidentialité des données, nous ne pouvons mentionner l'intégralité des dialogues.

[10] Bien qu'il s'agisse de deux entités distinctes, nous utiliserons dorénavant l'expression « dysfonctionnement » pour désigner *l'objet dysfonctionnant* aussi bien que *le dysfonctionnement*.

3. Les EDT assertives

3.1. Présentation et délimitation

Nous désignons sous le terme de structures assertives l'ensemble des énoncés identifiés comme EDT qui se présentent sous la forme [Sujet_Prédicat]. Comme le montre l'énoncé suivant :

(3) *la fréquence 118.85 est brouillée par une fréquence heu anglaise*

la particularité de cette forme réside dans le fait qu'elle place le dysfonctionnement en position de sujet syntaxique et la nature du dysfonctionnement en position prédicative. Dans l'énoncé, *la fréquence 118.85* correspond à l'objet dysfonctionnant, et la nature du dysfonctionnement correspond à *être brouillée*.

Selon Lambrecht (1994), cette structure permet de poser un référent (SN) en tant que *topic* pour la suite du discours. L'assertion correspond à un énoncé qui combine deux propositions. L'information nouvelle (*focus* dans la terminologie de Lambrecht) correspond à la partie de l'énoncé où la présupposition et l'assertion diffèrent l'une de l'autre. Autrement dit, les énoncés de la forme [SN SV][11] dans laquelle le SN est lexicalisé correspondent à des structures assertives puisque l'entité à propos de laquelle on « asserte » quelque chose est érigée en topique, c'est-à-dire est connue des interlocuteurs. Cette entité a été en effet mentionnée dans une EDT antérieure plus générale du type « *on a un problème de...* » ou encore dans un constituant linguistique en position détachée. Au niveau informationnel, l'information prépondérante pour l'interlocuteur concerne donc la nature du dysfonctionnement.

Ainsi définies, ces structures correspondent à des énoncés catégoriques de type topique-commentaire (Lambrecht, 1994, p. 20) c'est-à-dire où un ou plusieurs constituants ont le statut de topique, le reste de la phrase fournissant un commentaire ou des informations pertinentes sur ce topique.

3.2. Description syntaxiques et type d'information

Une première réalisation de la structure [Sujet_Prédicat] correspond à la forme [SN SV] comme par exemple :

(4) *La Châtre ne marche pas bien*

où la position grammaticale sujet est toujours occupée par un SN lexicalisé qui représente l'objet dysfonctionnant (*la Châtre*) ou le dysfonctionnement (ex.2 : *dédoublement d'étiquette*). Ces derniers peuvent également être associés par métonymie à un SN-sujet humain comme dans :

(5) *Les pilotes reçoivent mal*

qui doit être interprété comme le fait qu'il y a une fréquence qui marche mal (*les pilotes* ne pouvant constituer l'objet dysfonctionnant). Ce type de structure correspond à ce que Lambrecht (*ibid.*, p. 20) identifie sous l'expression de « *topic-comment articulation* » c'est-à-dire qu'au niveau informationnel, le focus porte sur le prédicat. Le sujet syntaxique, en l'occurrence l'objet

[11] Les notations adoptées sont : SN = syntagme nominal ; N = nom (auquel s'ajoute un indice chiffré représentant la place du N dans le SN complexe ; SV = syntagme verbal ; ProP = Pronom personnel ; Prép = préposition ; SP = syntagme prépositionnel ; Adj = adjectif ; adv = adverbe ; Dét.déf. = déterminant défini ; Vlexical = verbe lexical.

dysfonctionnant ou le dysfonctionnement, correspond au topique : il est connu des interlocuteurs.

Plus rarement, la structure assertive se réalise au travers de la forme [ProP SV] illustrée par les énoncés suivants :

(6) *On n'arrive pas à régler le contraste*

(7) *Elle imprime vachement mal*

La position grammaticale de sujet est occupée dans la plupart des cas par un pronom personnel qui représente un sujet humain (6), en l'occurrence le contrôleur. Nous relevons également des pronoms personnels anaphoriques dont la valeur référentielle correspond uniquement à un objet dysfonctionnant (7). Il peut également s'agir d'un pronom démonstratif reprenant un ensemble de prédications du contexte discursif antérieur. L'énoncé suivant illustre cette condition :

(8) *(Sur 124.0) ça continue*[12]

De manière générale (excepté la forme introduite par le pronom personnel sujet) la structure canonique [SN SV] marque la relation entre « ce dont on parle » exprimé par le SN-sujet grammatical et « ce qu'on en dit » formulé par le syntagme verbal. Comme le montre Grobet (2002, p. 181) ce type de structure « est généralement considérée comme une structure neutre du point de vue de la structure informationnelle [...] car le sujet grammatical correspond à un topique non-marqué ». Muller (1999), cité par Grobet (*ibid.*), souligne que le rôle de topique non-marqué se justifie « par la structuration syntaxique binaire qui oppose le sujet d'une part, et le verbe et ses compléments d'autre part ». Grobet (*ibid.*, p. 183) va cependant plus loin en ajoutant que l'interprétation de la structure informationnelle de ce type de structure (« proposition assertive canonique ») ne peut se faire sans la prise en compte du contexte discursif préalable. Elle montre ainsi qu'à une même structure syntaxique de surface articulant un sujet et un prédicat, peuvent correspondre plusieurs topiques constitués par la proposition ouverte précédente. Ce dernier ne correspond pas toujours au sujet grammatical. Nous rejoignons les propos de l'auteur pour souligner l'importance du contexte antérieur dans les dialogues que nous analysons et plus précisément dans l'interprétation de l'information dans les EDT étudiées.

3.3. L'élément SN-sujet dans la structure assertive

Dans la structure assertive, les éléments qui peuvent prendre la valeur de sujet sont l'objet dysfonctionnant (9), le dysfonctionnement (10) ou le sujet humain (11). Dans les deux premiers cas, le SN a un contenu lexical plein. Il s'agit dans ce corpus de la forme la plus fréquente. Il peut également correspondre aux pronoms démonstratifs anaphoriques *ça* ou *c'*. Le sujet humain est quant à lui représenté par un pronom personnel sujet dans la construction [ProP SV] : il est soit au singulier *je* (11), soit à la forme indéfinie *on*, soit enfin au pluriel *nous*. Nous illustrons ces propos par les exemples suivants :

(9) *L'image sautille sans arrêt*

(10) *Les messages courts ne sont pas bien restitués*

(11) *Je suis planté sur mes deux terminaux PREVI*

---

[12] Le pronom démonstratif *ça* reprend une entité SN énoncée antérieurement à savoir *un bruit de fond infernal.*

Deux types de SN-sujets sont identifiés : les SN simples (9) et les SN complexes (10). La distinction de forme de ces dénominations n'est pas aléatoire. Elle induit une distinction d'ordre sémantique et pragmatique.

3.3.1. Les SN simples

La forme préférentielle (53%) du SN dans cette position est [(déterminant défini/adjectif possessif/démontratif) + N1] où N1 représente l'objet dysfonctionnant (12) ou le dysfonctionnement :

(12) *La carte est coupée en haut et en bas*

Le déterminant défini est pour 96% des cas considéré dans ce type de structure comme l'élément de détermination privilégié. Il ne présente pas de caractère générique mais renvoie au contraire à un N1 particulier.

3.3.2. Les pronoms

Les formes pronominales sont peu présentes dans cette position. Nous relevons 16% d'énoncés du type :

(13) *Elle* [la télé] *est très pâle*

(14) *Ça* [l'image] *saute sans arrêt*

(15) *On est apparemment planté au digit*

où le SN–sujet correspond soit à un pronom personnel soit à un pronom démonstratif. Dans les exemples (13) et (14), il s'agit de pronoms anaphoriques représentant des entités énoncées dans le contexte discursif antérieur. Dans 15% des cas, il s'agit d'un pronom personnel qui renvoie à un sujet humain comme :

(16) *On voit presque rien*

(17) *Je n'arrive pas à les joindre*

Ces énoncés diffèrent des précédents puisqu'il ne s'agit plus d'un énoncé de symptôme concernant un élément technique mais d'une action que le contrôleur (*je/on* ou *nous)* ne peut plus réaliser.

3.3.3. Les SN complexes

L'analyse révèle 31% de SN complexes comme :

(18) *La fréquence 126.7 est hachée en réception*

(19) *Les messages courts ne sont pas bien restitués*

(20) *Les néons du secteur TB sont cassés*

Ces SN se composent d'une tête N1 et d'une expansion qui contient un sigle, un acronyme, un adjectif (numéral/qualificatif), un nom propre de lieu ou enfin un nom commun.

L'expansion joue un rôle prépondérant dans la détermination du sens global de l'entité SN. C'est sur elle que repose la fonction d'identification du N1 (21) ou la fonction de localisation dans l'espace (22) :

(21) *La ligne ROISSY-MERU semble cassée*

(22) *L'imprimante TB heu fonctionne pas bien*

Le rôle de l'expansion est de particulariser le N1 parmi tous les Nx susceptibles de dysfonctionner.

3.4. Le syntagme prédicatif dans la structure assertive

Le syntagme prédicatif constitue certainement le constituant le plus important des structures assertives et ce, pour au moins deux raisons. La première est qu'au niveau sémantique, il permet de distinguer les énoncés exprimant un dysfonctionnement technique de ceux exprimant par exemple le retour à une situation normale.[13] La seconde est qu'au niveau pragmatique, c'est lui qui renseigne les opérateurs sur la nature du dysfonctionnement. L'acte de prédication réfère donc au non-fonctionnement du SN-thème. Nous distinguons trois types de constructions prédicatives.

1) La construction attributive représente 58% des constructions assertives et se réalise sous la forme : [*être* + (adv) SP] ; [*être* + (adv) adj] ; [*être* + adv] ; [*être* + V-é] ou [nég[14]. *être* + V-é] ; en voici deux exemples :

(23) *La 121.5 est en émission permanente*

(24) *Les indicatifs sont pas très bien lisibles*

2) La construction en « avoir » se réalise sous la forme [(nég.) *avoir* + (adv.) SN2] comme dans :

(25) *La fréquence 124.0 a encore le sifflement*

(26) *Lyon n'a plus de ligne avec Chambéry*

Ces deux constructions correspondent à des explications de symptômes qui interviennent à la suite d'une EDT plus générale.[15] Contrairement à la construction attributive, la construction en *avoir* n'accepte pas de SN sujet exprimant le dysfonctionnement. Elle sélectionne uniquement des SN lexicalisés appartenant à la classe des objets techniques.

3) La construction avec « verbe lexical » représente 32% des constructions prédicatives ; en voici un exemple :

(27) *L'image sautille sans arrêt*

L'analyse de ces prédicats met au jour deux catégories de structures. La première est constituée de verbes qui lexicalement, dans ce corpus et pour ce domaine, renvoient à l'idée d'un dysfonctionnement (27). D'autres verbes comme *marcher, fonctionner*, *arriver* expriment intrinsèquement le fonctionnement, ce qui rend obligatoire la présence des particules de négation comme *pas* ou *plus :*

(28) *L'anti-recouvrement marche pas bien*

Dans la seconde catégorie, le dysfonctionnement est exprimé par le syntagme prédicatif [Vlexical + SN/Sadv.]. Pour l'identifier et déduire les situations de dysfonctionnement, il faut recourir à l'intuition mais aussi aux connaissances des situations nominales. Dans :

(29) *on entend de la musique*

---

[13] Par exemple : *la fréquence 124.0 est de nouveau rétablie.*

[14] nég. = négation

[15] Ces énoncés sont étudiés au § 4.3. L'EDT énoncée avant (25) est : *je t'appelle parce qu'on a des problèmes radio.*

la valeur définitoire du verbe *entendre* n'implique pas à elle seule l'idée de dysfonctionnement.

Le constituant prédicatif correspond à l'apport d'information au sein de l'EDT et s'interprète comme le focus de l'énoncé. Au niveau sémantique, il permet à l'allocutaire de diagnostiquer l'urgence et le degré de gravité du problème.

3.5. Synthèse

Nous retenons que les structures assertives entretiennent le plus souvent un lien sémantique avec une EDT antérieure qui a pour rôle de présenter le cadre discursif dans lequel cette structure s'insère. Les constituants SN-lexicalisés et le syntagme verbal portent tous deux des informations sémantiques prépondérantes pour l'interprétation des EDT. Cependant, au niveau informationnel, c'est essentiellement sur le syntagme verbal que repose l'information pertinente puisque le sujet syntaxique a été énoncé dans une EDT antérieure. Correspondant au focus de l'énoncé, c'est lui qui contribue à faire progresser l'interprétation de l'EDT.

4. Les EDT présentatives

Ces structures sont de loin les plus fréquentes dans notre corpus. Comme le montre entre autres Lambrecht (1986), elles correspondent à l'ordre fondamental du français parlé. Les structures introduites par *il y a* privilégient l'installation d'un référent ou d'un topique dans le discours.

4.1. Présentation et délimitation

Nous désignons sous le terme de structures présentatives les énoncés de la forme [*il y a* SN (relatif)], [ProP. *avoir* SN (relatif)] ou [*c'est* SN (relatif)] illustrés par :

(30) *J'ai un digit qui est en panne*

(31) *On a des problèmes de Data général*

(32) *C'est le STPV qui est planté*

Nous présentons quelques-unes des régularités syntaxiques et examinons quel(s) type(s) de contenu sémantique et informationnel privilégie chacune de ces structures.

4.2. La construction présentative [*il y a*/ Propers *avoir* + SN + relatif]

Comme l'indique Lambrecht (2000, p. 52), la particularité de ce type de structures est qu'elles permettent de placer un SN nouveau (focus) à droite du verbe et non en position de sujet grammatical c'est-à-dire en position de topique comme avec les assertives. Ce dernier correspondra dans la suite du dialogue au thème discursif[16], ou, pour reprendre les termes de Berthoud (1996, p. 60) aux « objets de discours ». Exemple :

(33) *y a une déconnexion STPV qui vient de se produire*

Ce type de construction se « définit comme une structure phrastique dont la fonction discursive n'est pas d'informer l'interlocuteur d'une propriété attribuée à une entité ou situation donnée (la fonction prédicative) mais d'introduire une entité ou situation nouvelle dans un monde de discours, normalement dans le but de la rendre cognitivement accessible en vue d'une

[16] Et tout au moins à un des thèmes discursifs puisque plusieurs thèmes discursifs peuvent apparaître au sein d'un même dialogue.

prédication ultérieure » (Lambrecht, 1994, p. 177). Construite en deux parties, elle a la propriété d'être à la fois présentative et prédicative.

4.2.1. La proposition principale

Elle correspond à la « première partie » de la structure syntaxique. L'entité SN introduite par les présentatifs *il y a* ou ProP. *avoir* véhicule un apport d'information qui constitue le thème discursif de la suite du dialogue. L'entité entretient « une relation de focus avec le prédicat principal et une relation de topique avec le prédicat subordonné » (Lambrecht, 2000, p. 52). Le référent du SN intervient de façon saillante dans le contenu propositionnel exprimé : il fournit à l'interlocuteur de manière « isolée » (Blanche-Benveniste, 1983) la valeur référentielle de l'objet dysfonctionnant. Dans l'énoncé :

(34) *Y a un digit qui a une petite faiblesse sur le secteur UK*

la structure syntaxique encadre le SN *un digit* et provoque une mise en saillance ou un effet d'isolement pour reprendre les termes de Blanche-Benveniste.[17] Son rôle sémantique est d'introduire dans la mémoire discursive de l'interlocuteur l'entité qui pose problème. Ce SN post-verbal se présente toujours sous la forme d'un syntagme nominal lexicalisé de forme simple ou complexe.

Au moment de l'énonciation, le référent du SN n'est pas connu des interlocuteurs comme en témoigne l'énoncé :

(35) *Oui j'ai une platine téléphonique qui m'a l'air bloquée*

La forme indéfinie du SN *une platine téléphonique* est la trace de l'opération langagière qui consiste à poser pour la première fois l'existence de quelque chose (Culioli, 1985, cité par Berthoud, 1996, p. 62). Bien que le référent de *un* SN fasse partie des connaissances communes des interlocuteurs, la forme indéfinie marque la position focale du SN. Si, préférentiellement, les présentatifs s'associent à l'indéfini pour marquer au niveau informatif un élément nouveau, nous relevons cependant 33% d'énoncés comme :

(36) *j'ai l'imprimante M3 qui est en panne*

où, bien que le SN soit à la forme définie, il n'a jamais été énoncé antérieurement. Selon Lambrecht, les structures présentatives ne s'emploient pas uniquement pour introduire un nouveau référent, mais permettent aussi de rapporter un événement dans son ensemble, en l'occurrence ici le fait que « l'imprimante M3 est en panne ». Il s'agit dans ce cas de présentatives événementielles (Lambrecht, 2000, p. 62) dont la particularité est de pouvoir faire intervenir un SN défini qui renvoie à une entité « identifiable ». Or, l'entité SN de cet exemple n'est pas identifiable par l'allocutaire puisqu'il s'agit d'un événement technique nouveau. Le présentatif sert donc à présenter un référent ou un événement comme nouveau au moment de la verbalisation. Une explication de la présence du défini est aussi que le SN global est perçu comme un élément unique du contexte extralinguistique.

Dans l'énoncé suivant,

(37) *on a la platine qui tombe dans le meuble*

[17] Voir également la notion de « verbe de dispositif » proposée par Blanche-Benveniste (1983, p.105) pour qualifier les verbes comme *c'est* ou encore *il y a*.

le SN post-verbal est connu puisqu'il constitue une reprise partielle du SN *un problème de platine téléphone* dans la prise de parole précédente à savoir :

(38) *oui bonjour on a un problème de platine téléphone à l'AR*

Au moment de l'énonciation, le SN *la platine* est donc pleinement référentiel pour les interlocuteurs. L'information rhématique porte alors sur la prédication.

4.2.2. La prédication seconde

La prédication seconde correspond à la « deuxième partie » de l'EDT présentative avec relative. La proposition subordonnée relative est introduite par le pronom relatif *qui* (92%) et plus rarement par *que* et *où*[18], et elle précise la nature du dysfonctionnement de l'entité SN antécédente. Le prédicat de la relative a pour particularité d'être spécifiant (Kleiber, 1987, p. 34) puisqu'il renseigne sur le non-fonctionnement de l'entité antécédente. En ce sens, il ne peut attribuer une propriété définitoire ou permanente (Furukawa, 1996, cité par Lagae, 1998) du SN antécédent. Nous parlerons alors de propriété temporaire puisqu'il est question d'une entité SN qui peut être à un moment donné dysfonctionnante.

Nature sémantique du prédicat de la relative

La valeur sémantique du dysfonctionnement se révèle au moyen de la nature définitoire du verbe lui-même qui exprime l'idée de panne (39) ou par les marqueurs de négation (40) :

(39) *Y a une fréquence qui est hachée*

(40) *y a un combiné où on reçoit plus rien*

En revanche, dans :

(41) *y a un avion qui reçoit une bande FM*

la valeur sémantique du prédicat *recevoir une bande FM* ne permet pas intuitivement de le catégoriser comme un verbe exprimant un dysfonctionnement. C'est dans la situation d'énonciation qu'il faut chercher les raisons de l'interprétation de cette EDT : pour ce domaine d'activité, un avion ne doit pas recevoir « une bande FM ». Cet énoncé montre la difficulté d'identifier les verbes exprimant le dysfonctionnement ; le recours aux connaissances du domaine est alors indispensable.

Deux types de prédications MAIS un seul contenu informationnel

A la suite des résultats qui précèdent nous pouvons confirmer que la proposition exprimée par la subordonnée « n'est pas présupposée mais affirmée pragmatiquement, c'est-à-dire que son contenu est traité comme une information nouvelle pour l'interlocuteur » (Lambrecht, 2000, p. 55). Si son rôle sémantique consiste exclusivement à prédiquer « quelque chose » sur le SN antécédent, l'analyse nous permet de mettre en évidence deux types de prédications. L'énoncé suivant

(42) *J'ai l'imprimante à TC qui écrit n'importe quoi sur les strips*

---

[18] Pour des raisons de place, nous n'entrerons pas dans les détails syntaxiques des différents pronoms relatifs.

est thétique, c'est-à-dire que « toute l'information qu'il véhicule est présentée comme nouvelle pour l'allocutaire » (Cornish, 1998, p. 24). La particularité du focus phrastique réside dans le fait que l'assertion et le focus sont co-extensifs, qu'il n'y a pas de coupure. D'un point de vue sémantique, le contenu propositionnel de la relative renvoie à deux catégories distinctes de prédicats :

- les prédicats d'état temporaire comme *être/sembler décalé*, *être H.S.*, qui assignent une propriété statique de non-fonctionnement.
- les prédicats événementiels comme *(ne pas) recevoir*, *faire des siennes*, dénotant un état qui résulte de la panne ou du mauvais fonctionnement de l'entité SN antérieure.

4.3. La construction présentative : [*il y a* /ProP. *avoir* + SN + SP/ Ø]

Nous regroupons sous cette structure canonique les énoncés présentatifs du type :

(43) *Y a un petit problème de fréquence sur la platine 205*

(44) *On a plus de lignes sur les cartes*

Leur particularité réside dans l'absence de la relative. Cette configuration confère au SN un rôle prépondérant au niveau sémantique et au niveau pragmatique : c'est sur lui que repose l'information du dysfonctionnement. Dans l'énoncé 43, c'est le SN *un petit problème de fréquence* qui renseigne sur le fait qu'il y a un dysfonctionnement. La particularité de cette construction est qu'elle met en œuvre dans 66% des cas des SN complexes dont la tête est régie par le nom commun *problème*. Les autres SN correspondent à des SN simples ou complexes où N1 correspond à un élément technique (44). Au niveau sémantique, selon la forme du SN post-verbal, l'EDT recouvre une interprétation différente.

4.3.1. Les SN du type [*problème* + prép./Ø + SN2]

Cette structure fait apparaître plusieurs types d'expansions prépositionnelles.

– Les expansions les plus usuelles sont de la forme [*de*/Ø SN] comme dans :

(45) *J'ai un problème d'act-auto avec Bruxelles*

(46) *Y a des problèmes radar*

où s'exprime un rapport d'origine entre *problème* et SN2. Au niveau pragmatique, ces EDT renseignent de manière générale sur le type de panne en question.

– D'autres manifestent un rapport locatif entre N1 et SN2 sous la forme [*sur*/à SN2] :

(47) *Y a des problèmes sur le 21 pouces à l'AR*

(48) *J'ai un petit problème au digit de la NT*

où le SP renseigne sur le lieu d'implantation de N1. Lorsque l'expansion est [*avec* SN2] :

(49) *on a un problème avec la ligne de Palma*

les constituants N1 et SN2 entretiennent une relation d'association. Mais elle permet également de localiser et donc d'identifier l'objet dysfonctionnant SN2.

L'expression « avoir dét. problème » semble correspondre à une construction relativement figée. Elle permet au locuteur d'introduire l'objet de l'appel de manière globale (au travers du

N1 *problème*). La valeur référentielle du SN sert de thème discursif aux EDT subséquentes dans le discours.

4.3.2. Les SN du type [N1 + prép./Ø + (SN2)]

Leur particularité provient du terme recteur qui correspond cette fois à un objet dysfonctionnant (50) ou un dysfonctionnement (51) :

(50) *Y a plus de ligne avec Chambéry*

(51) *Y a plus de position passée*

La notion de panne est ici exprimée par les marques de négation existentielle ou de restriction (51). L'indication du dysfonctionnement repose sur la présence d'une au moins de ces deux marques. Ces dénominations sont pour l'allocutaire plus informatives que les précédentes (cf. § 4.3.1.) : elles renseignent précisément sur le symptôme en cause.

En somme, les EDT de la forme [marqueur existentiel + dét + *problème* + (prép.) + SN2] servent à introduire l'objet de l'appel de manière globale. Ce dernier représente le thème discursif des EDT subséquentes. En revanche, lorsque l'EDT apparaît sous la forme [marqueurs existentiels + dét + SN + (SP)], le dysfonctionnement s'exprime par les marques de négation et/ou de restriction.

4.4. La construction : [*c'est* + SN/SA + Ø/relatif]

Cette dernière construction se réalise par exemple dans :

(52) *C'est les pilotes qui reçoivent de la musique*

(53) *[les appels aboutissent pas sur les bonnes positions] ah oui mais c'est un problème de pilotage chez eux*

Nous regroupons sous cette construction canonique les EDT construites en deux parties (52) dont la première est introduite par le marqueur présentatif *c'est* et la seconde par un pronom relatif. Les EDT ne contenant pas de relative sont également intégrées sous cette construction (53).

4.4.1. Description syntaxique et sémantique de [*c'est* + SN + relatif]

Ces énoncés correspondent à ce que Lambrecht (2004) regroupe sous le terme de « clivées à relative finale ». Blanche-Benveniste (1983, p. 103 ; 1990, p. 62) parle quant à elle de « dispositif d'extraction »[19] pour qualifier les constructions clivées en *c'est* qui permettent d'extraire un paradigme en bloc placé entre *c'est* et *qui/que*. Les entités linguistiques à droite du présentatif *c'est* correspondent toujours à des SN représentant un élément technique ou un sujet humain (52) mais jamais un dysfonctionnement. Elles peuvent aussi contenir un pronom personnel comme dans :

(54) *oui là c'est toi qui as des problèmes là de radio*

Syntaxiquement, le présentatif *c'est* permet de distinguer un objet de discours d'autres objets de discours susceptibles d'apparaître au même moment et à la même place dans l'énoncé, comme dans l'exemple suivant :

[19] Par opposition au « dispositif direct » qui matérialise l'ordre canonique.

(55) *C'est la statique qui est coupée*

Cette structure rend saillant l'objet dysfonctionnant *la statique*. Pour Berthoud (1992, p. 530) ce type de construction vise « à particulariser, à extraire d'une classe un objet particulier, une entité pour la désigner, l'exposer ».

4.4.2. Rôle de la structure [*c'est* + SN + relatif] au niveau informationnel

L'apport informationnel porte sur l'argument post-verbal. Pour reprendre l'énoncé (55), l'information nouvelle concerne le fait que c'est l'objet technique statique qui a un problème. Le clivage en [c'est + qui] permet au locuteur de rendre saillant un objet dysfonctionnant nouveau pour l'allocutaire. Le constituant *est coupée* est en revanche, au moment de l'énonciation, une information connue des interlocuteurs. Les clivées de ce type correspondent selon Lambrecht (2004) à des « clivées spécificationnelles exhaustives » puisque « le focus spécifie la valeur de la variable de façon exhaustive, désignant l'ensemble des signifiés susceptibles d'être substitués à la variable (souvent, mais pas nécessairement, pour contraster cette valeur unique avec d'autres valeurs potentielles) ».[20] Cette distinction est une des caractéristiques différentielles entre les deux présentatifs *c'est* et *il y a*. Le premier, contrairement à *il y a*, implique un lien avec le discours antérieur.[21] Les énoncés introduits par *c'est* concernent les suivis de problème.

4.4.3. Description syntaxique et sémantique de [*c'est* + SN/SA + Ø]

Cette construction diffère de la précédente par l'absence de la relative. Construite en un seul segment, elle ne s'apparente donc pas à des clivées et doit être considérée comme une construction à présentatif prédicatif (Morel, 1992, p. 508). Prenons l'énoncé suivant :

(56) *[pour la ligne de MONTPELLIER ça ça aboutit pas] c'est un problème de gestion de touches*

Le SN en position post-verbale correspond au niveau sémantique au diagnostic général d'une ou de l'ensemble des EDT antérieures. Si les groupes nominaux sont de loin les plus fréquents, il peut également s'agir d'un participe passé à valeur d'adjectif. Dans la majorité des cas, le locuteur utilise cette construction pour le suivi de l'information technique et énonce ainsi à son interlocuteur une évaluation des EDT précédentes. Morel (1992, p. 513) mentionne que *c'est* permet d'introduire un « constat sur la situation ». Pour ce qui est de notre étude, nous retenons que c'est la structure entière qui marque cette évaluation. L'entité post-verbale n'a plus pour objet de renseigner sur le type d'élément technique dysfonctionnant (comme avec *il y a*) mais fournit un diagnostic évaluatif.

4.4.4. Rôle de la structure [*c'est* + SN/SA + Ø] au niveau informationnel

L'apport informationnel est véhiculé au travers de l'argument [SN/SA] qui fournit une information évaluative d'un événement technique énoncé auparavant. Les énoncés introduits par *c'est* sont impliqués au niveau syntaxique mais aussi au niveau informationnel avec le discours antérieur. L'argument introduit par le présentatif prédicatif *c'est* joue le rôle de focus comme le montre l'énoncé suivant :

(57) *[Au sujet de 132.10] c'est un problème local ici*

[20] Voir aussi Grobet (2002, p. 214) pour qui la structure clivée en *c'est* permet un « effet contrastif ».

[21] Nous confirmons l'hypothèse de Lambrecht (2004) pour qui la distinction entre la structure *il y a* événementielle et *c'est* événementielle réside dans le fait que la première suggère une « discontinuité discursive » contrairement à la seconde.

Notons que la détermination indéfinie des SN post-verbaux accentue le caractère nouveau du référent désigné. L'expression *c'est* permet au locuteur de présenter une évaluation technique de l'événement en cours. Cette dernière ne fournit la valeur informative nouvelle qu'en relation avec les EDT antérieures concernant le même événement technique et ce, dans la mesure où la relative n'est pas réalisée. Au niveau pragmatique, ceci implique qu'au moment de l'énonciation de l'EDT, l'interlocuteur ait présent en mémoire un ensemble de prédications antérieures et fasse le lien avec l'information nouvelle argumentale. Notons que le déictique *ici* s'associe quant à lui à de l'information partagée par les interlocuteurs en renvoyant à la position de contrôle d'où téléphone le locuteur.

4.5. Synthèse

Nous retenons que les constructions introduites par *il y a*/ProP. *avoir* diffèrent des constructions en *c'est* tant au niveau syntaxique que pragmatique. Dans la majorité des cas, les constructions en *il y a* impliquent une interprétation événementielle où toute la proposition est en focus. Il en va tout autrement des constructions en *c'est* où la nature du dysfonctionnement est présupposée et en position topicale (lorsque celle-ci est réalisée). Seule la position post-verbale constitue un apport d'information (focus), accentué dans les cas où la relative n'est pas réalisée. Nous retenons cependant que les constructions sans relative nécessitent un lien sémantique associatif avec une ou plusieurs EDT antérieure(s). Elles ne peuvent pas de ce fait être analysées hors discours.

5. Les constructions détachées

5.1. Présentation et délimitation

La dernière structure syntaxique étudiée se présente sous la forme [SP/SN + Phrase], comme dans l'exemple :

(58) *Alors à propos de la 130.95 elle n'est plus utilisable*

Par *constructions détachées*, nous désignons les « constituants périphériques » (Combettes, 1999, p. 243), soit les syntagmes nominaux ou prépositionnels[22] en position initiale, indépendants du reste de l'énoncé. Le reste de l'énoncé correspond à une structure assertive (58) ou présentative. Les détachées introduisent toujours un élément technique mais jamais un dysfonctionnement. La place du constituant en tête d'énoncé recouvre deux fonctions particulières au niveau informationnel. Cette distinction se matérialise au niveau syntaxique par la présence ou l'absence d'une reprise anaphorique dans la suite de l'énoncé. Cette dernière recouvre un rôle déterminant au niveau pragmatique et plus précisément pour l'interprétation sémantique des EDT subséquentes.

5.2. Détachées avec reprise anaphorique

Leur caractéristique principale provient de la présence d'un pronom de rappel anaphorique dans le contexte droit comme dans :

(59) *Au sujet du vor de la Chatre il est bien en panne*

[22] Ces SP sont introduits par les prépositions *sur* ou *pour* ou par les locutions prépositionnelles *au sujet de* et *à propos de*.

La présence du pronom anaphorique *il* implique une certaine dépendance syntaxique et sémantique entre les deux entités. Il entretient un lien syntaxique avec le rhème (relation « thème-propos » selon Lambrecht, 1981, p. 1). L'interprétation de l'EDT assertive qui suit dépend de la relation anaphorique avec la construction détachée à gauche. Ce procédé syntaxique de reprise anaphorique caractérise l'opération linguistique de thématisation. Le détachement à gauche et la reprise pronominale marquent (au sens syntaxique) que le locuteur veut rendre saillant ce dont il parle. Berthoud (1996, p. 100) ou encore Le Querler (1998, p. 125) partagent ce point de vue lorsqu'elles considèrent ce type de construction avec reprise[23] comme une des caractéristiques de la thématisation *i.e.* ce dont on parle. L'énonciateur ne pouvant pas s'assurer l'attention de son énonciataire par des indications visuelles et gestuelles (communications téléphoniques), il a recours à une double énonciation thématique (SN lexical et reprise pronominale) pour renforcer la présentation de son objet d'appel, c'est-à-dire son thème discursif : dans (60), *l'imprimante T heu TB* :

(60) *L'imprimante T heu TB elle est elle est en panne*

Selon ce principe, le détachement joue le rôle de thème discursif. Au niveau pragmatique, cette réitération thématique provoque un renforcement cognitif qui permet ainsi de pallier d'éventuelles confusions : les deux locuteurs parlent bien de tel objet dysfonctionnant ou élément technique et pas d'un autre en cours. [24]

5.3. Détachées sans reprise anaphorique

Les détachées sans reprise anaphorique sont les plus fréquentes des détachements initiaux. Elles sont du type (matérialisé en gras) :

(61) ***Sur le radar le gros*** *on n'a pas tous les marqueurs*

Dans ce corpus, elles ont comme principale fonction d'introduire un cadre de discours au sens de Charolles (1997, 2002). Selon l'auteur, les introducteurs de ce type initient des univers de discours qui ont pour vocation d'intégrer les propositions apparaissant ensuite. Contrairement aux énoncés précédents, nous constatons que le SN en position détachée ne réfère pas au SN objet de l'énoncé qui suit. Le rôle de l'élément détaché sert à rappeler le cadre situationnel dans lequel l'énonciation de l'EDT qui suit s'avère pertinente. Dans l'énoncé (61), le constituant détaché permet au locuteur d'attirer l'attention de son allocutaire dans un premier temps sur le fait qu'un élément technique ne marche pas bien et ensuite d'énoncer la nature du dysfonctionnement au travers de la structure présentative. Les énoncés jouant le rôle de cadre discursif sont nécessaires à l'oral et en particulier dans ce type de communications opératives car ils permettent aux locuteurs d'entrer directement dans le vif du sujet et surtout à l'interlocuteur d'associer l'énoncé du symptôme au bon événement technique. Dans l'énoncé :

(62) ***Sur 130.95*** *ils (les avions) nous reçoivent pas*

l'allocutaire sait immédiatement que c'est sur *130.95* que les avions reçoivent pas et pas sur une autre fréquence. Le locuteur privilégie, avec le détachement, l'objet dysfonctionnant ou le type d'événement technique plutôt que la nature du dysfonctionnement. La particularité de ces

[23] Le Querler (1998) parle quant à elle de dislocation.

[24] Sur cette problématique, une analyse de certaines communications opératives (Vergely, 2002) a permis de mettre au jour des facteurs linguistiques et/ou extra-linguistiques parasitant le bon déroulement de la communication et impliquant dans certaines situations des erreurs (voire des oublis) sur une partie de l'information fournie.

détachées réside dans le fait qu'elles entretiennent un lien sémantique avec un événement technique dont on a déjà parlé antérieurement :

(63) ***Pour la ligne de Montpellier*** *ça (les appels) aboutit toujours pas chez lui*

l'entité SN *ligne de Montpellier* est introduite par la préposition *pour*. Elle implique intrinsèquement au niveau syntaxique un lien avec le discours antérieur (Vandeloise, 1993, p. 8).

5.4. Synthèse

Nous retenons essentiellement de ce rapide survol des constructions détachées que la place du SP et du SN à l'initiale de la prise de parole marque le fait que le locuteur choisit délibérément de renseigner dans un premier temps son allocutaire sur l'élément technique en cause dans un dysfonctionnement. Cette caractéristique syntaxique est déterminante au niveau pragmatique. Pour les détachées avec reprise, la double énonciation thématique provoque un renforcement cognitif, alors que les détachées sans reprise contribuent à préciser et même re-préciser le cadre de discours dans lequel l'EDT subséquente prend place. Notons qu'aucun constituant détaché à droite n'est relevé pour énoncer une EDT.

6. Conclusion

L'analyse des EDT dans ce corpus de dialogues opératifs montre qu'il existe des régularités de fonctionnement linguistique dans la verbalisation d'un dysfonctionnement technique. Cette verbalisation ne se fait pas de manière aléatoire mais respecte des règles qui dépendent de la nature de l'information à transmettre (sémantique) et de sa portée au sein du discours (pragmatique). Selon l'effet attendu, c'est l'une ou l'autre des structures qui va être « choisie », sans que le locuteur ait conscience de ce choix. Nous avons montré par exemple que ces régularités syntaxiques vont de pair d'une part avec la structure informationnelle (place de l'élément focal ou topical) et d'autre part avec le type d'information dont dispose le locuteur au moment de l'énonciation. Au niveau sémantique, certaines structures privilégient en position argumentale des SN représentant uniquement l'objet dysfonctionnant ([*c'est...qui*] / détachées), alors que d'autres présentent indifféremment l'objet dysfonctionnant ou le dysfonctionnement ([*il y a...qui*] / assertives). La nature du dysfonctionnement exprimé par la relative n'est quant à elle pas toujours réalisée, ce qui confère au SN post-verbal un rôle prépondérant.

Enfin, cette étude met en évidence l'intérêt d'une approche ascendante : d'un corpus vers l'élaboration de régularités syntactico-sémantiques (Vergely, 2001). Dans de nombreux cas, les structures identifiées confirment les descriptions réalisées sur des bases intuitives. Mais dans d'autres cas, ces intuitions sont prises en défaut. Ainsi, certains exemples ne correspondent pas aux descriptions réalisées par introspection ; mais surtout, les descriptions intuitives ne rendent pas compte du lien entre les structures et l'information à véhiculer. Par exemple, la fréquence des termes complexes, le rôle informationnel du déterminant défini dans les SN ou encore le fait que les présentatives en [*c'est...qui*] n'introduisent jamais un SN appartenant à la catégorie des dysfonctionnements sont des phénomènes linguistiques qui n'apparaissent qu'après l'examen de ces EDT.

Seule une analyse de corpus concernée par l'expression d'une information particulière peut permettre la mise au jour du lien structure/type d'information. Ce type de corpus ne peut provenir que d'utilisations réelles de la langue et dans des situations précises. Le contexte de l'entreprise est tout à fait propice au recueil de productions réelles.

Loin de n'être qu'une linguistique de seconde zone, la linguistique de corpus devient alors une linguistique qui permet de confirmer mais surtout d'affiner et de développer des résultats obtenus sur des bases introspectives.

Références bibliographiques

Berthoud, A.-C. (1992). Deixis, thématisation et détermination. In M.-A. Morel & L. Danon-Boileau (Ed.), *La deixis* (pp. 527-542). Paris : Presses universitaires de France.

Berthoud, A.-C. (1996). *Parole à propos : approche énonciative et interactive du topic*. Paris : Edition Ophrys.

Biber, D. *et al.* (2000). *Grammar of Spoken and Written English*. Londres : Longman.

Blanche-Benvenite, C. (1983). Examen de la subordination. *Recherche sur le français parlé*, 4, 71-115.

Blanche-Benvenite, C. (1990). *Le français parlé : études grammaticales*. Paris : Editions du CNRS.

Boutet, J. (1992). La linguistique variationiste face à l'expertise linguistique et au sens. *Langages*, 108, 90-100.

Boutet, J. (1995). Le travail et son dire. In J. Boutet (Ed.), *Paroles au travail* (pp. 247-267). Paris : L'Harmattan.

Charolles, M. (1997). L'encadrement du discours : univers, champs, domaines et espaces. *Cahiers de Recherche Linguistique*, 6, 1-73.

Charolles, M. (2002). *Les adverbiaux cadratifs et leur fonctionnement textuel.* http://www.ltm.ens.fr/siteACFT/SiteLATTICEACFT4.htm.

Chomsky, N. (1977). *Langue, linguistique, politique. Dialogues avec Mitsou Ronat.* Paris : Flammarion.

Combettes, B. (1999). Thématisation et topicalisation : leur rôle respectif dans l'évolution du français. In C. Guimier (Ed.), *La thématisation dans les langues, Actes du colloque de Caen, 9-11 octobre 1997* (pp. 231-245). Berne : Peter Lang.

Condamines, A. (2003). *Sémantique et corpus spécialisés : constitution de bases de connaissances terminologiques.* Habilitation à Diriger les Recherches en linguistique. Université Toulouse Le Mirail, ERSS. *Carnets de grammaire*, 13.

Condamines, A. & Rebeyrolle, J. (2000). Construction d'une base de connaissances terminologiques à partir de textes : expérimentation et définition d'une méthode. In J. Charlet, M. Zacklad, G. Kassel & D. Bourigault (Ed.), *Ingénierie des Connaissances, évolutions récentes et nouveaux défis* (pp. 225-242). Paris : Eyrolles.

Cornish, F. (1998). Les « chaînes topicales » : leur rôle dans la gestion et la structuration du discours. *Cahiers de Grammaire*, 23, 19-40.

Dubois, J. *et al.* (1973). *Dictionnaire de linguistique*. Paris : Larousse.

Encrevé, P. (1976). Introduction. In W. Labov, *Sociolinguistique*. Paris : Editions de Minuit.

Grobet, A. (2002). *L'identification des topiques dans les dialogues*. Bruxelles : Editions Duculot & De Boeck.

Kennedy, G. (1998). *An Introduction to Corpus Linguistics*. Londres et New York : Longman.

Kleiber, G. (1987). *Relatives restrictives et relatives appositives : une opposition « introuvable » ?*. Tübingen : Niemeyer.

Labov, W. (1976). *Sociolinguistique*. Paris : Editions de Minuit.

Lagae, V. & Rouget, C. (1998). Quelques réflexions sur les relatives prédicatives. In M. Bilger, K. van den Eynde & F. Gader (Ed.), *Analyse linguistique et approches de l'oral. Recueil d'études offert en hommage à Claire Blanche-Benveniste* (pp. 313-325). Leuven - Paris : Peeters.

Lambrecht, K. (1981). Topic, Antitopic and Verb agreement in Non-standard French. In H. Parret & J. Verschueren (Ed.), *Pragmatics & Beyond : An Interdisciplinary Series of Language Studies*. Amsterdam : John Benjamins.

Lambrecht, K. (1994). *Information Structure and Sentence Form : Topics, Focus, and the Mental Representations of Discourse Referents*. Cambridge : Cambridge University Press.

Lambrecht, K. (2000). Prédication seconde et structure informationnelle. La relative de perception comme construction présentative. *Langue Française*, 127, 49-66.

Lambrecht, K. (2001). Dislocation. In Haspelmath *et al.* (Ed.), *Language Typology and Language Universals* (pp. 1050-1078). Berlin et New-York : Walter de Gruyter.

Lambrecht, K. (2004). Un système pour l'analyse de la structure informationnelle des phrases. L'exemple des constructions clivées. In J. Fernandez-Vest & S. Carter-Thomas (Ed.), *Structure informationnelle. Typologie et genres du discours*. Paris : L'Harmattan.

Léglise, I. (2000). Lorsque les linguistes interviennent : écueils et enjeux. *Revue Française de Linguistique Appliqué, 5*(1), 5-14.

Le Querler, N. (1998). Le marquage syntaxique de la thématisation de l'objet dans la pluie d'été de Marguerite Duras, *Cahiers de praxématique*, 30, 113-131.

Morel, M.-A. (1992). Les présentatifs en français. In M.-A. Morel & L. Danon-Boileau (Ed.), *La deixis* (pp. 507-518). Paris : Presse universitaires de France.

Vandeloise, C. (1993). Présentation. *Langages*, 110, 5-11.

Vergely, P. (2001). *De l'utilité d'un corpus pour la mise au jour de régularité dans l'expression d'un type d'information*. Communication présentée aux Journées « Linguistique de Corpus et Linguistique Appliquée », AFLA, Lorient.

Vergely, P. (2002). *Analyse sémantique de communications spécialisées : mise au jour de facteurs gênant le déroulement et/ou la compréhension du dialogue*. Rapport d'étude du Centre d'Etude de la Navigation Aérienne, CENA/NT02-882.

Quatrième partie

PRÉFIGURATION ET RECONFIGURATION DU TRAVAIL EN SITUATION DE FORMATION

L'analyse des actions et des discours en situation de travail. Concepts, méthodes et applications (sous la direction de L. Filliettaz et J.-P. Bronckart), Louvain, Peeters, BCILL, 2005.

Discours, anticipation et action.
Les constructions discursives de l'avenir dans une institution de formation par le travail

Ingrid De Saint-Georges

Facultés Universitaires Notre-Dame de la Paix (Namur),
Research Center for Crisis and Conflict Management

1. Introduction[1]

Depuis quelques années, l'analyse du langage au travail jouit d'une place privilégiée dans l'étude des contextes professionnels. Un nombre important de recherches se sont ainsi récemment développées portant sur les relations entre discours et organisations dans des disciplines aussi variées dans leurs buts et leurs méthodes d'enquête que la gestion, la communication, la psychologie sociale, la sociologie, ou l'analyse du discours (voir Drew & Heritage, 1992 ; Iedema & Wodak, 1999 ; Grant, Keenoy & Oswick, 2001). Ce « tournant discursif » (Iedema & Wodak, 1999 ; Stubbe, 2001 ; Filliettaz, 2004a) a clairement influencé la perception des organisations. Il est devenu banal en effet de considérer celles-ci non pas comme des entités réifiées et statiques, sources de déterminations, mais plutôt comme des systèmes complexes constitués de façon dynamique dans « des actes de communication entre les membres d'une organisation » (Iedema &Wodak, 1999, p. 7). Dans ce cadre, comme le note Stubbe (2001), « interpersonal communication [has become] a key concern for both researchers and practitioners interested in how organizations function and evolve ».

Dans les interactions entre les membres d'un collectif de travail se tissent notamment la trame des transformations et du changement dans l'organisation. Ainsi, par exemple, un grand nombre d'échanges au sein de l'organisation portent sur des événements *à venir*. Les participants à des situations de travail font des projets, planifient leurs actions, forment des intentions quant à leurs réalisations, s'engagent à réaliser certains objectifs ou négocient des « avenirs partagés » (R. Scollon, 2002a). Ces projets, s'ils sont ensuite concrétisés dans des actions situées, contribuent avec le temps à la modification et à l'évolution de l'organisation et sont par conséquent des forces actives et dynamiques qui en orientent le cours. L'objet de cet article est d'examiner des discours portant sur des situations à venir afin d'analyser comment ces

[1] Ce texte, initialement rédigé et présenté en anglais, a été traduit par l'auteur, avec l'aide de Marie Carcassone que je souhaite remercier ici pour ses suggestions et la précieuse aide apportée à la traduction d'une version antérieure de l'article. Carolyne Dewynter et Laurent Filliettaz ont également contribué à l'amélioration de ce texte par leur relecture éclairante. Je les en remercie également.

« discours anticipatoires » (Scollon & Scollon, 2000) contribuent à la constitution d'actions situées. L'analyse portera plus particulièrement sur des négociations engagées au cours de réunions d'évaluation du travail de jeunes stagiaires dans un centre de formation par le travail. Ces données seront utilisées afin d'aborder la question suivante : quelles relations peut-on établir entre les formes discursives de l'anticipation et la réalisation d'actions situées ?

Pour tenter d'élaborer une réponse à cette question, nous commencerons par introduire brièvement le concept de « discours anticipatoire » (§ 2.), avant de présenter les données qui ont servi de base empirique à cette étude et les conditions de leur recueil (§ 3.). Nous mettrons enfin le bagage théorique construit à l'égard des discours anticipatoires à l'épreuve des données empiriques pour tenter d'élucider quels types de rapports les discours sur l'avenir entretiennent avec les actions réelles dans ces données (§ 4. et § 5.). L'orientation théorique privilégiée dans cette partie analytique s'inscrira dans la perspective des courants interactionnels (Schiffrin, 1987, 1994 ; Tannen 1984), de la Mediated Discourse Theory (R. Scollon, 1998, 2001a, 2001b, 2002a) et de la Critical Discourse Analysis (Fairclough & Wodak, 1997 ; Chouliaraki & Fairclough, 1999).

2. Les discours anticipatoires

L'avenir a ceci de particulier que les propositions qui portent sur lui ne sont pas falsifiables puisque, par définition, l'avenir est ce qui n'existe pas encore. Or, étrangement, relativement peu de travaux on été jusqu'ici consacrés à la manière dont les acteurs sociaux s'expriment par rapport à l'avenir (voir cependant Filliettaz, à paraître). Dans le champ de l'analyse du discours, de nombreuses recherches portent sur la narration et la manière dont les faits passés sont discursivement reconfigurés. Beaucoup moins sont consacrées à la préfiguration de l'avenir, et ce même si les représentations que nous nous construisons du futur influencent les actions présentes.

Dans un article consacré au rôle des agents et des savoirs dans les actions sociales, Scollon & Scollon (2000) ont dès lors mis en évidence la nécessité de développer un point de vue théorique sur ce qu'ils appellent « les discours anticipatoires » (*anticipatory discourses*).[2] L'étude des discours anticipatoires porte sur les représentations que les individus se font de l'avenir et la manière dont ces représentations peuvent jouer un rôle de moteur ou de frein pour la réalisation de futurs cours d'action (Dator, 1972 ; R. Scollon, 2002b). Pour les besoins de cet article[3], on peut donc, à la suite de R. Scollon, définir l'analyse des discours anticipatoires comme étant : « [the study of] the ways in which discourse may be used to produce possible (and impossible) actions in the future » (R. Scollon, 2002b).

Dans leur article, Scollon et Scollon suggèrent que les individus peuvent se positionner de différentes manières à l'égard de l'avenir et proposent de représenter ces positions sur une « matrice des actions sociales », le long de coordonnées comportant un « axe des savoirs » (*knowledge axis*) et un « axe de l'agentivité » (*agency axis*) (Scollon & Scollon, 2000, pp. 5-6 ; S. Scollon 2001, p. 106).

---

[2] Voir aussi S. Scollon (2001), De Saint-Georges (2003).

[3] Pour d'autres distinctions possibles, notamment entre discours préfiguratifs, prescriptifs et procéduraux, voir Filliettaz (2004b).

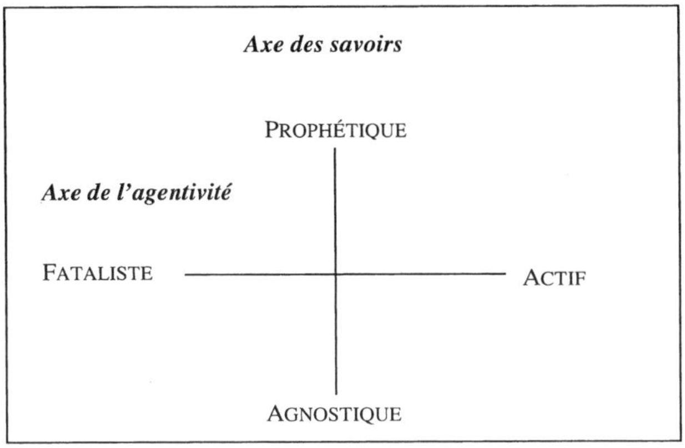

Figure 1 : Une matrice des actions sociales
(repris de Scollon & Scollon, 2000, p. 6)

Pour ces auteurs, l'axe des savoirs fait référence au fait qu'en posture d'anticipation, les acteurs sociaux (y compris le chercheur) prennent position quant à 1) une *ontologie* de l'avenir (les événements prédits se produiront-ils ou pas à un moment futur ?) et 2) une *épistémologie* de l'avenir (l'avenir est-il connaissable, connu ou impossible à connaître ? Avec quelle certitude peut-on affirmer qu'un événement aura lieu ?). L'axe de l'agentivité fait référence quant à lui à la capacité des agents à agir pour faire advenir le monde qu'ils souhaitent voir se réaliser (sont-ils prospectivement engagés dans la réalisation d'un avenir particulier ? Ou se considèrent-ils impuissants à agir sur l'avenir, à l'influencer ?). Le long de ces deux axes, plusieurs positions intermédiaires peuvent être établies. Pour les besoins de cet article, récapitulons brièvement six d'entre elles (pour une grille plus détaillée, voir De Saint-Georges, 2003, chap. 4).

2.1. Axe des savoirs

En ce qui concerne l'axe des savoirs, un individu peut tout d'abord exprimer la croyance qu'un événement deviendra réalité dans le futur. De ce point de vue, l'avenir est construit comme connu ou connaissable, fixé à l'avance. La posture de l'individu est dans ce cas de prédire, c'est-à-dire d'exprimer sa certitude que l'événement en question va se produire. Il est important de noter que ce qui importe dans ce cas ce n'est pas tellement la question de savoir si « d'un point de vue épistémologique le locuteur est légitimement en droit ou pas » (Fleischman, 1982, p. 2) de traiter l'avenir comme un espace connaissable et connu, mais plutôt « la conviction du locuteur que l'événement prédiqué deviendra réalité » (Fleischman, 1982, p. 20). Un individu peut donc présenter l'occurrence d'un événement futur avec la force d'une affirmation, exprimer que cet événement fait partie d'un plan prédéfini ou présenter l'événement comme quelque chose à quoi l'on peut s'attendre étant donné ce que l'on sait (de ce type d'événement en général, de l'état du monde, etc.). A la suite d'une proposition faite par Scollon & Scollon (2000, p. 4), on appelera ce type de position la posture *prophétique*.

Un individu peut également exprimer le sentiment que l'avenir n'est pas complètement connu ou connaissable. Dans cette perspective, l'avenir se présente comme une combinaison de tendances prévisibles et d'événements imprévisibles, où certaines situations apparaissent plus probables que d'autres. Par conséquent, devant les incertitudes liées l'avenir, on en est réduit aux spéculations. L'individu ne peut que se perdre en conjectures, émettre des hypothèses ou évaluer les probabilités qu'une situation se produise. Sa posture est dans ce cas de nature *probabiliste*.

Enfin, un individu peut adopter une dernière position, celle qui consiste à exprimer que l'avenir est le domaine de l'inconnu et de l'indéterminé, et qu'il est donc par définition impossible à connaître (Grosz, 1999b, p. 21 ; De Jouvenel, 1999). Exprimer son ignorance et ses incertitudes par rapport à l'avenir revient à adopter une posture *agnostique* quant à la destinée des gens, des situations ou des choses.

2.2. Axe de l'agentivité

Du point de vue de l'action, les individus peuvent exprimer, dans leurs discours ou au travers de leurs pratiques, une attitude soit plus ou moins passive, soit plus ou moins active à l'égard de l'avenir. Ici encore on peut distinguer théoriquement trois positions.

Un individu peut tout d'abord se présenter comme quelqu'un doué de la capacité de produire des changements et donc capable d'influencer l'avenir par ses actions (Scollon & Scollon, 2000, p. 5). L'agent du changement peut exprimer son engagement à exercer son action sur les choses ou ses intentions de réaliser certains objectifs. On peut alors qualifier sa posture d'*active*.

Un individu peut également avoir l'impression que sa capacité à agir sur le cours des choses est circonstancielle. Elle peut apparaître par exemple comme dépendant d'autres personnes, d'un état d'esprit favorable, d'outils particuliers, etc. Cette posture *contingente* dénote d'un engagement moindre à faire advenir certains cours d'action.

Enfin, un individu peut aussi se sentir impuissant devant les forces présidant aux destinées humaines et la complexité du monde, et exprimer que, face à l'inconnu et l'incertain, il se sent dans l'incapacité d'agir. Si l'avenir lui apparaît prédéterminé et nécessaire, il peut avoir le sentiment qu'il n'est pas en son pouvoir de modifier le cours des choses. Dans ce cas, il peut choisir d'adopter une posture *fataliste* devant l'avenir.

La Figure 2 récapitule ces différentes positions :

Savoir	
1. *Posture prophétique* →	Prédiction, affirmation, plan, attentes
2. *Posture probabiliste* →	Spéculation, déduction, conjectures
3. *Posture agnostique* →	Doutes, manque de connaissances, hypothèses non confirmées
Agentivité	
4. *Posture active* →	Intention, volonté d'agir, capacité d'agir, engagement
5. *Posture contingente* →	Conditionnelle, circonstancielle, hésitation
6. *Posture fataliste* →	Capacité d'action niée

Figure 2 : Postures anticipatoires

Dans des situations d'interactions réelles, ces différentes postures sont construites verbalement par le choix de temps, de modes, d'auxiliaires modaux, d'adverbes ou d'expressions lexicales dénotant « un trait sémantique *futur* » (Ruijgh, 1991).[4] Par exemple, l'utilisation du présent pour faire référence à un événement futur (« praesens pro futuro ») peut signaler que l'événement futur est présenté avec la force d'une affirmation (ex. Jean part demain). L'utilisation du conditionnel, du subjonctif (ex. Jean pourrait partir demain, il est possible que Jean parte demain) ou d'autres marqueurs modaux peut contribuer à la construction d'une attitude plus probabiliste, etc. Comme nous allons le voir dans l'analyse des données empiriques, c'est souvent la combinaison de plusieurs marqueurs linguistiques qui permet de construire l'une ou l'autre des postures décrites.

Dans la section suivante (§ 3.), nous commençons par situer les données et les conditions de leur recueil avant de nous tourner vers l'analyse des relations que l'on peut établir, dans ces illustrations empiriques, entre les postures anticipatoires et les actions situées (§ 4. et § 5.).

3. « Horizons » : une « entreprise de formation par le travail »

Comme cadre empirique pour cette analyse, nous avons choisi de considérer des interactions entre les membres du personnel d'« Horizons[5] », un centre de formation qui appartient au réseau des « entreprises de formation par le travail » (EFT) situées en Belgique francophone. Les données analysées ici ont été recueillies dans le cadre d'une recherche ethnographique, incluant six mois d'observation participante au sein de l'organisation.

Comme son nom l'indique, une EFT propose la formation à un métier par la mise au travail sur des chantiers réels avec des clients réels. Horizons est donc enregistrée comme entreprise du

[4] Pour une présentation détaillée des choix ainsi disponibles, voir la taxonomie proposée dans De Saint-Georges (2003, chap. 4).

[5] Pseudonyme.

bâtiment et entre en concurrence avec des entreprises du bâtiment de type plus classique. Elle est financée par des contrats propres ainsi que des subsides extérieurs. Horizons propose ainsi à des jeunes chômeurs de longue durée un apprentissage des métiers de la construction (travaux forestiers, plafonnage, peinture en bâtiment, maçonnerie, techniques de vente et de nettoyage) comme un moyen de faciliter leur réinsertion sur le marché de l'emploi. Outre la mise au travail sur des chantiers, le programme pédagogique comprend des cours théoriques et un suivi individuel.

L'analyse porte plus particulièrement sur des interactions enregistrées au cours d'un « conseil pédagogique ». Les conseils pédagogiques ont pour objectif d'évaluer les progrès effectués par les jeunes tout au long de leur formation. Au cours de ces réunions, les membres du personnel travaillant avec le jeune (enseignants, moniteurs, assistant social, responsable pédagogique, responsable de l'insertion) se rencontrent pour discuter de la situation du stagiaire et des problèmes éventuellement rencontrés dans les cours ou sur le chantier. Ils tentent d'élaborer des stratégies pour l'aider à réaliser les objectifs qu'il ou elle s'est fixés et pour résoudre les difficultés survenues. Ces réunions ont lieu en principe toutes les cinq semaines.

Les réunions pédagogiques sont des temps dans la vie de l'organisation où des personnes d'horizons très différents sont amenées à interagir et à travailler ensemble. On y retrouve des membres du personnel ayant fait des études supérieures ou universitaires (les enseignants, la responsable pédagogique, la responsable de l'insertion, et l'assistant social). Parmi ceux-ci on trouve aussi proportionnellement un nombre plus important de femmes. Les moniteurs, quant à eux, sont tous des travailleurs manuels. A l'exception des ateliers « techniques de vente » et « techniques de nettoyage » qui sont animés par des monitrices, les autres ateliers sont animés par des hommes.

Chacun des participants s'inscrit en conséquence dans des systèmes de représentations pluriels et parfois divergents, renvoyant à des positionnements complexes en terme de genre, de catégorie sociale et d'occupation professionnelle. En rapport avec leurs trajectoires biographiques et d'autres « espaces de pratiques et espaces de projets » (Gee, 1996, p. 128), les participants investissent la réunion avec leurs attentes, leurs représentations, leurs comportements, leurs opinions, leurs valeurs, leurs manières de parler, de ressentir et de concevoir le monde, qui sont autant de *Discours* (Gee, 1996) ancrés dans leurs expériences passées et qui orientent leurs perceptions de l'avenir. Ces Discours, parfois convergent, et parfois s'opposent. Ils affectent non seulement la manière dont chaque participant évalue le travail des stagiaires ; ils influencent aussi les relations entre individus, les processus de prise de décision et la manière dont les actions décidées seront accomplies. Les conseils pédagogiques sont donc le lieu d'enjeux symboliques où, en même temps que sont prises des décisions pratiques, les « idéologies dominantes, les normes, et les valeurs sont renforcées, négociées ou contestées » (Iedema & Wodak, 1999, p. 11). Dans ce contexte, arriver à une décision relève souvent de la négociation.

L'interaction qui retiendra notre attention dans la section suivante illustre ces enjeux. Elle concerne en effet les représentations conflictuelles construites à propos de l'avenir d'une stagiaire, Erika[6], et permet de monter comment ces représentations affectent la construction d'une action située comme celle de produire un rapport d'évaluation.

---

[6] Pseudonyme.

4. Les constructions discursives de l'avenir

Erika est une jeune femme qui s'est récemment inscrite à l'atelier « maçonnerie ». C'est la première femme en stage dans cet atelier et son inscription est en soi une petite révolution. Les métiers de la construction sont en effet traditionnellement des métiers d'hommes et les tentatives pour redessiner les frontières traditionnelles dans ce domaine se heurtent généralement à des résistances sérieuses (Applebaum, 1999, chap. 9). Les extraits que je souhaiterais examiner proviennent de la première évaluation d'Erika dans son parcours à Horizons. Au moment de cette évaluation, Erika a passé quatre jours sur un chantier puis a interrompu sa formation sans aucune explication. L'objet de la réunion est d'évaluer ses capacités techniques, son comportement en formation, ses atouts et ses limites pour le métier de maçon.

Habituellement, les conseils pédagogiques donnent lieu à la rédaction d'un rapport synthétisant la discussion qui a eu lieu. Ce rapport est ensuite remis au stagiaire et constitue un feedback sur son travail qui l'encouragera à poursuivre dans une voie ou à modifier son comportement. Dans le cadre des pratiques de l'organisation, la séquence typique qui mène à la remise de ce rapport ressemble donc à la chronologie présentée ci-dessous (Figure 3)

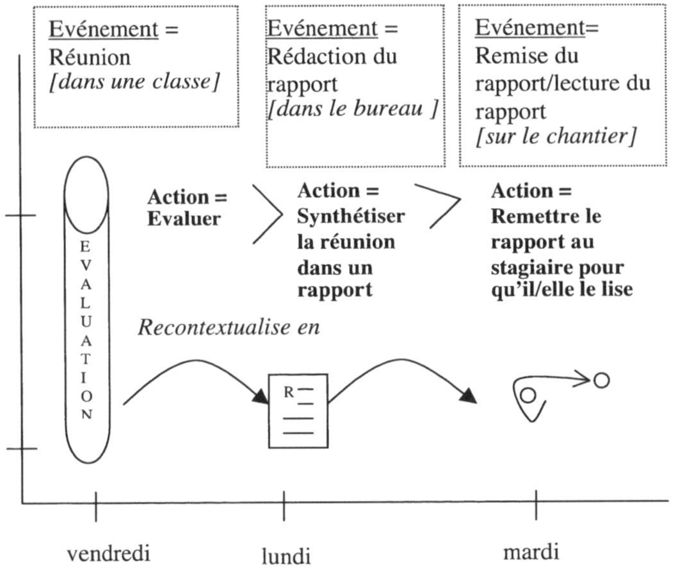

Figure 3 : Un cours d'action typique

Au cours de la réunion, il devient rapidement clair que les participants à la réunion ne se positionnent pas tous de la même manière quant à l'avenir professionnel d'Erika et que la discussion devient le lieu d'une lutte de pouvoir pour défendre, promouvoir ou imposer une représentation de l'avenir conforme à la vision du monde préférée par les uns ou les autres.

Comme nous allons le montrer, cette lutte de pouvoir a des conséquences directes sur la chronologie présentée ci-dessus. Pour s'en rendre compte, commençons par examiner les postures anticipatoires construites par les différents locuteurs.

4.1. Posture prophétique et fataliste VS Discours sur le potentiel

Dans notre premier extrait (1), Gilbert, le moniteur en maçonnerie avec lequel Erika a travaillé pendant ses quatre premiers jours, est invité à évaluer le comportement de la jeune femme sur le chantier. Dans cet extrait et les suivants, Anne-Marie est la conseillère pédagogique à Horizons. Elle est responsable de l'organisation des cours et de tout ce qui relève du domaine pédagogique et est également chargée de rédiger le rapport synthétisant le contenu de la discussion. C'est elle qui anime la réunion. Gilbert, Michel, Charles et Marc sont moniteurs dans le secteur des travaux du bâtiment. Ils enseignent aux stagiaires les techniques de maçonnerie. Nelly est la responsable de l'insertion, à qui incombe l'aide à la recherche d'emploi ainsi que le suivi de stages en entreprises que les jeunes peuvent faire en cours de formation. Les autres participants sont Pierre, le professeur de maths, Francis, le professeur de français, Tom, l'assistant social et moi-même.

(1)

1. Anne-Marie :	Bon
2.	Sur ces quatre jours quelle attitude elle a eue sur chantier comment ça s'est passé ?
3.	[...]
4. Gilbert :	[grimace]
5.	[rires des autres]
6.	Comment ça s'est passé ?
7.	Ben elle est bien
8.	J'vais dire.
9. Anne-Marie :	A quel point de vue ?
10. Gilbert :	Ben moi
11.	Je n'ai pas eu de-
12.	comment
13. Marc :	/?/faut savoir
14. Anne-Marie :	Allez
15. Charles :	T'as pleuré pour me la remettre
16. Anne-Marie :	Allez vas-y hein
17. Gilbert :	non non
18. Anne-Marie :	Avance
19. Gilbert :	Mais oui hein mais attends
20.	il faut que je-
21.	Je veux pas dire de conneries moi
22. Anne-Marie :	/?/
23. Gilbert :	J'vais dire qu'elle est de bonne volonté =
24. ?	?
25. Anne-Marie :	Ch-hut
26. Gilbert :	=mais de toutes façons euh
27.	...
28. Michel :	dis-le hein
29. Gilbert :	on ne saura rien en faire
30. Nelly :	hu ?
31. Anne-Marie :	Ch-hut
32.	Taisez-vous
33. Gilbert :	Ouais
34.	Elle ne sera jamais un maçon

35. Nelly :	Elle est de bonne volonté
36. ? :	Elle macol-
37.	Elle maçonne
38. Gilbert :	Elle ne sera jamais un maçon.

On peut distinguer dans ce premier extrait l'élaboration de deux positions contrastives (le contraste est signalé par le ponctuant du discours « mais » à la ligne 26). La première position est exprimée dans le segment qui va de la ligne 1 à 25. Lorsqu'on lui demande d'évaluer le comportement d'Erika, Gilbert commence par émettre une série de propositions : « Ben elle est bien » (l. 7), « Je n'ai pas eu de- » (l. 11), « [...] elle est de bonne volonté » (l. 23). Il commence donc par proposer une série de qualifications positives concernant l'attitude d'Erika sur le chantier. En procédant de la sorte, Gilbert se montre sensible à une position idéologique que l'on trouve exprimée de manière récurrente dans la rhétorique de l'organisation et qui consiste à militer contre toute vision déterministe des trajectoires individuelles ou sociales des stagiaires. On pourrait appeler ce type de discours tenu sur les jeunes, le « Discours sur le potentiel » (Scollon & Scollon, 2000, p. 1) et le synthétiser par une affirmation enregistrée au cours d'une autre réunion : « ne jamais dire celui-ci ou celle-ci on n'en fera rien ». L'idée promulguée ici est que même le stagiaire qui semble a priori le moins apte à se réinsérer dans le circuit professionnel a une chance de s'en sortir et de (re)trouver un emploi.

Cependant, lorsqu'il formule ses qualifications positives, Gilbert ne le fait pas de manière spontanée, comme en témoignent ses hésitations qui démentent la force des affirmations énoncées. Un dialogisme caché (*hidden dialogicality*) semble exister entre ce qu'il sent qu'il devrait dire et ce qu'il pense réellement. Les marques d'hésitations atténuent donc la force illocutoire de son propos et signalent son désengagement vis-à-vis de celui-ci : (7) « Ben elle est bien » (8) « *J'vais dire* » ; (11) « je n'ai pas eu de- » (12) « *comment* » ; (23) « *J'vais dire* qu'elle est de bonne volonté ». La qualification positive du comportement d'Erika fait aussi l'objet d'une remise en cause par les autres moniteurs qui réagissent aux propos de Gilbert en contestant le cadrage qu'il adopte et en doutant de sa conformité avec ce que Gilbert pense véritablement ((13) Marc : « /?/faut savoir » ; (15) Charles : « T'as pleuré pour me la remettre » ; (28) Michel : « dis-le hein »). Le « Discours sur le potentiel » est donc bien ici contesté par les maçons. Le travail d'atténuation du propos effectué par Gilbert montre également qu'il est conscient que le discours de type déterministe qu'il est sur le point d'énoncer pourrait faire réagir négativement d'autres participants ((19) « Mais oui hein mais attends ; (20) il faut que je- ; (21) Je veux pas dire de conneries moi »). Ces formulations révèlent la difficulté associée à la remise en question du « Discours sur le potentiel » dans le contexte des conseils pédagogiques pour le locuteur.

Dans le second segment (lignes 26 à 38), Gilbert signale que sa véritable position s'inscrit en fait en porte-à-faux par rapport au Discours du Potentiel privilégié dans la culture de l'organisation. Il élabore ici clairement une posture *prophétique* et négative concernant l'avenir professionnel d'Erika en prédisant par deux fois qu' « elle ne sera jamais un maçon » (l. 34 et l. 38). Cette position est couplée à une posture *fataliste* quant à la capacité du programme à la former comme maçon ((29) : « on ne saura rien en faire »).

La suite de l'interaction fait apparaître que les raisons pour statuer sur l'avenir d'Erika ne dépendent pas tellement de ses performances sur le chantier, mais plutôt d'une certain conception du monde et des rapports sociaux. Ce n'est pas tellement son comportement sur le chantier qui est soumis à évaluation mais plutôt la légitimité de la place d'une femme parmi les maçons qui fait l'objet d'un jugement de validité sociale. Dans le cadre des normes, des pratiques et des valeurs des travailleurs du bâtiment, le genre d'Erika, non-conforme à celui que l'on trouve habituellement sur un chantier, génère des résistances. Gilbert éprouve des difficultés à accepter qu'elle devienne membre du groupe :

(2)

39. Anne-Marie :	Pourquoi elle sera jamais un maçon ?
40. Gilbert :	mais parce que
41.	maçon c'e : st
42.	le métier d'un homme qu'on me dise ce qu'on veut
43.	que je passe pour sexiste ou n'importe quoi
44.	j'en n'ai rien à foutre
45.	ma femme me le dit tous les jours alors euh
46.	[rires d'hommes]

Il a été souligné que l'attitude machiste est l'un des traits de la culture professionnelle des travailleurs du bâtiment (Appelbaum, 1999, pp. 134-135). Les attitudes sexistes font donc partie, dans ce cadre, d'un système de Discours (Scollon & Scollon, 1995, chap. 6) qui dicte en partie quelles actions doivent être préférées à d'autres quand plusieurs alternatives sont en compétition. Ce système de Discours (*Discourse system*) préforme aussi en partie comment un individu peut se positionner par rapport à une situation présente ou à venir. Il est donc important de noter que dans le cadre de ce Discours, le fait que les moniteurs en maçonnerie aient fait le pas d'accepter la présence d'Erika sur le chantier témoigne déjà d'une ouverture d'esprit inhabituelle étant donné que ce seul fait va à l'encontre de leur système de valeurs. Il y a cependant une telle contradiction entre ce système de valeurs et la présence d'une femme comme travailleur sur un chantier que tout en ayant accepté son inscription au programme, ils éprouvent des difficultés à percevoir cette présence comme légitime et acceptable.

4.2. Posture probabiliste et posture agnostique

On peut dire qu'à certains égards, le discours de Gilbert se présente comme un discours « réaliste » sur l'avenir professionnel d'Erika, en tout cas dans la mesure où il s'ancre dans des pratiques habituelles pour un ouvrier du bâtiment. Une autre perspective, plus « constructiviste » celle-ci, est également représentée dans le texte. Cette seconde perspective est illustrée dans l'extrait (3), qui vient un peu plus tard dans la réunion :

(3)

1. Nelly :	Oui mais si elle est
2.	entre guillemets pas bien dans des boulots plus féminins
3.	et qu'elle a fait la demande de venir ici
4.	c'est peut-être parce qu'elle espère de se sentir mieux dans ce genre de boulot-là
5.	donc je suppose
6.	elle est prête à
7. ?	Oui
8. ?	C'est possible
9. Charles :	Je n'en sais rien moi
10.	[...]
11. Pierre :	C'est parce qu'on a encore beaucoup d'a priori
12.	mais pour moi
13.	c'est à Erika qui veut apprendre un métier de maçon
14.	[...]
15.	à juger si elle est capable de l'apprendre

16.	indépendamment de ses nichons comme elle l'a déjà dit deux fois
17.	[...]
18. Pierre :	Mais c'est pas facile
19.	C'est pas une démarche facile parce que
20. Anne-Marie :	non c'est vrai
21. Pierre :	ce n'est pas encore rentré dans nos mœurs de rencontrer des-
22. Anne-Marie :	voilà

Alors que Gilbert prédisait qu'Erika n'aurait pas d'avenir dans la maçonnerie, Nelly (la responsable de l'insertion), Charles (un autre moniteur maçon) et Pierre (le prof de maths) esquissent une image plus ouverte de cet avenir. Ils le font notamment en construisant des prévisions plus *probabilistes* concernant sa vie professionnelle. Nelly, par exemple, commence par émettre des hypothèses sur les motivations d'Erika : (1) « Oui mais si elle est » ; (2) « entre guillemets pas bien dans des boulots plus féminins » ; (3) « et qu'elle a fait la demande de venir ici » ; (4) « c'est *peut-être* [+ SPECULATION] parce qu'elle espère de se sentir mieux dans ce genre de boulot-là » ; (5) « donc je *suppose* » [+ SPECULATION] ; (6) « elle est prête à ». Cette attitude spéculative est ratifiée par un autre participant ((8) : « C'est possible »). Charles, bien qu'il soit lui aussi moniteur, développe une posture plus agnostique que prophétique ((9) : « je n'en sais rien moi »). Quant à Pierre, il laisse le soin de la décision à Erika : (12) « mais pour moi » ; (13) « c'est à Erika qui veut apprendre un métier de maçon » ; (14) [...] ; (15) « à juger si elle est capable de l'apprendre ». L'avenir d'Erika n'apparaît plus cette fois prédéterminé mais bien contingent. Il dépend de la capacité de la jeune femme à concrétiser son projet professionnel. La motivation d'Erika elle-même est placée au centre de la discussion.

Les orientations élaborées ici – constructiviste et réaliste, prophétique et agnostique – composent donc un ensemble complexe de postures, à la fois individuelles mais aussi liées à l'appartenance à un groupe socio-professionnel. Nous n'avons toutefois pas encore discuté de la position d'Erika elle-même dans cet ensemble.

4.3. Attitude active et attitude fataliste

Bien que les jeunes en formation soient autorisés et encouragés à participer aux conseils pédagogiques, ils le font rarement. Dans le cas qui nous intéresse, Erika ne constitue pas une exception puisqu'elle ne participe pas au conseil la concernant. Nous n'avons donc pas de données enregistrées qui permettraient de retranscrire la vision qu'elle a de son propre avenir et de la confronter aux points de vue déjà relevés. Cependant, le travail de terrain effectué ainsi que d'autres extraits de l'interaction étudiée nous autorisent à inférer les deux éléments suivants. Premièrement, on peut dire qu'en faisant sa demande d'inscription, en parvenant à se faire accepter dans le programme et en passant quatre jours sur le chantier, Erika a fait montre d'une attitude active et engagée. On peut déduire de ses actions qu'elle cherche à se donner les moyens de devenir une professionnelle de la maçonnerie. Sa posture semble de ce point de vue plutôt agentive.

D'un autre côté, il faut noter également le fait qu'après seulement quatre jours sur le chantier, elle a interrompu sa formation et cessé de fréquenter le centre. L'assistant social, qui l'a contactée pour s'informer de son absence, rapporte à ce sujet les informations suivantes :

(4)

1. Tom : Elle a été voir le médecin
2. Ca ne va pas euh
3. Elle est dans un état
4. de
5. déprime
6. euh
7. abattue
8. /?/
9. Elle n'a plus envie de rien faire
10. Je lui dis écoute /?/
11. Elle a pas d'argent
12. Elle devait aller au CPAS[7]
13. Je lui ai demandé de me tenir au courant
15. de ce qui s'était passé après
16. et elle n'est pas venue
17. elle n'a pas appelé donc depuis le mercredi maintenant je ne sais plus rien

Bien qu'il faille éviter toute corrélation simpliste entre l'absence d'un stagiaire et les attitudes représentées dans le discours des membres du personnel en contact avec lui, on peut toutefois prendre note du fait que pour un ensemble de raisons, inconnues des participants et de l'analyste, Erika est passée en l'espace de quelques jours d'une attitude engagée, active (en venant sur le chantier) à une attitude passive (« elle n'a plus envie de rien faire ») [+ FATALISTE].

Cette troisième perspective nous permet de faire le tableau récapitulatif suivant concernant les différentes postures des participants (Figure 4) :

Moniteurs maçons	**Professeurs, conseillers, et un moniteur maçon**
<u>Agentivité :</u> *Posture fataliste* (« on ne saura rien en faire ») <u>Savoir</u> *Posture prophétique* (« Elle ne sera jamais un maçon »)	<u>Agentivité :</u> *Posture contingente* (« c'est à Erika qui veut apprendre un métier de maçon [...] à juger si elle est capable de l'apprendre ») <u>Savoir</u> *Posture probabiliste* (« c'est peut-être parce qu'elle espère de se sentir mieux dans ce genre de boulot-là » « C'est possible ») *Agnostique* (« Je n'en sais rien moi »)
Erika	
Passe d'une posture *active* (s'inscrire, participer au travail sur un chantier) à une posture présentée comme *fataliste* (« elle n'a plus envie de rien faire »)	

Figure 4 : Trois perspectives sur l'avenir d'Erika

[7] Centre Public d'Aide Sociale.

Ces positions établies, examinons à présent les conséquences de la posture fataliste de Gilbert pour l'interaction étudiée. La question que l'on peut se poser est dès lors : qui va parvenir à faire valoir ses représentations et avec quels effets ?

4.4. Obtenir une évaluation

Le but premier d'Anne-Marie au cours de la réunion n'est pas d'arriver à un consensus concernant le sujet délicat de la légitimité ou non pour une femme de prétendre à un emploi de maçon. Pour les besoins immédiats de son travail, elle cherche simplement à obtenir une évaluation du travail accompli par Erika pendant les quelques jours passés à Horizons, indépendamment du fait qu'elle soit une femme, et ce dans le but de pouvoir rédiger son rapport :

(5)

Anne-Marie :	bon d'accord
	Maintenant si tu enlèves ses nichons et tout ce qui fait qu'elle est une femme
	[...]
	qu'est-ce qu-

Anne-Marie tente ainsi à plusieurs reprise de se concentrer sur le travail d'évaluation d'Erika mais demeure incapable d'obtenir l'évaluation objective qu'elle attend. Sur base des points développés par Gilbert, elle suggère une série de qualifications concernant le comportement de la stagiaire mais ne parvient pas à obtenir la confirmation qui lui est nécessaire pour pouvoir intégrer l'information à son rapport.

(6)

1. Anne-Marie :	Moi je demande pour ce qu'elle a fait
2. Charles :	oui.
3. Anne-Marie :	Je suis toujours dans cette /?/
4. Francis :	Oui d'accord hein.
5. Anne-Marie :	Elle est précise dans son travail est-ce que
6.	quelque part
7.	Est-ce qu'elle pourrait avoir un bon potentiel
8.	au niveau maçonnerie ?
9. Gilbert :	Tout le monde peut avoir un bon potentiel
10. Anne-Marie :	Non c'est pas vrai
11. Gilbert :	Mais si
12. Anne-Marie :	Tu dis souvent d'un jeune
13. Gilbert :	Si tout le monde !
14. Anne-Marie :	celui-là peut-être /?/
15. Gilbert :	/?/
16.	On peut pas dire
17.	Pas après
18.	Pas une femme après quelques jours non
19. ?	/?/
20. Anne-Marie :	Gilbert tu oublies que /?/
21. Gilbert :	Je le dirais bien mais
22.	/?/ ne saurait rien te dire après quatre jours

Dans cet extrait, Gilbert est passé d'un fatalisme extrême concernant la capacité d'Erika à devenir maçon (« Elle ne sera jamais un maçon ») à l'autre extrême de considérer que tout le monde a le potentiel pour en devenir un ((9) « Tout le monde peut avoir un bon potentiel »). En procédant à cette généralisation abusive, Gilbert signale encore sa maîtrise et sa prise de distance à l'égard de la rhétorique organisationnelle et du Discours sur le potentiel. Cette généralisation est immédiatement contestée par Anne-Marie qui remet en question la valeur de vérité d'une telle affirmation avec la contre-proposition : (10) « Non c'est pas vrai » ; (12) « Tu dis souvent d'un jeune » ; (14) « celui-là peut-être /?/ ». Gilbert utilise alors son tour de parole suivant pour se rétracter et pour réaffirmer sa posture fataliste ((16) « On peut pas dire » ; (17) « Pas après » ; (18) « pas une femme après quelques jours non »). A la ligne 21, Gilbert semble ensuite montrer des velléités de contribuer au processus évaluatif malgré tout ((21) « Je le dirais bien »), mais en ayant recours au conditionnel, il rend sa contribution *contingente*, dépendente d'autres facteurs (qu'il ne mentionne pas) et donc se dégage de sa participation à l'évaluation. Enfin, Gilbert conclut en proférant son incapacité à juger du travail d'un stagiaire après seulement quatre jours ((22) « /?/ ne saurait rien te dire après quatre jours »).

Anne-Marie s'étonne cependant qu'avec son expérience en la matière, Gilbert ne soit pas à même de juger des compétences d'un stagiaire, même après quatre jours. En fait, Gilbert est généralement très rapidement capable de discerner si un jeune a les atouts pour faire un bon maçon ou pas. En contradiction explicite avec ce qu'il vient d'énoncer, Gilbert le mentionne d'ailleurs lui-même quatre tours de parole plus loin :

(7)

1. Anne-Marie :	V- en général
2.	vous savez bien pointer quels sont les =
3. ?	Oui mais
4. Anne-Marie :	= les atouts d'une personne
5.	Et et
6. Gilbert :	Oui mais
7.	Ecoute
8.	un pareil à Tim
9.	tu mets Tim
10.	après une demi-journée t'as compris

Gilbert lui-même confirme qu'il est habituellement capable de se forger une opinion à propos d'un stagiaire assez rapidement ((8) « un pareil à Tim » ; (9) « tu mets Tim » ; (10) « après une demi-journée t'as compris »). L'incapacité qu'il déclare à produire une évaluation apparaît ici davantage comme une absence de volonté de se positionner par rapport au travail d'Erika que comme une réelle incapacité à juger de ses qualités éventuelles.

5. Le long-terme et le court-terme

Pour conclure notre analyse, nous voudrions à présent examiner les relations que l'on peut établir entre les vues à long-terme des participants concernant l'avenir d'Erika et les actions à court-terme décidées en fin de réunion. Dans la Figure 3 (§ 4.), nous avions indiqué que, typiquement, les conseils pédagogiques donnaient lieu à une synthèse de leur contenu sous forme d'un rapport écrit et que ce document était ensuite remis quelques jours plus tard au jeune en formation :

Évaluation > rédaction du rapport > remise du rapport

Dans l'extrait 8, ci-dessous, il apparaît que la manière dont les maçons dans le groupe voient le présent ((2) « c'est pas un métier de femme » ; (4) « t'en vois combien toi de femmes ») et projettent dans l'avenir à long-terme ((3) « elle n'arrivera jamais à à un boulot ») a des conséquences directes sur la manière dont Gilbert est prêt à agir dans le présent de l'interaction ((12) « non justement je ne veux pas faire d'opinion maintenant il est trop tôt »).

(8)

1. Anne-Marie :	Oui mais pourquoi est-ce que tu peux plus dire d'un mec que d'une femme
2. Gilbert :	Parce que c'est pas un métier de femme
3. Marc :	Elle n'arrivera jamais à à un boulot
4. Gilbert :	/?/t'en vois combien toi de femmes
5. Marc :	/?/
6. Gilbert :	Moi j'en ai jamais vu une !
7. Anne-Marie :	Ça je-
8.	je ne dis pas
9.	[...]
10. Anne-Marie :	Mais ça n'empêche pas d'avoir une opinion sur elle
11.	Et puis de se dire qu'est-ce qu'elle va en faire ?
12. Gilbert :	Non justement je ne veux pas faire d'opinion maintenant il est trop tôt

Pour Gilbert, la vision de l'avenir et sa vision du monde actuel telles qu'elles résultent de son appartenance à un groupe professionnel semblent l'emporter sur sa capacité à juger des comportements d'une femme sur un chantier. Une réunion ultérieure est invoquée pour prendre une décision (« il est trop tôt »). A la fin de la discussion, une complétude dialogique est atteinte pour tous les participants à la négociation :

(9)

1. Francis :	Ah ben d'accord oui c'est bon
2. Gilbert :	Voilà
3. Charles :	Ça c'est la bonne décision
4. Francis :	[...]
5.	Mais quand tu dis
6.	Laissons un peu le temps
7.	attendons
8.	[...]
9.	ben oui évidemment
10. Anne-Marie :	C'est clair
11.	D'ailleurs c'est pas
12.	Je ne-
13. Nelly :	On a des nouvelles ?
14. Anne-Marie :	Je ne lui remets pas un papier comme d'habitude parce que-
15.	Elle- elle est venue très peu.

A ce point de l'interaction, tous les participants ratifient la décision de ne pas se faire une opinion tout de suite. Les représentations de Gilbert concernant l'avenir à long-terme ont donc contribué à empêcher la réalisation d'une action à court-terme (l'action d'évaluer). La séquence typique d'action présentée dans la Figure 3 s'en trouve court-circuitée :

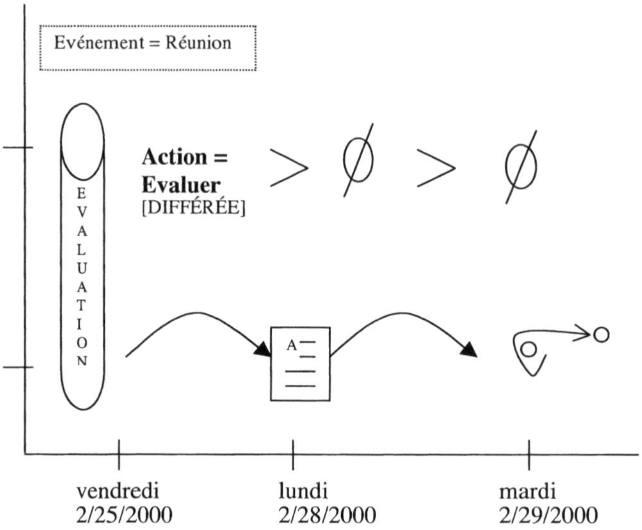

Figure 5 : Cours d'action effectivement produit

On peut dire que d'un certain point de vue, l'attitude fataliste de Gilbert quant au devenir professionnel d'Erika conduit à l'échec du processus d'évaluation dans le présent. D'un autre côté, la proposition de différer l'évaluation s'apparente à une réussite puisque cette solution permet à la fois de ne pas nier dans l'immédiat la possibilité pour Erika de continuer dans la voie qu'elle a choisie, tout en préservant le fonctionnement du groupe en neutralisant les rapports de pouvoir. Cette solution permet donc de conserver un bon climat dans les relations de travail.

6. Conclusion

En guise de conclusion, on peut s'interroger sur les raisons qui poussent Gilbert à éviter si activement d'évaluer le travail d'Erika alors que l'activité d'évaluer lui est pourtant si familière et qu'elle ne présente pas à l'accoutumée de problème majeur pour lui.

Bernstein propose que le processus de socialisation aux pratiques et aux valeurs d'un groupe social :

> « act selectively on the possibilities of man by creating through time a sense of inevitability of a given social arrangement and through limiting the areas of permitted change » (Bernstein, 1972, p. 162).

Dans l'extrait (8), la distribution présente des rôles professionnels (« c'est pas un métier de femme », « t'en vois combien toi des femmes ») et les expériences passées (« moi j'en ai jamais vu une ! ») sont évoquées pour prédire l'avenir (« elle n'arrivera jamais à à un boulot »). L'avenir est perçu à travers le prisme des arrangements sociaux prévalant dans le présent. Il est de plus présenté comme une continuation logique du passé. Grosz (1999a, p. 6) suggère cependant que présenter l'avenir comme quelque chose de connu et de prévisible, c'est « le nier en tant qu'avenir, le placer comme un donné, un passé » (« *to deny it as a future, to place it as a given, a past* »). Considérer l'avenir comme une continuité logique du passé, c'est refuser la possibilité que des événements imprévisibles puissent un jour se produire, qui auraient le pouvoir de recadrer le présent. A l'inverse, accepter que l'avenir puisse être différent du présent est une manière de s'ouvrir au changement :

> « Chance is that which signals the openness of the future, its relative connection to but also its relative freedom from the past, the possibilities of paths of development, temporal trajectories uncontained by the present » (Grosz, 1999a, p. 4).

La perspective du changement peut être perçue comme déstabilisante. Selon Rosen, il en est ainsi à cause des liens étroits existant entre les représentations anticipatoires et les identités (« the preservation of [anticipatory] models [is] identical with the preservation of self » [1985, p. 403]). Revenons encore une fois à l'interaction analysée. On voit dans les extraits la manière dont une organisation est composée d'individus et de groupes qui mobilisent des représentations, des logiques d'action et des discours différents. Ces logiques constituent des émanations des milieux socioculturels où les participants ont été socialisés et affectent le fonctionnement de l'organisation. La logique beaucoup plus probabiliste et ouverte des enseignants et des autres responsables pédagogiques (pour eux, Erika pourrait potentiellement devenir maçon) s'explique peut-être par le fait qu'adopter cette position n'implique pour eux ni de transformer leurs pratiques ni d'amender leur vision des rapports sociaux. Une vision probabiliste et contingente de l'avenir s'accorde dans ce cas-ci avec leurs modèles actuels. A l'inverse, pour les maçons, dont Gilbert, être ouvert au changement équivaudrait à admettre qu'ils sont prêts à reconsidérer des valeurs et des pratiques qui sont au coeur de leur identité professionnelle. Pour Gilbert, évaluer la jeune femme pourrait par exemple s'apparenter à devenir l'agent d'un changement puisque ce serait reconnaître que les logiques d'action habituelles ne sont pas si logiques que ça. Or entrer en contradiction avec ses propres valeurs est une position plus difficile à tenir. Il semble donc normal que la résistance au changement soit plus forte du côté des maçons.

Bourdieu note que l'image qu'un individu se fait de sa position future dans le monde – image qui dépend à la fois de la réalité objective de cette position dans l'avenir et de la représentation que d'autres individus s'en font – contribue à déterminer l'avenir objectif d'une position (Bourdieu, 1979, pp. 395-396). Si Gilbert apparaît à ce point inflexible quant à l'avenir professionnel d'Erika, c'est peut-être parce que l'avenir de sa propre profession et donc sa propre identité sont en jeu dans cette interaction. Reconnaître la légitimité de la présence d'une femme sur un chantier, même simplement au niveau du discours, pourrait être la première étape d'une série d'actions qui à terme pourraient faire advenir une réalité qu'il n'est pas encore prêt à embrasser. On dirait qu'indirectement, Gilbert semble reconnaître un certain pouvoir des mots à objectiver les choses et à participer à la constitution des réalités à venir.

Références bibliographiques

Applebaum, H. (1999). *Construction workers, U.S.A.* Westport, Connecticut et Londres : Greenwood Press.

Bernstein, B. (1972). Social class, language and socialization. In P.P. Giglioli (Ed.), *Language and social context* (pp. 157-178). Londres : Penguin Books.

Bourdieu, P. (1979). *La distinction. Critique sociale du jugement.* Paris : Les Éditions de Minuit.

Chouliaraki, L. & Fairclough, N. (1999). *Discourse in late modernity. Rethinking Critical Discourse Analysis.* Edinburgh : Edinburgh University Press.

Dator, J. (1972). *Futures research : a second look, and yet another look again.* Communication présentée au Third World Futures Research Conference, Bucharest. http://www.futures.hawaii.edu/dator/futures/futres(Romania).html.

De Jouvenel, H. (1999). La démarche prospective. Un bref guide méthodologique. *Revue Futuribles*, 247, novembre, 47-68.

De Saint-Georges, I. (2003). *Anticipatory discourses : producing futures of action in a vocational program for long-term unemployed.* Thèse de doctorat. Washington (D.C.). Georgetown University.

Drew, P. & Heritage, J. (1992). *Talk at work. Interaction in institutional settings.* Cambridge, CUP.

Fairclough, N. & Wodak, R. (1997). Critical Discourse Analysis. In T. Van Dijk (Ed.), *Discourse as social interaction. Discourse studies : A multidisciplinary introduction* (pp. 258-84). Londres : Sage.

Filliettaz, L. (2004a). The construction of requests in transactional settings. A discursive approach. In C. Gouveia *et al.* (Ed.), *Discourse, Communication and the Enterprise : Linguistic Perspectives* (pp. 79-97). Lisbonne : Ulices.

Filliettaz, L. (2004b). La sémiologie de l'agir au service de l'analyse des textes procéduraux. *Cahiers de la section des sciences de l'éducation*, 103, Université de Genève, 147-184.

Filliettaz, L. (à paraître). Time, rhythm and context. From epistemological interferences to pragmatic interfaces. *Pragmatics and Cognition.*

Fleischman, S. (1982). *The future in thought and language. Diachronic evidence from Romance.* Cambridge : Cambridge University Press.

Gee, J.P. (1996). *Social linguistics and literacies : Ideology in Discourses.* Seconde édition. Londres : Taylor and Francis.

Grant, D., Keenoy, T. & Oswick, C. (2001). Organizational discourse : key contributions and challenges. *International Studies of Management and Organisation*, 33 (3), 5-24.

Grosz, E. (1999a). Becoming… An Introduction. In E. Grosz (Ed.), *Becomings : explorations in time, memory and futures* (pp. 1-11). Ithaca et Londres : Cornell University Press.

Grosz, E. (1999b). Thinking the new : Of futures yet unthought. In E. Grosz (Ed.), *Becomings : explorations in time, memory and futures* (pp. 15-28). Ithaca et Londres : Cornell University Press.

Iedema, R. & Wodak, R. (1999). Introduction : Organizational discourses and practices. *Discourse and Society*, 10 (1), 5-19.

Rosen, R. (1985). *Anticipatory systems : Philosophical, mathematical and methodological foundations.* New York : Pergamon Press.

Ruijgh, C.J. (1991). Les valeurs temporelles des formes verbales en Grec Ancien. In J. Gvozdanovi, T.A.J.M Janssen & Ö. Dahl (Ed.), *The function of tense in texts* (pp. 197-217). Amsterdam : Royal Netherlands Academy of Arts and Sciences.

Schiffrin, D. (1987). *Discourse markers*. Cambridge : Cambridge University Press.

Schiffrin, D. (1994). *Approaches to discourse*. Cambridge, Massachusetts et Oxford : Basil Blackwell.

Scollon, R. (1998). *Mediated discourse as social interaction : A study of news discourse*. Londres et New York : Longman.

Scollon, R. (2001a). *Mediated Discourse : The nexus of practice*. Londres : Routledge.

Scollon, R. (2001b). Action and text : Toward an integrated understanding of the place of text in social (inter)action. In R. Wodak & M. Meyer (Ed.), *Methods of Critical Discourse Analysis* (pp. 139-182). Londres : Sage.

Scollon, R. (2002a). *Mediated discourse analysis*. Document en ligne à l'adresse : http://www.georgetown.edu/faculty/scollonr/mda/theory.htm

Scollon, R. (2002b). *What's the point ? Can mediated discourse analysis stop the war ?* Document en ligne à l'adresse : http://www.gutenbergdump.net/mdp/point.htm

Scollon, R. & Scollon, S. (1995). *Intercultural communication*. Oxford : Basil Blackwell.

Scollon, S. (2001). Habitus, consciousness, agency and the problem of intention. How we carry and are carried by political discourses. *Folia Linguistica*, XXXV/1-2, 97-129.

Scollon, S. & Scollon, R. (2000). *The construction of agency and action in anticipatory discourse : positioning ourselves against neo-liberalism*. Communication présentée à la Third Conference for Sociocultural Research. UNICAMP, Sao Paulo.

Stubbe, M. (2001). From office to production line : collecting data for the Wellington Language in the Workplace Project. *Language in the workplace occasional papers*, 2. Document en ligne à l'adresse : http://www.vuw.ac.nz/lals/lwp/resources/op2.htm

Tannen, D. (1984). *Conversational style*. Norwood : Ablex Press.

L'analyse des actions et des discours en situation de travail. Concepts, méthodes et applications (sous la direction de L. Filliettaz et J.-P. Bronckart), Louvain, Peeters, BCILL, 2005.

En quoi et comment les « textes prescriptifs » prescrivent-ils ?
Analyse comparative de documents éducatifs brésiliens et genevois

Jean-Paul Bronckart * & Anna Rachel Machado **

* Université de Genève

** Université Pontificale Catholique de São Paulo

Introduction

Le travail présenté dans cette contribution s'articule à un programme de recherche plus vaste portant sur *l'analyse des actions et des discours en situation de travail* (cf. Bronckart & Groupe LAF, 2004[1]), et dont les caractéristiques globales sont les suivantes.

La recherche s'est déroulée dans trois situations de travail (une entreprise de fabrication de matériel pharmaceutique ; un hôpital ; une institution de formation des maîtres primaires) et elle a porté, dans ces trois cadres, sur trois types de tâches accomplies par des travailleurs singuliers (respectivement opérateurs, infirmières et formateurs). Pour chacune des tâches, trois ensembles de données ont été recueillies : l'ensemble des documents produits par l'entreprise et/ou l'institution à propos des tâches concernées, documents relevant en principe de la prescription du travail ou du *travail prescrit* ; des enregistrements audio-vidéo des conduites des travailleurs à la tâche, qui constituent des manifestations de certains aspects de leur *travail réel* ; des entretiens réalisés avec les travailleurs avant et après l'exécution des tâches, dans lesquels ces derniers évoquent divers aspects des représentations qu'ils se sont construites à propos de leur tâche (*travail représenté*).

Le propos central de cette recherche est de considérer ces ensembles de données comme des lieux d'émergence de « mises en forme » (comportementale et/ou verbale) de l'agir. Il s'agit, fondamentalement, de comparer les caractéristiques de ces *morphogenèses de l'agir* selon le type de travail, selon le type de tâche, et selon le statut et les conditions de recueil des données (documents, enregistrements, entretiens *ante*, entretiens *post*), et de mettre en évidence les dimensions de l'agir qui sont prises en compte (déterminations externes, raisons, intentions et capacités des agents, structure du cours de l'agir, effets de ce dernier, etc.), ainsi que la manière dont ces dimensions sont présentées et organisées.

---

[1] Ce programme de recherche a bénéficié de deux subsides du Fonds National Suisse de la Recherche Scientifique (crédits 1114-065376 et 101311-101609).

Le traitement des données recueillies permet aussi de fournir une contribution aux questionnements en cours dans les champs de l'analyse du travail et de l'analyse des discours. Dans le premier domaine, ces données permettent notamment d'approfondir l'analyse de la structure et du fonctionnement de la prescription, en fonction des caractéristiques organisationnelles de l'entreprise/institution et en fonction de la nature du travail et des tâches qui y sont réalisées, et elles permettent évidemment aussi de revisiter la question des rapports entre travail prescrit, travail réalisé et travail représenté. Dans le second domaine, ces données peuvent notamment fournir une contribution à l'analyse des propriétés des textes « d'incitation à l'action » (cf. Adam, 2001), dans leurs dimensions globales (problématique des genres ou types concernés) et dans leurs dimensions plus locales (procédés linguistiques mis en œuvre).

La présente contribution porte sur l'analyse de documents produits par l'institution scolaire à destination de ses formateurs, et elle comparera les données genevoises obtenues dans le cadre de la recherche qui vient d'être évoquée, avec des données analogues recueillies au Brésil, selon les mêmes procédures, par l'équipe de recherche ALTER[2] (cf. Machado, 2003), associée au groupe genevois LAF.

Dans une première phase de la démarche de recherche, ces documents avaient été qualifiés, comme le proposent généralement les ergonomes, de « textes prescriptifs ». Un premier examen de notre corpus ayant montré que de nombreux segments de ces textes semblaient avoir manifestement une autre fonction, ils ont été alors qualifiés de « textes pré-figuratifs » [en inversant de la sorte le concept de « re-figuration » introduit par Ricœur (1983, p. 116)], mais cette appellation préjugeant encore indûment de la teneur effective des textes, nous nous bornons désormais à l'appellation de *documents de l'entour-amont de l'agir.*

Les analyses de ces documents visent à répondre à deux ordres de questions. Les premières concernent l'*agir prescriptif* éventuellement à l'œuvre dans les segments de textes retenus : quel est le genre de texte mobilisé (sa situation dans la configuration des genres d'incitation à l'action) et son organisation interne ? Quelles sont les modalités de manifestation de la (ou des) source(s) de la prescription ? Quels sont les destinataires (explicites ou implicites) de cette prescription et les modalités de leur adressage ? Quel est le degré d'explicitation de la prescription et les modalités linguistiques de sa réalisation ? Comment sont présentées les raisons et intentions qui orientent l'agir prescriptif ? Le second type de questions porte sur les *dimensions de l'agir formatif visées* par l'agir prescriptif. Les conseils, recommandations, injonctions, etc., émanent d'une institution hiérarchisée, soumise au contrôle public et ayant un projet éducatif global vis-à-vis des élèves ; elles s'adressent en principe à des enseignants qui ont à mettre en œuvre ce projet et à en obtenir les effets escomptés : quels sont les aspects ou phases de ce processus complexe qui sont thématisés par la prescription (déterminations externes ; connaissances et/ou attitudes des enseignants ; cours de l'agir de ces mêmes enseignants ; capacités, attitudes, réactions des élèves, etc.) ? Au travers des mises en forme textuelle, quels sont les protagonistes de ce processus (institution, projet, démarche, enseignants, élèves) qui sont instaurés comme *acteurs* responsables de portions d'agir, et ceux qui demeurent « agentisés », qui ne sont présentés que comme les chaînons d'un processus sur lequel ils n'ont pas de prise ?

---

[2] L'équipe ALTER conduit un projet de recherche intitulé *Análise de Linguagem, Trabalho Educacional e suos relações*, qui a bénéficié de subsides du CEPE (Conseil d'enseignement et de recherche) de la PUC de São Paulo.

Les réponses à ces questions devraient pouvoir contribuer à l'examen de deux problématiques plus générales. La première concerne les modèles théoriques élaborés à propos de l'agir. Des théories de l'activité (Leontiev, 1979 ; Schwartz, 1992), aux propositions de « sémantique de l'action » émanant de la philosophie analytique ou de Ricœur (1977), en passant par les conceptions d'un « pilotage des conduites dans des réseaux de contraintes hétérogènes »[5] ces modèles sont divers et s'adossent à des épistémologies du fonctionnement humain fondamentalement différentes : auquel de ces modèles doit-on recourir pour rendre compte adéquatement de ces mises en forme ? La deuxième concerne les conceptions du statut du travail de l'enseignant que véhiculent ces mêmes mises en forme ? Quel rôle lui est attribué, ou encore quels sont les ingrédients véritablement constitutifs de sa profession ? A l'évidence toutefois, sur la base des analyses qui vont suivre, nous ne pourrons qu'effleurer ces questions, les réponses exigeant la confrontation à bien d'autres données, déjà disponibles ou à construire.

1. Propriétés des textes prescriptifs ... pour l'enseignement

Les textes évoquant des dimensions de prescription d'un travail, d'une tâche ou d'un acte ont récemment fait l'objet de diverses démarches d'analyse.

Celles-ci mettent d'abord en évidence la difficulté de délimitation et de classement des *genres* dont ils relèveraient. Garcia-Debanc observe notamment que « les textes qui prescrivent des actions constituent [...] un ensemble moins homogène et moins bien délimité que les textes que l'on regroupe en général comme étant des récits » (2001, p. 67), et s'il en propose une liste allant des énoncés injonctifs aux horoscopes, Adam (2001, pp. 11-21) pose un constat analogue, que confirme encore la multiplicité des étiquettes proposées pour désigner cette nébuleuse de genres : *textes prescriptifs, textes injonctifs, textes procéduraux, textes d'incitation à l'action*, etc. (cf. aussi Filliettaz, 2004).

En dépit de ce caractère instable de leur configuration générique, Adam (*ibid.*, pp. 22-23) relève cependant que les textes concernés présentent trois propriétés énonciatives majeures. Tout d'abord, ils « émanent d'un expert dont la présence énonciative est effacée », c'est-à-dire qui n'est généralement pas mentionné dans le texte, ou qui n'y est mentionné que marginalement, ou encore éventuellement sous forme de signature. Ensuite, ils mentionnent un destinataire (ou actant des actions prescrites) sous une forme « ouverte [qui] peut ainsi être occupée par chaque lecteur-utilisateur » ; ces formes étant soit les pronoms *vous* ou *on,* soit encore un Ø suivi d'un verbe à l'infinitif. Enfin, ils semblent régis par un « contrat implicite de vérité et de promesse de succès, [qui] garantit au destinataire que, s'il se conforme à toutes les recommandations et s'il respecte les procédures indiquées, il atteindra le but visé. » Nous requalifierons ce contrat de *contrat de félicité.*

S'agissant des textes prescriptifs scolaires, Saujat (2002) souligne que bien qu'ils constituent un élément essentiel pour l'appréhension des propriétés du travail des enseignants, ils n'ont pour l'instant fait l'objet que de très peu de recherches. Pour cet auteur (*ibid.*, p. 65), la

[5] Comme l'a montré Friedrich (1999, 2001), cette position peut être inférée des travaux de Bühler (1934) et de Schütz (1998) ; elle peut également être inférée des travaux d'Habermas (1987).

tâche de l'enseignant peut être considérée comme un « objet » constitué de rapports complexes, qui se situeraient au moins à trois niveaux : l'organisation du travail prescrite par l'institution scolaire (ou par le *système éducationnel*), qui se manifeste dans les programmes, les instructions et recommandations pédagogiques, les outils, les manuels, etc. ; les démarches de reformulation et de réorganisation entreprises par les collectifs d'enseignants dans leurs milieux de travail (ou dans le *système d'enseignement*) ; les processus mis en œuvre par chaque enseignant lors de l'appropriation de ces prescriptions, lorsqu'il les « personnalise », lorsqu'il planifie son travail, et lorsqu'il élabore des auto-prescriptions pour une situation d'enseignement donnée (dans un *système didactique* particulier).

Paveau (1999) est un des rares auteurs à avoir analysé les propriétés linguistiques des textes produits par le système éducationnel, dans son étude du *discours des Instructions Officielles de 1995 concernant le français au Lycée*. S'agissant du paratexte de ces documents, elle relève notamment que s'y manifeste un « auteur à la fois institutionnel et collectif », dont le statut hiérarchique est clairement exprimé (*ibid.*, p. 11). S'agissant de la teneur même des textes, elle identifie les manifestations de trois protagonistes (A producteur de la parole ; B agent du faire prescrit ; C bénéficiaire du faire), dont les relations sont organisées en une structure du type : A dit à B de faire pour C. Elle relève en outre que : A constitue une autorité institutionnelle dont les marques énonciatives sont effacées, ce qui produit un effet de « désincarnation qui assure son efficacité » (*ibid.*, p. 13) ; B n'est pas mentionné par des marques de 2ème personne, c'est toujours un IL, le professeur, déterminé par un article généralisant ; C, ou l'élève, « est représenté comme le bénéficiaire du don [...] il apparaît comme l'objet de la quête du locuteur, qui trace de lui un portrait qui ressemble à un idéal-type : le faire du professeur semble devoir réaliser cet idéal » (*ibid.*, p. 19).

2. Caractéristiques du corpus et choix des segments analysés

En Amérique Latine, au cours de la dernière décennie, s'est développé un important mouvement de réforme des systèmes éducatifs. Au Brésil, un processus de production d'une base curriculaire s'est mis en place en 1994, à partir des résultats de travaux réalisés par des chercheurs en sciences de l'éducation, et sur la base de diagnostics et de recommandations formulés par les institutions internationales d'aide au développement (cf. De Thomasi, Warde & Haddad, 1996). Les premières versions des textes relatifs à cette réforme ont été diffusées dans les années 95-97, auprès des experts et des responsables du système éducatif, auxquels il était demandé de fournir des remarques critiques et des suggestions. En 1998, a ensuite été publié un vaste ensemble de documents définitifs sous le titre de *Parâmetros Curriculares Nacionais*.

Malgré un ensemble d'innovations entreprises depuis les années 70, le Département de l'Instruction Publique du canton de Genève a reconnu que l'Ecole primaire ne parvenait que très partiellement à réduire l'inégalité des chances de réussite des élèves et a décidé pour cette raison, en 1994, de mettre en œuvre une rénovation prévoyant notamment la création de cycles d'apprentissage, la mise en place de projets d'établissement, et, au plan des curriculums, la définition d'objectifs noyaux pour chaque matière enseignée. Le plus important des documents élaborés dans ce cadre est intitulé *Les objectifs d'apprentissage de l'école primaire genevoise* (2000) ; fondé sur les multiples travaux réalisés dans les établissements-pilotes, il définit les principes pédagogiques et didactiques généraux, et propose, pour chaque matière, les objectifs visés à chaque cycle ainsi que les modalités de leur évaluation.

Nous avons choisi d'analyser deux extraits de ce corpus qui semblaient avoir un statut équivalent, et qui, sur la base d'une première lecture, paraissaient susceptibles de répondre à nos questions de recherche. D'une part les deux « messages » des ministres de l'éducation, qui introduisent les documents pour leurs destinataires (cf. annexes 1 et 2). D'autre part deux extraits de textes concernant la conception de l'enseignement qui est préconisée : pour le corpus brésilien, un extrait du dossier relatif aux sciences naturelles, intitulé *Planification : unités et projets* (cf. annexe 3) ; pour le corpus genevois, un extrait de l'*Introduction*, intitulé *Conception de l'enseignement : situations d'apprentissage et activités de structuration* (cf. annexe 4).

3. Eléments de méthodologie

3.1. Elaboration d'une sémantique de l'agir

Les conditions d'emploi et le signifié des termes « agir », « activité » et « action » sont, comme chacun le sait, multiples et hétérogènes, et nous ne pourrons évidemment avoir la prétention de régler ce problème. Pour l'intelligibilité de notre propos, nous utiliserons le terme d'*agir* en un sens générique, pour désigner toute forme d'intervention orientée d'un ou plusieurs humain(s) dans le monde, et donc pour qualifier le « donné » de nos recherches. Nous attribuerons par contre aux deux autres termes un statut plus théorique ou interprétatif : *activité* désignant une lecture de l'agir impliquant notamment les dimensions motivationnelles et intentionnelles mobilisées par un collectif organisé ; *action* désignant une lecture de l'agir impliquant les mêmes dimensions mobilisées par une personne singulière. Ce faisant, nous ne retiendrons donc pas l'acception ergonomique courante du terme d'activité, que nous remplacerons par celui de *conduite*, et nous re-qualifierons également l'expression courante de « cours d'action » par celle de « cours de l'agir ». De manière plus précise, nous utilisons le réseau de notions qui suit.

L'agir observé sera qualifié d'*agir-référent* ; il peut relever de divers ordres, et constituer, dans des contextes économico-sociaux spécifiés, un *travail* impliquant divers types de professionnels, et dont la structure peut être décomposée en *tâches*. De manière générale, l'agir se déploie temporellement en un *cours de l'agir*, dans lequel on peut distinguer des chaînes de *procès*, ces derniers pouvant relever d'*actes* et/ou de *gestes*.

Au plan motivationnel, on distinguera les *déterminants externes*, d'origine collective, qui peuvent être de nature matérielle ou de l'ordre des représentations sociales, et les *motifs*, qui sont les raisons d'agir telles qu'elles sont intériorisées par une personne singulière.

Au plan de l'intentionnalité, on distinguera de manière similaire les *finalités*, d'origine collective et socialement validées, et les *intentions*, en tant que fins de l'agir telles qu'elles sont intériorisées par une personne singulière.

Au plan des ressources de l'agir, on distinguera les *instruments*, cette notion désignant aussi bien les outils matériels à disposition que des typifications de l'agir disponibles dans l'environnement social, et les *capacités*, notion désignant les ressources mentales ou comportementales que s'attribue une personne singulière.

S'agissant enfin des humains intervenant dans l'agir, nous utiliserons le terme neutre d'*actant* pour évoquer toute personne impliquée dans l'agir-référent. Au plan interprétatif, nous utiliserons le terme d'*acteur* lorsque les mises en forme érigent l'actant en une source de procès dotée de capacités, de motifs et d'intentions, et le terme d'*agent* lorsque les mises en forme n'attribuent aucune de ces propriétés à la source d'un procès.

3.2. Démarches d'analyses effectuées

Trois démarches d'analyses ont été mises en œuvre.

La première relevait de *l'analyse de contenu*, et a consisté a proposer un résumé synthétique des thèmes abordés dans les extraits ainsi que de leur planification.

La deuxième relevait de *l'analyse textuelle/discursive*. Sur la base de la méthodologie élaborée par l'unité de didactique genevoise (cf. Bronckart, 1997 ; Bronckart *et al.*, 1985), elle a consisté à identifier le « genre de texte » dans lequel s'inscrivait l'extrait (Lettre, Manuel, Monographie théorique, etc.), ainsi que le ou les « type(s) de discours » mobilisé(s) dans ce même extrait[6].

La troisième démarche était centrée sur des *unités et structures linguistiques* susceptibles de révéler certaines des propriétés des « mises en forme » de l'agir prescriptif (source, cible, etc.) ainsi que des « objets » ou destinataires de cet agir. Trois sous-ensembles d'unités et/ou de structures ont notamment été pris en compte.

(a) Les différents types de phrases syntaxiques : distinction entre phrases principales et phrases subordonnées, entre voix active (ou neutre) et voix passive ; entre phrases avec verbe conjugué, phrases infinitives et phrases nominales.

(b) Les différents types de relations prédicatives. Ont été distinguées les relations directes (sans présence d'un métaverbe de modalisation entre le sujet et le verbe) et les relations indirectes (présence d'un tel métaverbe de modalisation). Ces métaverbes ont été classés en fonction de leur valeur : épistémique (*pouvoir*, etc.) ; déontique (*devoir, falloir*, etc.), expressive (*penser, croire*, etc.) ; intentionnelle (*vouloir, tenter, essayer de*, etc.).

(c) Les différents rôles sémantiques des sujets ou compléments des verbes, selon le classement qui suit (inspiré de Fillmore, 1975) : agentif, attributif, objectif, bénéficiaire, factitif et instrumental.

4. Les « messages » ministériels

Comme le montrent les annexes 1 et 2, ces deux messages ont une allure générale assez semblable. Introduits par une adresse (*Au professeur — Mesdames, Messieurs, Chères enseignantes et chers enseignants*) et signés par leurs auteurs (avec mention de leur statut), ils sont constitués, pour le message brésilien, de 358 mots organisés en 5 paragraphes, et pour le message genevois, de 378 mots organisés en 7 paragraphes.

4.1. Analyse du contenu thématique

La structure du contenu du *Message brésilien* peut être résumée comme suit :

---

[6] Les *types de discours* constituent des segments de textes identifiables par leurs propriétés linguistiques (distribution des temps des verbes, des organisateurs textuels, des pronoms, etc.), et qui témoignent d'une modalité spécifique de rapport au contenu thématique d'une part, à la situation d'énonciation d'autre part. Quatre types majeurs sont identifiables : le *discours interactif*, le *discours théorique*, le *récit interactif* et la *narration* (cf. Bronckart, 1997, chap. V).

Paragraphe 1 : Motivation générale
Evocation des transformations (économiques, idéologiques, scientifiques et technologiques) du monde moderne et du monde du travail, qui imposent une révision des curriculums.
Paragraphe 2 : Acte de livraison
Livraison du document aux enseignants, pour amplifier le débat éducatif et transformer ainsi positivement l'école.
Paragraphe 3 : Finalités locales du document
Evocation, malgré les diversités du pays, de la nécessité de références communes, pour créer les conditions d'un développement des connaissances et de la citoyenneté.
Paragraphe 4 : Conditions de réalisation du document
Evocation du travail auquel ont participé des éducateurs et enseignants avec mention des phases de sa réalisation et de son caractère évolutif.
Paragraphe 5 : Adresse au milieu éducatif
Expression de l'espoir que ce document servira à l'amélioration de l'enseignement brésilien et au développement personnel des enseignants.

La structure du contenu du *Message genevois* peut être résumée comme suit :

Paragraphes 1 et 2 : Motivation générale
Evocation du besoin de références de l'école publique, auquel le document répond.
Paragraphe 3 : Motivations locales du document
L'école primaire genevoise est en rénovation et cette rénovation requiert un ensemble de clarifications.
Paragraphe 4 et 5 : Conditions de réalisation du document
Evocation du travail, accompli dans le cadre romand, et remerciements à ceux qui ont contribué à sa réalisation et à son évaluation.
Paragraphe 6 : Acte d'institutionnalisation
Affirmation du caractère de référence du document ; énoncé de l'échéancier de son application ; mention de son caractère évolutif.
Paragraphe 7 : Adresse aux enseignants
Expression de l'estime portée aux enseignants et à leurs capacités professionnelles.

En dépit des importantes différences de contexte, ces deux messages présentent donc une grande similitude quant au contenu thématique mobilisé et à son organisation, similitude qui tient notamment à l'évocation de trois types d'agir : - un *agir prescriptif* central, dont le noyau est un *acte officiel* posé par le signataire ; - un *agir-amont*, qui est celui de la réalisation du document livré ; - un *agir-aval*, qui concerne l'utilisation ultérieure de ce même document par les formateurs ou éducateurs. On relèvera que le premier type d'agir est d'ordre langagier, les deux autres concernant l'agir tel qu'il est représenté dans la production langagière (pour un développement de cette distinction, cf. Filliettaz, 2002).

Dans le message brésilien, ces trois types d'agir sont évoqués successivement. D'abord l'agir prescriptif, présenté selon une structure : déterminants externes généraux –> acte de livraison –> finalités de cet agir. Ensuite l'agir-amont, présenté selon une structure : mention des actants –> cours de l'agir décliné en actes. Enfin l'agir-aval, qui évoque, en vrac, divers actes attendus dans le système éducatif brésilien, ainsi que les effets de ces actes sur les enseignants.

Dans le message genevois, les trois types d'agir font l'objet d'un emboîtement plus complexe : (a) évocation des déterminants (généraux puis locaux) de l'agir prescriptif, avec brève évocation générique de l'agir-aval escompté ; (b) évocation de l'agir-amont, selon une structure : déterminants externes (romands) –> mention des actants –> mention d'actes constitutifs de cet agir ; (c) évocation de l'acte prescriptif, immédiatement suivie d'une évocation de l'agir-aval, centrée sur les actes attendus des actants-enseignants ; (d) évocation des ressources de ces actants de l'agir-aval.

Outre ces différences de structuration, les deux messages se différencient aussi et surtout par la nature de *l'acte officiel de prescription* qui y est réalisé : au Brésil, il s'agit de *susciter un débat* national, et de créer les conditions d'une amélioration globale des systèmes éducatifs ; à Genève, il s'agit d'*instaurer un document de référence* compatible avec la rénovation en cours, et qui devra être appliqué selon un échéancier précis.

L'agir-amont est, dans les deux messages, explicitement présenté comme un *travail* (respectivement deux et une occurrences du terme), qui est qualifié dans un cas de *long*, dans l'autre de *considérable*, ces deux adjectifs marquant le statut argumentatif de l'évocation de cet agir : le sérieux de la réalisation des documents est une justification de la mise en œuvre de l'agir prescriptif.

L'agir-aval n'est pas mentionné comme *travail*.[7] Dans le message brésilien, il est présenté en mentionnant d'une part les actes divers (discussion, réflexion, planification, etc.) qui pourront être accomplis dans les écoles brésiliennes (actes dont les enseignants demeurent des actants implicites), d'autre part les effets de ces actes sur les capacités de l'enseignant (formation et réalisation). Dans le message genevois, il est présenté d'abord en déclinant les divers actes d'appropriation que pourront ou devront réaliser les enseignants, puis en évoquant les capacités professionnelles de ces derniers, cette marque d'estime constituant ainsi un argument à l'appui de la crédibilité/possibilité de cet agir-aval escompté.

4.2. Caractéristiques textuelles/discursives

S'agissant du *genre textuel* adopté, le message genevois se présente clairement comme une *lettre*, avec datation, adresse (*Mesdames, Messieurs, Chères enseignantes et chers enseignants*) et signature manuscrite surplombant le nom et la fonction de l'auteur. Le statut générique du message brésilien est moins clair ou présente un caractère *mixte* ; bien qu'il en présente certaines caractéristiques apparentes (adresse et nom de l'auteur), il ne relève pas du genre *lettre*. La teneur de l'adresse (*A l'enseignant*), l'absence de datation et d'autres indices moins situés et/ou interactifs, font que ce texte pourrait relever, en partie du genre *consigne politico-administrative* ou *circulaire politico-administrative*, en partie du genre *dédicace* (offre, par le Ministre, d'un « cadeau » aux enseignants).

Du point de vue des types de discours mobilisés, dans les deux cas, les évocations de l'agir prescriptif et de l'agir-aval relèvent de la *fusion* des types *discours interactif* et *discours théorique*, caractéristique de nombre des productions verbales des sphères politiques, scientifiques et/ou éducatives (cf. Bronckart, 1997, pp. 194-196), et les évocations de l'agir-amont relèvent clairement du *récit interactif*. La distribution des temps des verbes des deux messages est globalement équivalente : les temps de base sont les PRÉSENTS (respectivement 19 et 25 occurrences) et les INFINITIFS (respectivement 8 et 10 occurrences), accompagnés de formes du passé (respectivement 6 et 3 occurrences) et du futur (respectivement 2 et 5 occurrences).

---

[7] On observe certes, dans le message brésilien, une mention du travail des enseignants (Paragraphe 1), mais celle-ci ne renvoie pas particulièrement à l'agir-aval.

4.3. Les mises en forme de l'agir prescriptif

Dans les deux messages, la *source* de l'agir prescriptif est présentée comme étant l'*auteur* du texte, et elle n'est que peu marquée. Dans le message brésilien, outre les indications fournies par le paratexte, elle est marquée par trois formes verbales à la 1ère personne du pluriel (sans pronom : *vivons, livrons, espérons*), désignant l'actant, soit du procès que constitue l'acte de livraison (1), soit de procès relatifs à ses effets escomptés dans l'agir-aval (2), et on relève également deux occurrences de déterminants possessifs, qui ont néanmoins une valeur générique (*notre pays, nos jeunes*). Dans le message genevois, outre les indications fournies par le paratexte, elle est marquée par deux pronoms (*me* et *nous*), situés dans l'adresse finale aux enseignants et désignant l'actant du procès d'attribution d'estime.

En ce qui concerne la *cible* de l'agir prescriptif, les deux textes se différencient nettement.

Dans le message brésilien, cette cible est le système éducatif du pays, et les formes d'adressage à ce destinataire sont peu nombreuses. On observe d'une part quatre occurrences nominales (*professeur* ou *enseignant*) : deux en position d'actant bénéficiaire de l'acte officiel (une dans le titre et une dans une principale active) ; les deux autres sont en position d'actant dans deux phrases passives (dans ce cas, elles renvoient aux groupes d'enseignants ayant participé à l'agir-amont). On observe d'autre part trois occurrences de déterminants possessifs (*sua, suas*) dans le paragraphe évoquant l'agir-aval.

Dans le message genevois, cette cible semble être constituée des seuls enseignants ; à l'exception de la formule d'en-tête (*Cher-e-s enseignant-e-s*), ce destinataire n'est cependant pas mentionné sous forme nominale, mais par onze occurrences de *vous* et six occurrences de déterminants possessifs (*votre, vos*), ce qui accentue le caractère interactif requis du genre *lettre*. Les occurrences de *vous* sont distribuées en trois mouvements :

– d'abord en position d'actant dans des subordonnées ou en position de bénéficiaire dans des principales, dans des segments évoquant l'agir-aval, et plus particulièrement le processus de *dévolution* du document :

  - *sur lesquels* ***vous*** *devez pouvoir* ***vous*** *appuyer*
  - *qui* ***vous*** *est remis*
  - *celles et ceux d'entre* ***vous*** *qui ont été appelés*
  - *l'année scolaire devrait* ***vous*** *permettre de* ***vous*** *l'approprier*

– ensuite en position d'actant dans le segment évoquant le cours de l'agir-aval :

  - ***vous*** *pourrez*
  - *si* ***vous*** *le souhaitez*
  - ***vous*** *estimerez*

– enfin en position d'actant dans le segment d'adresse finale :

  - ***vous*** *êtes*
  - ***vous*** *assurez*

L'*explicitation de l'acte prescriptif* s'effectue aussi sous deux modalités différentes.

Dans le message brésilien, cet acte constitue une simple « livraison » (*nous livrons aux professeurs...*), et l'auteur/acteur manifeste explicitement ses sentiments et ses intentions :

  - *avec une immense satisfaction*
  - *avec l'intention de*
  - *nous espérons*

Dans le message genevois, l'acte d'instauration est formulé en une phrase impersonnelle (*Il s'agit d'un document officiel qui devient désormais la référence ...*), et on n'observe en conséquence aucune mention des sentiments ou intentions de l'auteur/actant.

4.4. Les « objets » de la prescription

Dans le message brésilien quatre protagonistes majeurs sont concernés et/ou visés par la démarche de prescription : la demande sociale, le document, les enseignants, les jeunes.

La demande sociale est exprimée par un sujet avec rôle agentif, et elle est posée comme *acteur majeur* ou acteur-source de la démarche de prescription (cette demande *impose* la révision des curriculums). S'il est beaucoup plus évoqué (onze occurrences), le document est posé surtout comme *produit* de l'agir-amont, qui est l'objet de l'acte de livraison (sept occurrences de rôle objectif, deux occurrences de rôle attributif), et dont on espère qu'il servira d'instrument pour le déploiement de l'agir-aval (deux occurrences de rôle instrumental). Les enseignants sont évoqués comme (une partie des) *acteurs* de l'agir-amont (deux occurrences de rôle agentif), et comme *destinataires* de la livraison et des effets du document (une occurrence de rôle bénéficiaire, une de rôle instrumental). Les jeunes enfin sont présentés comme *bénéficiaires* ultimes de la démarche de prescription (deux occurrences de ce rôle). Dans ce même texte apparaissent trois formes modales. L'une concerne l'autorité prescriptrice, et a une valeur intentionnelle (on *vise à créer*). Les deux autres concernent le document : l'une, à valeur déontique, exprime la nécessité de sa révision (*devra être revu*) ; l'autre, à valeur épistémique, exprime le souhait de son efficacité (*puisse contribuer*).

Dans le message genevois, quatre protagonistes majeurs sont également concernés et/ou visés par la démarche de prescription : l'école, le document, les enseignants, les élèves.

Les besoins de l'école (et de la rénovation) sont posés comme des *états* évidents (deux occurrences de rôle attributif). Comme dans le message brésilien, le document est beaucoup plus fréquemment évoqué (douze occurrences) ; il est posé comme *produit* de l'agir-amont et objet de la livraison (cinq occurrences de rôle objectif ; deux de rôle attributif), mais il est aussi érigé en *acteur* du processus de rénovation (cinq occurrences de rôle agentif). Les enseignants sont posés comme *destinataires* de la livraison (deux occurrences de rôle bénéficiaire ; une de rôle objectif), mais surtout comme *acteurs* des processus d'appropriation et de formation (cinq occurrences de rôle agentif), dotés des *ressources* adéquates (deux occurrences de rôle attributif), ces deux éléments constituant des *conditions préalables* au déploiement de l'agir-aval. Les élèves enfin sont présentés comme *bénéficiaires* ultimes de la démarche de prescription (une occurrence de ce rôle). Quatre formes modales apparaissent. Deux concernent le document et ont une valeur déontique ; l'une exprimant la nécessité d'appliquer le document (*devra être applicable par tous*), l'autre, la nécessité de son évolution (*sera appelé à évoluer*). Deux concernent les enseignants et ont une valeur épistémique : elles expriment la possibilité qui leur est offerte d'utiliser le document (*devrez pouvoir vous appuyer*) et de se former (*pourrez faire appel*).

4.5. Commentaires

1. Les deux messages relèvent de deux *genres* différents, le message brésilien s'inscrivant clairement dans la liste des genres d'incitation à l'action proposée par Adam (*ibid.*, p. 20), le message genevois relevant d'un genre « imprévu ». En tant que mixte *circulaire politique* et *dédicace*, le message brésilien manifeste une double *distance* : distance relative entre source et cible de l'agir prescriptif (peu de sollicitation des enseignants à la 2ème personne) et distance spatio-temporelle entre l'acte de livraison et l'agir-aval que cet acte espère susciter. En tant que *lettre*, le message genevois instaure au contraire une double *proximité* : proximité entre source et cible (interactions des *nous* et des *vous*), et proximité spatio-temporelle entre l'acte d'instauration du document et son application par les enseignants. Le choix de ces genres et ses conséquences semblent liés aux différences de contexte : à la considérable différence d'ampleur des systèmes éducatifs concernés, et au caractère fortement hiérarchique des institutions brésiliennes, contrastant avec l'aspect quasi familial des institutions genevoises.

2. S'agissant de leurs *propriétés énonciatives*, on observera d'abord que ces deux textes contiennent un énoncé nodal *explicitant un acte de livraison-institutionnalisation* d'un document ; cet énoncé à valeur illocutoire *déclarative* a la propriété de faire advenir un monde par le seul fait de son énonciation, et constitue donc une forme de *prescription indirecte*. La source de cette prescription (l'auteur) est dans les deux cas plus nettement présente que dans les textes analysés par Adam ; quant à la cible, si dans le message brésilien elle est bien exprimée par des formes nominales avec article généralisant (cf. Paveau, 1999), dans le message genevois, outre ces formes, apparaissent aussi de nombreuses occurrences de *vous* de sollicitation. Par ailleurs, dans les deux messages, *l'acte nodal est appuyé par trois réseaux d'arguments*. Le premier pose que la source et les destinataires de la prescription sont soumis à un ensemble de *contraintes* relevant de *faits indiscutables* (les évolutions économico-sociales d'un côté, les besoins de l'école de l'autre) ; le deuxième met en évidence le *sérieux* avec lequel les documents livrés ont été constitués, dans le cadre d'un *travail* auquel ont participé les enseignants ; le troisième laisse entendre qu'en raison du sérieux de cet agir-amont, l'agir-aval sera nécessairement couronné de succès (cf. le *contrat implicite de félicité*).

3. S'agissant des *« objets » de la prescription*, on relèvera les points suivants.

– Au plan structurel, on ne retrouve pas l'organisation standard agir prescriptif —> agir prescrit décrite notamment par Paveau : d'une part cette relation est complexifiée par l'évocation d'un agir-amont (le travail de réalisation du document), introduit au titre de justification du sérieux de l'opération en cours ; d'autre part l'agir prescrit ou agir-aval n'est évoqué que dans ses dimensions périphériques (ses effets escomptés dans le message brésilien ; les ressources et la démarche d'appropriation préalable des enseignants dans le message genevois). C'est donc en réalité le document même qui est érigé en *moteur* du processus de rénovation et de la *translation* entre les agir.

– Dans le message brésilien, c'est la *demande sociale* qui est érigée en acteur majeur, le document produit ayant le statut d'instrument déclencheur et contributeur d'un processus de débat impliquant notamment les enseignants. Dans le message genevois, c'est le *document* qui est érigé en acteur, les enseignants, dotés de ressources leur permettant de se l'approprier, étant posés en appui à cet agir.

– Si l'on admet que c'est l'agir-aval qui constitue l'« objet » visé par l'agir prescriptif, on remarquera que, dans les deux messages, celui-ci n'est mentionné que sous les effets généraux qu'il pourrait produire ; il n'est pas posé comme un travail qui serait décliné en actes, et les enseignants ne sont en conséquence pas véritablement posés comme acteurs, qui seraient dotés de motifs et d'intentions propres (si ce n'est, dans le message genevois, comme acteurs de l'appropriation).

– Les élèves ou jeunes ne sont mentionnés, dans les deux messages, qu'en tant que destinataires ultimes des démarches de rénovation en cours, qui bénéficieront automatiquement ou nécessairement de cette démarche :

- *L'école publique a besoin de références*
  pour donner aux élèves la possibilité d'acquérir les connaissances....
- *On crée des conditions*
  qui permettent aux jeunes d'avoir accès à l'ensemble des connaissances...

En dépit donc d'accents idéologiques, omniprésents par ailleurs dans les deux documents, sur la nécessité d'une prise en compte des caractéristiques cognitives, actives, etc., des élèves, ces derniers n'apparaissent que comme des objets inertes, totalement soumis au processus en cours.

– Les deux éléments qui précèdent nous paraissent fondamentalement liés. Si, dans l'agir-aval, on n'évoque ni le travail réel des enseignants ni leur statut d'acteurs, c'est parce qu'on n'évoque pas corollairement l'activité-réactivité des élèves, la professionnalité de l'enseignant étant précisément, non d'appliquer aveuglément les directives et consignes, mais de tenter de les mettre en œuvre en gérant et/ou en négociant en permanence la situation et les réactions des élèves.

5. Les extraits relatifs à la conception de l'enseignement

L'extrait brésilien comporte 327 mots et est organisé en 7 paragraphes contenant 13 phrases graphiques. L'extrait genevois comporte 295 mots ; il est organisé en 4 paragraphes, chacun introduit par un sous-titre.

5.1. Caractéristiques textuelles/discursives

Les deux segments analysés sont extraits du corps du document, qui relève manifestement du genre *Manuel*, et ils présentent toutes les caractéristiques du type *discours théorique* (cf. Bronckart, 1997, pp. 161-163). La distribution des temps des verbes des deux extraits est globalement équivalente : les temps de base sont les PRÉSENTS (respectivement 18 et 17 occurrences) et les INFINITIFS (respectivement 5 et 9 occurrences), accompagnés dans chaque cas d'une forme de futur.

Dans les deux extraits, la *source* de la prescription n'apparaît pas de manière explicite. La *cible* de cette prescription est en principe constituée par les enseignants, qui sont mentionnés à quatre reprises dans l'extrait brésilien (3 noms et 1 pronom), et à trois reprises dans l'extrait genevois (3 noms). On relèvera cependant les occurrences plus nombreuses de mention des élèves (7 noms dans l'extrait brésilien ; 6 noms et 2 pronoms dans l'extrait genevois), élèves qui sont les bénéficiaires de l'agir prescrit et qui se trouvent ainsi érigés en cible ultime (ou *sur-cible*) de la prescription.

5.2. Les relations d'agentivité dans les « objets » de la prescription

Dans les deux extraits, les phrases sans sujet grammatical (respectivement 7 et 12 occurrences), ainsi que les phrases mobilisant comme actant la méthodologie préconisée (respectivement 9 et 14 occurrences) sont nettement plus nombreuses que les phrases mobilisant comme actant, soit l'enseignant (respectivement 4 et 3), soit l'élève (respectivement 6 et 7). On observera en outre que les métaverbes de modalisation sont *exclusivement* présents dans les deux groupes majoritaires (dans l'extrait brésilien, un à valeur déontique, et deux à valeur épistémique ; dans l'extrait genevois, quatre à valeur déontique, deux à valeur épistémique et deux à valeur intentionnelle), alors que dans les deux autres groupes les relations prédicatives présentent toutes un caractère direct ou non modalisé. S'agissant des deux premiers groupes, les deux extraits témoignent de sensibles différences. Les phrases sans sujet sont exclusivement des nominalisations dans l'extrait brésilien, alors que l'extrait genevois utilise des phrases impersonnelles et des phrases infinitives. Dans le document genevois, ces tournures renvoient à des procès qui sont manifestement de la responsabilité de l'enseignant, alors que dans le document brésilien, dans certains cas les procès concernent clairement l'enseignant ou l'élève, dans d'autres cas les actants responsables sont indécidables. Par ailleurs, la distribution des modalisations, en l'occurrence la fréquence des déontiques, donne au document genevois un caractère plus explicitement injonctif.

Les rôles sémantiques attribués aux éléments de méthodologie sont majoritairement de type attributif dans l'extrait brésilien ; dans le document genevois, ils se distribuent équitablement entre attributif et agentif, les modalisations déontiques étant associées à ce dernier rôle.

Les rôles sémantiques attribués aux enseignants sont exclusivement de l'ordre de l'agentif dans les deux extraits, le rôle de bénéficiaire observé dans l'extrait genevois étant combiné à une relation agentive indirecte (*permettre aux enseignant l'intervention*).

Les rôles sémantiques attribués aux élèves sont, dans les deux cas, pour une moitié d'ordre agentif, pour une autre moitié d'un autre ordre (bénéficiaire, instrument ou attributif).

5.3. Commentaires

Dans leur organisation discursive, ces deux extraits du genre *manuel* présentent, au contraire des deux messages, l'essentiel des caractéristiques relevées par Adam et Paveau : complet effacement de la source de la prescription ; mention de la cible sous une forme nominale généralisante ; contrat implicite de félicité ; présentation de l'élève comme idéal-type et sur-cible ultimement bénéficiaire du processus.

S'agissant des « objets » de la prescription, ce sont les principes généraux et la méthodologie qui sont érigés en *acteurs* ou *moteurs* de l'agir-aval, ces instances étant les seules à se voir attribuer des dimensions d'une sémantique de l'action (déterminations, intentions, pouvoir-faire). Les enseignants sont quant à eux posés en adjuvants ou instruments d'un processus présentant un caractère inéluctable ou quasi mécanique ; leur travail majeur consiste à appliquer les principes, et même lorsqu'est évoqué leur agir concret (actif ou réceptif) à l'égard des élèves, ils ne sont jamais dotés des dimensions d'une sémantique de l'action. Les élèves enfin à la fois bénéficient de l'agir enseignant et ont un espace d'agir propre, mais ils ne sont pas non plus dotés des dimensions d'une sémantique de l'action. Comme nous l'avions relevé dans notre commentaire interprétatif relatif aux deux messages, ces deux aspects nous paraissent intimement liés : l'enseignant ne peut être posé comme acteur que dans la mesure où sont thématisées les réactions possibles des élèves à ses interventions, parce que son travail propre consiste précisément en une permanente négociation entre injonctions issues des principes méthodologiques et réactions concrètes issues de la classe ou des élèves.

6. Pour suivre….

Les résultats des analyses qui précèdent ont un caractère éminemment *provisoire*. Leur généralisation et leur interprétation ne pourront s'effectuer que lorsque seront achevées trois démarches en cours dans le cadre du projet de recherche : - d'abord et évidemment, l'examen de nombreux autres extraits du corpus de documents éducatifs, qui soient représentatifs de la teneur d'ensemble de ce même corpus (cf. Plazaola Giger, 2004) ; ensuite, la comparaison des résultats de cette analyse globale avec ceux obtenus sur les corpus de documents de l'entour-amont des deux autres sites (entreprise pharmaceutique et hôpital) ; enfin, la comparaison de ces mêmes résultats avec ceux issus de l'analyse des entretiens avec les enseignants.

Un aspect du développement de la première démarche sera de mettre en évidence la nature des relations d'emboîtement entre les divers types d'agir (agir-amont, agir-prescriptif, agir-aval) qui sont évoqués dans les différentes sortes de textes constitutifs des documents de l'entour-amont scolaire : message ministériel, introduction générale, présentation des principes méthodologiques généraux, présentation des activités à conduire pour une matière d'enseignement donnée, etc.

L'enjeu central du développement de la deuxième démarche sera de comparer le statut conféré aux travailleurs dans les trois corpus de l'entour-amont. Nous avions à ce propos émis l'hypothèse qu'en raison de la variété des destinataires de l'agir-aval (machines, patients, groupes d'élèves), nous observerions des différences importantes quant à l'attribution d'un statut d'acteur aux travailleurs concernés ; les éléments actuellement à notre disposition semblent indiquer que ce n'est pas vraiment le cas, mais ceci reste à confirmer.

L'intérêt majeur de la troisième démarche sera de mettre en évidence les similitudes et/ou les écarts éventuels entre les représentations du statut des enseignants émergeant des documents de l'entour-amont, et celles qui émergent des entretiens réalisés avec ces mêmes enseignants.

Sur ce dernier point, les analyses effectuées à ce jour (cf. Friedrich & Plazaola Giger ici même) font apparaître notamment, et le caractère directeur des instructions des manuels, et la réticence des enseignants à évoquer le cours effectif de leur agir en situation de classe. Ce qui pose quelques problèmes intrigants quant aux représentations générales du statut du travail enseignant.

Pourquoi le travail effectif des enseignants (leur cours d'agir en interaction avec les élèves) demeure-t-il aussi constamment masqué : faut-il y voir, malgré tout, une subsistance de l'idéologie de l'enseignement comme *art* (à l'abri de toute prescription didactique concrète), ou encore comme le produit d'une volonté de ne pas vouloir voir ce qui se passe réellement en classe ?

Tenant compte de ce qui précède, faut-il être plus explicite dans les textes dits de préfiguration ? Ces documents pourraient à l'évidence évoquer plus fortement la problématique des capacités requises des enseignants pour gérer les réactions prévisibles des élèves. Mais jusqu'à quel point le peut-on et le doit-on ? Ou encore, comment éviter le risque d'une sorte de mécanisation du travail de l'enseignement ?

Enfin, et *in cauda venenum*, à quoi servent vraiment les documents de préfiguration ? Dans quelle mesure ne sont-ils pas d'abord destinés à l'extérieur (aux évaluations sociales), à mettre en scène et justifier ce qui est censé se passer dans l'institution scolaire, plutôt qu'à orienter véritablement le travail des enseignants ?

Références bibliographiques

Adam, J.-M. (2001). Entre conseil et consigne : les genres de l'incitation à l'action. *Pratiques*, 111/112, 7-38.

Bronckart, J.-P. (1997). *Activité langagière, textes et discours. Pour un interactionisme socio-discursif.* Paris : Delachaux et Niestlé.

Bronckart, J.-P. (2004). Pourquoi et comment analyser l'agir verbal et non verbal en situation de travail ? In J.-P. Bronckart & Groupe LAF, *Agir et discours en situation de travail, Cahiers de la Section des Sciences de l'Education de l'Université de Genève*, 103, 11-144.

Bronckart, J.-P. *et al.* (1985). *Le fonctionnement des discours. Un modèle psychologique et une méthode d'analyse.* Paris : Delachaux et Niestlé.

Bühler, K. (1934). *Sprachtheorie. Die Darstellungsfunktion der Sprache.* Stuttgart : Fischer.

De Thomasi, L., Warde, M.J. & Haddad, S. (1996). *O Banco Mundial e as politicas educacionais.* Sao Paulo : Cortez.

Filliettaz, L. (2002). *La parole en action.* Québec : Editions Nota bene.

Filliettaz, L. (2004). Une sémiologie de l'agir au service de l'analyse des textes procéduraux. In J.-P. Bronckart & Groupe LAF, *Agir et discours en situation de travail, Cahiers de la Section des Sciences de l'Education de l'Université de Genève*, 103, 147-184.

Fillmore, Ch. J. (1975). Quelques problèmes posés à la grammaire casuelle. *Langages*, 38, 65-80.

Friedrich, J. (1999). Crise et unité de la psychologie : un débat dans la psychologie allemande des années 20. *Bulletin de psychologie*, 52, 247-258.

Friedrich, J. (2001). Quelques réflexions sur le caractère énigmatique de l'action. In J.-M. Baudouin & J. Friedrich (Ed.), *Théories de l'action et éducation* (pp. 93-122). Bruxelles : De Boeck.

Garcia-Debanc, C. (2001). Les genres du discours procédural : invariants et variations. *Pratiques*, 111/112, 65-76.

Habermas, J. (1987). *Théorie de l'agir communicationnel* (2 vol.). Paris : Fayard.

Leontiev, A.N. (1979). The Problem of Activity in Psychology. In J.V. Wertsch (Ed.), *The Concept of Activity in Soviet Psychology* (pp. 37-71). New-York : Sharpe.

Machado, A.-R. (2003). *Analise de Linguagem, Trabalho Educacional e sus Relações.* Projet de recherche de l'Université Catholique Pontificale de Sao Paulo.

Paveau, M.-A. (1999). Le discours des instructions officielles au Lycée en 1995 : jeux et enjeux énonciatifs. *Pratiques*, 101/102, 10-20.

Plazaola Giger, I. (2004). Prescrire l'agir enseignant. Le cas de l'allemand dans les objectifs d'apprentissage genevois. In J.-P. Bronckart & Groupe LAF, *Agir et discours en situation de travail, Cahiers de la Section des Sciences de l'Education de l'Université de Genève*, 103, 185-212.

Ricœur, P. (Ed.). (1977). *La sémantique de l'action*. Paris : CNRS.

Ricœur, P. (1983). *Temps et récit, t.1*. Paris : Seuil.

Saujat, F. (2002). *Ergonomie de l'activité enseignante et développement de l'expérience professionnelle : une approche clinique du travail du professeur*. Thèse de doctorat. Université d'Aix-Marseille I.

Schütz, A. (1998). Choisir parmi des projets d'action. In A. Schütz, *Eléments de sociologie phénoménologique* (pp. 53-87). Paris. L'Harmattan.

Schwartz, Y. (1992). *Travail et philosophie. Convocations mutuelles*. Toulouse : Octares.

Références des documents analysés

BRÉSIL

Secretaria de Educação Fundamental (1998a). *Paràmetros Curriculares Nacionais: terceiro e quarto ciclos do ensino fundamental: introdução aos parâmetros curriculares nacionais*. Brasi'lia: MEC/SEF. Version PDF, sur le site www.mec.gov.br.

Secretaria de Educação Fundamental (1998b). *Paràmetros Curriculares Nacionais: terceiro e quarto ciclos do ensino fundamental: ciências naturais*. Brasi'lia: MEC/SEF, sur le site www.mec.gov.br,

GENÈVE

Direction de l'enseignement primaire (2000). *Les objectifs d'apprentissage de l'école primaire genevoise*, Genève, Département de l'Instruction Publique.

Annexe 1

AO PROFESSOR

O papel fundamental da educação no desenvolvimento das pessoas e das sociedades amplia-se ainda mais no despertar do novo milênio e aponta para a necessidade de se construir uma escola voltada para a formação de cidadãos. Vivemos numa era marcada pela competição e pela excelência, em que progressos cienti'ficos e avanços tecnolo'gicos definem exigências novas para os jovens que ingressarão no mundo do trabalho. Tal demanda impõe uma revisão dos curri'culos, que orientam o trabalho cotidianamente realizado pelos professores e especialistas em educação no nosso pai's.

Assim, é com imensa satisfação que entregamos aos professores das séries finais do ensino fundamental os **Parâmetros Curriculares Nacionais**, com a intenção de ampliar e aprofundar um debate educacional que envolva escolas, pais, governos e sociedade e dê origem a uma transformação positiva no sistema educativo brasileiro.

Os **Parâmetros Curriculares Nacionais** foram elaborados procurando, de um lado, respeitar diversidades regionais, culturais, politicas existentes no pai's e, de outro, considerar a necessidade de construir referências comuns ao processo educativo em todas as regiões brasileiras. Com isso, pretende-se criar condições, nas escolas, que permitam aos nossos jovens ter acesso ao conjunto de conhecimentos socialmente elaborados e reconhecidos como necessa'rios ao exerci'cio da cidadania.

Os documentos apresentados são o resultado de um longo trabalho que contou com a participação de muitos educadores brasileiros e têm a marca de suas experiências e de seus estudos, permitindo assim que fossem produzidos no contexto das discusssões pedago'gicas atuais. Inicialmente, foram elaborados documentos, em versões preliminares, para serem analisados e debatidos por professores que atuam em diferentes graus de ensino, por especialistas da educação e de outras a'reas, além de instituições governamentais e não-governamentais. As cri'ticas e sugestões apresentadas contribui'ram para a elaboração da atual versão, que devera' ser revista periodicamente, com base no acompanhamento e na avaliação de sua implementação.

Esperamos que os **Parâmetros** sirvam de apoio às discussões e ao desenvolvimento do projeto educativo de sua escola, à reflexão sobre a pratica pedago'gica, ao planejamento de suas aulas, à ana'lise e seleção de materiais dida'ticos e de recursos tecnolo'gicos e, em especial, que possam contribuir para sua formação e atualização profissional.

Paulo Renato Souza

Ministro da Educação e do Desporto

Brasil, *Secretaria da Educacão Fundamental*, 1998a et b.

Annexe 2

Message de Madame Brunschwig Graf

Genève, août 2000

Mesdames et Messieurs,
Chères enseignantes et chers enseignants,

L'école publique a besoin de références et de repères pour donner à l'ensemble de ses élèves la possibilité d'acquérir les connaissances et les compétences indispensables à la poursuite de leur parcours scolaire et personnel.

Ce sont les objectifs d'apprentissage et les plans d'études qui les accompagnent qui répondent à cette attente et constituent les outils indispensables sur lesquels vous devez pouvoir vous appuyer dans l'exercice de votre métier.

L'enseignement primaire est en rénovation, à Genève comme un peu partout en Suisse. L'introduction de cycles d'apprentissage de quatre ans n'a de sens que si ceux-ci cadrent avec des périodes d'apprentissage balisées, où les exigences et les attentes sont clairement posées en fonction des différentes disciplines. Il en va de même pour ce qui touche à l'évaluation, quelle que soit sa forme.

Un travail considérable s'est engagé depuis plusieurs années pour élaborer le document qui vous est remis. Il s'intègre dans un projet plus large mené au niveau de la Suisse romande où l'on s'attache maintenant à mettre au point des plans d'études cadre pour l'ensemble de l'école obligatoire.

C'est le lieu de remercier la direction générale de l'enseignement primaire et particulièrement Madame Thérèse Guerrier ainsi que les formatrices et formateurs qui ont travaillé sous sa responsabilité. Leur travail et leur engagement se sont vus renforcés par celles et ceux d'entre vous qui ont été appelés à examiner le projet, à faire part de leurs suggestions et de leurs critiques pour en améliorer la forme et le contenu.

Il s'agit d'un document officiel qui devient désormais la référence pour l'ensemble de nos écoles primaires. L'année scolaire 2000-2001 devrait vous permettre de vous l'approprier et vous pourrez, si vous le souhaitez, faire appel aux formations que vous estimerez nécessaires. Dès la rentrée 2001, il devra être pleinement applicable par tous. Dans le futur, il sera appelé à évoluer avec votre appui, vos expériences et selon les besoins qui ne manqueront pas de se faire sentir au cours des années à venir.

Vous êtes sur le terrain quotidien de l'école. Vous assurez, avec vos compétences professionnelles et votre engagement, la qualité de l'école primaire genevoise. La parution des «Objectifs d'apprentissage de l'école primaire genevoise» m'offre l'occasion de souligner combien nous estimons votre apport précieux à la formation des enfants de notre canton.

Martine Brunschwig Graf
Présidente du Département de l'Instruction publique

Annexe 3

Planejamento: unidades e projetos

Um planejamento anual é composto por unidades ou projetos para a abordagem de temas de trabalho escolhidos. São duas formas semelhantes de desenvolver conteu'dos e objetivos para um aprendizado ativo. Uma importante diferença é que nos projetos abre-se espaço para uma participação mais ampla dos estudantes, pois va'rias etapas do processo são_decididas em conjunto e seu produto é algo com função social real: um jornal, um livro, um mural, uma apresentação pu'blica etc.

Na unidade de planejamento, ha' uma possi'vel sequência de etapas:

• apresentação do tema pelo professor, que pode consistir em exposição dialogada (conversa com os estudantes) ou acompanhada de algum recurso dida'tico, como passar um trecho de filme, apresentar uma noti'cia de jornal ou outra situação concreta para iniciar a problematização. Nesta etapa, é importante a apresentação dos fatos, levantamento de interpretações, du'vidas e questões dos pro'prios estudantes, que o professor organiza, mas não explica completamente;

• delimitação dos problemas que serão investigados e levantamento de hipo'teses para sua solução. Os conhecimentos prévios dos estudantes manifestam-se em suas hip'oteses ou interpretações dos problemas e devem ser registrados coletivamente, para posterior comparação com os conhecimentos sistematizados;

• investigação propriamente dita, com a utilização das fontes de informação e outros recursos dida'ticos, como jogos e simulação. O professor, com a participação dos estudantes, propõe as fontes mais adequadas para cada uma das questões. Durante esta etapa ha' confronto entre as hipo'teses iniciais e as informações obtidas, e os estudantes reestruturam explicações. As diferentes atividades, como exploração bibliogra'fica, entrevista, experimentação, trabalho de campo ou outras, devem ser registradas, para melhor aprendizagem;

• sistematização final de conhecimentos, com a apresentação de semina'rio, relato'rio ou outras formas de conclusão, também podem compor a avaliação individual e grupal;

• realização de exerc'icios finais e auto-avaliação dos estudantes. Nesta etapa, como na anterior, a comparação entre os resultados e os conhecimentos prévios interessam também para o aluno reconhecer e valorizar seu processo de aprendizagem.

Extrait de *Orientações Dida'ticas para terceiro e quarto ciclos ;* document *Parâmetros Curriculares Nacionais: terceiro e quarto ciclos do ensino fundamental: ciências naturais* (Brasil/SEF, 1998b. pp. 115-131).

Annexe 4

Conception de l'enseignement
Situations d'apprentissage et activités de structuration

a) Proposer des situations d'apprentissage complexes
L'enseignant-e propose aux élèves des situations d'apprentissage complexes, dans le sens où elles obligent à mettre en réseau des savoirs et savoir-faire pour pouvoir surmonter les obstacles et résoudre les problèmes posés.

b) Articuler les situations complexes avec des activités de structuration
Si l'on veut assurer des apprentissages solides, les situations complexes ne peuvent se concevoir sans une articulation avec des activités de structuration, d'automatisation et de consolidation de notions et savoir-faire particuliers. Il s'agit d'exercer chez les élèves le lien entre situations complexes et activités spécifiques, afin de leur permettre de donner plus de sens à ce qu'ils font et faciliter le transfert d'une situation à l'autre.

c) Reconnaître les erreurs
L'erreur fait partie du processus d'apprentissage. Les élèves expriment des opinions erronées, proposent des solutions partiellement correctes. Il convient d'identifier si les erreurs sont dues à de l'étourderie, à l'incompréhension de la tâche à accomplir ou au niveau cognitif. Cette distinction est nécessaire pour intervenir utilement. Selon le cas, il suffira d'une simple correction, d'une nouvelle explication, d'un questionnement ou encore d'une modification de l'activité proposée en tenant compte du développement cognitif.

d) Différencier l'action pédagogique
La différenciation de l'action pédagogique au sein de situations d'apprentissage doit permettre aux élèves une mise en œuvre de leur démarche et à l'enseignant-e des interventions ajustées. Il ne faut donc pas confondre la différenciation dans de telles situations avec l'individualisation de la tâche qui se traduit généralement par un travail différent pour chaque élève. La différenciation de l'action pédagogique peut aussi se concrétiser par le choix que fait l'enseignant-e de situations d'apprentissage, par le regroupement des élèves en fonction d'un but précis, par un plan de travail en partie différencié, des temps de travail à la maison plus personnalisés, des ateliers à choix, etc.

Extrait de *Les objectifs d'apprentissage de l'école primaire genevoise* (Genève, Direction de l'Enseignement Primaire, 2000, p. 4).

L'analyse des actions et des discours en situation de travail. Concepts, méthodes et applications (sous la direction de L. Filliettaz et J.-P. Bronckart), Louvain, Peeters, BCILL, 2005.

Comment l'agent met-il son action en mots ? Analyse d'entretiens auprès d'enseignants

Itziar Plazaola Giger & Janette Friedrich
Université de Genève, Section des Sciences de l'Education

1. Introduction

Ce texte abordera la problématique du couple langage-action[1], qui a fait l'objet depuis longtemps d'analyses théoriques et empiriques en philosophie, en sociologie, en psychologie et en analyse du travail. Un renouveau d'intérêt pour cette problématique se manifeste aujourd'hui dans divers courants qui prennent appui sur la critique radicale du behaviorisme qui avait été développée en philosophie et en sociologie dès le premier quart du XXème siècle et qui mettait notamment en question la possibilité de décrire l'action en bonne et due forme sur la base de données empiriques observables.[2] De nombreux travaux contemporains, relevant de *l'analyse de l'action* (ou *du travail*, ou *des pratiques*), admettant cette portée limitée de l'observation pour l'élaboration d'une connaissance de l'action, tentent d'élaborer d'autres instruments d'analyse dont certains accordent un rôle privilégié à la parole. Dans ces recherches, la croyance naïve en la transparence de l'action ne fait cependant pas place à une autre croyance, tout aussi naïve, en la transparence de la parole ; bien au contraire la nécessité de développer des moyens langagiers spécifiques aptes à fournir un accès véritable à l'action y est de plus en plus soulignée. Ce souci est clairement formulé par Vermersch, qui affirme que :

> « A priori, le sujet n'est pas un bon théoricien de sa propre activité. Seule la connaissance de ce qu'il fait *réellement* permet d'évaluer la pertinence du discours qu'il tient sur ses propres actions. » (1990, p. 229, souligné par nous)

Cette prudence quasi épistémologique vis-à-vis de la parole des acteurs est néanmoins conjuguée à un optimisme à leur égard, dans la mesure où Vermersch tente en même temps de concevoir dans le cadre de l'entretien d'explicitation une méthode de verbalisation

[1] Dans cette contribution, nous utiliserons presque exclusivement le concept d'action, en n'ignorant pas les différences de définitions posées parfois entre action, activité et travail (voir Bronckart & Machado ici même), mais en signalant par ce choix notre inscription dans la tradition de la sociologie compréhensive (cf. la conclusion). Dans nos références aux autres auteurs, nous faisons également abstraction de l'emploi différencié de ces concepts, une telle abstraction nous paraissant justifiée au niveau de réflexion auquel nous nous situons.

[2] Nous rappelons à titre d'exemple les écrits de Weber ([1921] 1995), fondateur d'une sociologie compréhensive et les réflexions de Habermas (1993), qui développent leur théorie de l'action tout en explicitant leur différence par rapport aux démarches behavioristes.

(« verbalisation consécutive assistée », cf. *ibid.*, p. 228) qui permettrait à l'acteur et au chercheur d'accéder malgré tout à ce qui a été réellement fait.

La conjonction entre prudence et optimisme vis-à-vis du langagier comme moyen de connaissance de l'action est un thème transversal dans nombre d'analyses du travail. Le postulat selon lequel « [...] le faire se dit, ou que pour le moins le dit comporte les traces du faire [...] » (Faïta, 1989, p. 111) est présenté comme indiscutable, même si, comme l'ajoute l'auteur « nous en sommes encore, comme d'autres, au stade des balbutiements méthodologiques » ou comme le montre Schwartz, nous sommes sans cesse confrontés à « un rapport douloureux du symbolisme à l'expérience ». Schwartz évoque une sorte de « rusticité du langage par rapport aux actes de travail » qui fait qu'« on n'arrive pas à le dire » (1993, p. 119). Pourtant, il n'est guère satisfaisant de s'en tenir à cette oscillation entre optimisme et pessimisme s'agissant de notre capacité de connaître l'action à travers la parole ; différents auteurs tentent donc de dépasser cette situation, et nous avons identifié deux manières actuelles de rediscuter de cette relation difficile entre le faire et le dire, par rapport auxquelles nous allons situer notre propre recherche.

1.1. L'expérience d'un jeu entre le prescrit et le réel

La première démarche consiste en l'élucidation de la *nature de l'action*, de ce qui ne se dit pas facilement et ne se montre pas immédiatement, mais que l'on cherche néanmoins à connaître à travers le dire. La question qui est posée est la suivante : « Derrière l'essai de dire le travail, ne faut-il pas chercher la positivité d'un effort à faire entrer en mots ce qui, par nature, semblerait y être rétif ? » (Schwartz, *ibid.*, p. 121). En conséquence, selon cette position, il conviendrait de se focaliser sur la nature spécifique de l'action. Le terme *nature* peut susciter des réticences, mais nous tenons à souligner qu'il est souvent utilisé comme terme générique qui inclut un nombre de termes parfois métaphoriques qui eux sont utilisés pour désigner la non-transparence de l'action aussi bien pour l'œil que pour la parole. On trouve dans la littérature des expressions comme « réalité profonde de l'action », « partie la plus importante d'un autre monde », « structure en profondeur », etc., et très souvent les auteurs sollicitent le terme d'« action réelle » (ce que l'acteur fait réellement). Cette dernière expression n'est pas dénuée d'ambiguïté car elle peut témoigner d'au moins deux attitudes différentes : d'une part, d'un certain scepticisme sur les potentialités explicatives d'une recherche sur l'action ; d'autre part d'une certaine croyance en une réalité située au-delà de ce qu'on voit et qu'on peut exprimer, sans que le statut de cette réalité soit précisé. Souvent le terme « action/travail réel » est mis en couple avec celui « action/travail prescrit ». Ainsi lit-on par exemple chez Faïta :

> « La difficulté, pour qui veut en savoir plus sur le travail et convoque pour cela les ressources de la linguistique, viendra immanquablement de la confrontation du prescrit au réel. » (1989, p. 112)

Depuis des années, l'écart entre le travail prescrit (pas seulement par des normes de travail, des cahiers des charges, mais aussi par l'espace dans lequel le travail se déroule, les machines, etc.) et le travail réalisé concrètement, réellement, par l'acteur constitue l'objet de discussions intenses dans le champ de l'ergonomie française.[3] L'opposition « prescrit-réel » a aussi fait

[3] Cependant, la nécessité « d'aller au-delà de cette description traditionnelle du travail » (Clot & Faïta, 2000, p. 8) est soulignée dans de nombreux travaux. Pour dépasser cette dichotomie entre prescrit et réel, Clot (1999) introduit notamment une autre distinction, entre travail réel et travail réalisé.

l'objet de diverses reformulations, comme par exemple « général *vs* individuel », ou « conceptuel *vs* historique », par lesquelles les auteurs tentent d'identifier les raisons de l'écart observé. Ainsi, pour nombre d'auteurs, le travail réel diffère nécessairement du prescrit, dans la mesure où chaque acteur intervient toujours comme individu dans l'action même et fait donc partie de cette action : chacun recrée à partir de sa situation et de son histoire individuelle le processus qui a été déterminé dans un premier temps à travers des concepts et des normes générales. Il semble donc que la dichotomie entre le prescrit et le réel, le conceptuel et l'historique, le général et le singulier fournit le cadre à l'intérieur duquel les auteurs donnent sens à l'expression du « réel de l'action ».

Cette manière de théoriser l'action a des conséquences pour l'analyse du dire sur le faire, car il semble pertinent et logique de dégager dans la parole des acteurs ce jeu apparemment indispensable entre le prescrit et le réel, le général et l'individuel. On attend donc par exemple de trouver dans la parole des références au général car :

> « [...] si on ne maîtrise pas bien le général [...], on ne maîtrise pas ses lacunes, ses résidus, l'espace du travail réel par rapport au prescrit ; on médit de sa propre action : la richesse de la création singulière ne s'apprécie que sur fond de codification générale [...]. » (Schwartz, *ibid.*, p. 126)

L'expérience majeure que l'acteur a de son action semble donc résider dans la maîtrise de ces deux dimensions du général et de l'individuel, dans l'effort fait par cet acteur pour recentrer les normes générales autour des normes initiées dans la singularité de son action. [4]

Il est intéressant de constater qu'au lieu de trouver les indications plus au moins élaborées quant aux traits spécifiques (ou la nature) de l'action qui font qu'elle résiste à sa mise en mots, nous avons rencontré deux autres affirmations. Premièrement, un postulat épistémique qui prétend qu'une condition indispensable pour connaître son action, et en conséquence pour pouvoir la dire (ou autrement dit pour ne pas la « médire »), consiste en la connaissance du prescrit, du général. Deuxièmement, les recherches discutées nous semblent suggérer une expérience bien spécifique que l'acteur fait de son action, à savoir l'expérience d'un jeu entre le prescrit et le réel, et donc d'une différence entre les deux. Le questionnement initial de savoir pourquoi le faire se heurte à une telle difficulté à se dire a de cette manière disparu ou tout au moins est post-posé. Notre recherche tente par contre de revenir sur ce problème initial. Notre objectif est d'analyser de manière détaillée la mise en mots de l'action par l'acteur, de manière à savoir si les formes langagières qu'il utilise témoignent de véritables difficultés de dire le faire. Cette analyse sera aussi utilisée pour vérifier la deuxième affirmation bien présente dans les discussions actuelles. En fait, il n'y a aucune raison de nier que l'acteur puisse faire l'expérience d'un jeu dichotomique entre les prescriptions générales et sa manière d'agir, mais nous nous demanderons si ce jeu est vraiment ce qui est rapporté dans le dire sur le faire. A quelle

---

[4] Dans les recherches utilisant les concepts de « genre » et de « style », on tente d'employer les termes de général et d'individuel d'une manière telle que la dichotomie soit rendue vivante ou autrement dit se transforme en une relation de dépendance réciproque : « Même si le genre est réitérable dans chaque situation de travail, il ne prend sa forme achevée que dans les traits particuliers, contingents, uniques et non réitérables qui définissent chaque situation vécue. » (Clot & Faïta, 2000, p. 15). Nous trouvons néanmoins aussi chez ces auteurs une référence à la prise de conscience du général par l'acteur, qui est considérée comme une condition indispensable pour l'action chaque fois unique et concrète : « Les genres restent vivants grâce aux re-créations stylistiques. Mais, inversement, la non-maîtrise du genre et de ses variantes interdit l'élaboration du style. » (*ibid.*, souligné par nous).

expérience l'acteur se réfère-t-il quand on lui demande de parler de son action projetée ou réalisée ? Quelle expérience est sollicitée par l'acteur dans le dire sur le faire ?

1.2. D'une vision normative à une vision descriptive de la mise en mots de l'action

La deuxième manière de rediscuter le lien entre action et parole vise à analyser *les capacités de la langue à dire l'action.* On retrouve ici de nouveau le scepticisme évoqué plus haut quant à « l'inadaptation du langagier à l'expression de l'expérience au travail » (Boutet, 1993, p. 115). L'affirmation selon laquelle une partie de l'action échappe à l'investigation du linguiste suscite souvent une analyse plutôt normative des manques et des lacunes langagières responsables de la difficulté de dire le faire. Les modèles d'explication de ces difficultés sont multiples et portent sur l'ensemble des niveaux d'organisation linguistique : du signe aux types de discours.[5] Mais cela ne signifie pas qu'est abandonnée l'hypothèse selon laquelle on peut déceler l'empreinte que l'expérience d'action réelle a laissée dans le discours. Souvent ce sont les mêmes auteurs qui, en dépit de leurs doutes, considèrent qu'il existe des créations linguistiques qui correspondent à la découverte de distinctions pertinentes issues de l'expérience au travail. Pour rendre compte de cet effet de l'expérience sur le symbolisme, des analyses extrêmement intéressantes et fines sur le discours des travailleurs ont été menées ces dernières années (voir Borzeix & Fraenkel, 2001 ; Clot & Gori, 2003). Celles-ci mettent en évidence une expérimentation du système de la langue par l'acteur, et conduisent de plus en plus à abandonner une approche normative des capacités langagières pour adopter une démarche à caractère descriptif, souvent conjuguée avec un élargissement du champ linguistique. Face à des phénomènes langagiers qui sont inséparables de l'activité de travail, l'intérêt du linguiste se centre sur leur fonctionnement spécifique dans le cadre d'actions avant tout industrieuses (voir Boutet ici même). Est privilégiée une démarche méthodologique dans laquelle l'analyse du langagier et l'analyse de l'action sont inséparables, et qui demande au linguiste des connaissances dépassant son champ disciplinaire.

Notre recherche s'inscrit dans ce mouvement d'analyse descriptive du langagier utilisé dans l'agir. Les travaux qui vont être présentés ci-dessous ne portent cependant pas sur le dire pendant l'agir même, mais sur la mise en mots de l'action réalisée en dehors de celle-ci, avant ou après son déroulement. Des analyses de ce type ont déjà été réalisées et elles montrent souvent que les acteurs y utilisent de manière dominante le type (ou la forme) de discours narratif :

> « En utilisant les structures narratives qui sont ordinairement (culturellement) à leur disposition, les enquêtés parlent souvent assez généralement des choses (" en général, je fais ceci et cela...''), sans entrer dans le détail technique, dans les modalités concrètes de leurs pratiques. Ils disent plus volontairement " ce qu'ils font " que " comment ils font ", ils effacent assez systématiquement les " détails ", c'est-à-dire les aspects qu'ils jugent secondaires par rapport à ce qui constitue l'intrigue principale. Pèsent ici sur eux les contraintes narratives de la section du " principal " et du " secondaire ". » (Lahire, 1998, p. 20)

Cette préférence apparente pour une mise en cohérence narrative de l'action est pour Lahire une des raisons de l'écart objectif entre le dire et le faire, dans la mesure où le discours narratif ne permet pas, selon lui, de saisir ce qui est spécifique à l'action. La mise en cohérence narrative

[5] Boutet émet par exemple l'hypothèse que « le domaine du travail est peu codé discursivement, peu de discours circulent et sont produits au sein de cette formation langagières » (1993, p. 115).

détruirait « ce qui fait la logique non logique des pratiques, notamment du point de vue de leur enchaînement, de leur succession réelle dans le temps » (*ibid.*). Sans exclure que notre analyse des entretiens aboutisse à une conclusion semblable, nous posons néanmoins la question de savoir s'il est possible de dégager dans le discours de l'acteur sur son action d'autres formes langagières que la seule mise en récit. De même, nous nous demanderons s'il existe dans le dire sur le faire des formes langagières spécifiques qui reflètent la logique pratique au lieu de la détruire.

2. La textualisation de l'agir

Notre étude s'inscrit dans le projet de recherche du groupe *Langage, Action et Formation* de l'Université de Genève (voir Bronckart & Machado et Filliettaz ici même), qui vise une analyse des *rapports entre les actions observables des agents au travail et les différentes productions langagières* qui y sont associées. Concrètement ce projet examine trois situations de travail qui se différencient par le type d'interaction requis des agents : interaction opérateur-machine dans une entreprise de process ; interaction infirmière-patient dans une entreprise de service et interaction enseignants-élèves en institutions scolaires. Cette comparaison entre les différents lieux de travail a comme but de cerner les aspects généraux et particuliers des rapports actions-productions langagières en question. Quatre types de productions langagières y sont analysés : les documents de préfiguration de l'action qui consistent en des types de textes très divers ; les discours produits par l'agent dans le cadre d'entretiens portant sur les actions observées et filmées ; les discours produits pendant l'action filmée ; les textes de description-évaluation de l'agir élaborés par des observateurs externes. Dans ce qui suit, nous nous centrerons exclusivement sur l'analyse d'une seule forme de production langagière, les entretiens après le déroulement de l'action (ci-après entretiens *post*), et sur une seule situation de travail, l'institution scolaire : l'entretien est de type semi-directif et a pour but de faire parler les agents de l'action « donner une leçon d'allemand » après sa réalisation.

Dans une première étape, nous avons identifié les interventions de l'enseignant qui, du point de vue informationnel, traitent de *l'agir référent*. Cet agir est défini de manière factuelle, par le dispositif de recherche, lequel induit un découpage du flux de l'agir, dans la mesure où il implique que l'on filme *une leçon d'allemand donnée un jour précis*. Les segments de discours ainsi identifiés font l'objet d'une analyse détaillée (cf. *infra*). Dans cette procédure ont été écartés un certain nombre d'échanges traitant du contexte de l'action (l'école, la classe), des pratiques générales (conception de l'enseignement en général, politique scolaire du Département de l'Instruction Publique, manuels officiels d'enseignement de l'allemand) et des parcours professionnels et de formation (études effectuées, postes occupés antérieurement).

La méthodologie exploite les techniques d'analyse du discours mises en place dans notre unité genevoise (cf. Bronckart *et al.* 1985 ; Bronckart 1996 ; Plazaola Giger, 1993 ; Plazaola Giger & Bronckart, 1993 ; Plazaola Giger *et al.*, 1995). Des outils inspirés de la grammaire des cas (Fillmore, 1975) seront aussi sollicités pour une analyse des rôles agentifs repérables dans les énoncés.

2.1. Premier entretien : A la recherche des catégories d'analyse

2.1.1. Les plans discursifs

La première observation à laquelle ont abouti nos analyses concerne la dynamique de production du discours de l'enseignante lors de l'entretien à propos de sa leçon. Lorsque celle-ci répond à la question de savoir *comment ça s'est passé*, à l'appui quelquefois d'une relance de la chercheuse, une réponse relativement longue est donnée. En voici un exemple, extrait du premier entretien :

Enseignante :	pour moi c'est ça s'est passé comme d'habitude ehh [ouais] je n'ai pas voulu faire une leçon de démonstration [...] j'avais l'impression qu'ils étaient comme d'habitude [d'accord ouais] alors on avait commencé parrrr un chant (très vite) si je me rappelle bien (rires) **qu'ils avaient déjà un peu vu** donc c'était la leçon 4 comme je vous avais expliqué j'étais en retard [oui] parce que [oui oui] j'étais absente très longtemps et ils n'avaient pas fait d'allemand pendant longtemps
Chercheuse :	oui je me rappelle je me rappelle oui
Enseignante :	(en tournant les pages du manuel) alors on avait refait mais ils avaient déjà vu un peu ce chant eh on l'a rechanté / ensuite on a travaillé ehhh ce dialogue (pointe dans le livre) d'abord en observant l'imaaage bon j'ai suivi en fait la méthodologie eh comme je vous ai dit je suis paaas spécialiste d'allemand **du tout** [oui]

Comme on le constate, les énoncés de l'enseignante ne s'enchaînent pas en une succession d'apports informationnels plus ou moins homogènes et croissants sur les événements constitutifs de la leçon ; si certains énoncés fournissent bien des informations nouvelles et factuelles sur la leçon, d'autres au contraire constituent des sortes de décrochements commentatifs. Nous distinguerons dès lors un *plan topical*[6], constitué des segments discursifs portant sur l'agir référent, et un *plan commentatif* constitué des segments décrochés (cf. annexe 1).

PLAN TOPICAL	PLAN COMMENTATIF
(17) alors on avait commencé par un chant	
	si je me rappelle bien qu'ils avaient déjà un peu vu donc c'était la leçon 4 comme je vous avais expliqué j'étais en retard parce que j'étais absente très longtemps et ils n'avaient pas fait d'allemand du tout
(20) alors on avait refait	mais ils avaient déjà vu un peu ce chant
(21) on l'a rechanté	

Le déroulement amorcé en (17) est suspendu pour introduire des éléments divers qui renvoient aux opérations discursives en cours (*si je me rappelle bien*), au statut didactique de

[6] Comme le soulignent entre autres Bronckart *et al.* (1981), Mondada (1994) et Grobet (2001), le concept de *topic* a été employé depuis l'Ecole de Prague (Danes, 1964) pour décrire l'organisation informationnelle au niveau syntaxique. Nous l'utilisons pour notre part pour introduire une distinction entre deux plans à l'intérieur du discours.

l'objet de l'agir (*le chant*) dont on dit qu'il ne constituait pas un savoir nouveau, voire au manuel qui est présent dans la situation d'entretien. L'enseignante commente aussi le fait de se trouver à la leçon 4, ce qu'elle considère implicitement comme un retard.

Au plan topical, des suites d'énoncés rendent compte de l'agir durant la leçon, agir qui est dans ce cas saisi dans son déroulement (cf. § 2.1.2., *infra*) :

(33) alors on a d'abord observé l'image
(35) après on a écouté le texte
(35) et puis on a répété en fait tous ensemble phrase par phrase
(50) on a caché le texte / ensuite on l'a lu
(50) on l'a ils ont fait de petits donc tous ensemble phrase par phrase
(50) alors on a essayé de faire comprendre avec...

Les énoncés renvoyant au déroulement de la leçon font apparaître les caractéristiques linguistiques qui suivent.

a) Ils sont introduits par des organisateurs temporels (*ensuite, d'abord, alors, après, et puis*).

b) Les prédicats sont constitués de verbes tels que *commencer, refaire, rechanter, travailler, observer, écouter, répéter, cacher, lire, faire, essayer de faire, reproduire*, en l'occurrence donc de verbes dits d'action, mais aussi de verbes renvoyant de manière spécifique à des actions langagières. Les formes verbales choisies pour rendre compte des étapes de l'agir sont des Passés Composés et des Gérondifs (*on l'a rechanté, en observant, on a travaillé, on a observé*).

c) On observe quelquefois une décomposition de l'agir en sous-étapes : (33) *alors on a d'abord observé l'image*.

d) L'analyse des instances agentives fait apparaître que celles-ci sont textualisées d'une part par des *on,* qui renvoient à une instance collective formée par l'enseignant et les élèves, d'autres part par des *ils,* qui renvoient aux élèves, autonomisés ou traités de manière détachée de l'entité enseignante.

e) Des entités telles que : *la chanson, le dialogue, l'image, le texte, les phrases* occupent la place d'objets de ces actions.

Comme nous l'avons signalé, les énoncés commentatifs se détachent du topique principal (la question de la chercheuse) et ont un statut subordonné du point de vue thématique, quelquefois marqué syntaxiquement par une subordonnée relative et par des connecteurs (*donc, mais*). Outre des commentaires à propos des événements de la leçon traités au plan topical [(17) *qu'ils avaient déjà un peu vu* ; (17) *donc c'était la leçon 4*] on remarque aussi des références à l'agir discursif en cours : (17) *si je me rappelle bien.* A d'autres moments, l'énonciateur renvoie à des entretiens antérieurs[7] pour résoudre le conflit de pertinence que la répétition aurait provoqué et signale que ce propos y était déjà présent : (17) *comme je vous avais expliqué j'étais en retard parce que*. Dans le cadre de cet entretien, une fonction essentiellement évaluative est

[7] Nous avons abordé ailleurs la problématique de la délimitation de l'entourage discursif : loin de se cantonner à l'entretien enregistré, il est constitué aussi des appels téléphoniques et des rencontres qui ont eu lieu préalablement. Nous avons qualifié ces espaces discursifs périphériques de « banlieue de l'entretien » (Plazaola Giger & Deschoux, 2002).

apparue, évaluation qui concerne non pas l'agir rapporté, mais plutôt les capacités générales de l'enseignante d'une part et l'agir des élèves d'autre part.

En résumé, les énoncés de ce plan, outre les commentaires aux informations données à propos de la leçon :

a) se réfèrent à l'entretien lui-même en tant qu'agir ou évoquent d'autres entretiens et d'autres propos concernant les capacités de l'agent et certaines marques de son style (parler en français pendant la leçon) ;

b) situent l'agir de cette leçon dans la continuité du travail d'enseignement et comme faisant partie d'une progression didactique. Ils montrent le rôle du manuel et expliquent les raisons de cet usage en faisant référence à l'évaluation de ses propres capacités d'agir ;

c) évaluent l'agir des élèves : (48) *ils ont assez vite deviné ce que voulait dire krank.*

L'analyse qui a porté sur le niveau prédicatif montre que la plupart des énoncés du plan commentatif sont à la première personne : l'instance agentive est alors l'énonciateur de l'entretien lui-même. Quelques formes impersonnelles (*c'était la leçon 4*), voire des *ils* renvoyant aux élèves, complètent la palette des instances concernées. Les prédicats comportent des verbes d'action et des verbes de parole ou de pensée. Les formes verbales sont souvent au Présent, voire au Passé Composé. Ces caractéristiques linguistiques contribuent à situer les énoncés dans un univers discursif conjoint[8], à savoir celui de la situation d'énonciation et font appel au discours de type interactif.

Dans la configuration de l'agir auquel le discours de l'agent réfère, soulignons par ailleurs la présence de divers syntagmes qui accompagnent les noyaux agentifs, dans l'un comme dans l'autre des plans considérés. Ils sont le résultat d'une sélection d'objets du monde traités dans le texte en tant que paramètres de la situation de l'agir. Plus précisément, ces syntagmes renvoient à :

a) des éléments ayant trait au dispositif de l'agir, en particulier ici à la structure de participation (Van Lier, 1988) qui caractérise cette partie de l'activité scolaire : *tous ensemble.*

b) des objets qui ont été sollicités comme « outils » de l'action. Exemples : *phrase par phrase, nouveau mot, mot connu, krank, dein, mein.*

c) des qualifications de l'agir : *comme d'habitude, une leçon de démonstration, déjà un peu vu.*

d) des (auto-)qualifications de l'agent : (être) *en retard*, (être) *spécialiste*, (parler) *en français.*

2.1.2. Les modalités de saisie de l'agir

Une autre des catégories d'analyse permettant de rendre compte de la textualisation de l'agir a trait à la construction du référent. Les mots des agents se référant à l'agir proprement dit le présentent selon cinq types d'éclairages.

a) Certains propos exhibent *une saisie globale* de l'agir « la leçon de ce jour-là » :

> (8) pour moi c'est **ça** s'est passé comme d'habitude ;
> (9) donc j'ai fait **une leçon** comme si j'avais pas été filmée.

---

[8] Pour les catégories discursives, voir Bronckart *et al.* (1985) et Bronckart (1996).

b) D'autres interventions, par contre, déploient *l'agir dans son déroulement*. Elles ont été relevées plus haut lors de l'analyse du plan topical : (35) *après on a écouté le texte et puis on a répété en fait tous ensemble phrase par phrase*. Dans ce cas, les énoncés dans leur linéarité énonciative reproduisent la succession des étapes du déroulement. Ils sont porteurs d'un marquage temporel fort avec présence d'organisateurs textuels de type temporel, notamment *après, et puis, ensuite, alors*.

c) Un *agir borné ou non borné*. Lorsque l'agir se présente sous l'angle processuel, on peut analyser comment sont exprimés le début et la fin de ce processus, et en particulier savoir si oui ou non l'agent signale les bornes de ce qu'il traite dans la successivité. Dans l'extrait du premier entretien, une borne initiale est fournie par le méta-verbe d'aspect *commencer par* : (17) *alors on avait commencé par un chant*. Alors que d'autres fois le déroulement est simplement arrêté : (53) *et puis bon behnn c'était / ça j'ai fait un autre jour*, l'occurrence du *ça* déictique qui signale les parties du manuel ayant été abordées un autre jour introduisant la coupure par rapport à ce qui était rapporté jusque-là.

d) Les mots de l'agir. On retrouve dans certains cas, en particulier dans des segments qui expriment un déroulement, une nouvelle modalité de saisie qui consiste en *l'énonciation des mots de l'agir*. Exemples :

(33) alors on a d'abord observé l'image
(34) **qu'est-ce que / vous imaginez / qu'il peut y avoir d'après**

L'enregistrement garde la trace d'un marquage prosodique fort qui reproduit une intonation d'interpellation du maître aux élèves. La reproduction de la scène de l'énonciation constitue une nouvelle forme de saisie de l'agir dans laquelle la mise en scène de la situation de la leçon souligne le rôle éminemment langagier de l'agir de l'enseignant : « agir, c'est dire ». Ces mots n'ont pas été annoncés par un verbe introducteur de parole ou un autre moyen linguistique qui marquerait le passage du récit de l'action, au discours direct de l'agent. A ce moment de l'entretien, l'agent a émergé en prenant entièrement possession de la place d'énonciateur. L'énonciation des mots de la leçon fait apparaître un *vous* spécifique renvoyant aux élèves destinataires de ces mots et non pas au chercheur, comme c'était le cas à d'autres moments.

e) Les gestes de l'agir. Certains énoncés ont comme propriété de dire les gestes de l'agir, notamment des *gestes qui ont accompagné le dire* :

(35) donc en cachant le texte

Ce dernier énoncé étoffe la configuration de l'agir en exprimant les gestes qui donnent du sens à l'agir de l'enseignante et notamment à la demande qu'elle adresse aux élèves. L'exercice consiste en effet à imaginer les mots qui pourraient intervenir dans ce dialogue. Il est dès lors nécessaire d'éviter que les élèves regardent directement le texte sur le manuel.

2.2. Deuxième entretien : Les boucles de rétroaction et les segments typologiquement marqués

Le deuxième entretien analysé (cf. annexe 2) se présente selon une configuration différente : sa structure compositionnelle est bien plus complexe que le premier. Dans ce qui suit, nous montrerons ce qu'une analyse à partir des outils élaborés dans la phase précédente permet de mettre en évidence.

Tout d'abord, dans une sorte d'introduction, l'agir est *saisi globalement* : (103) *on a fait le cours* [...] *à quelle heure.* L'énonciateur consacre plusieurs interventions à thématiser la question de l'horaire, qui apparaît dès lors comme un paramètre important de son agir puisqu'il donne lieu à un thème secondaire. Ensuite il annonce à plusieurs reprises la prise en considération de la question de la chercheuse et paraît prêt à déclencher un déroulement. Mais malgré cette annonce, les propos effectivement tenus se rapportent à des faits antérieurs par des sortes des boucles de rétroaction. La première apparaît lorsque, relancé par la chercheuse, l'énonciateur se montre prêt à reprendre le topique : (133) *alors le le détail moi j'ai.* Or, c'est un retour vers un moment antérieur à la leçon qu'il met en place : (133) *une grande partie a été écrite au tableau noir avant.* Plus tard le même phénomène se produit, en (139) : *avant tout ça avant ils sont arrivés.* L'énonciateur par ce nouveau retour en arrière situe son discours au début de la séance de ce jour-là.

Plus haut, lors de la saisie globale, nous avons assisté à l'introduction *du paramètre temporel,* ici à l'occasion des boucles rétroactives, l'énonciateur pose, *le tableau noir, les élèves* assis et disposés pour un travail par tables, à savoir, les *outils* et les partenaires du *dispositif de l'agir.* Tout se passe comme si ce n'était qu'une fois que tous ces éléments sont en mémoire discursive, partagés par l'enseignant et l'intervieweur, que le déroulement proprement dit peut être déclenché. Celui-ci (147-157) part de la pose d'une borne initiale : (147) *au début ils on fait.* Les phases du déroulement se succèdent, marquées par des organisateurs temporels : *alors, et puis ensuite, après, et après, et puis finalement.* Un énoncé à l'Imparfait [(153) *il y avait le mot trinken*] contribue à la mise en intrigue en fournissant à la séquence tout à la fois la disjonction vis-à-vis de la situation de l'entretien, un arrière-fond narratif et une force transformatrice qui lui donnent sa *nature narrative.* L'énoncé suivant [(157) *et puis tout à coup ils ont compris*] contribue à boucler le segment. L'enseignant introduit aussi une morale : (157) *par exemple alors là c'était un bon moyen de ne pas forcement expliquer en français.*

Comme le précédent, cet entretien fait apparaître des mots de l'agir (153-55) ; il s'agit ici des mots allemands précédés par des introducteurs de parole et ayant une fonction d'exemplification (*par exemple*) :

(153) wasser

(155) **après** j'ai dit sinalco et après j'ai dit cola et puis finalement coca cola

Le déroulement du deuxième segment de l'agir (167-189) le représente dans la successivité des phases, avec une boucle rétroactive qui va amener des éléments du *dispositif* et des *outils* intervenant lors de la leçon. L'énonciateur revient à nouveau en arrière pour poser ces paramètres traités dès lors comme nécessaires à l'agir :

(167) mais les jeux je les avais préparés sur la table.

Une nouvelle phase de l'agir va faire l'objet d'un développement *explicatif* (et non narratif comme dans le cas précédent). Le segment se présente comme une reproduction de l'explication donnée en classe : (177) *je suis incapable de vous dire si je l'ai expliqué en français ou en allemand.* Le type de discours auquel le maître a fait appel lors de la leçon est ici repris et reproduit lorsqu'il rend compte de son action langagière. L'explication a son importance du point de vue de l'agir enseignant et l'agent le souligne avec ce *surtout.* Les élèves vont faire un jeu, or ce jeu a un objectif disciplinaire et il est nécessaire d'effectuer clairement ce passage du cadre ludique primaire (cf. Goffman, 1991) vers le cadre didactique. Il ne s'agit plus d'un jeu uniquement pour s'amuser :

(181) et puis surtout quand on tire une carte quand il y a le dialogue je leur ai montré comment on était censé faire

Enfin, les mots de l'agir rejaillissent ici de manière plus importante que lors de la partie antérieure :

(185) **la plupart des choses si vous pouvez dire en allemand vous le dites ja nein et puis**

(187) ensuite et bien j'ai dit **bien maintenant il faut vous lancer de toute façon on va refaire ce jeu plusieurs fois. Il y aura peut-être des petites questions que vous allez avoir en cours de route...**

2.3. Résultats de l'analyse

2.3.1. Les formes de l'agir dans le discours

L'analyse a mis en évidence une grande variété de formes de mise en discours de l'agir. En effet une diversité de modes de constitution référentielle ainsi que des plans et types discursifs sont attestés dans le corpus, qui sont exprimés au niveau prédicatif par des noyaux agentifs diversement agencés. Rappelons les différents cas de figure observés.

a) Une saisie globale traite d'une occurrence de l'agir, mais prise comme une unité. Elle est sollicitée pour traiter de la leçon, voire d'une partie de celle-ci.

b) L'agir est, par ailleurs, saisi dans son déroulement, en soulignant les étapes dans leur succession temporelle. Ce faisant l'agent peut doter ce déroulement de bornes initiale et/ou finale. Le déroulement de l'agir, du fait de sa décomposition en phases, permet que l'une d'elles puisse à son tour être traitée en tant qu'unité actionnelle avec ses différentes modalités propres de saisie. Une structure arborescente sous-jacente apparaît ainsi dans le traitement thématique de l'agir.

c) Les mots de l'agir constituent une forme spécifique de sa représentation dans le discours, qui consiste en l'introduction d'un discours direct censé reproduire les mots dits en cours d'action.

d) Qu'il soit saisi dans sa globalité ou dans sa successivité, le discours sur l'agir ne s'auto-suffit pas, il va au contraire être soutenu par des commentaires renvoyant à plusieurs aspects :

d1) L'ancrage de l'agir rapporté dans la situation matérielle de l'entretien donne lieu à la thématisation de la production discursive qui le sous-tend ; il porte alors des traces de l'adresse à l'intervieweur et sert notamment à fournir des éléments considérés comme manquants en mémoire discursive. La référence à d'autres entretiens est l'une des formes de l'adresse notée.

d2) Outre ce qui découle de l'adresse du discours, « l'agir représenté dans le discours » est configuré par un certain nombre d'entités auxiliaires, dont les suivantes ont été relevées dans notre corpus.

- Les outils et le dispositif (tableau noir, cartons, répartition par tables, en petits groupes), qui sont des éléments dont l'agent s'assure qu'ils sont posés, sont ramenés au moyen de boucles de rétroaction, avant le déclenchement du déroulement. Des traits liés à la temporalité sont signalés comme des éléments pertinents : le moment de la journée où a lieu la leçon, ainsi que la durée des exercices réalisés.
- D'autres commentaires d'évaluation didactique sont à signaler. A propos des exercices, l'enseignant souligne leur nouveauté ou, au contraire, leur caractère connu des élèves.

C'est d'une évaluation particulière qu'il s'agit ici, qu'il faudrait plutôt qualifier d'estimation de la tâche.

- Les tâches de l'enseignant sont aussi présentes. Nous avons défini comme tâche ce à quoi l'enseignant doit être vigilant lors de l'agir, ce qui constitue l'enjeu de la leçon, ce que l'enseignant doit faire faire aux élèves, par exemple, faire en sorte que les élèves répondent en allemand.
- Les commentaires peuvent être aussi l'occasion d'auto-évaluations. Mais contrairement à ce que l'on pouvait attendre, cette évaluation porte moins sur l'agir effectué que sur les capacités de l'agent.

2.3.2. Des agents au style d'agir différents

L'analyse des noyaux agentifs a permis de faire contraster des modalités de l'agir textualisé par les agents lors des deux entretiens. Dans le premier, on assiste à un agir qui dans le discours apparaît comme une action conjointe au point que élèves et enseignante sont traités comme constituant une même instance agentive à caractère collectif (forte présence des *on*). Ces différents agents contribuent tous ensemble à faire avancer la leçon. L'image de l'agir construit dans le deuxième entretien diffère de cet agir collectif conjoint, et l'énoncé (165) en constitue une bonne illustration : *là ils étaient en train de faire de l'écrit.* On pourrait en effet dire que dans ce cas-ci, la leçon avance, la classe travaille, et l'agent-énonciateur se présente comme intervenant ponctuellement. Ce sont tout particulièrement les interventions de ce type qui sont exprimées dans son discours : le contrôle de la durée, la « garde » des outils ou du milieu, la préservation du cadre disciplinaire avec les clarifications qui s'avèrent nécessaires (jouer, mais pour parler en allemand). Ces contrastes fournissent des donnés empiriques importantes rendant compte de ce qui est parfois qualifié de « styles pédagogiques » différents.

3. L'action comme objet situé dans le temps

La synthèse qui précède avait trait aux données empiriques et proposait un classement des formes sous lesquelles l'action est saisie par la parole des acteurs. L'objectif de cette conclusion interprétative est de revenir sur ces résultats et de les articuler avec le propos et les hypothèses développés dans notre introduction. Dans cette reformulation des résultats de la recherche, nous nous appuierons sur les réflexions que Schütz[9] a développées, notamment dans les années 50, dans ses articles visant à l'élaboration d'une théorie de l'action sociale.

3.1. La distinction entre temps interne et temps externe

Il est possible d'affirmer que dans les entretiens analysés, l'action a été présentée comme une entité qui se constitue originairement sous la forme d'un *processus temporel contenant des phases et des étapes et une certaine progressivité.* Le rôle central qui est accordé, dans la parole des acteurs, à la reproduction du *déroulement* de l'action *(plan topical)* montre clairement que l'action apparaît comme un *objet situé dans le temps* (*Zeitgegenstand*), dans le sens où elle est

---

[9] Alfred Schütz, sociologue, philosophe (née en 1899 à Vienne, mort en 1959 à New York) a repris, critiqué et reformulé dans le cadre d'une sociologie phénoménologique les idées fondatrices d'une sociologie compréhensive développée par Weber. Pour une introduction à l'ensemble de son œuvre, voir Cefaï (1998).

représentée comme une série dynamique d'étapes et d'états, comme une succession continue.[10] On pourrait conclure que dans le plan topical du discours, l'action est saisie sous la forme du « temps qui s'écoule » (Schütz, [1951] 1998a, p.76) ou autrement dit sous la forme de la *durée*. Chez Schütz ([1932] 1981, pp. 62-70), nous trouvons de nombreuses références à une distinction proposée par Bergson quant à la structure de la vie consciente, qui se déploie entre deux dimensions temporelles : le temps interne (la durée) et le temps spatialisé. Le temps spatialisé, caractérisé par la simultanéité (la coexistence) des états, des projets, des objets, est également désigné par Schütz comme externe et passé.

Schütz montre pourquoi le temps spatialisé est un *temps externe*, à l'exemple du *choix* (entre les possibilités d'agir) – concept extrêmement important pour une théorie de l'action. La délibération est imaginée dans le temps externe comme « une oscillation dans l'espace » (cf. [1951] 1998a, p. 76) entre deux projets déjà existants et plus au moins bien définis, comme une décision qu'on prendra devant un panneau de bifurcation sur lequel tous les chemins possibles sont déjà indiqués. En revanche, en identifiant l'action avec le temps interne, une autre manière de présenter le choix s'impose :

> « Tout ce qui se présentera par la suite au choix sous la forme d'une alternative problématique doit être produit par moi, et dans le cours de sa production, je peux le modifier selon mon bon vouloir dans les limites du réalisable. [...] l'esprit, par ses actes imaginaires, crée successivement dans le temps interne les différents projets, passant de l'un à l'autre et y retournant, ou plus précisément, recréant le premier. » *(ibid.*, p. 74 - cf. aussi [1943] 1998b, pp. 39-42)

Cela montre que si l'action est saisie par l'acteur sous la forme du « temps qui s'écoule », elle est pensée comme un processus dans lequel le sujet crée/recrée sans cesse ses projets d'action. Dans nos analyses, nous avons rencontré des indices d'une telle saisie de l'action, qui manifestent le souci de l'acteur de nous montrer comment il a préparé le terrain (mise à disposition des outils, mise en forme de l'espace) afin de pouvoir faire démarrer son agir (cf. § 2.2.) Les paroles de l'acteur qui nous semblent parler d'une « mise en exécution de l'action » pourraient aussi être interprétées comme une référence au temps interne de l'action puisqu'un projet externe à l'action n'est pas mentionné.[11] Il faut donc entrer en action pour produire le projet, il faut faire démarrer l'action. Si alors une grande partie de la projection de l'action est produite à l'intérieur de l'action même, on doit accorder à l'action un caractère véritablement irréversible et irrémédiable.[12] Cette saisie de l'action par l'acteur sous la forme de la temporalité de la durée (temps interne), qui se reflète dans le plan topical de nos analyses, relativise selon nous la conception dichotomique de l'action qui a été discutée dans notre introduction. Il semble

---

[10] Il est intéressant de noter que les énoncés qui se trouvent dans le plan topical et qui expriment le déroulement ont avant tout un caractère déictique. Cela confirme une affirmation qu'on trouve chez Husserl et chez le psychologue et linguiste Karl Bühler ([1934] 1982, p. 373), à savoir que tout énoncé concernant les objets situés dans le temps (*zeitliche Gegenstände*) est d'une manière ou d'une autre déictique.

[11] Cela ne veut pas dire que dans la phase de projection l'acteur n'imagine pas le but de son action, mais comme le dit Schütz, cette projection contient des « horizons vides qui seront uniquement remplis par la matérialisation de l'évènement anticipé » ([1951] 1998a, p. 56).

[12] Les mêmes caractéristiques de l'action ont été mentionnées par Taylor (1995, pp. 568-569) : « L'abstraction du temps et de l'espace vécus signifie l'abstraction de l'action, parce que le temps de l'action est asymétrique. Il projette toujours un avenir avec un certain degré d'incertitude. Une carte ou un diagramme du processus impose une symétrie. [...] Le moment où le temps de l'action devient crucial est celui où nous devons agir dans l'incertitude, mais où notre action affectera de façon irréversible la situation. »

que n'importe quelle opposition, que ce soit celle entre projet et action réalisée, ou celle entre action prescrite et action réelle (le général et l'individuel), demande un arrêt dans le temps pour saisir la différence (ou l'identité) entre les deux et gomme de cette manière le caractère de durée propre à l'action.

Il reste à expliciter l'emploi du deuxième adjectif qui est utilisé par Schütz pour caractériser le temps spatialisé, à savoir l'adjectif « passé ». Saisir l'action sous la forme du temps passé veut dire la considérer comme action réalisée, ce qui permet d'accéder aussi bien aux « motifs-en-vue-de » qu'aux « motifs-parce-que ». Pour fixer le motif-en-vue-de, l'acteur se réfère au résultat de l'action future, à l'acte imaginé comme ayant été accompli. Il s'agit donc d'une anticipation dans la perspective temporelle du futur passé (cf. Schütz, [1951] 1998a, pp. 55-59 ; Friedrich, 2001). Le motif-parce-que nous donne des informations sur le pourquoi de l'action, sur la manière dont l'agent a réalisé son motif-en-vue-de. C'est seulement si l'action est considérée sous la temporalité du passé (soit de passé accompli soit de futur passé) que nous pouvons donc appliquer l'opération de réflexion, car comme le dit Husserl :

> « Ce regard a lieu sous la forme de la "réflexion" dont voici la propriété remarquable : ce qui dans la réflexion est saisi de façon perceptive se caractérise par principe comme quelque chose qui non seulement est là et dure au sein du regard de la perception, mais *était déjà là avant* que ce regard ne se tourne dans sa direction.. » ([1913] 1950, p. 146, cité par Schütz, [1932] 1981, p. 130)

Aussi bien dans le plan topical que dans le plan commentatif, nous avons rencontré peu d'allusions à ces deux types de motifs cités par Schütz. Mais si ce n'est pas la réflexion qui sous-tend le parler de l'acteur, sur quoi cette parole se fonde-t-elle ? Nous n'avons pas de place pour développer une réponse plus détaillée à cette question et sommes obligées de nous limiter à une hypothèse. En ce qui concerne le plan topical, nous croyons avec Schütz qu'on pourrait ici parler de « l'expérience de l'acteur qui vit dans son processus en cours de déroulement » ([1951] 1998a, p. 57) et qui se développe à l'intérieur de lui. Cette expérience de *vivre* dans son action en cours a trouvé – selon nous – son expression dans les formes discursives topicales dégagées par notre analyse. Nous insistons sur le fait que cette expérience dont Schütz parle est justement caractérisée par le fait qu'elle ne constitue pas l'objet d'une réflexion ou d'une récapitulation ; elle est produite par l'acteur indépendamment d'une reconstruction, qui selon Schütz,

> « [...] relève du point de vue que l'on nomme point de vue objectif de l'observateur ou de l'ego qui se retourne par auto-interprétation vers ses expériences passées comme son propre observateur. » ([1951] 1998a, p. 83)

Dans la mesure où elle exclut le point de vue objectif, cette référence à l'expérience attribue à ce dernier concept une valeur distincte et indépendante de celle de la réflexion. Pour notre argumentation, il est important de signaler ici deux choses. Premièrement, cette expérience de vivre dans son action nous semble être très différente du jeu entre le général et l'individuel discuté dans notre introduction. Deuxièmement, la difficulté de dire le faire, si souvent attestée dans les recherches (et que nous considérions aussi comme un des problèmes centraux à traiter), ne semble avoir sa raison ni dans le dire ni dans le faire, mais dans le fait que l'expérience produite dans l'action ne relève jamais d'un point de vue objectif de l'acteur. Cette thèse nous semble constituer un résultat intéressant de notre analyse, qui devrait être bien entendu approfondie et développée aussi bien au plan théorique[13] qu'au plan empirique.

3.2. Le temps de « l'ici et maintenant »

Un mot encore concernant le plan commentatif. Il reste à vérifier si nous ne sommes pas ici en présence d'une troisième forme de temporalité, celle de « l'ici et maintenant », ou autrement dit celle de la situation de l'acteur dans le temps et dans l'espace. Cette temporalité est selon nous caractérisée par le fait que l'acteur se réfère à son réservoir d'expérience, qu'il traite les choses comme étant à sa portée. C'est sur le plan commentatif qu'on trouve des références de l'acteur, à ses expériences antérieures et notamment à sa connaissance de l'action en tant que « ce que je peux refaire », à sa biographie professionnelle (auto-évaluation), au programme d'enseignement (tâche d'enseignement), etc. Par rapport à ces expériences qui sont les siennes, il juge, évalue, décrit, représente l'action. De plus, l'ici et maintenant du plan commentatif se montre très clairement dans le caractère adressé de la parole : les mots de l'acteur sont adressés au chercheur qui a mis l'acteur dans cette situation d'entretien et qui y est également présent. Ce qui explique que nous retrouvons dans la partie commentative d'une part les informations supplémentaires que l'acteur veut donner à l'autre pour qu'il comprenne mieux son action, et d'autre part des tentatives de vérifier auprès du chercheur l'idée qu'il se fait de l'objectif de la recherche auquel il participe.

Nous ne prétendons pas que cette interprétation de notre analyse des données est la seule possible, d'autres conceptualisations étant envisageables. Son intérêt nous semble cependant résider dans le fait qu'elle relativise l'idée que l'action ne se laisse saisir dans sa spécificité qu'à l'intérieur de dichotomies (entre prescrit et réel, entre individuel et général). En outre, elle nous sensibilise aux limites que les procédures réflexives peuvent avoir pour une analyse de l'action. En revanche, un nouveau questionnement se dégage de notre lecture des données. Les deux formes de temporalité (celle du temps interne et celle du temps « ici et maintenant ») que nous avons identifiées respectivement dans le plan topical et dans le plan commentatif coexistent dans la parole de l'acteur. Mais peut-on aussi attester l'existence de ces deux formes de temporalité dans la réalisation de l'action ? Si oui, comment ces deux formes de temporalité sont-elles gérées et articulées par l'acteur ? Si non, quelle temporalité allons-nous rencontrer à l'intérieur de l'action ? Ce questionnement pourrait constituer un point de départ pour l'analyse d'un autre ensemble de données recueillies dans notre recherche, à savoir les séquences d'actions filmées.

[13] Au plan théorique, on trouve chez Weber et dans le prolongement de ses idées chez Schütz une insistance sur le point de vue subjectif à prendre en compte dans une théorie de l'action. Cette insistance a été souvent critiquée parce qu'on y voyait un psychologisme latent. Selon nous, cette critique n'est pas justifiée : Schütz définit le « comprendre » subjectif « comme la forme expérientielle de la connaissance courante des activités humaines » ([1954] 1987, p. 76) ou « comme la manière selon laquelle le sens commun se débrouille dans le monde social et en vient à bout » (*ibid.*). Il s'oppose en conséquence à toute tentative d'identifier le sens subjectif avec le sens visé par l'acteur qui restera toujours un concept limite (cf. 1981, pp. 48-49), car il nous oriente vers les motifs et projets existants exclusivement dans le foyer intérieur du sujet.

Références bibliographiques

Borzeix, A. & Fraenkel, B. (Ed.). (2001). *Langage et travail : communication, cognition, action.* Paris : CNRS Editions.

Boutet, J. (1993). Activité de langage et activité de travail. *Education permanente*, 3, 109-117.

Bronckart, J.-P. (1996). *Activité langagière, textes et discours.* Paris : Delachaux et Niestlé.

Bronckart, J.-P., Gennari, M. & De Weck, G. (1981). The comprehension of simple sentences : the representative perspective and the communicative perspective. *International Journal of Psycholinguistics*, 8 (2), 5-29.

Bronckart, J.-P. *et al.* (1985). *Le fonctionnement des discours.* Paris : Delachaux et Niestlé.

Bühler, K. ([1934] 1982). *Sprachtheorie. Die Darstellungsfunktion der Sprache.* Stuttgart & New York : Fischer.

Cefaï, D. (1998). *Phénoménologie et sciences sociales. Alfred Schütz. Naissance d'une anthropologie philosophique.* Genève : Droz.

Clot, Y. (1999). *La fonction psychologique du travail.* Paris : PUF.

Clot, Y. & Faïta, D. (2000). Genres et styles en analyse du travail. Concepts et méthodes. *Travailler*, 4, 7-42.

Clot, Y. & Gori, R. (Ed.). (2003). *Catachrèse : éloge du détournement.* Nancy : Presses universitaires de Nancy.

Danes, F. (1964). A three-level approach to syntax. *Travaux linguistiques de Prague*, 1, 225-240.

Faïta, D. (1989). Mondes du travail et pratiques langagières. *Langages*, 93, 110-123.

Fillmore, C.J. (1975). Quelques problèmes posés à la grammaire casuelle. *Langages*, 38, 65-80.

Friedrich, J. (2001). Quelques réflexions sur le caractère énigmatique de l'action. In J.-M. Baudouin & J. Friedrich (Ed.), *Théories de l'action et éducation* (pp. 93-112). Bruxelles : De Boeck.

Goffman, E. (1991). *Les cadres de l'expérience.* Paris : Editions de Minuit.

Grobet, A. (2001). L'organisation informationnelle et l'organisation topicale. In E. Roulet, L. Filliettaz & A. Grobet (Ed.), *Un modèle et un instrument d'analyse de l'organisation du discours* (pp. 249-275). Berne : Peter Lang.

Habermas, J. (1993). Actions, actes de parole, interactions médiatisées par le langage et monde vécu. In *La pensée postmétaphysique : essais philosophiques* (pp. 65-104). Paris : Armand Colin.

Husserl, E. ([1913] 1950). *Idées directrices pour une phénoménologie et une philosophie phénoménologique pures, t. 1, Introduction générale à la phénoménologie pure.* Paris : Gallimard.

Lahire, B. (1998). Logiques pratiques. Le « faire » et le « dire sur le faire ». *Recherche et formation*, 27, 15-28.

Mondada, L. (1994). *Verbalisation de l'espace de fabrication du savoir. Approche linguistique de la construction des objets de discours.* Lausanne : Université de Lausanne.

Plazaola Giger, I. (1993). *Analyse du fonctionnement de trois types de discours en basque ; Eléments historiques et linguistiques pour une didactique des formes verbales et des marques de personne.* Thèse de doctorat, Université de Genève.

Plazaola Giger, I. & Bronckart, J.-P. (1993). Le temps du polar. *Langue française*, 97, 14- 42.

Plazaola Giger, I. & Deschoux, C.-A. (2002). *La banlieue de l'entretien.* Communication présentée aux Workshop : Pour le développement d'une linguistique d'intervention : méthodologie, éthique et modèles d'analyse, CIRAL, Université Laval, Québec.

Plazaola Giger, I., Rosat, M. & Canelas Trevis, S. (1995). Les procédés de prise en charge énonciative dans trois genres de textes expositifs. *Bulletin suisse de linguistique appliquée : Psychologie des discours et didactique des textes*, 61, 11-33.

Schütz, A. ([1932] 1981). *Der sinnhafte Aufbau der sozialen Welt. Eine Einleitung in die verstehende Soziologie.* Frankfurt/M. : Suhrkamp.

Schütz, A. ([1954] 1987). Formation du concept et de la théorie dans les sciences sociales. In *Le chercheur et le quotidien. Phénoménologie des sciences sociales* (pp. 65-88). Paris : Klincksieck.

Schütz, A. ([1951] 1998a). Choisir parmi des projets d'action. In *Eléments de sociologie phénoménologique* (pp. 53-87). Paris : L'Harmattan.

Schütz, A. ([1943] 1998b). Le problème de la rationalité dans le monde social. In *Eléments de sociologie phénoménologique* (pp. 23-52). Paris : L'Harmattan.

Schwartz, Y. (1993). « C'est compliqué ». Activité symbolique et activité industrieuse. *Education permanente*, 116 (3), 119-131.

Taylor, C. (1995). Suivre une règle. *Critique*, 579/580, 554-572.

Van Lier, L. (1988). *The classroom and the language Learner, Ethnography and second-language classroom research.* Londres-New York : Longman.

Vermersch, P. (1990). Questionner l'action : l'entretien d'explicitation. *Psychologie Française*, 35 (3), 227-235.

Weber, M. ([1921] 1995). *Economie et société*, vol. 1 : *Les catégories de la sociologie.* Paris : Plon.

Annexes

Annexe 1 : Premier entretien (Impost)

<table>
<tr><td colspan="2">Chercheuse : ...comment ça s'est passé</td></tr>
<tr><td colspan="2">SAISIE GLOBALE</td></tr>
<tr><td colspan="2">(8) pour moi c'est ça s'est passé comme d'habitude [ouais] je n'ai pas voulu faire une leçon de démonstration parce que je pense que c'était pas le but [oui] (9) donc j'ai fait une leçon comme si j'avais pas été filmée alors bon peut-être au début mais les enfants n'ont pas eu l'air gênés non plus [non plus] (15) j'avais l'impression qu'ils étaient comme d'habitude</td></tr>
<tr><td>PLAN TOPICAL</td><td>PLAN COMMENTATIF</td></tr>
<tr><td>(17) alors on avait commencé par un chant</td><td>(17) si je me rappelle bien (rires) qu'ils avaient déjà un peu vu donc c'était la leçon 4 comme je vous avais expliqué j'étais en retard [oui] parce que [oui oui] j'étais absente très longtemps et ils n'avaient pas fait d'allemand du tout</td></tr>
<tr><td colspan="2">Chercheuse : oui je me rappelle je me rappelle oui</td></tr>
<tr><td>(20) (en tournant les pages du manuel) alors on avait refait

(21) on l'a rechanté / ensuite on a travaillé eh ce dialogue (pointe dans le livre) d'abord en observant l'image</td><td>mais ils avaient déjà vu un peu ce chant eh

bon j'ai suivi en fait la méthodologie eh comme je vous ai dit je suis pas spécialiste d'allemand du tout (25) [oui] alors bon j'ai la chance de pas avoir trop de problèmes de prononciation je crois mais autrement eh (plus vite) je leur parle plus en français qu'en allemand aussi parce que d'abord (très vite) ils ne comprennent rien [mm] (petit rire) (30) bon à part des phrases très courtes comme ein Tafel des choses comme ça // mais autrement je leur je leur explique en en français</td></tr>
<tr><td colspan="2">Chercheuse : en français d'accord</td></tr>
<tr><td>(33) (très vite) alors on a d'abord observé l'image
(34) qu'est-ce que / vous imaginez / qu'il peut y avoir d'après (scandant)

(35) après on a écouté le texte et puis on a répété en fait tous ensemble phrase par phrase</td><td>(35) donc en cachant le texte [d'accord]</td></tr>
<tr><td colspan="2">Chercheuse : parce que les élèves ont ce même livre
Enseignante : oui ils l'ont ils l'ont tous
Chercheuse : ils l'ont d'accord ça c'est le livre de l'élève d'accord
Enseignante : oui ça c'est le livre de l'élève le livre du maître (elle les montre)
Chercheuse : d'accord juste pour que je sois au clair donc vous cachez le texte</td></tr>
</table>

(50) on a caché le texte/ ensuite on a on l'a lu on l'a ils ont fait de petits donc tous **ensemble** phrase par phrase alors on a essayé de faire comprendre avec ensuite ils ont fait le dialogue en lisant [oui] et puis ensuite en essayant de le faire comme petite saynète (de) reproduire [d'accord] **(53)** et puis bon behn c'était	comme nouveau mot il y avait *krank* et puis *dein* [mm] ils savent *mein* [mm] **(48)** ils ont assez vite deviné ce que voulait dire *krank* [d'accord] (plus bas) ça j'ai fait un autre jour

Annexe 2 : Deuxième entretien (Gapost)

<table>
<tr><th>PLAN TOPICAL</th><th>PLAN COMMENTATIF</th></tr>
<tr><td colspan="2">SAISIE GLOBALE</td></tr>
<tr><td colspan="2">(103) et puis autrement eh non autrement ça s'est bien passé on a fait le cours</td></tr>
<tr><td></td><td>(103) à quelle heure je me rappelle plus ...
(105) mais on n'avait pas d'autre choix</td></tr>
<tr><td colspan="2">Chercheuse : Comment ça s'est passé à quel moment disons qu'on puisse se faire le film de la leçon</td></tr>
<tr><td>(133) alors le le détail moi j'ai une grande partie a été écrite au tableau noir avant
(135) donc j'ai écrit...

(139) avant tout ça avant ils sont arrivés ils se sont assis

(147) au début ils ont fait un exercice individuel par écrit

(151) alors ça ils l'ont fait tout seul et puis ensuite on l'a corrigé ensemble oralement

(153) il y avait le mot trinken

(153) wasser après j'ai dit sinalco pis après j'ai dit cola et puis finalement coca cola

(157) et puis tout à coup ils ont compris</td><td>(137) donc pour qu'ils aient devant eux tous ces verbes...

(139) donc ils ont travaillé par groupes tables mais...

(147) qui reprenait le vocabulaire et...
(149) donc c'est les exercices qui sont dans le cahier

(153) où là ils ont pu me donner les traductions quand ils ne trouvaient pas les verbes ou des traductions j'essaie de leur donner des exemples en allemand par exemple

(153) alors j'ai essayé de leur donner des noms de ce qu'on va boire par exemple

(155) mais bon on dit cola en allemand et pas coca cola

(157) par exemple alors là c'était un bon moyen de ne pas forcément expliquer en français un mot...
(159) mais bon pour trinken c'est facile parce que...
(161) voilà c'était un bon moyen pour essayer de montrer à mes stagiaires...</td></tr>
<tr><td colspan="2">Chercheuse : ...vous aviez</td></tr>
<tr><td>(165) les jeux ils les avaient pas encore là ils étaient en train de faire de l'écrit
(167) ensuite ça a duré très très vite en dix minutes c'était fait ensuite /
et bien je leur ai distribué les jeux mais les jeux je les avais préparés sur la table ils avaient préparé les petits pions ils avaient préparé les dés</td><td>(167) moi ça je demande souvent ils m'aident</td></tr>
</table>

(173) donc là ils ont eu un jeu une feuille avec des dés avec	
(177) je leur ai expliqué le jeu	(177) ah je suis incapable de vous dire si je l'ai expliqué en français ou en allemand
(181) et puis surtout quand on tire une carte quand il y a le dialogue je leur ai montré comment on était censé faire	
(183) j'ai quand même bien encouragé les enfants de compter en allemand	(183) c'est pour ça que j'avais remis les nombres au tableau noir
(185) la plupart des choses si vous pouvez dire en allemand vous le dites ja nein et puis	(185) (et puis) d'autres petites choses que j'avais notées au tableau noir
(187) ensuite et bien j'ai dit bein maintenant il faut vous lancer de toute façon on va refaire ce jeu plusieurs fois. Il y aura peut-être des petites questions que vous allez avoir en cours de route	
(189) alors là effectivement en cours de route quand je suis allé vers eux...	

Table des matières

Troisième partie

COORDINATION, PRISE DE DÉCISION ET EXPERTISE DANS LES INTERACTIONS SPÉCIALISÉES

Quatrième partie

PRÉFIGURATION ET RECONFIGURATION DU TRAVAIL EN SITUATION DE FORMATION

BIBLIOTHÈQUE DES CILL (BCILL)

VOLUMES RÉCENTS

Tous les volumes antérieurs de la BCILL sont disponibles et peuvent être commandés chez les Editions Peeters

BCILL 90: **J.-M. ELOY**, *La constitution du Picard: une approche de la notion de langue*, IV-259 pp., Louvain-la-Neuve, Peeters, 1997. Prix: 23 €. ISBN 90-6831-905-1.
Cet ouvrage fait le point sur le cas picard et développe une réflexion originale sur la notion de langue. À partir des théories linguistiques, de l'histoire du fait picard et d'une démarche principalement sociolinguistique, l'auteur dégage des résultats qui éclairent la question des langues régionales d'oïl, et au delà, intéressent la linguistique générale.

BCILL 91: **L. DE MEYER**, *Vers l'invention de la rhétorique. Une perspective ethnologique sur la communication en Grèce ancienne,* 314 pp., Louvain-la-Neuve, Peeters, 1997. Prix: 28 €. ISBN 90-6831-942-6.
L'auteur, s'inspirant des données de l'ethnologie de la communication, tente une description généalogique des différents «niveaux de conscience» du discours qui ont précédé celui de la rhétorique proprement dite. Le passage des «proto-rhétoriques», encore fortement liées à la «parole efficiente», à la rhétorique est analysé dans ses rapports aux nouveaux usages de l'écriture, à la crise de l'expérience démocratique athénienne et à l'avènement de la philosophie.

BCILL 92: **J. C. HERRERAS** (éd.), *L'enseignement des langues étrangères dans les pays de l'Union Européenne*, 401 pp. Louvain-la-Neuve, Peeters, 1998. Prix: 36 €. ISBN 90-429-0025-3.
L'Union Européenne, en choisissant de garder onze langues officielles, a fait le pari de la diversité linguistique. Mais cette option a aussi ses exigences, puisque, pour faciliter la mobilité des citoyens et assurer une meilleure intercompréhension à l'intérieur de la Communauté, l'apprentissage des langues des partenaires européens est indispensable. Le présent ouvrage essaie d'analyser dans quelle mesure la politique linguistique des pays membres contribue à atteindre ces objectifs.

BCILL 93: **C. DE SCHAETZEN** (éd.), *Terminologie et interdisciplinarité. Actes du Colloque organisé en avril 1996 par le Centre de terminologie de Bruxelles (Institut Libre Marie Haps) et l'Association internationale des Professeurs de Langues vivantes*, 184 pp., Louvain-la-Neuve, Peeters, 1997. Prix: 17 €. ISBN 90-6831-949-3.
La terminologie des spécialistes est à la fois obstacle et vecteur de communication inderdisciplinaire. Ce volume constitue les *Actes* d'un Colloque centré sur les rapports entre terminologie et inderdisciplinarité.

BCILL 94: **A. MANIET**, *Répercussions phonologiques et morphologiques de l'évolution phonétique: le latin préclassique*, XIV-303 pp., Louvain-la-Neuve, Peeters, 1997. Prix: 28 €. ISBN 90-6831-951-5.

L'ouvrage vise à tester, sur le plan phonique, le principe fonctionnaliste d'économie. La démonstration se base sur la série algorithmique, quantifiée, des changements phoniques qui ont fait aboutir le système d'un corpus reconstitué au système représenté par un corpus latin préclassique, y compris les variantes morphologiques.

BCILL 95: **A. TABOURET-KELLER** (éd.), *Le nom des langues. I. Les enjeux de la nomination des langues*, 274 pp., Louvain-la-Neuve, Peeters, 1997. Prix: 24 €. ISBN 90-6831-953-1.
Nommer une langue, loin d'être une question linguistique, relève d'enjeux qui intéressent aussi bien les institutions que les personnes et qui sont souvent contradictoires. Dans ce premier tome d'une série traitant du *nom des langues*, une dizaine d'études illustrent cette problématique en s'appliquant chacune à un cas bien particulier.

BCILL 96: **A. MEURANT**, *Les Paliques, dieux jumeaux siciliens*, 123 pp., Louvain-la-Neuve, Peeters, 1998. Prix: 13 €. ISBN 90-429-0235-3.
Une étude détaillée du mythe et du culte de très vieilles divinités siciliennes devenues symboles de liberté et consultées pour éprouver la bonne foi. La formation de leur légende, la nature de leur gémellité et leurs relations avec les Δέλλοι y sont particulièrement analysées.

BCILL 97: **Y. DUHOUX** (éd.), *Langue et langues. Hommage à Albert* MANIET, 289 pp., Louvain-la-Neuve, Peeters, 1998. Prix: 27 €. ISBN 90-429-0576-X.
Treize articles (de Y. DUHOUX, É. ÉVRARD, G. JUCQUOIS, M. LAVENCY, A. LÉONARD, G. MALONEY, P. MARTIN, A. PAQUOT, R. PATRY, E.C. POLOMÉ, É. TIFFOU, K. TUITE) traitent d'indo-européen, de grec ancien, de latin, de français contemporain, de bourouchaski, de svane, et de la langue conçue comme thermomètre social.

BCILL 98: **F. BENTOLILA** (éd.), *Systèmes verbaux*, 334 pp., Louvain-la-Neuve, Peeters, 1998. Prix: 39 €. ISBN 90-429-0708-8.
Les quinze descriptions présentées dans cet ouvrage, toutes fondées sur les mêmes principes théoriques, fourniront des matériaux homogènes à la typologie et à la comparaison. Les auteurs ont eu le souci de dégager les unités par commutation, de distinguer unité et variante d'unité, et de répartir les déterminants en classes sur la base de l'exclusion mutuelle. À partir de leurs travaux, on perçoit mieux la spécificité des déterminants grammaticaux du verbe par rapport aux marqueurs d'opération énonciative (assertion, interrogation, injonction), aux subordonnants et aux affixes de dérivation.

BCILL 99: **Sv. VOGELEER, A. BORILLO, C. VETTERS, M. VUILLAUME** (éds), *Temps et discours*, 282 pp., Louvain-la-Neuve, Peeters, 1998. Prix: 26 €. ISBN 90-429-0664-2.
Les articles réunis dans ce volume explorent trois aspects des rapports entre temps et discours: la référence temporelle; la relation entre type de discours et emploi des temps verbaux; les manifestations discursives du développement du système temporel au cours de l'acquisition. Ce livre intéressera tous les linguistes qui étudient la temporalité.

BCILL 100: *Hethitica XIV*, 177 pp., Louvain-la-Neuve, Peeters, 1999. Prix: 16 €. ISBN 90-429-0732-0.
Treize articles de S. de Martino, M. Forlanini, D. Groddek, R. Lebrun, M. Mazoyer, E. Neu, A. Polit, M. Popko, O. Soysal, F. Imparati.

BCILL 101: **H. FUGIER**, *Syntaxe malgache*, 253 pp., Louvain-la-Neuve, Peeters, 1999. Prix: 23 €. ISBN 90-429-0710-X.
Cette *Syntaxe* décrit l'état de langue dit *malgache officiel*, sur base d'un corpus dont sont analysés en détail 450 énoncés, échelonnés du *classique ancien* à la *langue commune* actuelle. Chaque classe de constituants est définie par son utilité fonctionnelle dans la construction de la phrase. L'auteur montre comment l'énoncé grammatical se complexifie par un jeu d'applications successives où interviennent des phénomènes typologiquement remarquables (voix multiples, nom verbal avec son possesseur-agent, verbes sériés...).

BCILL 102: **Ph. BLANCHET, R. BRETON, H. SCHIFFMAN** (éd.), *Les langues régionales de France: un état des lieux à la veille du XXIe siècle – The Regional Languages of France: an Inventory on the Eve of the XXIst Century,* 202 pp., Louvain-la-Neuve, Peeters, 1999. Prix: 18 €. ISBN 90-429-0791-6.
Des (socio)linguistes, ethnologues, géographes, juristes et responsables de l'enseignement dressent le panorama des problèmes de six langues régionales de France: alsacien, basque, breton, corse, occitan, provençal.

BCILL 103: **S. VANSÉVEREN,** *«Prodige à voir». Recherches comparatives sur l'origine casuelle de l'infinitif en grec ancien*, 192 pp., Louvain-la-Neuve, Peeters, 2000. Prix: 18 €. ISBN 90-429-0835-1.
Étude sur l'origine casuelle de l'infinitif grec ancien, principalement en grec homérique. L'optique est comparative, morphologique, syntaxique, prosodique, mais surtout méthodologique, prenant en compte les problèmes fondamentaux de la grammaire comparée des langues indo-européennes. En plus du grec, sont examinés les faits en latin, sanskrit védique, avestique, hittite, arménien, tokharien, germanique, vieux slave, balte et celtique.

BCILL 104: **Yves DUHOUX**, *Le verbe grec ancien. Éléments de morphologie et de syntaxe historiques* (deuxième édition, revue et augmentée), Louvain-la-Neuve, Peeters, 2000, 561 pp. Prix: 50 €. ISBN 90-429-0837-8.
La deuxième édition de ce livre étudie la structure et l'histoire du système verbal grec ancien. Menées dans une optique structuraliste, les descriptions morphologiques et syntaxiques sont toujours associées, de manière à s'éclairer mutuellement. Une attention particulière à été consacrée à la délicate question de l'aspect verbal. Les données quantitatives ont été systématiquement traitées, grâce à un *corpus* de plus de 100.000 formes verbales s'échelonnant depuis Homère jusqu'au IVe siècle.

BCILL 105: **F. ANTOINE,** *Dictionnaire français-anglais des mots tronqués,* LX-209 pp., Louvain-la-Neuve, Peeters, 2000. Prix: 24 €. ISBN 90-429-0839-4.
Ce dictionnaire bilingue français-anglais présente les mots tronqués ("doc" pour "docteur", etc.) du français. Il propose pour chaque terme: une traduction en anglais la plus fidèle possible du point de vue historique et stylistique; des mises en contexte propres à faire apparaître d'autres traductions; des citations qui l'illustrent; l'information lexicologique pertinente. L'ouvrage est précédé d'une étude des aspects historiques, sociologiques, morphologiques et psychologiques des mots tronqués.

BCILL 106: **F. ANTOINE,** *An English-French Dictionary of Clipped Words,* XLIV-259 pp., Louvain-la-Neuve, Peeters, 2000. Prix: 27 €. ISBN 90-429-0840-8.
This book is a bilingual dictionary of English clipped words ("doc" for "doctor", etc.).

It offers for each headword: one or several translations into French, which aim to be as accurate as possible from the historical and stylistic point of view; examples of usage to show other possible translations; illustrative quotations; the pertinent lexicological data. The dictionary proper is preceded by an analysis of the historical, sociological, morphological and psychological aspects of clippings.

BCILL 107: **M. WAUTHION - A. C. SIMON** (éd.), *Politesse et idéologie. Rencontres de pragmatique et de rhétorique conversationnelles,* 369 pp. Louvain, Peeters, 2000. Prix: 33 €. ISBN 90-429-0949-8.
Ce volume représente les actes du colloque qui, en novembre 1998, a réuni à Louvain-la-Neuve une trentaine de chercheurs francophones pour explorer les rapports entre linguistique et littérature autour du thème de la politesse des échanges et de la rhétorique des conversations. Ces univers scientifiques distincts nous rappellent la vocation de la politesse à agir dans la science classique comme dénominateur commun du savoir et du savoir-vivre.

BCILL 108: **L. BEHEYDT — P. GODIN — A. NEVEN — B. LAMIROY — W. VAN BELLE — J. VAN DER HORST — W. VAN LANGENDONCK** (éd.), *Contrastief onderzoek Nederlands-Frans / Recherches contrastives néerlandais-français,* 239 pp., Louvain, Peeters, 2001. Prix: 21 €. ISBN 90-6831-1004-6.
Ce recueil interpellera linguistes, didacticiens, traducteurs et enseignants soucieux de voir leurs pratiques éclairées par les données de la recherche. Problèmes de phonétique et de morphologie, de syntaxe et de sémantique, démarches fonctionnelles et cognitives conduiront le lecteur à bien des considérations, parfois audacieuses, toujours dûment motivées. Ces textes ont été présentés lors du colloque de linguistique contrastive "Néerlandais-Français" organisé en étroite collaboration entre l'UCL et la KUL, en mars 2000 à Louvain-la Neuve.

BCILL 109: *Hethitica XV. Panthéons locaux de l'Asie Mineure pré-chrétienne. Premier Colloque Louis Delaporte – Eugène Cavaignac (Institut Catholique de Paris, 26-27 mai 2000), Acta Colloquii edenda curavit* René LEBRUN, 244 pp., 2002. Prix: 23 €.

BCILL 110: **J. PEKELDER**, *Décodage et interprétation. Ordres linguistique, iconique et pragmatique en néerlandais contemporain*, 298 pp. Louvain, Peeters, 2002. Prix: 42 €. ISBN: 90-429-1139-5.
Quel est le comportement du récepteur natif en néerlandais contemporain? Quelles sont les stratégies de décodage et d'interprétation de l'organisation linéaire des constituants? Comment construire valablement un modèle permettant de simuler ces stratégies? Telles sont les principales questions qu'aborde ce livre.

BCILL 111: **P. LORENTE FERNÁNDEZ,** *L'aspect verbal en grec ancien. Le choix des thèmes verbaux chez Isocrate,* 400 pp., Louvain, Peeters, 2003. Prix: 36 €. ISBN 90-429-1296-0.
Cet ouvrage présente une approche nouvelle du difficile problème de l'aspect verbal en grec ancien. Utilisant une base informatisée de 14980 formes verbales, il étudie en détail une cinquantaine de facteurs (morphologiques, syntaxiques et lexicaux) susceptibles d'avoir une incidence sur le choix aspectuel. Il en résulte que les temps de 95% des formes du corpus sont explicables par un ou plusieurs facteurs dont l'influence est statistiquement démontrable.

BCILL 112: **H. BOUILLON** (éd.), *Langues à niveaux multiples. Hommage au Professeur Jacques Lerot à l'occasion de son éméritat,* 284 pp. Louvain, Peeters, 2004. Prix: 25 €. ISBN 90-429-1428-9.
Une moisson de faits de langue dans des cultures aussi bien proches qu'éloignées comme le Burundi ou Madagascar, examinés d'un point de vue linguistique, littéraire ou didactique: c'est ce que rassemblent les 18 articles de ce volume offert à Jacques Lerot à l'occasion de son éméritat. Leurs 21 auteurs ont voulu exprimer leur amitié au collègue émérite en employant les langues qui lui tiennent à cœur, français, allemand, néerlandais ou anglais.

BCILL 113: **É. TIFFOU** (éd.), *Bourouchaskiana. Actes du Colloque sur le bourouchaski organisé à l'occasion du XXXVIe Congrès international sur les Études asiatiques et nord-africaines (Montréal, 27 août — 2 septembre 2002),* 124 pp., Louvain-la-Neuve, Peeters, 2004. Prix: 15 €. ISBN 90-429-1528-5
Ces *Bourouchaskiana* présentent un panorama des connaissances relatives au bourouchaski, langue sans parenté démontrée et qui constitue un isolat parlé par seulement quelques dizaines de milliers de locuteurs dans l'extrême nord du Pakistan. On y trouvera six articles dus à cinq éminents spécialistes: E. Bashir, H. Berger, Y. Morin, É. Tiffou et H. van Skyhawk.

BCILL 114: **R. GÉRARD**, *Phonétique et morphologie de la langue lydienne,* 130 pp., Louvain-la-Neuve, Peeters, 2005. Prix: 15 €. ISBN 90-429-1574-9
Le lydien est une langue indo-européenne appartenant au groupe anatolien, à l'instar du hittite, du louvite, du palaïte, du lycien ou du carien. Elle est attestée par des inscriptions datées des VIIIe-IIe s. av. J.-C. Ce livre présente un état des lieux le la phonétique et de la morphologie lydienne.

BCILL 115: **L. FILLIETTAZ – J.-P. BRONCKART** (éd.), *L'analyse des actions et des discours en situation de travail. Concepts, méthodes et applications,* 264 pp., Louvain-la-Neuve, Peeters, 2005. Prix: 33 €. ISBN 90-429-1612-5.
Cet ouvrage porte sur la dimension langagière des activités de travail. Il propose un ensemble de considérations théoriques et méthodologiques permettant d'en rendre compte. Ses contributions analysent des données empiriques issues de domaines professionnels variés (industrie, agriculture, services, école, formation professionnelle, etc.). Les points de vues envisagés sont eux-mêmes divers : psychologie du travail, didactique professionnelle, différents courants en linguistique du discours et de l'interaction.

SÉRIE PÉDAGOGIQUE DE L'INSTITUT DE LINGUISTIQUE DE LOUVAIN (SPILL)

VOLUMES RÉCENTS

Tous les volumes antérieurs de la SPILL sont disponibles et peuvent être commandés chez les Editions Peeters

SPILL 20: **C. CAMPOLINI, V. VAN HÖVELL, A. VANSTEELANDT,** *Dictionnaire de Logopédie: Le développement normal du langage et sa pathologie.* XVI-138 pages; 1997. Prix: 12 €. ISBN 90-6831-897-7.
Cet ouvrage rassemble les termes utilisés en logopédie-orthophonie pour décrire la genèse du langage et les troubles qui peuvent entraver les processus normaux de son acquisition. Première étape d'une réflexion qui cherche à construire un outil terminologique spécialement destiné aux professionnels du langage, il s'adresse également aux parents et enseignants, témoins privilégiés de l'évolution linguistique des enfants.

SPILL 21: **Fr. THYRION,** *L'écrit argumenté. Questions d'apprentissage,* 285 pp., Louvain-la-Neuve, Peeters, 1997. Prix: 25 €. ISBN 90-6831-918-3.
Ce livre est destiné aux enseignants du secondaire et du supérieur qui ont à enseigner la tâche créative à haut degré de complexité qu'est l'écrit argumenté. Les opérations d'un apprentissage progressif et adapté au niveau des apprenants y sont passées en revue, de même que les étapes et les indices de la maîtrise du processus.

SPILL 22: **C. CAMPOLINI, V. VAN HÖVELL, A. VANSTEELANDT,** *Dictionnaire de logopédie: Les troubles logopédiques de la sphère O.R.L.,* XV-123 pages; 1998. Prix: 15 €. ISBN 90-429-006-7.
Ce livre est une suite logique d'un premier ouvrage et se veut une étape dans la construction d'un dictionnaire exhaustif du langage logopédique. Il aborde les domaines du dysfonctionnement tubaire, de l'orthopédie dento-faciale, de la dysphagie et dysphonies. S'il s'adresse bien sûr aux logopèdes-orthophonistes, il cherche aussi à interpeller les spécialistes de l'équipe pluridisciplinaire et susciter ainsi la rencontre de savoir-faire complémentaires.

SPILL 23: **Ph. BLANCHET,** *Introduction à la complexité de l'enseignement du français langue étrangère,* 253 pp., Louvain-la-Neuve, Peeters, 1998. Prix: 23 €. ISBN 90-429-0234-5.
Cet ouvrage novateur propose un parcours à travers les questions fondamentales qui se posent quant à la diffusion et l'enseignement du «Français Langue Étrangère». On les examine de points de vue issus de courants scientifiques récents (interculturalité, pragmatique, sociolinguistique, sciences de l'éducation), dans une éthique pluraliste respectueuse de l'Autre, associant diversité et unité. Une bibliographie fournie étaye le propos et ouvre vers des développements ultérieurs. Ce livre s'adresse à ceux qui désirent s'initier à la didactique des langues, s'orienter vers l'enseignement et la diffusion du F.L.E., ainsi que plus largement à tous ceux que la question des langues et de culture intéresse.

SPILL 24: **J. GRAND'HENRY**, *Une grammaire arabe à l'usage des Arabes*, 154 pp., Louvain-la-Neuve, Peeters, 1999. Prix: 13 €. ISBN 90-429-0761-4.
L'étudiant francophone qui souhaite apprendre la langue arabe dans une université européenne utilisera généralement une grammaire arabe rédigée en français par un arabisant, et il y en a d'excellentes. S'il dépasse le niveau élémentaire et veut se perfectionner par des séjours linguistiques en pays arabe, il se trouvera rapidement confronté à un problème difficile: celui de la grammaire arabe à l'usage des Arabes, la seule employée par les enseignants arabophones dans l'ensemble du monde arabe, qu'elle s'adresse à des étudiants arabophones ou non. Pour cette raison, l'auteur du présent ouvrage s'efforce depuis plusieurs années d'initier ses étudiants au vocabulaire technique de la grammaire arabe destinée aux Arabes. On aperçoit l'avantage d'une telle méthode: permettre à l'étudiant francophone d'aborder d'emblée des cours de perfectionnement de niveau supérieur en pays arabe, en ayant acquis au préalable les bases indispensables. Il s'agit ici de la traduction et des commentaires d'un manuel libanais largement utilisé dans les écoles du monde arabe.

SPILL 25: **C. CAMPOLINI, V. VAN HÖVELL, A. VANSTEELANDT**, *Dictionnaire de logopédie: Le développement du langage écrit et sa pathologie*. Louvain-la-Neuve, Peeters, 2000. Prix: 15 €. ISBN 90-429-0862-9.
Ce troisième volet du «dictionnaire de logopédie» s'inscrit comme une suite logique des deux ouvrages qui l'ont précédé. Après avoir envisagé le langage oral, son évolution normale et les troubles qui peuvent entraver son développement, les auteurs se devaient de prolonger leur réflexion en se penchant sur le langage écrit dont le point d'encrage s'appuie sur un ensemble de bases linguistiques, préalablement intégrées.

SPILL 26: **C. CAMPOLINI, A. TIMMERMANS, A. VANSTEELANDT,** *Dictionnaire de logopédie. La construction du nombre*. Louvain-La-Neuve, Peeters, 2002. Prix: 15 €. ISBN 90-429-1093-3.
Cet ouvrage prolonge la réflexion terminologique poursuivie dans le secteur de la logopédie. Les auteurs abordent ici un domaine qui peut apparaître, de prime abord, assez éloigné de la vocation paramédicale première des logopèdes. L'élaboration de la notion de nombre est d'ailleurs un domaine qui intéresse tout autant les enseignants, les psychologues et les éducateurs en général, spécialisés ou non. Les logopèdes sont pourtant souvent sollicités pour la rééducation des troubles d'apprentissage en calcul dont les causes profondes doivent être recherchées dans les toutes premières étapes du développement cognitif.

PRINTED ON PERMANENT PAPER • IMPRIME SUR PAPIER PERMANENT • GEDRUKT OP DUURZAAM PAPIER - ISO 9706
N.V. PEETERS S.A., WAROTSTRAAT 50, B-3020 HERENT